青岛市"十三五"
重点产业创新路线图

谭思明　管　泉　王志玲　等著

中国海洋大学出版社
·青岛·

图书在版编目(CIP)数据

青岛市"十三五"重点产业创新路线图 / 谭思明等著. —青岛:中国海洋大学出版社,2016.5
ISBN 978-7-5670-1150-2

Ⅰ. ①青… Ⅱ. ①谭… Ⅲ. ①产业发展－研究－青岛市 Ⅳ. ①F127.523

中国版本图书馆 CIP 数据核字(2016)第 094582 号

出版发行	中国海洋大学出版社		
社　　址	青岛市香港东路 23 号	邮政编码	266071
出版人	杨立敏		
网　　址	http://www.ouc-press.com		
电子信箱	flyleap@sohu.com		
订购电话	0532-82032573(传真)		
责任编辑	张跃飞	电　　话	0532-88334466
印　　制	青岛圣合印刷有限公司		
版　　次	2016 年 9 月第 1 版		
印　　次	2016 年 9 月第 1 次印刷		
成品尺寸	185 mm ×260 mm		
印　　张	21.25		
字　　数	490 千		
印　　数	1—600		
定　　价	100.00 元		

课题组成员与分工

课题负责人： 谭思明

课题组成员：（按姓氏笔画排列）

王云飞　王志玲　王春莉　厉　娜　朱延雄　刘　瑾
刘振宇　李汇简　吴　宁　何　欢　宋福杰　初志勇
张卓群　周文鹏　姜　静　秦洪花　蓝　洁　管　泉
燕光谱　檀　壮

报告撰写分工：

王志玲：执笔重点产业创新路线图综述、先进制造产业创新路线图、轨道交通装备产业创新路线图

宋福杰：执笔新一代信息技术产业创新路线图

燕光谱：执笔新材料产业创新路线图、石墨烯产业创新路线图

檀　壮：执笔生物技术产业创新路线图

初志勇：执笔新能源产业创新路线图

何　欢：执笔仪器仪表产业创新路线图

吴　宁：执笔人口与健康领域创新路线图

朱延雄：执笔公共安全领域创新路线图

王春莉：执笔农业科技领域创新路线图

刘　瑾：执笔节能环保领域创新路线图

姜　静：执笔智慧城市领域创新路线图

王云飞：执笔船舶与海工装备产业创新路线图

李汇简：执笔海洋生物医药产业创新路线图

厉　娜：执笔海水健康养殖产业创新路线图
刘振宇：执笔海洋环境观测领域创新路线图
张卓群：执笔海水资源综合利用领域创新路线图
秦洪花：执笔海洋新能源领域创新路线图

前言
PREFACE

"十三五"时期是青岛深入实施创新驱动发展战略,加快打造创新之城、创业之都、创客之岛,率先实现全面建成较高水平小康社会奋斗目标,建设宜居幸福的现代化国际城市的关键时期。为科学编制青岛市"十三五"科技创新规划,准确把握国内外产业发展环境变化,全面推进以科技创新为核心的全面创新,积极适应把握引领经济发展新常态,青岛市科学技术信息研究所、青岛市科学技术发展战略研究所根据青岛市人民政府办公厅《关于做好"十三五"重点专项规划编制工作的通知》要求,按照青岛市"十三五"科技创新规划领导小组的总体部署,组建研究团队开展了青岛市"十三五"重点产业创新路线图研究,本书即为该项研究的成果。

本研究按照"围绕产业链部署创新链,围绕创新链完善资金链"的总体要求,将创新路线图作为支撑科技创新规划编制和实现规划转化为具体实施方案的战略研究工具,综合利用文献分析、产业链分析、SWOT分析、专家会议、问卷调查、实地调研和路线图等方法,围绕先进制造、新一代信息技术、海洋生物医药等19个青岛市"十三五"科技创新重点产业领域,组织邀请150多位政、产、学、研、用各界知名专家,基于产业发展趋势和青岛特色优势,凝练出"十三五"推动青岛产业创新发展的400余项技术研发需求,提出创新载体建设、高层次人才团队引进培养和创新政策措施等创新资源配置需求,明确各时间节点的发展目标和重点任务,制定行动计划,实现了五年发展规划与年度计划实施的有效衔接,为科学编制青岛市"十三五"科技创新规划提供战略支撑。

本书在编写过程中得到了青岛市科学技术局计划处、高新处、农社处、海洋处等相关处室的大力支持和指导;同时,还得到了部分国内和驻青高校院所、企业的专家学者的鼎力支持和技术指导。在此,对所有参与和支持本书编写的朋友们表示衷心的感谢!

虽然课题组成员付出了大量心血和努力，但由于水平所限，书中难免有疏漏和不足之处，望读者谅解，并欢迎批评指正。

青岛市科学技术信息研究所
青岛市科学技术发展战略研究所
重点产业创新路线图研究课题组
2016年3月

目 录 CONTENTS

青岛市"十三五"重点产业创新路线图综述 ·· 1

第一篇　新兴产业篇 ·· 9

青岛市"十三五"先进制造产业创新路线图 ·· 11

青岛市"十三五"新一代信息技术产业创新路线图 ································ 41

青岛市"十三五"新材料产业创新路线图 ·· 60

青岛市"十三五"生物技术产业创新路线图 ·· 78

青岛市"十三五"新能源产业创新路线图 ·· 91

青岛市"十三五"仪器仪表产业创新路线图 ······································ 102

青岛市"十三五"轨道交通装备产业创新路线图 ································ 113

青岛市"十三五"石墨烯产业创新路线图 ·· 131

第二篇　民生科技篇 ·· 149

青岛市"十三五"人口与健康领域创新路线图 ···································· 151

青岛市"十三五"公共安全领域创新路线图 ······································ 163

青岛市"十三五"农业科技领域创新路线图 ······································ 174

青岛市"十三五"节能环保领域创新路线图 ······································ 193

青岛市"十三五"智慧城市领域创新路线图 ······································ 215

第三篇　海洋产业篇 ·· 227

青岛市"十三五"船舶与海工装备产业创新路线图 ································ 229

青岛市"十三五"海洋生物医药产业创新路线图……………………254
青岛市"十三五"海水健康养殖产业创新路线图……………………269
青岛市"十三五"海水资源综合利用领域创新路线图………………282
青岛市"十三五"海洋环境观测领域创新路线图……………………296
青岛市"十三五"海洋新能源领域创新路线图………………………312

青岛市"十三五"重点产业创新路线图综述

一、编制背景和过程

（一）编制背景

目前，全球新一轮科技革命和产业变革正加速推进，由新一代信息技术、新能源、智能制造、生物技术、纳米技术、新材料等领域的群体性科学技术突破和融合，正在重塑未来全球发展的产业体系。思维创新和技术的融合，正在催生新的产业形态，引发经济社会深刻变革。我国面对经济发展新常态下的新趋势和新特点，明确提出实施创新驱动发展战略，部署实施"中国制造2025"，顺应"互联网+"的发展趋势，促进信息化与工业化深度融合，重点发展新一代信息技术、高档数控机床和机器人、航空航天装备、海洋工程装备及高技术船舶、先进轨道交通装备、节能与新能源汽车、电力装备、新材料、生物医药及高性能医疗器械、农业机械装备等十大领域，通过"三步走"实现制造强国的战略目标。青岛市为应对新一轮科技革命和产业变革与我国经济进入新常态带来的机遇和挑战，先后发布了《中共青岛市委、青岛市人民政府关于大力实施创新驱动发展战略的意见》《青岛市互联网工业发展行动方案》《青岛市"互联网+"发展规划（2015—2020）》《青岛市"海洋+"发展规划（2015—2020年）》等，充分发挥互联网在生产要素配置中的优化和集成作用，促进互联网创新成果与经济社会各领域深度融合，创新发展海洋+新模式、新业态、新产业、新技术、新空间和新载体，加快建设蓝色经济领军城市，打造创新之城、创业之都、创客之岛。

为准确把握全球创新发展趋势，客观评价我国科技发展水平，科学部署"十三五"科技重大任务，2013年5月14日，科学技术部启动国家技术预测工作，分技术现状调查（竞争力分析）、技术预测分析和关键技术选择三个阶段，组织开展信息、生物、新材料、先进制造、地球观测与导航、能源、资源环境、人口健康、农业、海洋、交通、公共安全、城镇化等13个领域的技术预测。万钢部长在讲话中指出，技术预测工作是一项重要的科技基础性工作，是捕捉战略机遇的重要工具，是推动政、产、学、研、用结合的重要平台，是加强政府宏观管理和职能转变的重要手段。

青岛市"十三五"重点产业创新路线图

根据青岛市人民政府办公厅《关于做好"十三五"重点专项规划编制工作的通知》要求,按照青岛市"十三五"科技创新规划领导小组的总体部署,规划编制组借鉴北京、上海等城市先进经验,结合青岛市产业基础与特色,选择若干重点领域开展技术预测,凝练产业发展亟须解决的重大关键共性技术,描绘产业创新发展路径,绘制《青岛市"十三五"重点产业创新路线图》(以下简称《路线图》),为科学编制"十三五"科技创新规划提供战略支撑。

(二)编制过程

1. 明确编制思路(2014.6~9)

深入分析当前实施创新驱动发展战略对科技创新管理的新要求和需求,形成围绕"产业链—技术链—创新链"编制产业创新路线图的总体思路,坚持科技面向经济社会发展的需求导向,围绕产业链部署创新链,围绕创新链完善资金链,消除科技创新中的"孤岛现象",破除制约科技成果转移扩散的障碍,提升科技创新体系整体效能。同时,学习调研德国弗劳恩霍夫协会系统与创新研究所,上海、北京等在开展技术预测、产业技术路线图研究编制方面的先进经验,确定了本次产业创新路线图在"十三五"科技创新规划编制与实施中的功能定位,即以战略预研为逻辑起点、规划为主线、路线图为转化"抓手"、专项计划和政策为落实载体、战略评估为反馈机制的规划"闭环"系统中作为规划与计划衔接"抓手"的功能定位(图1)。

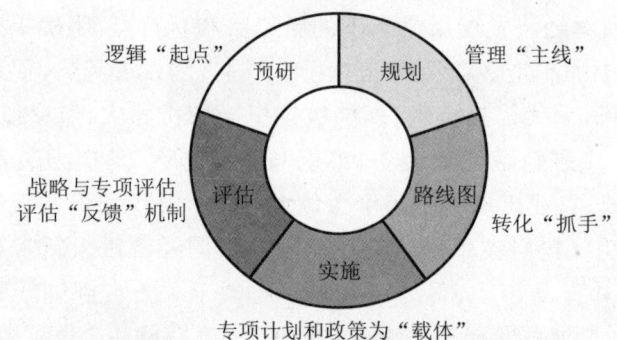

图1 青岛市科技创新管理"闭环"系统

2. 选择重点领域(2014.10~11)

在与青岛科技大学合作开展的《"十三五"我市科技创新支撑引领产业发展的措施研究》重大课题研究的基础上,分析世界科技和产业发展动态,确定青岛市产业发展战略定位,开展重点产业领域选择,从科技创新引领新兴产业、支撑传统产业、支撑蓝色经济发展、支撑社会发展需要、支撑生态和环境保护发展等角度探讨科技创新支撑产业发展需求,在多次征求青岛市科技局等部门意见后,确定了海洋科技、战略新兴、民生科技三个方面的19个重点领域,即船舶与海工装备、海洋生物医药、海水健康养殖、海洋生态环境监测、海水资源综合利用、海洋新能源等6个海洋科技领域,先进制造、新一代信息技术、生物、新材料、新能源、仪器仪表、轨道交通装备、石墨烯等8个战略新兴领域,人口健康、公共安全、农业科技、节能环保、智慧城市等5个民生科技领域。

3. 制订工作方案（2014.12～2015.1）

分析研究任务，明确研究框架结构，制订工作方案，成立编制组、专家组和协调组，明确人员分工和工作进度，综合利用专家咨询、文献分析、SWOT分析、问卷调查、路线图等方法组织开展产业创新路线图研究，详细工作流程如图2所示。

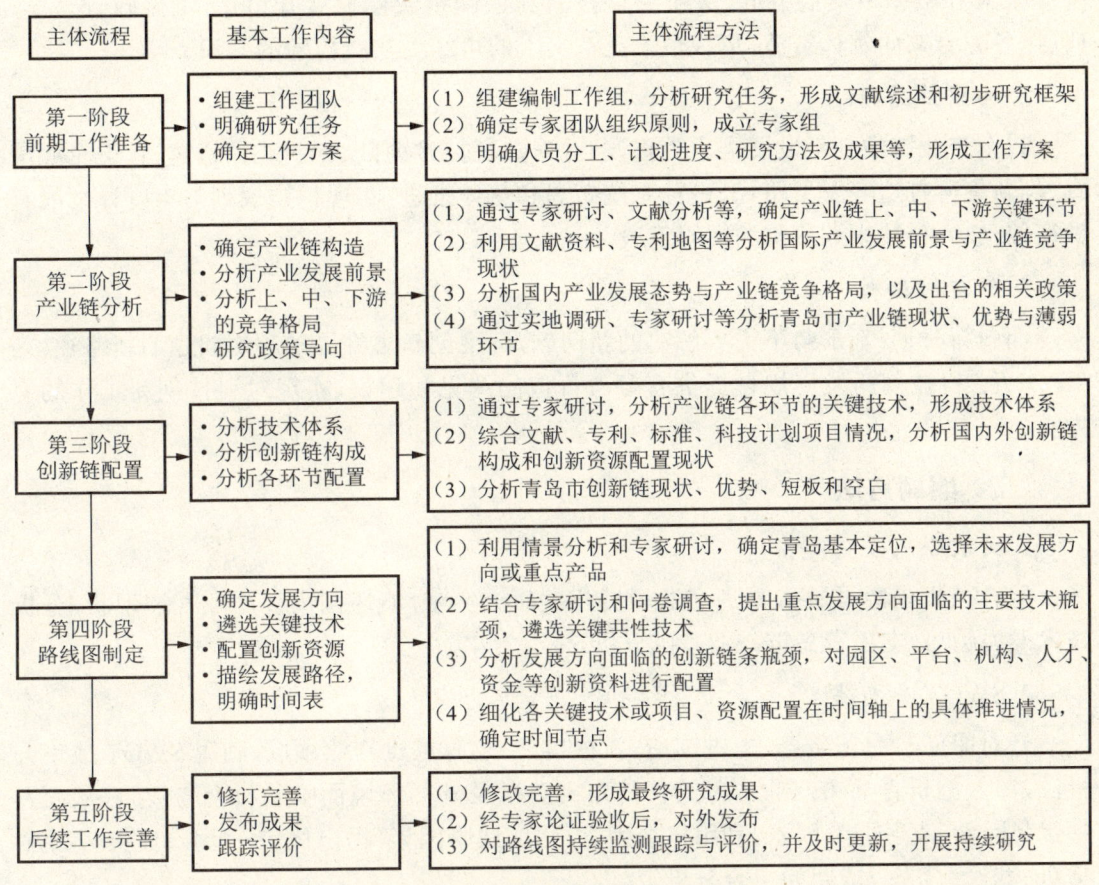

图2 产业创新路线图编制工作流程

4. 召开专家咨询会（2015.2～4）

围绕19个重点领域组织150余位企业、高校、科研院所的专家，召开两轮共计近30次专家咨询会，分析国内外发展趋势，开展青岛市全产业链SWOT分析，明确发展目标，确定发展方向和关键共性技术，分析创新资源现状与配置需求，形成报告初稿；

5. 修改完善研究报告（2015.5～6）

多次征求各领域专家与市科技局高新处、海洋处、农社处等业务处室的意见，修改完善路线图研究报告。

二、编制原则和方法

（一）编制原则

1. 科学性原则

综合运用专家咨询、文献分析、SWOT分析、问卷调查、路线图等科学的研究方法，围绕未来五年领域发展方向、关键共性技术和创新资源建设展开讨论，汇聚政、产、学、研、用各方专家的集体智慧，形成最广泛意义上的可经受实践检验的共识。

2. 实用性原则

以全产业链的创新发展需求为出发点，对关键技术突破、创新载体搭建、骨干企业培育、创新集群打造等发展路径，进行系统布局和整体推进，实现科技规划与年度计划的有效衔接，成为科技规划落实的实用手段。

3. 创新性原则

面向新时期、新形势下需要解决的新问题，运用创新思维寻求解决问题的新路径，为"十三五"科技创新发展规划提供有参考价值的意见和建议，实现对科技创新工作的有力支撑。

（二）编制方法

1. 文献分析法

综合分析国际、国内、青岛产业领域相关研究文献，概述国内外产业发展现状，分析技术发展趋势，支撑青岛市产业基础分析。

2. SWOT分析法

针对船舶与海工装备、先进制造、新材料、生物等重点产业领域，利用SWOT战略分析法，深入剖析青岛市产业内部的优势与劣势以及外部环境面临的机会与威胁，从而发挥优势因素，克服弱势因素，利用机会因素，化解威胁因素，提出优势-机会、优势-威胁、劣势-机会、劣势-威胁的组合分析策略。

3. 专家会议法

利用专家会议广泛征求企业、高校和科研院所专家的意见建议，讨论重点领域的发展需求与方向，明确19个重点领域"十三五"期间的重点发展方向和共性关键技术研发需求。

4. 问卷调查法

问卷调查法作为专家会议的有效补充手段，集中在专家会议前后开展，主要用于调查青岛市发展基础与水平、征集与评价关键共性技术需求等，以便于高效凝练达成共识。

5. 路线图法

利用路线图的思维，以"发展目标—发展瓶颈—研发重点—创新资源"为主线，按时间序列系统描述重点领域的发展目标和研发需求，统筹配置已有和新建创新资源，描绘领域创新发展路径。

三、框架和主要内容

青岛市"十三五"科技发展重点领域产业创新路线图研究报告的框架由以下六部分构成：国内外发展趋势、青岛市产业基础与现状、产业发展目标、研发需求分析、创新资源配置、产业创新路线图。

（一）国内外发展趋势

跟踪搜集国际、国内产业发展最新动态，综述国内外产业发展现状，分析产业发展的总体背景，研判国内外技术、产业发展趋势，勾勒国内外发展大方向，为确定领域重点发展方向提供依据。

（二）青岛市产业基础与现状

分析重点领域产业链上中下游构成与各环节关键技术体系，如图3所示。

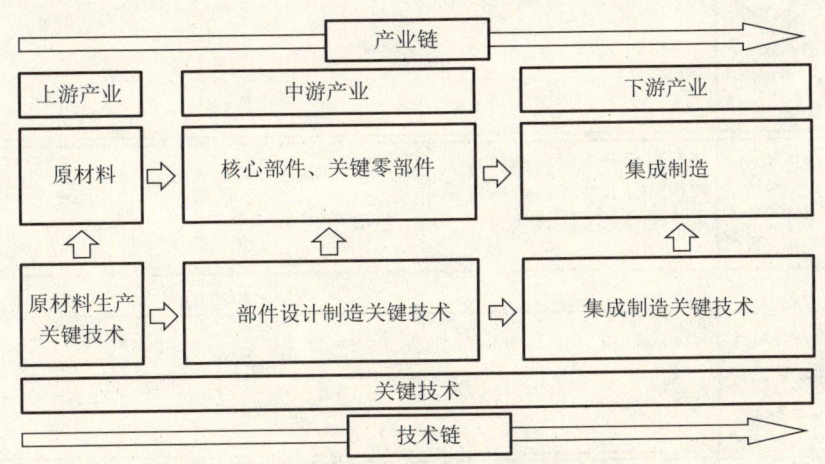

图3　产业链与技术链构成分析

根据产业链构成分析青岛市产业发展现状与水平，诊断青岛市该产业发展存在的问题并剖析深层次原因，利用SWOT分析方法分析青岛市产业发展的优势与瓶颈，机会与威胁，从而明确青岛市现状基础，确定青岛市该领域在全国的基本定位，为提出该领域"有所为，有所不为"的判断提供来源依据。

（三）产业发展目标

针对各领域发展背景和青岛市基础，对接青岛市相关部委出台的规划、意见等文件，从产业规模、创新能力等方面，提出到2020年青岛市重点产业领域发展的定性与定量目标，重点从科技支撑引领角度提出发展方向、关键共性技术攻关及创新资源建设目标。

（四）研发需求分析

基于企业调研、专家会议和问卷调查，结合领域国内外发展趋势、青岛市产业基础和发展目标，凝练"十三五"期间领域的重点发展方向和关键共性技术，形成技术研发需求，确定技术创新发展的重点方向。

（五）创新资源配置

根据产业链与技术链分析，梳理青岛市创新链条配置现状，分析青岛市该领域的重点实验室、工程技术研究中心、科研院所、产业技术创新战略联盟、产业技术研究院等各类创新资源配置现状，结合产业发展需求，提出"十三五"期间领域创新资源配置的需求。

（六）产业创新路线图

综合青岛市产业基础与现状、发展目标、研发需求和创新资源，结合专家调研、文献数据分析等结果，绘制产业创新路线图（图4），并以表格形式分两个阶段制定五年行动计划（表1），明确相关产业领域科技发展目标，统筹配置关键技术突破、创新载体搭建、产业园区建设、创新集群打造、人才团队培养等发展路径。

		2016年	2018年	2020年
发展目标	产业产值 创新载体 骨干企业 ……	**亿元———— **家———— **家———— ……	**亿元———— **家———— **家————	**亿元 **家 **家
发展瓶颈	技术瓶颈 政策瓶颈 人才瓶颈 ……	技术瓶颈1 政策瓶颈1 人才瓶颈1	技术瓶颈2 政策瓶颈2 人才瓶颈2	……
研发重点	研发方向1 研发方向2 ……	关键技术11 关键技术21	关键技术12 关键技术22	……
资源配置	新建拟建	未来需要建设或引进的高校院所、企业、重点实验室、工程技术研究中心、孵化器、产业技术创新战略联盟、园区、基地等创新资源		
	现有基础	现有高校院所、企业、重点实验室、工程技术研究中心、孵化器、产业技术创新战略联盟、园区、基地等创新资源		

图4 产业创新路线图

表1 创新行动计划表

时间节点	2018年	2020年
发展目标	部署***自主创新重大专项，突破共性关键技术**项，搭建创新载体**个，开展示范工程**个	部署***自主创新重大专项，突破共性关键技术**项，搭建创新载体**个，开展示范工程**个
发展路径	·关键技术突破 ·搭建创新载体 ·产业园区建设 ·示范工程布置 ·高层次人才引进	·关键技术突破 ·搭建各类创新载体 ·产业园区 ·示范工程 ·引进高层次人才

四、创新点

（一）产业创新路线图的制定助推"产业链—技术链—创新链"三链融合

不同于传统产业技术路线图侧重描述技术创新推动产业发展的路径，产业创新路线图从全产业链角度出发，统筹考虑技术、资源、政策等多种推动产业创新发展的要素资源，客观分析青岛产业链上、中、下游竞争格局和创新链各环节的资源配置情况，深入剖析青岛产业链的薄弱环节和制约瓶颈，明确提出青岛未来五年推动产业发展的技术研发需求以及需要配套的创新平台、人才团队和创新政策等创新资源，并在时间维度上用简捷的模块显性化描绘产业发展路径，实现"产业链—技术链—创新链"的三链融合，推动科技计划管理从技术创新点的支持转向创新链条的支持，促进科技管理由项目管理向资源管理方式转变。

（二）产业创新路线图的制定过程充分体现科技决策的科学化和民主化水平

产业创新路线图的制定综合利用文献分析、SWOT分析、专家会议、问卷调查和路线图等多种科学研究方法，组织邀请150多位政、产、学、研、用各界的知名专家，围绕19个科技创新重点领域，基于产业发展趋势和青岛优势特色，凝练"十三五"推动青岛产业创新发展的400余项技术研发需求，提出创新载体建设、高层次人才团队引进培养和创新政策等创新资源配置需求，促进科技与经济在政府、行业层面或企业内部的对接、交流和协同，形成广泛的共识，充分体现了决策的科学化和民主化。

（三）产业创新路线图的制定基于科技创新资源现状禀赋，突出顶层设计

产业创新路线图的制定从本区域科技资源现状禀赋入手，深入分析相关产业的产业链和技术链，理清创新链分布情况，并对行业内、区域内的优势、劣势进行横向和纵向的比较分析，全面研判产业的优势、劣势、机遇和挑战，明确本区域相关产业在国内的基本定位，立足自身优势选择最适合发挥自身特长的技术创新路径，符合本地区、行业或企业的实际选择，有利于推动企业内部及企业间合作，进而推动产、学、研深度结合，促进区域产业技术创新体系的建设和完善。

（四）产业创新路线图的制定有助于实现科技资源的统筹利用与优化配置

产业创新路线图的制定充分听取了企业对产业创新发展的意见和建议，围绕产业链部署创新链，为使市场在资源配置中起决定性作用和更好地发挥政府作用，搭建沟通桥梁，使企业真正成为技术创新的主体，有力推动了科技与经济社会发展之间的相互衔接、相互促进，实现科技与经济社会发展内在的统一与协调发展的"大科技"格局。

（五）产业创新路线图的制定有助于实现规划与年度计划实施的有效衔接

产业创新路线图清晰描绘未来五年相关产业发展目标，统筹安排关键技术突破、创新载体搭建、产业园区建设、创新集群打造、人才团队培养等发展路径，明确了各时间节点的发展目标和重点任务，制定了行动计划，实现了五年科技创新规划与年度计划实施的有效衔接，有助于提高科技管理与决策的水平。

第一篇　新兴产业篇

青岛市"十三五"先进制造产业创新路线图

一、国内外先进制造领域发展趋势

(一)制造产业发展趋势

1. 重振制造业成为主要发达国家的共同战略

金融危机以来,世界各国围绕制造业发展进行了新一轮的激烈竞争。在技术创新和产业升级引领下,先进制造业成为关注的焦点。美国实施"再工业化"战略,于2011年和2012年先后启动《先进制造伙伴计划(AMP)》和《先进制造业国家战略计划》。德国在2010年《高技术战略2020》中确定"工业4.0"研究项目。2013年,将"工业4.0"上升为国家战略,推动了以智能制造为主导的新工业革命。欧盟将绿色、环保、可持续发展作为为制造业主攻方向。2011年,投资2 000亿欧元以贷款和税收方式重点支持推动智能制造、ICT(信息、通信和技术)驱动制造升级、物联网应用等研究与实践。日本发布《制造业白皮书》全面推动以制造为主的4个战略性新兴产业。英国发布《制造业2050》,推进"服务+再制造",重振英国制造业。法国在"新工业法国"战略中确定34个优先发展工业项目;韩国提出"新增动力战略",确定了引领未来发展的17个新增长动力产业。各发达国家纷纷将信息化条件下的先进制造作为实现"再工业化"的突破口。

表1 主要国家与地区科技战略及优先领域

国家/地区	科技战略名称	时间	优先领域
美 国	先进制造业伙伴关系计划	2011	新一代机器人、小型高能电池、先进复合材料、金属加工、生物制造、替代能源等
	先进制造业国家战略计划	2012	先进传感、测量和过程控制;先进材料设计、合成和加工处理;可视化、信息学,以及数字制造技术;可持续制造;纳米制造;挠性电子制造;生物制造和生物信息学;添加制造;先进制造与测试设备;工业机器人;先进成型与接合技术
德 国	保障德国制造业的未来:关于实施工业4.0战略的建议	2013	建设一个网络:信息物理系统网络 研究两大主题:智能工厂和智能生产 实现三项集成:横向集成、纵向集成与端对端的集成 实施八项保障计划

续 表

国家/地区	科技战略名称	时间	优先领域
欧 盟	地平线2020计划	2011	信息通信技术、纳米技术、新材料技术、生物技术、先进制造及加工技术;空间科技
日 本	制造业白皮书	2014	机器人、下一代清洁能源汽车、再生医疗以及3D打印技术
英 国	制造业2050	2015	推进"服务+再制造"(以生产为中心的价值链);致力于更快速、更敏锐地响应消费者需求,把握新的市场机遇,可持续发展,加大力度培养高素质劳动力
法 国	"新工业法国"战略	2013	解决能源、数字革命和经济生活三大问题,确定34个优先发展的工业项目,如新一代高速列车、电动飞、节能建筑、智能纺织等
韩 国	新增长动力战略	2009	绿色技术产业:可再生能源、低碳能源、水处理、发光二极管应用、绿色运输系统和高科技绿色城市 高科技融合产业:广播通信综合技术、IT综合系统、机器人应用、新材料及纳米综合技术、生物制药及医疗器械、高附加值食品产业 高附加值服务产业:全球医疗服务、全球教育服务、绿色金融、产业软件、旅游展会等

2. 中国制造2025成为我国实施制造强国战略的行动纲领

近十年来,我国制造业持续快速发展,国际地位大幅提升,已成为世界制造业第一大国,但仍处于从产业链低端向高端"爬坡"的转型升级阶段。未来一个时期,我国制造业发展面临全球制造业格局重大调整和国内经济发展环境重大变化,我国制造业发展必须紧紧抓住历史机遇,积极稳妥应对内外部挑战。为此,2015年5月国务院发布《中国制造2025》,统筹考虑我国制造业发展的国际国内环境和基础条件,根据加快转变经济发展方式和走新型工业化道路的总体要求,提出实施"三步走"战略,明确九项战略任务和重点,力争用三个十年的努力,实现制造强国的战略目标。

3. 数字化、网络化和智能化成为制造业发展的方向

制造技术与信息技术深度融合,是当前制造产业发展的最大趋势。随着信息技术的发展以及信息化普及水平的提高,数字技术、网络技术和智能技术日益渗透融入产品研发、设计、制造的全过程,推动产品的生产过程产生了重大变革。一方面,研发设计技术的数字化、智能化日益明显,缩短了设计环节和制造环节之间的时间消耗,极大地降低了新产品进入市场的时间成本;另一方面,机器人、自动化生产线等智能装备在生产中得到广泛应用,"机器换人"已经成为企业提高生产效率、降低人力成本的重要手段。互联网、物联网的发展,促进制造装备的控制技术得到极大提高,使制造装备的自诊断、自维护、自恢复成为现实,并将推动制造装备向智能化阶段迈进。

4. 绿色化、服务化日渐成为制造业转型发展新趋势

生态环境与生产制造的矛盾日益激化,推动了全球工业设计理念的革新和传统技术的改造升级,以实现资源能源的高效利用和对生态环境破坏的最小化。欧美的"绿色供应链""低碳革命"、日本的"零排放"等新的产品设计理念不断兴起,可持续制造、绿色制造等清洁生产过程日益普及,节能环保产业、再制造产业等静脉产业链不断完善,都表明制造业的绿色化发展目标已经成为制造业的共识。低能耗、低污染的产品也逐步显示出其强大的市场竞争力。同时,服务化也已经成为引领制造业产业升级和保持可持续发展的重要力量,是制造业走向高级化的重要标志之一。制造业的生产将从提供传统产品制造向提供产品与服务整体解决方案转变,生产、制造与研发、设计、售后的边界已经越来越模糊。围绕制造业全寿命周期的专业服务活动,以互联网、云计算、大数据为基础和手段,使得产业模式向"定制化的规模生产"和"服务型生产"改变。根据麦肯锡的研究报告,美国制造业的从业人员中,有34%是在从事服务类的工作,生产性服务业的投入占整个制造业产出的20%~25%。

(二)先进制造技术发展趋势

1. 制造技术进一步向极限拓展

随着科学技术的不断发展,制造技术正向超精密加工、超大构件加工、极端环境下装备、极微小制造工艺、柔性电子等极限方向拓展。超精密加工精度接近纳米级,表面粗糙度已达 0.1 nm 级,超精密加工技术生产的精密设备已广泛应用在能源、医疗、信息、通信等产业。满足经济性、加工效率和精度等要求的超大构件加工,支撑国家重大基础设施和重大科技工程,如直径超 9 m 的三峡水电站中水轮机转轮。极端环境装备的制造技术,如深海探测装备、航天航空装备、高海拔装备等,是国家制造业硬实力的重要体现。

2. 新型制造工艺、手段不断涌现

随着3D打印、激光制造、超声波加工等新的制造工艺和手段不断涌现并逐渐成熟,对材料-工艺-装备一体化的要求越来越高。3D打印利用增材制造技术,将多维制造转变为二维叠加,大大降低了设计与制造的复杂度,具有制造成本低、生产周期短等明显优势,被誉为"第三次工业革命最具标志性的生产工具"。激光制造将激光作为能源完成加工任务,具有无接触、热影响小的优点,加工过程易于控制和实现自动化,是一种绿色环保的加工技术,被誉为"制造系统共同的加工手段"。超声加工利用超声波作小振幅振动的工具,并通过它与工件之间游离于液体中的磨料对被加工表面的捶击作用,使工件材料表面逐步破碎的特种加工,常用于穿孔、切割、焊接、套料和抛光。

3. 技术交叉融合成为引领技术创新的主要方式

目前,制造技术的创新发展主要依靠技术的交叉融合,如数字工厂、生物芯片、仿真制造等。数字工厂体现了信息技术与控制技术的融合,是将设计与制造、运行与管理进行高度集成的新型工厂,实现生产运营的高效、节能、灵活和可持续。生物芯片起源于生物技术与半导体工业技术相结合的结晶,具备高通量、微型化、自动化等特点,广泛应用于疾病检测、基因诊断、药物筛选等领域。仿真制造是将生物技术研究成果同制造技术结合起来,建立新的制造模式和仿生加工方法,将在军事、生物医学工程等方面有重要的应用前景。

二、青岛市先进制造领域产业基础与现状

（一）产业链与技术链分析

如图 1 所示，先进制造产业链上游主要为研发设计、原材料供应和通用零部件。关键技术包括：① 研发设计：结构模块化的设计技术、虚拟仿真设计技术、产品优化设计、可靠性及安全设计等技术；② 原材料：轻量化复合材料、锂电池正负极材料、高分子膜材料、涂层材料等制备技术；③ 通用零部件：液压元器件、控制元器件、轴承等零部件制造技术。

先进制造产业链中游主要为关键零部件和装配集成。关键技术包括：① 制造工艺：精密加工技术、精密成型制造技术、特种加工技术、表面改性、制模和涂层技术等技术；② 制造自动化：数控技术、工业机器人、柔性制造技术、计算机集成制造技术、自动检测与信号识别技术、过程设备工况监测与控制等技术；③ 装配集成制造。

关键技术包括：计算机集成制造系统、智能制造系统、智能化工厂、集成管理技术、系统管理技术、检验检测技术、维修维护技术等。

先进制造产业链下游主要是产品的营销物流和维护维修，关键技术包括：① 工业机器人、数控机床等在装备制造应用中的维护维修技术；② 动车组、地铁等轨道交通装备

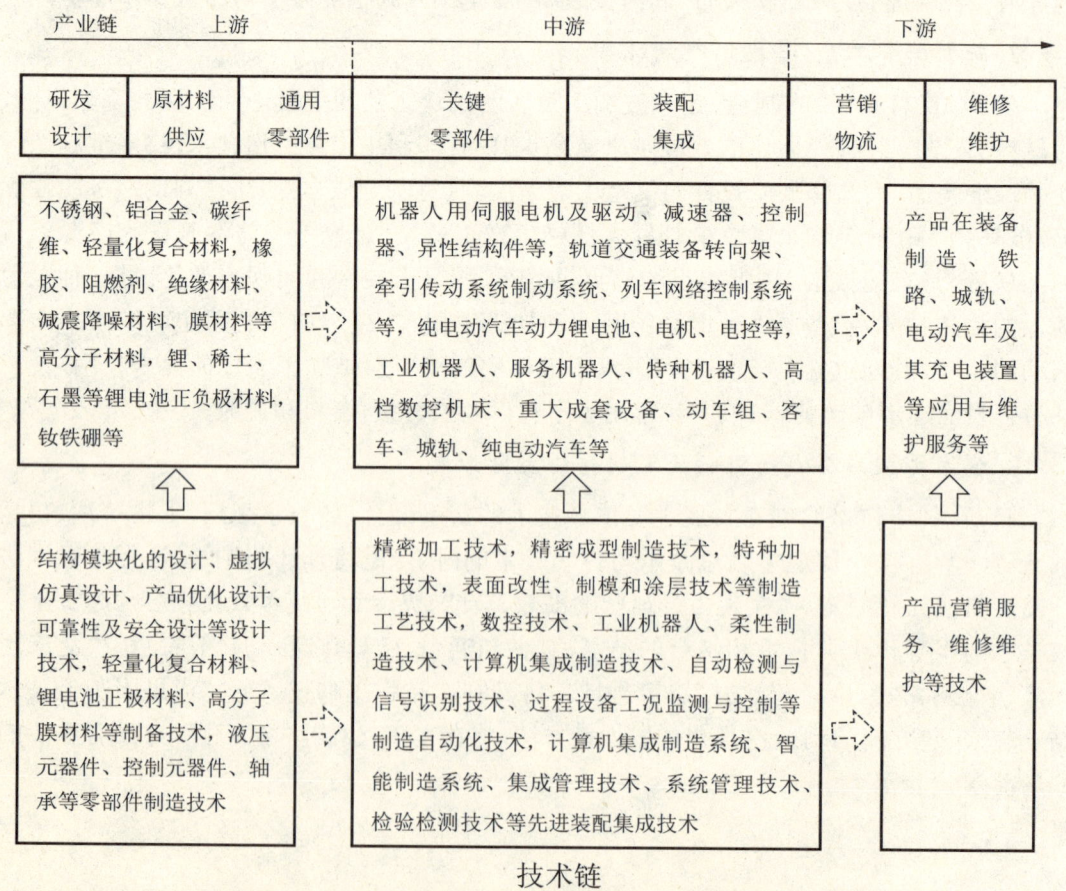

图 1　先进制造产业链与技术链构成

在铁路、城轨中应用中的维护维修技术;③ 纯电动汽车及其充电基础设施应用中的维护维修技术等。

(二)产业链发展现状与存在的问题

1. 智能制造装备产业链

机械装备产业是青岛市传统优势产业。统计数据显示,2014年机械装备产业链规模以上工业企业产值达到2 888.1亿元,产业规模居十条千亿级产业链首位。目前,拥有国家认定企业技术中心五家,拥有软控股份、双星橡塑机械等世界排名居前的橡胶机械制造商,宏大、东佳、青岛纺机等纺织机械企业,青岛铸造机械、青锻锻压机械、华东机械等铸造锻压机械企业,科捷自动化、诺力达智能科技、宝佳自动化等工业机器人生产企业,此外还有前哨精密机械、青岛市机械工业总公司等精密仪器及通用机械制造企业;形成崂山高端装备、黄岛纺织机械、即墨机械制造、胶州机电装备制造、平度机械装备、莱西机械制造及汽车零配件等六个产业集聚区(表2)。橡胶机械、纺织机械、铸造机械、家电模具、钢结构等产品系列在全国具有影响力,梳理机新型织布机、自动络筒机、三坐标测量仪器等产品均处于国内领先地位。华东机械200吨数控重载锻造操作机、双星橡塑机械半钢两段子午胎成型机、诺力达智能科技四自由度高速物料搬运机器人等企业的产品被认定为国家或山东省首台(套)装备。

表2 青岛市机械装备产业集聚区

序号	集聚区名称	主要行业	产值(亿元)		
			2011年	2014年	2015年(目标)
1	崂山高端装备产业集聚区	电缆、电气机械、纺织机械	104	113	260
2	黄岛纺织机械产业集聚区	纺织机械、橡胶轮胎	176	178	260
3	即墨机械制造产业集聚区	纺织机械、环保机械制造和机械加工	205	472	540
4	胶州机电装备制造产业集聚区	高压、特高压铁塔及变电构架、高强钢输电线路铁塔、变电构架及通信塔、焊管机组、纵剪机组、铣边机、建筑机械、农业及园艺机械、压力容器、环保机械、橡胶机械、造纸机械、摆线减速机、无级变速器、齿轮减速机、蜗轮蜗杆减速机、立式辗环机	148	692	377
5	莱西机械制造及汽车零配件产业集聚区	农用机械零配件、空气压缩机、自行车及零配件、挖掘机散热器、机械铸件、橡胶机械加工、精密五金件	163	112	339
6	平度机械装备产业集聚区	通用机械、车辆零部件及配套产品,成套装备制造,铸造机械制造,精密铸件加工,装载机械	140	261	250
	合 计		936	2 026	1 828

但我市智能制造装备在智能化水平、核心器件自主研发能力以及资源能源利用效率等方面还存在较大提升空间,表现在以下几个方面。

(1)信息化、智能化水平不高。橡胶机械、纺织机械、铸造锻压机械等传统机械设备制造水平不高,与信息化融合深度不够。

(2)核心器件自主研发能力较弱。高档数控机床、工业机器人等生产企业主要集中在产业链下游的装配集成。高档数控系统、伺服电机、轴承、减速器、驱动器、传感器、控制器等核心器件依靠进口,配套能力薄弱,市场竞争力不强,产业链上游和中游水平有较大提升空间。

(3)资源能源利用效率有待提高。铸造锻压机械的资源能源利用效率低,环境污染问题较为突出。须加强绿色产品研发应用,推广轻量化、低功耗、易回收等技术工艺,提升终端用能产品能效水平。

2. 轨道交通装备产业链

青岛轨道交通装备产业链拥有中车四方股份、中车四方有限、四方庞巴迪等整车骨干企业,以及四方车辆研究所、海信网络科技、威奥集团、康平铁路玻璃钢、四机宏达工贸、博宁福田智能通道设备(青岛)、汉缆股份、特锐德电气和欧特美等重要零部件配套企业,已形成了龙头企业规模较大、带动作用比较明显、具有一定比较优势的产业体系;具备年产高速动车组200列、城轨车辆1 000辆、高档客车或内燃动车组300辆、检修高速动车组120列以及高速动车组不锈钢车体480辆的生产能力。生产的高速动车组整车占全国60%份额,城轨地铁车辆占25%。2013年,城阳高速列车产业集聚区创建为轨道交通装备国家级新型工业产业化示范基地。2014年,轨道交通装备产业链规模以上工业企业产值实现37.2%的高速增长,达到598.4亿元。

表3 青岛市轨道交通装备产业集聚区

集聚区名称	主要行业	产值(亿元)		
		2011年	2014年	2015年(目标)
城阳高速列车产业集聚区(含青岛高新区部分)	动车组、地铁、轻轨等高速轨道交通装备及关键零部件,汽车及关键零部件,高端船用机电设备,轮胎测控检测设备,精密加工及成形设备,环境保护设备,医疗设备,智能化装备	397	614	600
合　　　计		397	614	600

我市轨道交通装备产业在整机产品领域取得了突破,部分产品达到国际先进水平,但在关键零部件研发、产业配套和国际化能力等方面还存在一定差距,主要表现在以下几个方面。

(1)部分关键零部件研发生产能力不足。虽然青岛在机车车辆等主机产品取得了显著成效,但部分关键系统和核心零部件研发基础薄弱,产品的安全性、可靠性和使用寿命等方面与发达国家相比仍存在一定差距,难以满足主机发展的需要。如尚未掌握高速动车组的轮轴轴承、轮对等关键零部件技术,而被称为高速列车"心脏"和"神经系统"的牵引传动系统和网络控制系统分别由中车株洲电力机车研究所和中车株洲电机有限公司承担,制动系统由南京浦镇车辆和常州戚墅堰机车公司配套。

(2)本地配套企业的配套能力不强。目前青岛以整车制造为主导产业,配套制造企业约有94家,主要集中在蓄电池、玻璃钢制品(车门、车窗等)、减震设备等零配件生产。

从配套企业数量看,本地配套企业不足配套企业总数的1/3,且企业普遍规模偏小,自主研发能力差,科研投入严重不足,工艺相对落后,产品更新换代速度慢,产品的质量和性能档次不高,不能满足主机企业需求,跟不上轨道交通装备产业迅速发展的步伐,导致配套程度比较低,配套效果不理想。

(3)国际化能力有待提高。海外市场是我国轨道交通装备制造业持续发展的蓝海,"走出去"将面临适应国际标准、地域文化、运用环境及满足用户需求多样化、个性化方面的新课题。青岛市轨道交通装备企业参与国际竞争的意识和能力,与国际竞争对手相比还存在较大差距,国际营销网络构建仍处于起步阶段。

(4)轨道交通运营方式的变化对装备制造企业提出了更高要求。随着铁路和城市轨道交通产品技术不断升级,系统集成度提高,轨道交通运营方式正向网络化和多样化发展,对轨道交通运营管理和设备的安全性、可靠性提出了更高要求,推动轨道交通装备向高安全性和可靠性、易维护方向发展。

3. 新能源汽车产业链

我市传统汽车产业基础良好,拥有一汽解放青岛汽车有限公司、上汽通用五菱青岛分公司、中国重汽集团青岛重工有限公司、青特集团有限公司等20家汽车生产企业,以及青岛海隆机械集团有限公司、青岛华瑞汽车零部件有限公司、青岛三元电子股份有限公司等188家规模以上汽车零部件企业,已形成黄岛汽车及零部件、城阳特种车及汽车零部件、青岛汽车及零部件(即墨市)等产业集聚区(表4)。2013年,全市汽车工业总产值突破700亿元。

表4 青岛市汽车产业集聚区

序号	集聚区名称	主要行业	产值(亿元)		
			2011年	2014年	2015年(目标)
1	黄岛汽车及零部件产业集聚区	微型乘用车、微型面包车、压路机、平板车、自卸车、叉车、农用车、挖掘机等汽车及专用车整车生产,仪表板、制动器、车架总成、门锁产品、前轴、后桥、注塑内饰件、汽车钢板弹簧、冲压件、汽车座椅、活塞环、火花塞、万向节、刹车件、变速箱、发动机排气系统、汽车线束、挖掘机用履带等零配件	309	444	500
2	城阳特种车及汽车零部件产业集聚区	特种汽车、拖拉机、驱动桥、支撑桥、铸造部件、齿轮、悬挂、汽车电子等汽车零部件	95	—	200
3	青岛汽车及零部件产业集聚区	载重卡车、改装车、整车装配、发动机系统、汽车底盘系统、汽车内外饰、汽车电器、汽车车身、汽车灯具、数控机械	8	—	600
	合计		412		1300

青岛市新能源汽车产业处于起步阶段,目前仅有一汽LNG天然气整车和3家汽车配件企业,2014年产业产值为24.5亿元。但近年来,中国重汽集团青岛重工有限公司、青岛海誉车辆机械有限公司等企业正积极开发新能源专用车,上汽青岛清洁能源客车、比亚迪纯电动汽车、北汽新能源汽车等一批整车项目正在加紧建设。青岛乾运高科新材

料有限公司、青岛华冠恒远锂电科技有限公司、青岛威能电动车辆电控有限公司等一批动力电池及材料生产企业已建成投产。青岛奥扬新能源装备股份有限公司、青岛普天汽车配件有限公司等 LNG 汽车零部件企业已形成规模生产。青岛特锐德电气股份有限公司充电装备投资规模不断扩大,技术水平国际领先,全市新能源汽车产业链初具雏形,发展空间较大。

但是当前电动汽车产业的发展受到多重制约,主要面临电池续航能力不足、充电基础设施不健全、能源补给不便利和电池寿命短安全性不高等技术瓶颈。

(1) 电池续航问题是电动汽车推广中遭遇的最大阻碍。例如,对于一辆纯电动汽车而言,按照一度电需要 10 kg 电池来算,50 度电就要 500 kg 电池,而续航仅 200 多千米。普通燃油车一箱油 50 L 左右,仅重 30~40 kg,续航可达 500 km。相比之下,电动汽车的负担要大得多产能却相对较低。

(2) 充电基础设施不健全能源补给不便利。普通燃油车加一箱油需要几分钟,而电动汽车充电时间较长,能源补给不便利。

(3) 电池寿命短、安全性不高。一台电动车的电池价值约 10 万元,如果充 500 次,每次就产生 200 元的折旧费,成本不比燃油车低;电动汽车电池体积大,无法集中放在一小块安全的地方,当碰撞发生时,存在安全隐患。

(三) SWOT 分析

通过 SWOT 分析可见(表 5),青岛市先进制造相关产业应抓住全球先进制造业快速发展和国家高度重视的机遇,发挥青岛市在特色产业、集聚发展等方面的优势,重点突破关键共性技术,形成具有国际水平的特色领域,把握产业主导权,发挥引领和辐射作用。

表 5 青岛市先进制造领域 SWOT 分析

外部条件＼内部能力	机遇(Opportunities)	威胁(Threat)
	(1) 国内外政府高度重视先进制造产业发展,"中国制造 2025"加快推进实施 (2) 在国家"一带一路"等重大战略带动下,轨道交通装备、橡胶机械等先进制造产业市场需求旺盛 (3) 南车、北车合并,为轨道交通装备走出去,带来新机遇 (4) 作为节能与新能源汽车示范推广试点城市,为新能源汽车发展提供广阔发展前景	(1) 智能化制造技术水平与国际差距大,国内没有明显竞争优势 (2) 纺织机械、铸造机械等原有优势产业发展面临转型压力 (3) 科技体制不完善以及政府对产业创新和创业支持扶持政策力度不够
优势(Strength)	优势-机遇(SO)	优势-威胁(ST)
(1) 机械设备产业规模较大,发展态势良好 (2) 形成轨道交通装备、橡胶机械、纺织机械等特色产业 (3) 骨干企业带动配套企业聚群发展,形成了具有一定竞争力的产业集群 (4) 一汽大众、北汽、上汽、比亚迪等汽车企业纷纷在青岛设立新能源汽车研发生产基地	(1) 利用机械设备产业基础优势,对接"中国制造 2025",推动产业向智能制造转型升级 (2) 发挥轨道交通装备等特色产业的优势,借助国家战略,拓展国际市场需求 (3) 推进新能源汽车生产基地建设,带动新能源汽车产业发展壮大	(1) 挖掘橡胶、纺织等产业特色需求,开发差异化智能制造装备 (2) 加快平台建设,突破关键技术与产业化瓶颈 (3) 加大轨道交通装备研发投入,把握产业主导权

续表

劣势(Weakness)	劣势-机遇(WO)	劣势-威胁(WT)
(1) 智能制造装备核心部件研发能力不强,智能化水平不高 (2) 轨道交通装备制造等产业配套率偏低,产业聚集度不高,国际化能力有待提高 (3) 新能源汽车产业基础薄弱,以引进企业及产品进入为主,缺少对基础技术的研究和掌握 (4) 新能源汽车等产业相关基础设施建设滞后	(1) 通过引进生产企业或开展联合攻关等方式提高核心部件研发水平 (2) 引导轨道交通装备配套企业集聚发展,提高本地配套率 (3) 加强新能源汽车共性关键技术攻关 (4) 支持和引导本地智能充电设施建设,鼓励发展智能充电服务	(1) 针对薄弱环节进行技术突破和产业培育,增强区域产业竞争力 (2) 政府给予政策和资金支持,促进产业集聚发展

三、发展目标

"十三五"期间,青岛市先进制造产业将聚焦智能制造装备、轨道交通装备和新能源汽车等领域,部署实施智能机器人、重大智能成套装备、新型城市轨道交通装备、电动汽车及充电设施等自主创新重大专项,加快推进储能、轨道交通、橡胶、汽车、机械设备等产业技术研究院建设,支持在网络协同制造、智能机器人、智能成套装备、轨道交通装备和汽车制造领域建设重点实验室、工程技术研究中心、公共研发平台、专业孵化器、产业技术创新战略联盟等创新载体,依托四方股份等企业,打造具有全球影响力的高速列车技术创新中心。

到 2020 年,掌握一批重点领域关键核心技术,培育一批拥有自主知识产权和自主品牌、具有国际竞争力的龙头骨干企业,支持和引导一批产业链配套企业调整结构,形成一批具有自主知识产权的世界级产品和国际知名品牌,优势领域竞争力进一步增强,推动轨道交通装备制造、橡胶机械制造等产业集聚区向产业集群转型升级。2018 年,产业产值超过 4 000 亿元。2020 年,达到 5 000 亿元。

四、研发重点

综合先进制造领域国内外发展趋势、我市产业基础和发展目标,在文献资料研究、企业调研和专家讨论基础上,围绕智能制造装备、轨道交通装备和新能源汽车三个重点领域确定了智能机器人与网络协同制造、高档数控机床与精密仪器、重大智能制造成套装备、整车集成(动车组、客运列车及城市轨道交通装备等)、关键部件与通用技术、信号及综合监控与运营管理系统、新能源汽车及特种车辆整车制造、关键技术与核心零部件、基础设施与示范等九个重点发展方向(表 6),凝练提出 44 项关键共性技术攻关方向,技术描述详见附件二。

表 6 青岛市先进制造领域研发需求表

发展方向		编 号	关键共性技术
智能制造装备	智能机器人与网络协同制造	1.1	面向本地行业特色需求的工业机器人研发与产业化
		1.2	特种机器人与服务机器人的研发

续表

发展方向		编号	关键共性技术
智能制造装备	智能机器人与网络协同制造	1.3	机器人核心器件的研发与产业化
		1.4	高可靠性和容错性的多机器人系统
		1.5	基于CPS与物联网的智能工厂
	高档数控机床与精密仪器	1.6	五轴联动数控机床等高端大型数控机床
		1.7	高性能通用分析检测精密仪器
		1.8	智能传感器研发
	重大智能制造成套装备	1.9	橡胶制品及轮胎智能成套设备
		1.10	智能化纺织成套装备
		1.11	智能化绿色铸造锻压成套设备
		1.12	增材制造（3D打印）技术与装备
		1.13	智能化印刷包装装备
		1.14	智能化废旧轮胎及塑料资源化利用裂解成套设备
		1.15	智能成套石油石化装备
轨道交通装备	动车组及客运列车、城市轨道交通装备、重载及快捷货运列车	2.1	复合材料的轨道车辆轻量化技术
		2.2	轨道车辆数字化样车技术
		2.3	轨道交通车辆碰撞安全技术
		2.4	轨道交通车辆无人驾驶技术
		2.5	轨道交通装备气候环境风洞综合试验关键技术
		2.6	地铁车辆结构模块化技术
		2.7	轨道车辆结构健康监测技术
		2.8	轨道列车节能技术
	关键部件与通用技术	2.9	轨道交通车辆无接触网供电技术
		2.10	轨道列车互联互通技术
		2.11	新能源驱动列车关键技术
		2.12	高速列车电磁兼容防护技术
		2.13	高速列车减振降噪技术
		2.14	功能涂层技术应用
		2.15	机器人搅拌摩擦焊在轨道车辆上应用技术
	信号及综合监控与运营管理系统	2.16	基于无线通信网络的列车控制和通信技术
		2.17	信号及综合监控与运营管理系统
新能源汽车及特种车辆	汽车整车	3.1	纯电动汽车整车集成技术和样车开发
		3.2	电动汽车整车控制与能量管理系统
		3.3	新型特种车辆研发
	关键技术与核心零部件	3.4	高能量密度动力电池及管理系统

续 表

发展方向		编 号	关键共性技术
新能源汽车及特种车辆	关键技术与核心零部件	3.5	电动汽车及充电设施运行监控系统
		3.6	高功率密度载重车桥等商用车关键部件研发
		3.7	汽车关键零部件粉末冶金技术及产品研发
		3.8	汽车零部件虚拟仿真设计技术
		3.9	汽车主动安全技术
		3.10	汽车自动驾驶技术
	基础设施与示范	3.11	电动汽车智能充电装备与示范
		3.12	动力电池回收利用技术与示范

五、资源配置

(一)创新资源分布现状

目前,青岛市先进制造领域共拥有重点实验室、工程技术研究中心、科研院所等各类创新载体120多家。其中,包括山东省机器人与智能技术重点实验室等重点实验室6家,国家高速动车组总成工程技术研究中心、国家橡胶与轮胎工程技术研究中心等国家级、省级、市级工程技术中心54家,企业技术中心50多家,详见表7。

表7 先进制造领域创新载体资源分布汇总表

级别\类型	重点实验室	工程技术研究中心	产业技术创新联盟	高等院校	科研院所	引进院所	企业技术中心
国家级	—	3	1	—	1	—	—
省级	2	7	—	1	—	—	—
市级	4	44	7	—	3	1	52
总计	6	54	8	1	4	—	52

1. 智能制造装备

我市智能制造装备领域创新载体共有79家。其中,国家级工程技术研究中心2家,省级重点实验室、工程技术研究中心和高等院校10家,市级重点实验室、工程技术研究中心、产业技术创新战略联盟和科研院所45家,企业技术中心22家(表8)。

表8 智能制造装备领域创新载体资源列表

序号	类别	机构名称	依托单位	级别
1	重点实验室	山东省工业控制技术重点实验室	青岛大学	省级
2		山东省机器人与智能技术重点实验室	山东科技大学	省级
3		青岛市智能控制与机器人技术重点实验室	山东科技大学	市级
4		青岛市石油机械工程重点实验室	中国石油大学(华东)	市级

▶ 青岛市"十三五"重点产业创新路线图

续 表

序号	类别	机构名称	依托单位	级别
5		国家家电模具工程技术研究中心	青岛海尔模具有限公司	国家级
6		国家高压超高压电缆工程技术研究中心	青岛汉缆股份有限公司	国家级
7		山东省精密成型工艺与模具工程技术研究中心	青岛海信模具股份有限公司	省级
8		山东省气溶胶测控技术与装备工程技术研究中心	青岛恒远科技发展有限公司	省级
9		山东省机器人工程技术研究中心	山东科技大学	省级
10		山东省工业测控工程技术研究中心	山东科技大学	省级
11		山东省金属材料与表面工程技术研究中心	山东科技大学	省级
12		山东省根茎类作物生产装备工程技术研究中心	青岛农业大学	省级
13		山东省采掘机械工程技术研究中心	山东科技大学	省级
14		青岛市制冷模组工艺及控制工程技术研究中心	澳柯玛股份有限公司	市级
15		青岛市3D打印个性化定制应用技术工程技术研究中心	海尔集团技术研发中心	市级
16		青岛市曲轴连杆总成工程技术研究中心	青岛德盛机械制造有限公司	市级
17		青岛市台式电动工具工程技术研究中心	青岛地恩地机电科技股份有限公司	市级
18		青岛市铁塔钢结构工程技术研究中心	青岛东方铁塔股份有限公司	市级
19	工程技术中心	青岛市激光加工工程技术研究中心	青岛高科技工业园中发激光技术有限公司	市级
20		青岛市臭氧应用工程技术研究中心	青岛国林实业有限责任公司	市级
20A		青岛纺织梳理机械工程技术研究中心	青岛东佳纺机集团有限公司	市级
21		青岛塑料模具工程技术研究中心	青岛海尔模具有限公司	市级
22		青岛水工业装备工程技术研究中心	青岛海诺水务科技股份有限公司	市级
23		青岛市模具成型过程控制工程技术研究中心	青岛海信模具有限公司	市级
24		电线电缆工程技术研究中心	青岛汉缆集团有限公司	市级
25		青岛液力装备工程技术研究中心	青岛华东工程机械有限公司	市级
26		青岛市有机废气吸附材料及装备工程技术研究中心	青岛华世洁环保科技有限公司	市级
27		青岛市能源与环境装备工程技术研究中心	青岛建筑工程学院	市级
28		青岛低温余热发电汽轮机工程技术研究中心	青岛捷能汽轮机集团股份有限公司	市级
29		青岛市模锻压力机械工程技术研究中心	青岛青锻锻压机械有限公司	市级
30		青岛市低温液化气体储存装备工程技术研究中心	青岛瑞丰气体有限公司	市级
31		青岛无负压给水工程技术研究中心	青岛三利集团有限公司	市级
32		青岛市柔性发热器具工程技术研究中心	青岛市琴岛电器有限公司	市级
33		青岛铸造机械工程技术研究中心	青岛双星铸造机械有限公司	市级
34		青岛智能变配电设备工程技术研究中心	青岛特锐德电气股份有限公司	市级
35		青岛市矿用电气自动化设备工程技术研究中心	青岛天信电气有限公司	市级
36		青岛市采掘机械工程技术研究中心	山东科技大学	市级

续 表

序号	类别	机构名称	依托单位	级别
37	工程技术中心	青岛市非常规能源开发设计工程技术研究中心	中国石油大学(华东)	市级
38		大型高效节能电机工程技术中心	中科盛创(青岛)电气有限公司	市级
39		青岛市气溶胶测控技术与装备工程技术研究中心	青岛恒远科技发展有限公司	市级
40		青岛市水上溢油应急处置装备工程技术研究中心	青岛华海环保工业有限公司	市级
41		青岛市智能化高档喷气织机工程技术研究中心	青岛天一集团红旗纺织机械有限公司	市级
42		青岛市活塞杆工程技术研究中心	青岛张氏机械有限公司	市级
43		青岛市聚酯双向拉伸装备及制品工程技术研究中心	青岛顺德塑料机械有限公司	市级
44		青岛市熔炼装备工程技术研究中心	青岛青力环保设备有限公司	市级
45		青岛市商用冷链工程技术研究中心	青岛海容商用冷链股份有限公司	市级
46		青岛市海青铜铝管材焊接技术研发中心	青岛市海青机械总厂	市级
47		青岛市高效变频电机工程技术研究中心	青岛海立美达电机有限公司	市级
48		青岛市铸轧工程技术研究中心	中冶东方工程技术有限公司	市级
49	产业创新战略联盟	臭氧装备产业技术创新战略联盟	青岛国林实业有限责任公司	市级
50		青岛市制动系统产业技术创新战略联盟	青岛华瑞汽车零部件有限公司	市级
51		青岛市智能机器人产业技术创新战略联盟	青岛诺力达智能科技有限公司	市级
52		青岛市3D打印产业技术创新战略联盟	海尔集团技术研发中心	市级
53		青岛市农业机械装备产业技术创新战略联盟	青岛农业大学	市级
54		青岛市固体废弃物资源化利用技术及装备产业技术创新战略联盟	青岛新天地静脉产业园管理有限公司	市级
55	高校	青岛理工大学	山东省教育厅	省级
56	科研院所	青岛机械研究所	—	市级
57		青岛工程技术研究所	—	市级
58	骨干企业	通用设备:青锻机械、华东机械、元通机械、永基重工、捷能汽轮机、华创风能 专用设备:福田雷沃、中船重工青岛轨道交通装备、科瑞特电气机械、汉缆集团、青变集团、特锐德电气	—	其他

2. 轨道交通装备

我市轨道交通产业创新载体共有16家,包括国家级工程技术研究中心、产业技术创新战略联盟、科研院所3家,市级重点实验室和工程技术研究中心5家,引进院所1家,企业技术中心7家(表9)。

表9 轨道交通装备领域创新载体资源列表

序号	类别	机构名称	依托单位	级别
1	重点实验室	青岛市机械设计与制造技术重点实验室	青岛理工大学/四方机车股份有限公司/青岛捷能汽轮机股份有限公司/青岛铸造机械集团公司	市级

23

青岛市"十三五"重点产业创新路线图

续 表

序号	类别	机构名称	依托单位	级别
2	重点实验室	青岛市高速列车技术重点实验室	中车四方机车车辆股份有限公司	市级
3	工程技术中心	国家高速动车组总成工程技术研究中心	中车青岛四方机车车辆股份有限公司	国家级
4		青岛市轨道车辆牵引制动工程技术中心	青岛四方车辆研究所有限公司	市级
5		青岛轨道车辆移动通信工程技术中心	青岛中嘉轨道交通技术有限公司	市级
6		青岛市轨道车辆牵引辅助系统工程技术研究中心	青岛宏达赛耐尔科技股份有限公司	市级
7	产业创新联盟	高速列车产业技术创新战略联盟	中车青岛四方机车车辆股份有限公司	国家级
8	科研院所	青岛四方车辆研究所	中国中车集团	国家级
9	引进院所	西安交通大学青岛研究院	西安交通大学	其他
10	企业技术中心	青岛四方机车车辆股份有限公司技术中心	中车青岛四方机车车辆股份有限公司	国家
		青岛四方车辆研究所有限公司技术中心	青岛四方车辆研究所有限公司	国家
		中车四方车辆有限公司技术中心	中车四方车辆有限公司	省级
		青岛欧特美股份有限公司技术中心	青岛欧特美股份有限公司	市级
		青岛四机宏达工贸有限公司技术中心	青岛四机宏达工贸有限公司	市级
		青岛宏达赛耐尔科技股份有限公司技术中心	青岛宏达赛耐尔科技股份有限公司	市级
		青岛通用铝业有限公司技术中心	青岛通用铝业有限公司	市级
11	骨干企业	机车车辆及动车组:中车四方、四方庞巴迪、北车四方车辆研究所;机车配套零部件:依托亚通达、欧特美、威奥、法维莱轨道制动	—	其他

3. 新能源汽车及特种汽车

我市新能源汽车及特种汽车领域共拥有创新载体共有31家,包括市级重点实验室、工程技术研究中心、产业技术创新战略联盟和科研院所8家,企业技术中心23家(表10)。

表10 新能源汽车及特种汽车领域创新载体资源列表

序号	类别	机构名称	依托单位	级别
1	工程技术中心	青岛载重汽车车桥总成工程技术研究中心	青特集团有限公司	市级
2		青岛制动器总成工程技术研究中心	青岛华瑞汽车零部件有限公司	市级
3		青岛汽车链条工程技术研究中心	青岛征和工业有限公司	市级
4		青岛市汽车橡胶软管材料及装配工程技术研究中心	青岛三祥科技股份有限公司	市级
5		青岛市汽车悬架弹簧工程技术研究中心	青岛帅潮实业有限公司	市级
6		青岛市家电及汽车结构件工业设计工程技术研究中心	青岛恒佳塑业有限公司	市级

续表

序号	类别	机构名称	依托单位	级别
7	产业创新联盟	青岛市汽车零部件产业技术创新战略联盟	青特集团有限公司	市级
8	科研院所	青岛晶星汽车电子装备有限责任公司	—	市级
9	骨干企业	整车:一汽解放商用车基地,改装车:重汽青岛重工、青特新能源,汽车:青岛申沃、太平洋客车、上汽通用五菱、澳柯玛、红星化工、乾运高科、海霸、宏耐	—	其他

(二) 创新资源配置

1. 支持重点实验室、工程技术研究中心、科研院所等创新载体建设

重点支持高速列车全球科技创新中心、城市轨道交通车辆系统集成国家工程实验室、吉林大学汽车研究院、电动汽车工程技术研究中心、先进制造系统工程公共研发平台、智能制造公共研发平台、工业机器人公共研发平台、工业机器人孵化器、铸造锻压机械产业技术创新战略联盟、新能源汽车产业技术创新战略联盟等创新载体建设。

(1) 高速列车全球科技创新中心。依托中车青岛四方机车车辆股份有限公司,加快建设环境风洞综合实验室和城市轨道交通车辆系统集成国家工程实验室,进一步掌握高速列车核心技术,提升综合研发和自主创新能力,建设具有全球影响力的高速列车科技创新中心。

(2) 城市轨道交通车辆系统集成国家工程实验室。依托中车青岛四方机车车辆股份有限公司,建立的城市轨道交通车辆系统集成综合测试与仿真平台,开展共性技术、系统技术和集成技术研究,提高下一代城市轨道交通车辆的设计、开发、制造和运维能力。

(3) 智能制造和先进制造公共研发平台。根据《青岛市公共研发平台建设方案》,在胶州湾北部新城面向蓝色制造等产业,建设高端装备制造公共研发平台,优化区域创新创业环境;在西海岸经济新区依托现代港区建设发展,建设先进制造公共研发平台,支撑西海岸的港航物流和先进制造体系建设。

(4) 工业机器人公共服务平台和孵化器。落实《青岛国家高新区机器人产业发展规划》,推进工业机器人公共服务平台和工业机器人专业孵化器建设。工业机器人公共服务平台一方面开展科技项目服务、科技咨询服务、创业服务、专利服务、法律事务支持、行业检测服务、科技查询服务、政策指导服务等各项服务综合服务;另一方面针对机器人新技术的研究开发、产品的验证测试和质量检测等需求,整合全行业的技术资源,提供面向软件、硬件、系统集成方面的共性技术服务。工业机器人专业孵化器为小微企业提供孵化空间,及创业投融资、创业辅导与培训和技术转移等服务。

(5) 电动汽车工程技术研究中心。依托青岛特锐德电气有限公司,建立电动汽车群充电工程技术研究中心,围绕电动汽车智能充电,与山东大学等高校院所联合,开发基于"电动汽车群"集中充电需求设计的系统解决方案,突破制约电动汽车大规模应用的瓶颈问题。

2. 加快产业技术研究院等新型研发机构建设

围绕重点发展方向支持建设储能产业技术研究院、机械设备产业技术研究院、轨道交通产业技术研究院、汽车产业技术研究院等新型研发机构。

（1）储能产业技术研究院。依托中国科学院青岛生物能源与过程研究所，联合高校、科研院所和知名企业共同建设，下设公共服务平台、产业育成平台和核心开发平台三大模块，重点进行电动汽车整车系统开发、储能系统开发、高品质电池技术研发等。

（2）橡胶产业技术研究院。拟依托青岛科技大学、怡维怡橡胶研究院有限公司建设，重点围绕合成橡胶、轮胎、橡胶制品、橡胶机械等方面提供技术支撑。

（3）轨道交通产业技术研究院。拟依托中车四方股份有限公司建设，引进西南交通大学、北京交通大学、中国科学院力学研究所等单位，重点围绕机车车辆及动车组、配套零部件、轨道交通建设与运营专用设备等方面提供技术支撑。

（4）机械装备产业技术研究院。拟依托中国机械科学研究总院青岛分院建设，重点围绕电工电器、专用设备、仪器仪表、数控机床、工业机器人、航空发动机等方面提供技术支撑。

（5）汽车产业技术研究院。拟引进一汽集团汽车研究院并联合相关单位建设，重点围绕整车制造、技术改造、零部件配套、新能源汽车及配件等方面提供技术支撑。

3. 加快推进产业园区建设

加快推进即墨一汽大众华东生产基地、莱西姜山北汽新能源汽车生产基地、城阳棘洪滩比亚迪汽车新能源项目、黄岛上汽青岛清洁能源客车基地、中德生态园天津力神动力锂离子电池等重大项目。推进高新区青岛国际机器人产业园、城阳区青岛轨道交通产业开发区等产业园区建设，打造轨道交通装备制造和橡胶机械制造等创新型产业集群。

4. 加强高层次人才引进培养

根据《青岛市引进高层次优秀人才来青创新创业发展的办法》，围绕先进制造产业发展需求，引进智能制造、轨道交通装备和新能源汽车领域的五类高层次人才100～200名。

六、产业创新路线图与行动计划

（一）重点任务

1. 智能制造装备

（1）智能机器人与网络协同制造。重点开发面向橡胶、纺织、海水养殖等青岛特色行业需求的机器人，加快推进水下机器人、医疗康复机器人、助老助残机器人、家庭服务机器人等特种机器人研发。积极布局驱动器、控制器、传感器等机器人核心部件，开发可靠性和容错性高的多机器人系统，突破信息物理融合系统关键技术，建立基于CPS与物联网的智能工厂。

（2）高档数控机床与精密仪器。突破中高档数控系统、数字化伺服驱动系统、主轴、丝杠、导轨、刀具等关键部件或系统，开发五轴联动数控机床等高端大型数控机床。开展新型传感技术研究，开发微型化、智能化、低功耗、集成化的智能传感器及系统集成。

（3）重大智能制造成套装备。重点开发橡胶制品及轮胎智能成套设备、智能化纺织成套装备、3D 打印装备、智能化印刷包装装备、智能化废旧轮胎及塑料资源化利用裂解成套设备、智能化绿色铸造锻压成套设备、石油石化智能成套设备等重大智能制造成套装备。

2. 轨道交通装备

（1）动车组及客运列车。全面掌握标准动车组、智能化高速列车、高寒动车组整车集成技术，开发高寒城际动车组，提高客运轨道交通装备的可靠性、舒适性、可维护性，开展磁悬浮列车关键技术研究。

（2）城市轨道交通装备。重点开展低地板有轨电车、跨座式单轨车辆、新型悬挂式空轨车辆等城轨车辆集成应用关键技术研究，布局下一代城市轨道交通列车。

（3）重载及快捷货运列车。开展全系列快速货运动车组、全系列大功率交流传动机车、大轴重重载货车、快捷货运列车、智能货车的配套研发。

（4）信号及综合监控与运营管理系统。开展高速铁路宽带通信的关键技术、智能化高速列车系统数据传输与处理平台研究，开发城际先进的铁路列控系统、综合监控系统和城市轨道交通控制系统。

（5）关键技术与核心零部件。重点开展车体轻量化、减振降噪、无接触网供电技术、无人驾驶技术、碰撞安全技术、互联互通技术等关键技术研发，加快轮轴轴承、传动齿轮箱、减振装置、环控装置、牵引、网络、制动、信号控制装置等核心零部件自主化研发。

3. 新能源汽车

（1）整车制造。重点开展车体结构轻量化技术、纯电动汽车整车集成技术、电动智能车辆关键技术等研发，推进电动汽车样车、电动特种车辆和新型特种车辆等整车产业发展。

（2）关键技术与核心零部件。重点突破汽车主动安全、自动驾驶技术、关键零部件粉末冶金技术、汽车零部件虚拟仿真设计技术等关键技术，开展高能量密度动力电池及管理系统、整车控制与能量管理系统、电机及其控制系统、安全监测系统等电动汽车关键部件研发，提高载重车桥等商用车关键部件研发水平。

（3）基础设施与示范。支持智能充电等基础设施建设，开展智能充电、快速换电、动力电池回收利用等示范，建立基于大数据的电动车辆及充电设施安全运行监控系统。

（二）产业创新路线图

综合我市产业基础与现状、发展目标、研发需求和创新资源，结合专家调研、文献数据分析等结果，绘制先进制造领域产业创新路线图，如图 2 所示。依托现有 20 余家骨干企业和 10 余家科研院所，围绕 3 个重点领域的 9 个重点发展方向，开展 44 项关键共性技术攻关，结合创新载体搭建、骨干企业培育、产业园区建设和产业集群打造等创新举措，突破发展瓶颈，推动智能制造装备、轨道交通装备和新能源汽车产业快速发展。2018

> 青岛市"十三五"重点产业创新路线图

年,产业产值将达到 4 000 亿元。2020 年,将达到 5 000 亿元。

发展目标	产业产值		2016 年	2018 年	2020 年
		智能制造装备	约 3 500 亿元	>4 000 亿元	>5 000 亿元
		轨道交通装备	约 700 亿元	>850 亿元	>1 000 亿元
		新能源汽车	约 27 亿元	>30 亿元	>50 亿元
	创新资源建设	创新载体	120 家	130 家	136 家
		骨干企业	20 家	40 家	50 家
		产业集群	1 个	1 个	2 个
发展瓶颈	智能制造装备		资源能源利用效率较低	核心器件自主研发能力较弱	智能化水平不高
	轨道交通装备		部分关键零部件研发能力不足	国际化能力有待提高	安全保障、节能环保等需求
	新能源汽车		充电基础设施不健全能源补给不便利	电池续航能力不足	安全性不高
研发重点	智能制造装备	智能机器人与网络协同制造	行业特色工业机器人研发 特种机器人与服务机器人	机器人核心器件研发 高可靠性和容错性的多机器人系统	智能工厂
		高档数控机床与精密仪器	五轴联动等高档数控机床 橡胶制品及轮胎智能成套设备	分析检测精密仪器 智能印刷包装装备	智能传感器研发 3D 打印技术装备
		重大智能制造成套装备	智能化纺织成套设备 绿色铸造锻压成套装备	废旧轮胎及塑料资源化利用裂解成套设备 智能成套石油石化装备	
	轨道交通装备	整车集成	轨道车辆轻量化技术 车辆碰撞安全技术	数字化样车 无人驾驶技术 轨道列车节能技术	气候环境风洞综合试验 地铁车辆结构模块化技术 轨道车辆结构健康监测技术
		关键部件	轨道列车互联互通 高速列车减振降噪	无接触网供电技术 高速列车电磁兼容防护	新能源驱动列车关键技术 机器人搅拌摩擦焊应用
		信号系统	基于无线网络的列车控制和通信技术	信号及综合监控与运营管理系统	
	新能源汽车	整车制造	新型特种车辆 高能量密度动力电池及管理	电动汽车整车集成和样车 电动汽车整车控制与能量管理系统	车辆及充电设施运行监控
		关键零部件	高功率密度载重车桥 关键零部件粉末冶金技术	汽车主动安全 汽车零部件虚拟仿真设计技术	自动驾驶技术
		基础设施	电动汽车智能充电装备与示范	动力电池回收利用技术与示范	
资源配置	新建拟建		高速列车全球科技创新中心 城市轨道交通车辆系统集成重点实验室 工业机器人工程技术研究中心 智能成套装备公共研发平台 新能源汽车产业技术研究院 上汽清洁能源客车 比亚迪纯电动汽车 北汽新能源汽车 天津力神 吉大汽车研究院		
	现有基础		山东省工业控制技术重点实验室 山东省机器人与智能技术重点实验室 国家家电模具工程技术研究中心 国家高速动车组总成工程技术研究中心 高速列车产业技术创新战略联盟 华东工程机械 青锻压机械 宏大 东佳 美光机械 前哨精密机械 机械工业总公司 软控股份 双星橡塑机械 科捷 诺力达 宝佳 四方股份 四方庞巴迪 四方有限 四方车辆研究所 一汽 特锐德电气 乾运高科 山东科技大学 中国石油大学(华东) 中国海洋大学 青岛科技大学 青岛大学 青岛理工大学 西安交通大学青岛研究院		

图 2 先进制造产业创新路线图

(三)行动计划

立足青岛产业基础与发展定位,对接落实《中国制造 2025》,聚焦智能制造、轨道交通、新能源汽车等领域,顺应"互联网+"的发展趋势,以信息化与工业化深度融合为主线,以智能化、绿色化、服务化为发展方向,加快重大关键共性技术的突破和产业化进程,部署智能机器人、重大智能成套装备、新型城市轨道交通装备、电动汽车及充电设施等自主创新重大专项,推进轨道交通重点实验室、新能源汽车产业技术研究院等创新载体建设,培育骨干智慧企业,打造创新型产业集群,提升制造业自主创新能力,推动制造业创新发展。依托四方股份等轨道交通装备企业,打造具有全球影响力的高速列车技术创新中心。制定先进制造领域五年行动计划,详见表11。

表 11 先进制造领域行动计划

时间节点	2018 年	2020 年
发展目标	在智能机器人、重大智能成套装备、轨道交通装备、特种车辆、电动汽车等领域部署实施自主创新重大专项,突破共性关键技术26项,搭建各类创新载体10家,形成一批具有自主知识产权的产品,培育拥有自主品牌和较大市场影响力的骨干企业20家、创新型产业集群1个	在网络协同制造、高档数控机床、重大智能成套装备、轨道交通装备、电动汽车等领域共性关键技术18项,搭建各类创新载体6家,培育骨干企业10家,创新型产业集群1个,百亿级产业集群超过10个
发展路径	(1)关键技术突破及产业化:重点开展面向本地行业特色需求的工业机器人及核心器件的研发与产业化,开发特种机器人和服务机器人;实现橡胶制品及轮胎智能成套设备、智能化纺织成套装备、3D打印装备、智能化绿色铸造锻压成套设备等产业化;突破轨道交通车辆核心部件关键技术,实现智能化高速列车、低地板有轨电车等动车组和城轨整车及配套装备产业化;突破载重车桥等商用车关键部件研发、高能量密度动力电池及管理等关键技术,实现新型特种车辆、智能充电装备等产业化 (2)搭建创新载体:支持在智能机器人、轨道交通装备和汽车制造领域建设重点实验室、工程技术研究中心、专业孵化器等载体,推进储能、轨道交通等产业技术研究院、铸造机械等产业技术创新战略联盟建设 (3)建设产业园区:推进国际机器人产业园、轨道交通产业开发区、一汽大众华东生产基地等园区建设 (4)打造产业集群:发展壮大橡胶机械、纺织机械、高速列车、特种车及汽车零部件等产业集群 (5)加强国内外合作:加强德国库卡、瑞士 ABB 等机构引进合作 (6)引进高层次人才:50～100 名	(1)关键技术突破:突破信息物理融合系统关键技术,建立基于 CPS 与物联网的智能工厂;研发新型智能传感、五轴联动高档数控机床;实现智能化印刷包装设备、智能化废旧轮胎及塑料资源化利用裂解成套设备、智能化成套石油石化装备等产业化;突破轨道车辆的结构模块化、健康监测等技术,开发信号及综合监控与运营管理系统;开展纯电动汽车整车集成与关键部件攻关,实施智能充电、快速换电、动力电池回收利用等示范,建立基于大数据的电动车辆及充电设施安全运行监控系统 (2)搭建创新载体:建设汽车、机械设备等产业技术研究院,支持在智能制造、新能源汽车等领域建设公共研发平台、工程技术研究中心、产业技术创新战略联盟等创新载体 (3)培育产业集群:培育发展工业机器人、新能源汽车产业集群 (4)国内外合作:加强与荷兰凯马实验室等机构合作 (5)引进高层次人才:50～100 名

参考文献

[1] 国务院. 中国制造2025(国发〔2015〕28号)[EB/OL]. (2015-05-08)[2015-05-19]. http://www.gov.cn/zhengce/content/2015/05/19/content_9784.htm.

[2] 工业和信息化部. 高端装备制造业"十二五"发展规划[EB/OL]. [2012-05-07]. http://www.miit.gov.cn/n11293472/n11293832/n11293907/n11368223/n14580681.files/n14578575.doc.

[3] 青岛市经济和信息化委员会. 关于加快推进青岛市装备制造业发展的实施意见(青政办发〔2011〕38号)[EB/OL]. (2012-03-01)[2012-03-01]. http://www.qingdao.gov.cn/n172/n68422/n1527/n23269822/120301104605100075.html.

[4] 贾志琦, 王琳, 董建忠. 美国先进制造伙伴关系计划及其启示[J]. 全球科技经济瞭望, 2011, 26(12): 63-67.

[5] 工业4.0工作主, 德国联邦教育研究部. 德国工业4.0战略计划实施建议(上)[J]. 机械工程导报, 2013(3): 23-33.

[6] 郭政. 德国"工业4.0"对我国制造业发展的启示[J]. 上海质量, 2014(4): 22-27.

[7] 李博达, 林莉. 中国轨道交通装备制造业的产业结构及优化策略研究[J]. 当代经济, 2014(3): 38-41.

[8] 夏孝瑾. 城市轨道交通装备制造产业发展动态及天津产业发展对策[J]. 市场周刊: 理论研究, 2014(6): 49-51.

[9] 青岛市人民政府办公厅. 青岛市新能源汽车产业发展规划(2014—2020年)[EB/OL]. (2015-01-07)[2015-01-16]. http://www.qingdao.gov.cn/n172/n68422/n68424/n31280468/n31280472/150116163726924477.html.

[10] 青岛市经济和信息化委员会. 青岛市工业产业集聚区(基地)布局规划[EB/OL]. (2012-07-06)[2012-03-01]. http://www.qingdao.gov.cn/n172/upload/131016150506316084/140614213618333836.pdf.

[11] 青岛市经济和信息化委员会. 青岛市十大新兴产业发展总体规划(青发改高技〔2014〕290号)[EB/OL]. (2014-07-01)[2015-01-29]. http://gxq.qingdao.gov.cn/n28356009/n28356073/n28356939/n28360120/n28360681/30547930.html.

[12] 青岛市人民政府. 青岛市人民政府关于关于加快培育和发展战略性新兴产业的意见(青政发〔2012〕51号)[EB/OL]. (2012-10-11)[2012-10-30]. http://www.qingdao.gov.cn/n172/upload/121030165805201283/140614191505067584.pdf.

[13] 青岛市经济和信息化委员会. 青岛市高端制造业和新兴产业发展指导目录(2012-2016年)[EB/OL]. (2012-10-29)[2012-10-30]. http://www.qingdao.gov.cn/n172/n24624151/n24625275/n24625289/n24625303/130929153601367882.html.

[14] 中共青岛市委,青岛市人民政府. 青岛市引进高层次优秀人才来青创新创业发展的办法[EB/OL].(2008-12-18)[2008-12-18]. http://www.qingdao.gov.cn/n172/n24624151/n24626255/n24626269/n24626283/100020090511048820.html.

附 件

附件一 专家名单

序号	姓名	单位
1	赵永瑞	中国石油大学（华东）
2	樊炳辉	山东科技大学信电学院
3	孙福斋	海通机器人
4	董志强	青岛市机械工业总公司
5	汪传生	青岛科技大学
6	纪合聚	青岛东佳纺机
7	王庆友	青岛前哨精密机械
8	邹国丞	青岛前哨精密机械
9	丛分文	青岛前哨精密机械
10	刘韶庆	中车青岛四方
11	王万静	中车青岛四方
12	李国平	青岛四方车辆研究所
13	李祥瑞	青岛四方车辆研究所
14	陈海	青岛四方车辆研究所
15	王丰元	青岛理工大学
16	王客业	青岛特锐德电气

附件二 关键共性技术描述

1.1 面向本地行业特色需求的工业机器人研发与产业化

分析家电行业、食品、轨道交通装备、橡胶轮胎等本地特色行业需求，突破机器人高性能运动控制等共性关键技术，攻克产业化中的批量生产可靠性技术，开发面向行业特色需求的工业机器人，实现机器人自动化生产线示范应用。

1.2 特种机器人与服务机器人的研发

面向海洋科研需求，开展水下机器人等特种机器人研究。重点突破面向医疗康复、助老助残、智慧生活机器人的新型机构、高精度定位及导航、人机协同操作控制、安全行为等关键技术，开发医疗康复机器人、助老助残机器人、家居监控机器人等服务机器人。

1.3 机器人核心器件的研发与产业化

围绕机器人核心零部件的设计工艺、材料工艺、加工工艺等关键技术与方法，研制高功率密度高速度大力矩伺服电机、轻质量大力矩精密减速器、动负载高精度驱动控制器，实现伺服驱动总成、控制器总成（传感器、机器人智能系统和网络控制系统）、减速器等机器人核心部件的产业化。

1.4　高可靠性和容错性的多机器人系统

开展多机器人交互协作与同步控制研究，突破人机高效协同作业与调度技术，开发多机器人系统。

1.5　五轴联动数控机床等高端大型数控机床

开展大型数控机床的可靠性研究，研发数控机床配套零部件，突破产业化瓶颈技术，开发五轴联动数控机床等大型数控机床。

1.6　高性能通用分析检测精密仪器

以环境监测仪器为重点，重点突破仪器高可靠性设计、制造、检测等关键技术，研发高性能通用分析检测精密仪器。

1.7　智能传感器研发

以传感器的微型化、智能化、低功耗为研发重点，解决制约传感器产业发展的制造、封装、可靠性、测试等重大关键共性技术，开发面向海洋、环境等特殊行业的传感器。

1.8　橡胶制品及轮胎智能成套设备

面向橡胶制品及轮胎行业全流程，以绿色高效为核心，针对制约产业发展的关键共性技术开展攻关，开发满足工业4.0需求的橡胶制品及轮胎智能成套设备。

针对制约产业发展的关键共性技术开展攻关，支持企业引进重大装备关键核心技术，加快培育和发展装备制造及其配套行业。重点面向重大交通工程等领域的机械装备及其配套产品的关键技术研发。通过项目实施，支持企业取得核心技术突破，填补国内相关技术领域空白，并实现1～2项科技成果产业化。

1.9　智能化纺织成套装备

面向纺织行业全流程，以绿色高效为核心，突破纺织机械装备及其配套产品的关键技术，开发满足工业4.0需求的智能化纺织成套装备。

1.10　智能化绿色铸造锻压成套设备

以解决铸造锻压生产过程中的资源消耗大、污染问题为核心，实现全流程的绿色化，开发满足工业4.0需求的智能化绿色铸造锻压成套设备。

1.11　增材制造（3D打印）技术与装备

以金属材料的增材制造技术与装备的产业化为重点，重点开展3D打印材料与工艺技术研究，突破高性能、高效率和高精度增材制造的瓶颈，开发3D打印装备。

1.12　智能化印刷包装装备

面向印刷包装行业全流程；以卡匣式快换瓦楞机、上胶机、双面机、节能型可回收利用的蒸汽系统、全线计算机控制技术、智能伺服技术、虚拟仪器技术、制造信息化技术等为主要研究对象，实现印刷包装全流程的智能化、自动化以及高速度、高精度和低消耗的目标；满足工业4.0。

1.13 智能化废旧轮胎及塑料资源化利用裂解成套设备

面向废旧轮胎及塑料资源化利用的成套化；以废旧橡胶微负压状态下热裂解温度、压力、时间及热解速度等智能精密控制技术，双料斗密封螺旋连续喂料关键装置及顺序控制技术，双链条盘式输送刮壁防结焦关键装置研发，热解炭黑CBp多级螺旋密封卸出料及水冷降温一体装置研发，自动化成套控制技术为主要研究内容，实现废旧轮胎及塑料资源化利用裂解成套设备的智能化、高效和零排放；满足工业4.0的要求。

1.14 智能成套石油石化装备

面向石油生产与加工工艺全流程的自动化，研究适合于全流程的智能化成套设备；在非常规领域，重点研究勘探、钻井、测录井、固井、完井、压裂等各环节的关键成套设备以及旋转导向工具、专用管、钻具等核心专用设备，尽快形成装备产业化能力。

2.1 复合材料的轨道车辆轻量化技术

碳纤维增强复合材料具有比强度和比模量高、热膨胀系数小、耐蚀性、降噪减振隔热性能优异等优点，轨道车辆使用碳纤维增强复合材料，能够实现结构轻量化以大幅降低能耗，产品整体成型，制造周期短、易维护，节约工艺成本，提高产品的环境适应性、舒适性，增强市场竞争力。碳纤维增强复合材料在航空航天、汽车、新能源、民用等领域已得到广泛应用。欧盟、日、韩等已经完成基于碳纤维增强复合材料转向架、车体主结构的研制，实现头罩、内饰等部件的工程化应用。国内仅在车辆头罩、内饰方面实现工程化应用。鉴于碳纤维增强复合材料在国内轨道车辆领域应用范围窄、研发部件少，落后于国际同行，迫切需要对碳纤维增强复合材料的应用技术进行攻关，开展轨道车辆轻量化复合材料部件的研发，引领未来发展需求。

2.2 轨道车辆数字化样车技术

在研究应用虚拟现实技术的基础上，深入研究轨道车辆数字化样车制造技术、设计评审技术、虚拟维修维护技术、CAVE系统下大数据优化及多通道分发技术、虚拟装配技术、人机功效虚拟仿真技术、虚拟装配力反馈技术、实时渲染技术等。通过轨道车辆数字化样车制造技术的研究代替传统的实物模型车制造，对车辆进行人机功效分析，验证部件安装关系，进行虚拟维修及装配培训，解决实物模型车生产制造成本高、周期长等问题。目前，航空航天及军事领域发展较快，轨道车辆各个领域的应用及技术研究刚起步。在未来5~10年，轨道车辆数字化样车技术的应用将会全面支撑车辆数字化制作，在新产品研制中也有不可估量的应用前景。

2.3 轨道交通车辆碰撞安全技术

耐碰撞安全设计是在轨道交通车辆与障碍物碰撞后保证车体结构的完整性和乘员的生命安全。目前，汽车行业以及低速客车、地铁车辆的碰撞安全设计标准、技术较为成熟，但高速列车由于运行速度高、能量巨大，不同运行条件下考虑的碰撞速度、障碍物不同，同时要兼顾高速列车结构设计的轻量化。基于不同运输需求，制订碰撞设计边界条件、确定碰撞设计方法、开发高吸能量的耐冲击结构是轨道交通车辆碰撞安全设计长期需要关注的课题。

2.4 轨道交通车辆无人驾驶技术

全自动无人驾驶系统具有建设运营成本低、安全性高、列车运行密度高等特点,更能适应大客流运营的需要。国外的庞巴迪、阿尔斯通、西门子等轨道交通公司,都已经掌握了无人驾驶系统技术,并成功应用于巴黎、新加坡、洛桑、迪拜、纽伦堡、哥本哈根等城市的无人驾驶地铁中。国内无人驾驶系统技术尚处于探索阶段,相比国外还有较大的差距。北京地铁机场线、上海地铁10号线采用的无人驾驶系统均由阿尔斯通设计。国际公共交通协会的统计数据显示,世界无人驾驶城轨交通系统呈指数趋势增长,全球多于50%的新建线路计划采用无人驾驶设计,更多的城市正在考虑或是正在将既有的轨道交通线改造成全自动无人驾驶线。

无人驾驶的关键技术包括测速测距技术、列车定位技术、车-地无线通信技术、无人驾驶集成接口技术、障碍物探测技术、智能感知与远程救援技术、乘客防护技术、紧急情况甄别与处理技术、辅助联动的综合监控技术。

2.5 轨道交通装备气候环境风洞综合试验关键技术

轨道交通装备气候环境风洞综合试验包括两方面:一方面是整车(包括动车组、机车、客车、货车等不同车型)及主要系统部件在不同温度、不同湿度、太阳辐射、降雨降雪、冻雨积冰气候环境下的性能试验,另一方面是轨道交通车辆缩比模型、受电弓等部件的空气动力学性能试验。轨道交通装备气候环境风洞综合试验对轨道交通装备的安全性、可靠性、舒适性及节能性等方面的研究具有重要意义。我国轨道交通行业在整车级气候环境试验和大比例三编组缩比模型空气动力学试验方面,都没有针对性的试验装备,对相应关键技术的研究刚刚起步。随着我国轨道交通行业的快速发展,势必进行气候环境风洞综合试验关键技术的研究,逐步具备整车级气候环境和大比例缩比模型的空气动力学试验能力,不仅为轨道交通装备行业的相关研究提供技术支撑,同时能为汽车、航空航天等行业提供研发与试验验证支持。

2.6 地铁车辆结构模块化技术

模块化设计时绿色设计方法之一,已经从理念转变为较成熟的设计方法,对于一定范围内的不同功能,或相同功能条件下的不同性能、不同规格的产品,在功能分析的基础上,划分并设计出一系列功能模块,通过模块的选择与组合,构成不同的产品。将绿色设计思想与模块化设计方法相结合,可同时满足产品的功能属性和环境属性。轨道车辆的模块化技术就是将轨道车辆的研发、设计、工艺等划分成一定数量的模块,所划分的模块具有一致的几何连接接口和一致的输入、输出接口,相同种类的模块在产品族中可以重用和互换,相关模块的排列组合可以形成最终的产品。通过模块的组合配置,就可以创建不同需求的产品,满足客户的定制需求;相似性的重用,可以使整个产品生命周期的采购、物流、制造和服务资源简化。以模块化为准则,实现面向多样需求的轨道车辆的快速定制,研制满足典型运营环境需求的轨道车辆系列车型,最终达到满足我国国情的多样化运营需求,保持轨道车辆技术的可持续发展,提升我国的轨道车辆国际竞争力的目标。

2.7 轨道车辆结构健康监测技术

结构健康监测是指对工程结构实施损伤检测和识别,通过分析定期采集的结构布置的传感器阵列的动力响应数据来观察体系随时间推移产生的变化,损伤敏感特征值的提取并通过数据分析来确定结构的健康状态。以永久安装在结构表面或嵌入结构内的分布式传感器网络为基础的结构健康监测是确定结构完整性的创新技术。结构健康监测技术将是实现列车安全、检修、维护智能化的重要手段。通过构建智能传感网络,建立故障诊断专家系统,实现在途预警及集成智能化系统实时掌握高速列车关键系统和部件技术动态,提高列车使用效率;对高速列车零部件在服役过程中的维护数据进行跟踪,可提供个性化维修方案,大幅降低高速列车的维护成本,提高高速列车运营安全性。高速列车结构健康监测与评价技术和相应控制理念的实施,将在原有结构设计基础上进一步显著提高高速列车的安全性和全可靠性。

2.8 轨道列车节能技术

轨道列车节能技术包括牵引系统的节能算法优化、基于永磁直驱技术的牵引传动系统、混合动力牵引系统、高频化和变频控制的辅助逆变技术、变频热泵空调技术、制动再生能量的优化使用。

2.9 轨道交通车辆无接触网供电技术

无接触网的非接触供电技术以电气隔离的形式从电源侧获取电能,解决了轨道交通中通过受电弓—接触网或第三轨滑动接触获取电能存在的磨损、火花等方面问题,降低了系统维护成本,改善了城市景观效果,是一种富有弹性、美观、更有效率和竞争力的轨道交通解决方案。国内外只有庞巴迪公司研制了非接触供电有轨电车,建成了非接触供电试验线。通过研究非接触供电系统稳定性控制和性能分析方法、高频大功率电源、非接触供电系统分段供电技术、地面发射轨道与拾取机构设计与优化技术、磁场屏蔽及系统实现技术、非接触供电情况下列车牵引系统设计技术、地面供电系统设计技术,掌握非接触供电列车牵引系统设计、高频大功率电源、耦合磁路优化与设计、系统控制方法及控制器设计等关键核心技术,能够有效促进我国在大功率非接触供电技术应用方面的发展,占领研制非接触供电轨道列车系统的技术制高点,推动轨道交通行业及其相关产业的技术进步,提升我国轨道交通装备在国际市场的竞争力。

2.10 轨道列车互联互通技术

欧洲由于各国铁路互联互通的需要,逐渐形成了以 UIC、EN、TSI 等标准为基础的统一技术标准体系,其标准体系涵盖了列车的运用条件、技术性能、认证、安全评估等各方面,体系完善,适用性强。同时,欧洲高速列车技术在谱系化、标准化、一体化、成熟性等方面总体上居世界前列。目前,高速列车潜在市场多采用欧洲标准。研制满足欧洲标准要求的高速列车,是我们满足国际化市场需求的必由之路。

国内轨道交通供电包括 AC25KV50 Hz、DC1500V、DC750 等多种制式,国际上存在 25 kV 50 Hz AC(70%)、15 kV 16.7 Hz AC、25 kV 60 Hz AC 和 1.5 kV DC 等多种制式。根据多流制牵引传动系统的技术特点,提出针对高速列车牵引变压器、牵引变流器、牵引电机的主要性能指标以及牵引系统各部件之间的参数匹配关系是多制式设计的关键技术。

2.11 新能源驱动列车关键技术

储能装置和能量管理策略是混合动力列车的关键技术。目前，蓄电池、超级电容、燃料电池等装备的性能指标基本能满足应用要求，但可靠性与经济性是制约其大规模应用的瓶颈。能量管理策略可以使主动力源工作在最高效率点，将多余能量及制动产生能量存储到储能装置中（蓄电池、超级电容等）并优先使用存储能量。能量管理系统不仅适用于内燃机车、燃料电池为主动力源的混合动力系统，还适用于没有安装再生制动设备的电气化铁路。日本和欧美国家都在积极致力于新能源以及混合动力车的研发和设计，并已成功研制出太阳能列车和混合燃料列车、混合动力机车等试验样车。在我国，这项技术近年来同样得到了重视，国内许多科研院所、高校都在致力于混合动力应用于铁路机车的关键技术研究。

2.12 高速列车车电磁兼容技术

高速列车是一个复杂的电气系统。其车载电气设备工作电压跨度大——从几伏至25 kV不等，设备集成空间小，不同功率等级的交直流设备共存，车辆电磁环境复杂。与此同时，车载电子设备正朝着数字化、高频、高速、多功能、小型化的方向发展，又会使设备产生和受到电磁干扰的概率增加，对高速动车组电磁兼容性提出更高的要求。根据现实存在的问题，研究整车级电磁兼容指标分配技术，合理规划设备布置及工作频谱，研究受扰体屏蔽、干扰源传导及辐射路径优化等技术，提升整车电磁兼容水平。

2.13 高速列车减振降噪技术

车内噪声环境是决定乘客舒适度的重要因素之一，采取严格有效的减振降噪措施来降低列车车厢内部噪声，改善高速动车组车厢内噪声环境，保障乘坐舒适性，是高速列车发展的必然要求。振动噪声控制技术也成为高速列车设计过程中的关键技术。开展噪声源识别技术研究，分析各个噪声源对车内噪声的贡献量；开展噪声源控制技术研究，减小噪声源对车内噪声的影响；进行振动噪声传递路径研究，优化连接结构，隔断振动噪声的传播途径；优化车体与内饰结构，控制振动噪声的薄弱环节，降低结构辐射噪声；开展噪声主动控制技术研究，采用有源消声技术通过相位叠加原理，减小车内噪声，改善车内振动噪声环境。

2.14 功能涂层技术应用

现有的防冰雪涂层成分主要以有机氟、有机硅、烷烃及烯烃等低表面能物质为主，具备疏水或超疏水性能。虽然可以减少水的黏附以使水易于脱落，但实际使用时发现，这些涂层并无明显的防覆冰性能，尤其在低温以及存在过冷水雾的条件下，其防结冰效果很差。因此，使涂层在低温结冰环境下具备良好的防冰雪和除冰性能是一个急需解决的难题。本技术的关键点如下。① 在防冰雪涂层方面，将不同涂层原材料的亲水特性和疏水特性通过特定配方有机结合，形成新型的防冰雪涂层。从而实现：一方面，特制疏水层能够最小化湿润角，降低冰雪与结构表面的附着力；另一方面，在亲水点周围分布疏水层,使冰雪集中在亲水点处,便于气流吹走,减少冰雪堆积。② 在除冰涂层方面,研制纳米填料添加到油漆涂层中,当涂层受到外部光源照射后,界面将产生可控温升,从而使冰层融化而迅速脱落。

2.15 机器人搅拌摩擦焊在轨道车辆上应用技术

自1990年WTI发明了搅拌摩擦焊接技术之后,十年的时间,此项技术得以在制造业中成功应用。目前世界范围内,搅拌摩擦焊技术已经在轨道车辆领域广泛应用,但直到2008年机器人搅拌摩擦焊技术的研究才刚刚起步,机器人搅拌摩擦焊以其优质的焊接接头性能及焊接变形小及曲线三维焊接能力将能够提高轨道交通领域关键部件的焊接质量,尤其能够提高关键部件角焊缝焊接质量。研究机器人搅拌摩擦焊技术在轨道交通领域关键部件的应用,将提升产品的质量稳定性,形成企业核心竞争力。

2.16 基于无线通信网络的列车控制和通信技术

基于无线通信网络的列车控制和通信技术包括基于TD-LTE技术的列车自动调度控制系统和列车无线网络控制系统技术、无线车-车/车-地通信技术、开放式通讯系统的信息安全技术。

2.17 信号及综合监控与运营管理系统

信号及综合监控与运营管理系统包括列车运行控制系统、城市轨道交通控制系统和综合监控系统。

3.1 纯电动汽车整车集成技术和样车开发

整车集成和样车开发在纯电动汽车设计开发过程中占据统领地位,对于纯电动汽车各项关键技术研究和产业化应用具有促进和指导作用。研究内容包括电动化底盘结构和轻量化车身技术,高效动力系统结构设计,关键电动附件匹配,整车可靠性、动力性、经济性和舒适性等综合性能优化,整车结构、高压、热管理、电磁兼容等多级全方位安全技术,整车安全性优化,纯电动汽车试验验证技术、整车标定技术、中试生产技术和产业化生产技术,纯电动汽车技术标准规范构建,整车批量化生产工艺研究,整车运营与管理模式研究等;同时结合地方行业特色,开展电动特种车辆技术及产品开发。国内在纯电动汽车集成技术研究方面起步较晚,但近年来发展迅速。在国家级地方各类科技项目扶持下,众多汽车企业、高校、研究所在这方面开展了卓有成效的研究工作,但这些研究工作多数为初级重复性研究,在关键技术方面突破不大。今年来,青岛市相继建立多家纯电动汽车生产企业,迫切需要在整车集成方面开展研究,提升技术水平。

3.2 电动汽车整车控制与能量管理系统

电动汽车的整车控制与能量管理系统是电动汽车的控制中枢,其主演研究内容包括电动汽车整车控制器硬件研究、电动汽车能量管理技术、基于CAN总线的电动汽车整车控制技术、基于"V"模式流程的电动汽车整车控制系统开发技术、电动汽车智能辅助驾驶技术、电动汽车的故障诊断和管理技术、电动汽车整车控制的电磁干扰兼容性测试及优化、电动汽车制动能量回收控制技术等;同时,开展电机及其控制系统研究,开发动力电池隔膜生产线。近年来,在国家高技术发展技术重点扶持下,国内在电动汽车整车控制软硬开发方面开展了大量的研究积累工作,初步具备了软硬件开发能力,但在某些关键核心技术方面,如电动汽车的故障诊断和管理、电动汽车制动能量回收控制技术、仿真技术等方面与欧美、日本等还具有一定的差距。这将是下一步国内电动汽车整车控制领域的研究重点。

3.3 新型特种车辆研发

开发适合城市各种运输需求的混合动力商用车,研发适合商用车需求的 LNG 等加气基础装备和控制系统,研发适合城市垃圾分类收集、特种物流等高效城市运输需求的特种车辆。

3.4 高能量密度动力电池及管理系统

动力电池是制约电动汽车和各类使用动力电池的新能源汽车研究和应用的瓶颈问题。目前,车用动力电池主要包括铅酸电池、镍氢电池、锂离子电池。其中,锂离子电池以其在能量密度和功率密度方面的优势而备受研究关注,在车用动力电池领域被寄予厚望。其主要研究内容包括高能动力电池正负极材料及其生产工业研究、车用动力电池的剩余电量在线监测技术、车用动力电池预期寿命估计技术、车用动力电池组单体电池均衡与智能管理系统、车用动力电池的回收和循环利用,车用锂离子动力电池的安全性控制技术。目前,我国在锂离子动力电池的生产和应用方面走在世界前列,但在高能动力电池正负极新材料、动力电池剩余电量和寿命估计方面,与发达国家还具有一定差距,这将是下一步车用动力电池研究的关键技术问题。

3.5 电动汽车及充电设施运行监控系统

随着电动汽车的推广应用,越来越多的电动汽车及其充电设施投入运行,势必对这些电动汽车及其充电设施的高效监控提出要求。建立基于智能交通和大数据时代背景的电动汽车及其充电设施安全运行智能化检测和监控系统,将是未来电动汽车研究领域的热点问题。目前,国际上这方面的研究还处于概念和构思阶段。

3.6 高功率密度载重车桥等商用车关键部件研发

驱动桥位于汽车传动系的末端,承担着整车的部分动力传递、支撑和转向作用。其设计的合理性,直接影响到汽车传动系、行驶系和制动系,进而影响整车使用性能。根据车桥技术向高功率密度、轻量化、免维护高可靠性、节油降耗趋势发展,对车桥进行前瞻性、创新性、储备性研究,以提高企业自主创新能力。对标国际领先车桥产品,开发高功率密度载重车桥、能量回收、空气悬架等商用车关键部件。导入正向设计及模块化开发理念,形成基于复合算法的驱动桥性能提升理论及产品研发技术。

3.7 汽车关键零部件粉末冶金技术及产品研发

国外主流发动机为提高燃油效率等整体性能,连杆主要采用粉锻连杆。国内的中外合资整车厂如上海通用、长安福特、北京现代等也正在从北美进口粉锻连杆毛坯,国产品牌奇瑞、上海汽车等汽车公司也已开始从国外公司采购粉锻连杆,但大多数国产发动机连杆目前尚采用钢锻连杆和铸造连杆。因此,粉锻连杆的需求市场已经在中国形成并将很快超欧美。以汽车发动机连杆为起点,形成一个完整的成型仿真和优化的体系,并向其他汽车关键零部件辐射。粉末锻造成形过程仿真研究能够辅助设计预压件,通过合理设计预压件的形状和尺寸及准确控制其密度分布,实行无闪边和少闪边锻造,提高材料的利用率。使用模拟仿真技术仿真预压件锻造成型过程,根据模拟结果修改预压件模型及密度分布,确定预压件设计模型,优化生产工艺参数。

车桥等复杂形状材料的成型过程仿真研究与优化技术可以提高桥壳材料性能,节约材料,提高材料利用率,改善轻量化水平。

3.8 汽车零部件虚拟仿真设计技术

重型汽车驱动桥传动系统是汽车传动系统重要组成部分。针对重型汽车驱动桥传动效率,对主减速器传动效率进行了理论分析和试验研究,开展主减速器优化设计、基于道路模拟的车桥寿命预测技术、基于等强度理论的驱动桥结构拓扑优化技术、制动匹配与热稳定性控制及模拟技术、车桥零部件常温态清洗与防锈技术、车桥装配关键尺寸精度在线检测控制技术,开发虚拟设计系统,提高传动效率和车桥设计效率和虚拟仿真技术水平,实现多目标优化设计和结构轻量化。

3.9 汽车主动安全技术

开展汽车性能测试,获得车辆运行性能参数的主动监测、车辆运行环境的主动检测、车辆碰撞预警检测、行人保护安全分析、儿童安全,车辆主动控制技术、车队自动行驶控制、车辆跟驰、车间网络通信等汽车主动安全技术。研究公交车驾驶行为安全,提高城市公交运行安全性,优化汽车仪表人机工程及显示控制技术。

3.10 汽车自动驾驶技术

积极开发电动智能车辆的整车及关键控制技术研究,结合电动汽车的发展,研究适应城市交通运行条件的自动驾驶车辆及有关技术,适应智能交通系统发展,推动国内自动驾驶车辆技术的研究和应用推广。

3.11 电动汽车智能充电装备与示范

电动汽车的充电装备建设是制约电动汽车推广应用的基础瓶颈问题之一,电动汽车智能充电装备需要建立集充、换、储、放于一体的电动汽车充换电技术和方案,实现电动汽车充换电或电池配送功能,搭建电动汽车与电网的互动平台,具备电网调度下的有序充放电、削峰填谷和应急供电等功能。我国在电动汽车智能充电装备建设与示范运营方面走在世界前列。青岛市建设了国内最先进的薛家岛智能充换储放一体化示范站,目前已经运营近四年时间,应继续开展快速换电技术与示范。

3.12 动力电池回收利用技术与示范

电动汽车的系统环保问题,目前已经成为电动汽车推广应用的重要条件。开展动力电池回收机制、回收利用技术、回收装备的研究,对电动汽车的推广应用具有重要影响;能够结合国内汽车回收标准,制定动力电池的回收标准和机制。

青岛市"十三五"新一代信息技术产业创新路线图

一、国内外新一代信息技术与产业发展趋势

新一代信息技术产业是我国战略性新兴产业重点发展的七大产业之一，具有创新活跃、渗透性强、带动作用大等特点，被普遍认为是引领未来经济、科技和社会发展的一支重要力量；到2020年，将发展成为国民经济的支柱产业。新一代信息技术代表了信息技术的未来发展方向，抓住新一轮信息技术革命的有利时机，加快培育核心技术抢占产业发展制高点，全面推动新一代信息技术产业的发展提升是促进工业化信息化深度融合，实现经济和社会持续发展的重要推动力。

（一）新一代信息技术领域技术发展趋势

新一代信息技术泛指在网络化、范在化、智能化趋势下，互联网及其延伸网络形成的新平台、新模式和新思维。新思维是指计算思维、互联网思维和大数据为信息技术和产业的发展带来的全新思维方式。新模式是指逐渐普及的云计算、移动计算、嵌入式计算等新型计算和应用模式。新平台是指互联网及其延伸而来的移动互联网和物联网等新型网络平台，使计算及相关资源全面互联互通互惠。总体来说，技术发展呈现四大趋势。

1. 理论技术和原理正在孕育变革

随着集成电路进入"后摩尔时代"，一方面晶体管特征尺寸已经逼近物理极限；另一方面硅基光、碳基等新材料与新器件层出不穷，超越"摩尔定律"，利用先进封装技术集成高附加值集成电路产品成为集成电路发展的新方向。新兴交叉领域计算理论也正处于变革期，多个方向的技术进展困难与机会并存。量子通信与计算虽然取得了关键突破，但技术储备远未完成，生物／分子计算从理论到实践还有很长的路要走，类脑计算发展迅速，成为新的研究热点。

2. 系统与平台走向交叉融合

通信与计算系统持续提升能力极限，为交叉融合提供了技术基础。宽带通信持续提升传输速率、容量和距离，无线通信不断开拓和优化频谱资源的利用，高性能计算从千万

亿次稳步迈向万亿亿次。为满足应用创新和成本需求,系统与平台的交叉融合成为必然趋势:有线宽带通信和无线移动通信融合成宽带互联网,互联网与物联网逐步融合统一成未来网络,终端和服务器计算融合为云计算、网络计算,文本、图片、音频视频数据融合为大数据,软硬件开发模式融合为开源软硬件。

3. 应用与服务层面走向泛在智能。

随着网络的普及,虚拟环境、情景感知、嵌入式系统和人机交互技术迅速发展。用户能跨越不同的环境(包括家庭、办公场所以及移动过程中),以简单、自然的对话方式处理各种信息,享受各种服务。智能化无处不在,人类社会、信息世界与物理世界之间的人机物交互更加自如、方便、快捷。

4. 信息技术成为主要国家和地区的战略热点

新一代信息技术的发展已经成为全球主要国家的共识和战略热点。美国、欧盟、日韩、俄罗斯都出台了发展计划和战略提出了新一代信息技术的发展重点,详见表1。

表1 全球主要国家信息技术战略热点

国 家	发展计划	主要内容
美 国	总统科技顾问委员会网络和通信技术报告	互联网、社会计算(如众包)、感知与交互(新型传感等)、大数据、软件开发的创新、高性能计算、扩展伸缩的系统、网络安全和可信计算
欧 盟	信息通信技术地平线2020计划	下一代计算系统、Future Internet、ICT的数字内容管理、人机交互等
日 韩	日本第四期科技基本计划 韩国科技未来愿景与战略	下一代超级计算机(2015年100P,2020年E级能力)、普适网络、下一代通信网、信息安全技术、家用和公用机器人技术、智能城市
俄罗斯	2014—2020年信息技术产业发展战略及2025年远景规划	将大数据处理、计算机培训、人机交互、机器人技术、量子和光技术、信息安全作为未来10~15年的长期优先研发项目 短期内在音视频搜索、数据阵列处理、新数据存储(包括新存储介质)、超级计算、信息安全(生物识别、威胁控制)、云计算、人机交互界面、导航、测试等技术领域实现突破

(二)新一代信息技术领域产业发展趋势

从长远看,全球信息产业保持增长的基本态势不会改变,信息技术产业将继续扮演推动产业升级、迈向信息社会"发动机"的角色。新一代信息技术的发展将创新出众多的新兴商业模式和产业领域,极大促进经济社会发展。近年来,随着新一轮信息技术革命的深化,新一代信息技术产业发展趋势出现新特征:

1. 产业链建设成为新一代信息技术产业竞争的关键

目前,新一代信息产业中企业的核心竞争力不再仅仅来自单项优势技术或产品,能否建立完整的产业链,成为新一代信息企业参与高层次国际竞争的基本要求。产业联盟、标准联盟和应用联盟等已经成为产业组织和商业模式创新的重要方向和产业竞争的新形态,在标准制订、产业发展和市场开拓等方面发挥着越来越重要的作用。

2. 新一代信息技术产业国际化分工进程加快

当前的全球信息电子产业分工,以垂直型国际分工为主,这主要表现在标准和核心技术等主导产业发展防线的部分,多被欧美、日本等发达国家和地区的企业所掌握。韩国、中国台湾等国家和地区的企业拥有部分关键技术,在产品设计和制造商有一定的优势;而中国大陆、巴西和东欧的一些国家,多被限定在产业链的下游,以加工、组装为主,缺乏核心技术和标准,在产业中缺失话语权。跨国信息技术企业持续推进并购重组力度,整合优势资源,开拓新兴市场,不断通过增强产业链掌控能力提升核心竞争力,我国本土信息技术企业将在各行业门类上遭遇巨大的国际竞争压力。

3. 绿色技术将成为产业未来发展的重点领域

强调产业的低碳环保已成为全球战略新兴产业发展的共识。大力开展绿色节能技术应用,并将其运用于整个新一代信息技术产业链的各个环节,将是今后新一代信息技术产业发展的共同趋势。实现产业绿色低碳转型,必须推行绿色制造企业、制造绿色产品。各国政府纷纷推出绿色战略,制定出多项运用信息技术实现节能减排的政策框架。受政府政策激励和引导,信息技术企业也在积极设计和持续改进绿色信息技术。

4. 新一代信息产业技术创新的发展倾向于产品融合、业务融合

融合体现在产业链不同主体的融合、硬件技术的融合发展、硬件技术与软件技术的融合发展、产品和内容的融合发展不同层面,其本质是需求层次不断升级推动技术持续进步,不同程度、不同组合方式;不同应用领域的融合都会催生出新的产品和新的应用,形成新的市场机会。随着技术融合、终端融合、网络融合和服务融合的深化,产业边界正在由清晰走向模糊,不同行业间的企业相互进入此起彼伏。

二、青岛市新一代信息技术领域产业基础与现状

(一)产业链与技术链分析

依据国家《战略性新兴产业分类(2012)》(试行)标准,新一代信息技术产业主要分为下一代信息网络产业、电子核心基础产业、高端软件和新型信息技术服务三部分。其中,下一代信息网络产业包括新一代移动通信网络服务、下一代互联网、下一代电视广播传输服务等;电子核心基础产业包括通信设备制造、高端计算机制造、广播电视设备及数字视听产品制造、高端电子装备和仪器制造、基础电子元器件及器材制造、集成电路等;第三部分由高端软件开发和新型信息技术服务构成。青岛市的信息技术产业主要由家电电子、信息技术服务和软件三大产业组成,按照各产业细分行业的发展现状和新兴产业统计标准,全市新一代信息技术产业的产业链和技术链构成主要由五部分构成,详见表2。

表2 新一代信息技术产业链与技术链构成

产业分类	上游	中游	下游	技术链
下一代通信网络	芯片制造、网络测试	网络设备制造、终端制造、系统集成服务、内容提供、服务提供、应用软件开发等	电信运营服务	

青岛市"十三五"重点产业创新路线图

续 表

产业分类	上 游	中 游	下 游	技术链
下一代通信网络	激光元器件	5G通信技术及终端设备、网络融合关键技术及节点装备、家庭融合网络与智能终端技术、新一代通信网络设备测试技术、北斗导航与定位应用技术		
新型显示	导电玻璃、镀膜设备、衬垫料、液晶材料等	面板、触摸屏等	电脑、通信、仪器、音响、工业、车用、消费类电子	
	立体显示材料、OLED显示材料、电子纸显示材料	激光显示技术、立体显示模组技术、OLED显示技术、电子纸面板技术		
高性能集成电路	单晶片、多晶硅、外延片、单晶棒、芯片黏结材料、感光树脂材料、陶瓷/塑料等材料的研制	芯片制造、高性能集成电路制造设备研制、芯片封装测试设备研制	计算机制造、消费电子、通信设备、工业控制、智能卡等应用	关键技术
		智能电视、智能手机等高端电子产品通用芯片制造,大规模嵌入式SoC电子产品通用芯片制造,光电子集成芯片制造;太赫兹器件研发和制造技术,光元器件测试分析技术		
物联网	芯片制造、传感器设备、RFID、二维码等设备制造	系统集成、信息处理、云计算、解析服务、网络管理、Web服务等	电信运营服务、管理咨询服务等	
	低成本、低功耗、高可靠性传感器及核心芯片,新型RFID及读写设备,物联网无线传感网络技术,物联网安全网关核心芯片,智能卡身份认证关键技术及芯片设计,智能可穿戴设备,基于典型领域和优势行业的物联网应用技术		物流、电商、交通等行业应用软件及技术	
云计算与大数据	数据库、虚拟化、信息安全、芯片制造设备、服务器设备、存储设备、网络设备	云平台开发、系统集成、云应用服务、云计算服务、云平台服务	云平台、云计算用户服务	
	云计算操作系统相关技术、云计算管理软件技术、云安全、云存储、大规模并行处理技术、云计算及数据中心性能测试技术、大数据智能分析与处理技术等		企业业务流程大数据管理、互联网大数据管理	

(二)发展基础和潜力分析

1. 发展基础

(1)产业发展基础条件优良。

"十二五"期间,新一代信息技术产业一直保持高速发展态势,已经成为支柱性战略性新兴产业和全市国民经济发展的重要增长点。2014年,青岛市新一代信息技术产业完成产值944亿,占规模以上战略新兴产业比重为31.3%,同比增长16%,产业户均产值9.5亿元,位居七大战略性新兴产业之首,高于全市平均户均产值近一倍。

(2)重点领域优势明显。

青岛市新一代信息技术产业形成产品制造、软件生产和信息服务并举的格局。传统的家电电子制造产业的优势持续巩固,继续保持全市国民经济支柱产业的地位。2014年,青岛市软件和信息服务产业实现业务收入超过1 000亿大关,同比增长超过30%,

高于全国10个百分点。卫星导航产业正在成为全市新的经济增长点,在交通、渔业、水利、港口、航运等行业广泛应用。以云服务为核心,青岛市智慧城市建设不断推进,并在2013年成为首批国家"智慧城市"技术和标准试点城市。

(3)产业集聚态势明显。

家电、电子信息、软件产业是新一代信息技术产业发展的基础,这三个领域的产业集聚态势为新一代信息技术产业发展的有利条件。2014年,全市新一代信息技术产业已形成家电和电子信息两条千亿级产业链。其中,家电产业完成产值1 701.8亿元,电子信息(含软件)产业链完成产值约1 560亿元。家电产业形成了崂山国家通信产业园、开发区家电电子产业聚集区,胶州、平度、即墨、城阳家电电子产业聚集区等多个产业集群和集聚区。其中,开发区家电电子集聚区、城阳电子信息集聚区、国家通信产业园产值超过百亿元;电子信息产业以国家青岛通信产业园及市南软件园、青岛信息谷、青岛软件科技城为主要布局的千万平方米软件产业园区正在积极建设中。

产业集聚区综合竞争实力不断提高。2014家电电子产业集聚区顺利通过复核,并在第一批61家示范基地中复核评比排名第五位,成为国家新型工业化产业示范基地的标杆。

2. 发展潜力

(1)骨干企业创新转型加速。

2014年,在国内家电市场需求下降、行业规模增速同比放缓甚至下降的背景下,海尔、海信两家家电企业调整生产经营策略,加大创新力度,扩大新兴产业规模,共完成战略性新兴产值501.8亿元,同比增长12.4%。海尔获批开展国家科技服务业创新发展试点,海信网络获批国家级工程技术研究中心。2014年9月,海信发布了全球首款自主研发的100英寸激光影院,成为第一个在第四代显示技术上掌控话语权的中国品牌。

(2)科技创新能力稳步提升。

"十二五"期间,青岛市新一代信息技术产业科技创新能力不断提升,企业的研发投入力度不断提高。"十二五"期间,青岛市信息技术领域专利申请保持快速增长。与此同时,近年来,青岛市信息行业科技科技成果持续涌现。北京国智恒"北斗卫星导航及微电网应用研发中心"落户蓝色硅谷核心区;中星微嵌入式CPU桥片、中科院软件所青岛研发基地等项目已正式投产运营。

(三)发展动力和障碍分析

1. 发展动力

(1)"互联网+"成为国家战略。

李克强总理在第十二届全国人民代表大会上提出制定"互联网+"行动计划,推动移动互联网、云计算、大数据、物联网等与现代制造业结合,促进电子商务、工业互联网和互联网金融健康发展,引导互联网企业拓展国际市场。国家设立400亿元新兴产业创业投资引导基金。这为新一代信息技术的发展提供了强大动力。

(2) 国家、省、市出台产业政策给予大力扶持。

国家先后出台了《国家集成电路产业发展推进纲要》《国务院关于促进信息消费扩大内需的若干意见》《国务院关于促进光伏产业健康发展的若干意见》《国务院关于推进物联网有序健康发展的指导意见》等扶持政策,山东省出台了《山东信息技术产业转型升级实施方案》,青岛市出台了《关于加快推进信息产业发展的意见》《青岛市卫星导航产业发展规划(2013—2020)》等产业扶持政策。扶持政策深入实施,将推动信息技术产业、信息消费新一轮的投资、消费热点。

(3) 技术发展和产业结构调带来发展新动力。

随着云计算、物联网、移动互联网、大数据等新技术、新应用的不断涌现,国际市场规模稳步扩大。信息化建设全面深化,传统产业转方式调结构步伐正在加快,城镇化进程持续加速,市场化程度不断提升,居民收入增长、内需扩大、消费结构升级和市场机制完善,为产业发展提供新动力、新方向。

2. 发展障碍

(1) 技术储备和技术来源不足。

首先,高精尖人才队伍建设不足,相关产业领军人物和团队缺乏,人才投资力度不足是目前青岛市信息技术产业发展的关键瓶颈。企业层面,青岛市新一代信息技术产业中小企业的核心竞争力不强,产业内部各个分支行业之间缺乏互动的协调机制,信息产品或服务仍以劳动密集型为主,出口产品附加值低,企业综合竞争力不强,科技投入不足。政府层面,鼓励创新的配套政策还不完善,管理体制和机制还不能满足自主创新的要求,没有形成促进企业创新发展的生态环境。海尔、海信等行业龙头企业,尽管创新能力和国际竞争力在不断提升,但相比国内同行业的华为、中兴等国际企业,尚不具备引领全球价值链的能力。

(2) 产业集群效应弱、创新乏力。

目前青岛市的信息技术产业集群多是以低成本为基础,企业创新意识和动力不足,专业化层次较低,技术水平不高,企业自主创新能力不足,仿制现象突出。缺乏完善、配套的政策法规体系和健全的社会化服务体系,产业集群的创新资源集聚效应未能充分发挥,科技中介机构和产业脱节,企业相互协作较少,互动不足,制约了产业内的技术创新。

(3) 新兴领域发展面临巨大瓶颈。

青岛市卫星导航产业是全市信息产业的新增长点,目前存在若干发展瓶颈,如规模偏小,缺少有实力的龙头企业;产业链尚不完善,主要集中在中下游,缺少上游的核心芯片、模块和天线等企业;位置服务与运营企业数量少、规模小,服务能力有限;核心技术积累较少,自主创新能力和差异化竞争能力不足等。

(四) 发展策略和路径分析

青岛市新一代信息技术产业发展策略和路径如表3所示。

表3 青岛市新一代信息技术产业发展策略和路径

动力分析 潜分析	发展动力 impetus	发展障碍 obstacles
	(1) 国家提出"互联网+战略" (2) 系列产业政策提供给支持 (3) 技术发展加速 (4) 产业结构调整加速	(1) 技术储备与技术来源不足 (2) 产业集聚不足,创新乏力 (3) 新兴领域面临瓶颈
发展基础 base (1) 产业技术良好 (2) 重点领域呈现优势 (3) 产业集聚态势明显 发展潜力 potentiality (1) 骨干企业转型加速 (2) 创新能力稳步提升	发展策略和路径 (1) 制定全市新一代信息技术发展战略及配套政策 (2) 引进高层次技术人才、团队 (3) 开展关键技术攻关 (4) 建设引进创新载体:孵化器、科研院所 (5) 建设产业园区: (6) 培育新兴产业集群	

三、产业发展目标

以云计算和大数据相关技术和应用为主要突破点,选择新型显示、集成电路和元器件等基础电子产品制造,网络通信及终端设备、北斗导航与定位等终端设备及应用,物流、电商、交通等现代服务业信息支撑技术及应用,物联网终端及应用、云计算与大数据等新兴产业作为四大重点发展领域,部署实施新一代光电集成技术芯片研发等自主创新重大专项,创新产业组织模式,提高新型装备保障水平,培育新兴服务业态。到2018年,青岛市新一代信息技术领域的家电、电子信息服务、软件三大产业板块总产值将超过1 500亿元。到2020年,全市新一代信息技术产业总产值2 000亿元,成为支柱产业,成为全球信息产业创新中心,并在全球信息产业具备引领示范能力。新一代新技术未来五年发展方向如表4所示。

表4 新一代新技术未来五年的发展方向

技术领域	发展方向	所属产业领域
基础电子	(1) 新型显示 (2) 高端芯片 (3) 元器件	(1) 家电产业 (2) 电子及通信产品制造 (3) 电子产品制造
终端设备及应用	(1) 网络通信及终端设备 (2) 北斗导航与定位	(1) 电子及通信产品制造 (2) 卫星导航产业
现代服务业支撑技术及应用软件	物流、电商、交通等行业应用软件	(1) 软件产业 (2) 现代服务业
新兴领域	(1) 物联网终端及应用 (2) 云计算与大数据	(1) 电子及通信产品制造 (2) 软件业 (3) 计算机服务

四、研发需求

根据青岛市新一代信息技术产业发展现状,结合国内外新一代信息技术及产业发展

青岛市"十三五"重点产业创新路线图

趋势,选择以新型显示、高端集成电路、新型元器件、网络通信及终端装备、北斗导航与定位、现代服务业信息支撑技术及软件、物联网终端设备及应用、云计算与大数据等八个产业作为重点发展领域。其中新型显示、高端集成电路、新型元器件是基础电子领域的三个重要方面,也是新一代信息技术发展的基础;网络通信及终端设备、北斗导航与定位是终端设备产业的发展重点;物流、电商、交通等行业应用软件是现代服务业发展的信息支撑技术;物联网终端及应用、云计算与大数据是新一点信息技术的新兴领域,是当前的发展热点。

经过多轮专家会议讨论汇总整理出青岛市在新一代信息技术领域 21 项关键技术研发需求,见表 5。

表 5 新一代信息技术研发需求

发展方向		编 号	技术研发需求
基础电子	高端芯片元器件	1.1	光电子单元器件的设计方法和设计工具研发
		1.2	高性能光电子单元器件的设计
		1.3	光电集成芯片的制造、晶圆级自动化测试和封装
		1.4	高速射频信号的电路设计
		1.5	微处理单元、激光器驱动器、跨阻放大器等集成电路芯片的设计与制造
		1.6	光模块结构件的散热设计和防电磁干扰设计
	新型显示	2.1	激光显示产业化关键技术
		2.2	电子纸显示技术:材料验证,工艺开发,面板设计
终端设备制造及应用	网络通信及终端设备	3.1	网络融合关键技术及节点装备
		3.2	家庭融合网络与智能终端技术
	北斗导航及定位	4.1	多模船用导航终端研发制造
		4.2	多模车载导航监控终端研发制造
		4.3	多模电力等行业授时终端研发制造
现代服务业支撑技术及应用软件		5.1	面向制造业的协同电子商务服务平台
		5.2	第四方物流与多式联运的平台建设
新兴领域	物联网	6.1	新型传感器与短距离无线传输技术。
		6.2	物联网系统集成关键软硬件技术。
		6.3	智能卡身份认证关键技术及芯片设计;
	云计算与大数据	7.1	云平台服务优化管理技术
		7.2	云计算应用构建与集成技术
		7.3	云计算多模式客户端技术

五、创新资源配置

(一)现有创新资源

目前全市电子信息产业创新载体共有 39 家,其中部级 3 家、省级 3 家、市级 31 家、其他 2 家。家电产业创新载体共有 7 家，其中国家级 2 家，市级 4 家、其他 1 家。此外，还有两个新型工业化产业示范基地，家电及电子信息产业集聚区和软件和信息服务业集聚区。详见表 6。

表 6　现有创新资源清单

领　域	类　别	名　称	备　注
软件及电子信息	重点实验室和工程技术中心	中国电子科技集团公司第二十二研究所青岛分所 电波环境特性及模化技术国防科技重点实验室	部　级
		中国电子科技集团公司第四十一研究所青岛分所 电子测试技术重点实验室	部　级
		中国石油大学（华东） 材料电子理论研究室和材料界面实验室	部　级
		山东科技大学 山东省基础地理信息与数字化技术重点实验室	省　级
		海信集团有限公司 青岛市智能信息系统重点实验室	市　级
		青岛大学 青岛市软件重点实验室	市　级
		青岛科技大学/高校软控公司 青岛市工业信息化技术重点实验室	市　级
		山东科技大学 青岛市太赫兹技术重点实验室	市　级
		中国海洋大学 青岛市光学光电子重点实验室	市　级
		山东科技大学 青岛市物联网与软件技术重点实验室	市　级
		山东科技大学 山东省"3S"工程技术研究中心	市　级
		海尔集团有限公司 青岛市移动通信终端工程技术研究中心	市　级
		青岛博云信息技术有限公司 青岛市企业移动互联工程技术研究中心	市　级
		青岛鼎信通讯股份有限公司 青岛市现场通讯控制工程技术研究中心	市　级
		青岛东软载波科技股份有限公司 青岛电力线载波通信工程技术研究中心	市　级
		青岛高科通信股份有限公司 青岛电网自动化工程技术研究中心	市　级
		青岛海霸能源集团有限公司 青岛市锂离子电池工程技术研究中心	市　级
		青岛海信网络科技股份有限公司 青岛市智能交通工程技术研究中心	市　级
		青岛杰瑞自动化有限公司 青岛市北斗导航接收技术工程技术研究中心	市　级

▶ 青岛市"十三五"重点产业创新路线图

续　表

领　域	类　别	名　称	备　注
软件及电子信息	重点实验室和工程技术中心	青岛诺力达工业装备有限公司 青岛市智能码垛输送系统工程技术研究中心	市　级
		青岛赛瑞达电子装备股份有限公司 青岛市微电子装备研发及应用工程技术研究中心	市　级
		青岛市光电工程技术研究院 青岛市光电应用工程技术研究中心	市　级
		青岛市恒顺电气股份有限公司 青岛市电能质量与节能工程技术研究中心	市　级
		青岛研博电子有限公司 青岛市建筑智能节能工程技术研究中心	市　级
		中国海洋大学(华东) 青岛现代服务业数字工程技术研究中心	市　级
		中国石油大学 青岛市随钻仪器及信息处理工程技术研究中心	市　级
		青岛乾程电子科技有限公司 青岛市智能配网终端工程技术研究中心	市　级
	产业创新联盟	青岛天信通软件技术有限公司 青岛市智慧景区信息服务产业技术创新战略联盟 青岛镭视光电科技有限公司 青岛市激光器产业技术创新战略联盟	市　级
		海尔集团技术研发中心 青岛无线电能传输产业技术创新战略联盟	市　级
		海信集团有限公司 青岛市激光显示产业技术创新战略联盟	市　级
		青岛海信电器股份有限公司 青岛市半导体照明产业技术创新战略联盟	市　级
		青岛乾运高科新材料股份有限公司 青岛市锂电产业技术创新战略联盟	市　级
	高　校	山东科技大学	省　级
	科研院所	青岛电子研究所	市　级
		青岛半导体研究所	市　级
		青岛市光电工程技术研究院、中国科学院光电研究院	其　他
		青岛工业软件研究所 (中国科学院软件研究所青岛分部)	其　他
		中国科学院软件研究所	其　他
	公共研发平台	青岛蓝湾科技有限公司 青岛市软件与信息服务公共研发平台	市　级
	骨干企业	电子产品制造：海尔、海信、航天半导体所、高科通信、以太科技、东软载波、冠捷、锐晶光电、嘉星晶电、赛瑞达 软件与信息服务业：海尔、海信、软控股份、东软载波、高校信息、太阳软件	

续 表

领域	类别	名 称	备注
家 电	重点实验室	海尔集团公司 重点实验室数字化家电国家重点实验室	国家级
		海信集团有限公司 数字多媒体技术国家重点实验室	国家级
		海尔集团公司 青岛市网络家电技术重点实验室	市级
		澳柯玛股份有限公司 青岛市超低温制冷技术重点实验室	市级
	创新联盟	青岛海信模具有限公司(青岛市磨具行业协会) 青岛市模具产业技术创新战略联盟	市级
		海尔集团技术研发中心 青岛市数字家电制造与服务产业技术创新战略联盟	市级
	院所	青岛智能产业技术研究院中科院自动化研究所	
	骨干企业	整机产品:海尔、海信、澳柯玛、海容;配套零部件:泰诺福伦机械、宝兰格制冷	
	产业集聚区	家电及电子信息产业集聚区	
		和软件和信息服务业集聚区	

(二)创新资源引进

十三五期间,重点引进9个国内外重点研发企业科研机构,打造2个产业基地、3个工程研究中心或应用研究中心,详见表7。

表7 拟引进(新建)的创新资源

技术领域	拟引进资源	备注
高端芯片(及元器件)	中科院半导体所	
新型显示	NOVALUX(美国)、OSRAM(德国)、NICHIA(日本)、东南大学	
网络通信及终端设备	华为研发中心 中兴研发中心 杭州华三通信	
北斗导航与定位	高新区北斗卫星导航产业基地	
物联网终端及应用	中国科学院无锡微纳传感网工程技术研发中心、东南大学	
云计算与大数据	清华大学青岛大数据工程研究中心 惠普大数据中心 青岛市大数据与智慧城市应用研究中心 中国移动青岛云计算及互联网研发基地	

六、产业创新路线图与行动计划

(一)产业创新路线图

通过对国内外相关文献资料数据信息进行整理以及青岛海水综合利用产业状况的调查、多轮专家会议的结果进行归纳,绘制完成新一代信息技术产业创新路线图,见表

青岛市"十三五"重点产业创新路线图

8。创新路线图的整体结构分为四个部分,包括发展目标、发展瓶颈、重点研发需求、创新资源配置。首先,对青岛市家电、电子信息、软件三个产业整体资源状况进行分析总结;再将产业重点技术研发需求分别列举出来,然后指出主要发展瓶颈,同时提出以上3部分发展举措。最后将"十三五"划分为2016-2018、2018-2020两个时间段,针对不同时间节点制定了对应的产业发展目标。

表8 新一代信息技术产业创新路线图

要素分类		2016年	2018年	2020年
发展目标		到2016年,建成相对完善的新一代信息技术产业链	到2018年,全市新一代信息技术领域的家电、电子信息服务、软件三大产业板块总产值超过5 000亿元	2020年,全市新一代信息技术产业成为支柱产业,卫星导航产业成为全市经济增长点
发展瓶颈	基础电子	高端芯片系统研发及产业化能力较弱、激光显示、立体显示材料及模组技术研发投入不足 电子纸显示材料及面板技术产业化能力较弱 元器件产业技术薄弱		
	终端设备	5G通信技术储备不足,网络融合关键技术研发及装备产业化能力较弱 北斗导航产业发育不足,配套能力较弱		
	现代服务业	物流、电商、交通等行业应用软件开发企业数量较少		
	新兴领域	物联网终端及应用产业化程度低 云计算与大数据应用能力较弱		
研发重点	高端芯片及元器件研发	光电子单元器件设计和设计工具研发	高性能光电子单元器件设计 光电集成芯片制造、测试、封装	光设备关键技术
	新型显示		新型显示产业化关键技术	电子纸显示技术
	网络通信及终端设备研发	网络融合关键技术及节点装备		家庭融合网络与智能终端技术
	北斗导航及应用	多模船用导航终端研发制造		多模车载导航监控终端研发制造 多模电力等行业授时终端研发制造
	服务业应用软件	面向制造业的协同电子商务服务平台	第四方物流与多式联运的平台建设	
	物联网终端	新型传感器与短距离无线传输技		物联网系统集成关键软硬件技术
	云计算与大数据	云计算多模式客户端技术		云计算应用构建于集成技术
资源基础		重点实验室:青岛市光学光电子重点实验室等 科研院所:中国海洋大学、山东科技大学等 电子产品制造企业:海尔、海信、航天半导体所、高科通信、以太科技、东软载波、冠捷、锐晶光电、嘉星晶电、赛瑞达 软件与信息服务企业:海尔、海信、软控股份、东软载波、高校信息、太阳软件。 显示材料:冠捷集团 零部件生产:泰诺福伦机械、宝兰格制冷 新型工业化示范基地:家电及电子信息产业集聚区、软件和信息服务业集聚区		

续 表

要素分类	2016年	2018年	2020年
发展举措与路径	搭建创新载体：加快清华大学青岛大数据工程研究中心、惠普大数据中心、青岛市大数据与智慧城市应用研究中心、中国移动青岛云计算及互联网研发基地等载体建设，引进建设中科院软件所、中科院自动化所等创新机构，建设通信终端装备产业孵化器、云计算和大数据应用产业孵化器 建设产业园区：加快建设高新区北斗卫星导航产业基地、中关村青岛软件园、银江软件园、中国航天科工三院青岛产业园、千万平方米软件产业园区等，推进崂山国家通信产业园、开发区家电电子产业聚集区转型升级		

（二）行动计划

围绕新一代信息技术的创新发展需求，结合青岛市发展现状及未来五年的发展趋势，制定五年行动计划，如表9所示。以云计算和大数据相关技术和应用为主要突破点，选择新型显示、集成电路和元器件等基础电子产品制造，网络通信及终端设备、北斗导航与定位等终端设备及应用，物流、电商、交通等现代服务业信息支撑技术及应用，物联网终端及应用、云计算与大数据等新兴产业作为四大重点发展领域，部署实施新一代光电集成技术芯片研发等自主创新重大专项，创新产业组织模式，提高新型装备保障水平，培育新兴服务业态。到2018年，全市新一代信息技术领域的家电、电子信息服务、软件三大产业板块总产值超过1 500亿元。到2020年，全市新一代信息技术产业成为支柱产业，成为全球信息产业创新中心，并在全球信息产业具备引领示范能力。

表9 新一代信息技术产业行动计划

时间节点	2018年	2020年
发展目标	部署实施自主创新重大专项，突破共性关键技术15项，建设各类创新载体10家，在基础电子制造、通信终端装备、服务业应用软件研究、云计算、大数据等领域培育国际性企业5~10家	突破共性关键技术10项，建设各类创新载体8家，培育国际性企业3~5家，全市百亿级产业集群超过10个
发展路径	(1) 关键技术突破及产业化：重点突破激光显示、立体显示、电子纸显示材料及管件技术，实现新型显示产品批量化生产；加大光电集成技术芯片研发力度；开展物联网、云计算与大数据应用相关技术的研究应用，培育信息服务新业态和中小企业 (2) 搭建创新载体：加快大数据工程研究中心、大数据中心、大数据与智慧城市应用研究中心、云计算及互联网研发基地等载体建设，引进建设国内知名信息技术研究机构，建设通信终端装备产业孵化器、云计算和大数据应用产业等孵化器 (3) 建设产业园区：加快建设北斗卫星导航产业基地、中关村青岛软件园、银江软件园、中国航天科工三院青岛产业园、千万平方米软件产业园区等，推进崂山国家通信产业园、开发区家电电子产业聚集区转型升级 (4) 培育产业集群：打造家电电子创新型产业集群 (5) 引进高层次人才：10~15名	(1) 关键技术突破：重点突破激光元器件、高光谱成像探测器、太赫兹器件生产的关键技术，加大高端通用芯片研发力度，实现通信终端装备零部件本地化生产 (2) 搭建创新载体：建设大数据应用平台、面向创客的服务平台和创业社区 (3) 引进高层次人才：5~10名

参考文献

[1] 青岛市信息化工作领导小组. 青岛市信息化工作领导小组关于推进信息化与工业化深度融合的实施意见(青信组字〔2012〕5号)[EB/OL]. (2012-04-22)[2012-05-02]. http://www.qdeic.gov.cn/uploadfile/2012050238584157.doc.

[2] 青岛市经济和信息化委员会. 青岛市工业产业集聚区(基地)布局规划[EB/OL]. (2012-07-06)[2012-03-01]. http://www.qingdao.gov.cn/n172/upload/131016150506316084/140614213618333836.pdf.

[3] 青岛市人民政府. 关于加快推进信息产业发展的意见(青政发〔2012〕20号)[EB/OL]. (2012-04-24)[2012-04-24]. http://www.qingdao.gov.cn/n172/n68422/n68424/n22952426/n29661839/131101105327756862.html.

[4] 青岛市经济和信息化委员会. 青岛市卫星导航产业发展规划(2013—2020)[EB/OL]. (2012-12-03)[2012-12-06]. http://www.qingdao.gov.cn/n172/n24624151/n24625275/n24625289/n24625303/131209094135623705.html.

[5] 青岛市经济和信息化委员会. 智慧青岛战略发展规划(2013—2020年)[R]. 青岛：青岛市经济和信息化委员会, 2013.

[6] 国务院. 进一步鼓励软件产业和集成电路产业发展的若干政策[EB/OL]. (2011-01-28)[2011-02-09]. http://www.gov.cn/zwgk/2011-02/09/content_1800432.htm.

[7] 山东省人民政府. 山东省人民政府关于贯彻国发〔2014〕4号文件加快集成电路产业发展的意见(鲁政发〔2014〕14号)[EB/OL]. (2014-07-29)[2014-09-01]. http://www.shandong.gov.cn/art/2014/8/1/art_285_6542.html.

[8] 国家发改委高技术司. 发展新一代信息技术产业, 推动产业结构优化升级[J]. 中国经贸导刊, 2012(18): 42-43.

[9] 杨荫, 薛建强. 中国新一代信息技术产业发展背景与趋势分析[J]. 辽宁行政学院学报, 2013, 15(3): 94-96.

[10] 赵刚. 新一代信息技术产业发展的国际经验分享[J]. 中国科技财富, 2011(9): 18-19.

[11] 霍影, 王春梅, 孙辉. 黑龙江省战略性新兴产业培育机制研究——以新一代信息技术产业为例[J]. 统计与咨询, 2014(2): 16-17.

附件

附件一 专家名单

序	姓名	单位
1	孔庆杰	中国科学院自动化研究所、青岛智能产业技术研究院
2	曾庆田	山东科技大学
3	迟宗涛	青岛大学
4	张震德	青岛澳柯玛股份有限公司
5	刘卫东	青岛海信电器股份有限公司
6	房胜	山东科技大学
7	傅游	山东科技大学
8	刘景华	青岛理工大学
9	刘新	海信网络科技
10	赵向阳	海尔技术研发中心

附件二 关键技术清单

产业领域	关键技术方向
基础电子领域	新型显示： 激光显示技术 3D立体显示材料及模组技术 OLED显示材料及显示技术 电子纸显示材料与面板技术
基础电子领域	集成电路： 智能电视、智能手机等高端电子产品通用芯片 大规模嵌入式SOC电子产品通用芯片 光电子集成芯片
基础电子领域	元器件： 激光元器件 高光谱成像探测器 太赫兹器件研发和制造技术 光元器件测试分析技术
终端设备及应用	网络通信及终端设备： 5G通信技术及终端设备 网络融合关键技术及节点装备 家庭融合网络与智能终端技术 新一代通信网络设备测试技术

续表

产业领域	关键技术方向
终端设备及应用	北斗导航与定位： 北斗终端应用技术 终端产品及组合导航仪 北斗接收机测试计量及校准技术 室内外无缝定位技术 抗干扰型北斗天线 移动测量技术
现代服务业信息支撑技术及应用软件	物流、电商、交通等行业应用软件： 面向制造业的协同电子商务服务平台 第四方物流与多式联运的平台建设 新型全自动集装箱码头建模和仿真技术
新兴领域	物联网终端及应用： 低成本、低功耗、高可靠性传感器及核心芯片 新型RFID及读写设备 物联网无线传感网络技术 物联网安全网关核心芯片 智能卡身份认证关键技术及芯片设计 智能可穿戴设备 基于典型领域和优势行业的物联网应用技术
	云计算与大数据： 云计算操作系统相关技术 云计算管理软件技术 云安全、云存储、大规模并行处理技术 企业业务流程大数据管理 云计算及数据中心性能测试技术 互联网大数据管理 大数据智能分析与处理技术

附件三 关键技术描述

1.1 光电子单元器件的设计方法和设计工具研发

光电子器件是光电子技术的关键和核心部件，是现代光电技术与微电子技术的前沿研究领域，该关键技术主要指调制器、探测器、分波器等光电子元器件的设计方法和设计工具研发。

1.2 高性能光电子单元器件设计

光电子器件利用了光电效应，即外场对导波光传播方式的改变而制成的各种功能件。高性能光电子器件是光电子技术的关键和核心部件，是现代光电技术与微电子技术的前沿研究领域，是信息技术的重要组成部分。

1.3 光电集成芯片的制造、晶圆级自动化测试和封装

光电集成芯片是采用平面光波导（Planar Lightwave Circuit，简称PLC）技术制造，用于光通信网络的光信号处理芯片。在国内，由于技术难度非常高、人才缺乏等因素，PLC

技术还是一个空白,国内厂商都是从国外采购 PLC 芯片进行封装。通过突破制造技术、实现晶圆级自动化测试和封装可以填补光电集成芯片技术的空白。

1.4 高速射频信号的电路设计

高速射频信号电路广泛应用于通信、雷达、自动识别、物联网等领域,特别是工业领域出现的越来越多的新型半导体器件,使得高速数字系统和高频模拟系统不断扩张,处理高速射频信号的电路设计起着重要的作用。

1.5 微处理单元、激光器驱动器、跨阻放大器等集成电路芯片的设计与制造

电子元件集成化是集成电路飞速发展的前提条件,集成电路芯片的设计又是电子元件集成化的关键。要抓重点技术,扶持一批企业,带起一批团队,搞出一批特色。加大投入,发掘市场,同时做好专利申请和保护。

1.6 光模块结构件的散热设计和防电磁干扰设计

在射频电路的设计中除了注意数字电路和模拟电路直接的干扰、供电电源的干扰以及地线不合理带来的干扰外,还应特别注意干扰辐射抑制问题,解决高频干扰抑制问题是 PCB 设计的关键。PCB 设计方面的一些处理技巧,对提高射频电路的抗干扰能力有较大的用处。

2.1 激光显示产业化关键技术

激光显示核心关键技术方面以激光显示共性核心技术突破为重点,在小型化激光显示光源模组、颜色空间虚拟扩展与映射、超短焦成像镜头以及激光相干散斑测量方法与评价等方面,需要取得突破。

2.2 电子纸显示技术

电子纸显示技术是具有与纸张一样轻薄、又可擦写的电子显示技术,因为该技术具有双稳态的特点,所以图像保持时并不需要耗电,能大大节省能源。电子纸显示技术主要分为 LCD 型、粒子型、电化学型、机械型四类。其中,粒子型中的电泳型显示(EPD)为目前量产最成功的电子纸显示技术。电泳型技术又分为微胶囊电子墨水和微杯电子墨水两种。

3.1 网络融合关键技术及节点装备

网络融合是指电信网、互联网和广电网等网络通过技术改造,提供语音、数据、图像等综合多媒体通信业务,从而更好地为客户提供服务;其关键技术包括视频编码与传输、数字版权管理、接入技术、QoS 管理、流量控制等。

3.2 家庭网络融合与智能终端技术

家庭互联网以智能电视为先锋,以此奠定了大屏技术在家庭互联网中的核心地位。家庭网络是立足于家庭体验环境,以人为中心重新定义电视、冰箱、空调等多终端的结构、形体、关系,通过完整的技术和生态系统来实现多终端协同、交互及连接,从而为人们创造舒适、智能的家庭生活。

4.1 多模船用导航终端研发制造

目前全球卫星定位系统有 GPS、北斗等导航系统，多模用户终端具有更灵活的导航定位功能，能够选取不同卫星导航系统，以获取最佳的信号，在舰船上使用多模导航终端，可使得舰船在航海中的导航能力、安全性与可靠性大幅提升，具有更广泛的前景。依托华世基电子、海信电子、海德威科技等企业，研发制造具有短报文通信、位置回传、应急报警、海图下载、航线规划、海事卫星电话等功能的多模船用导航、定位、监控、通信终端。

4.2 多模车载导航监控终端研发制造

北斗导航系统是我国自主研发定位导航系统，从技术上打破了国外的垄断，但是 GPS 已经占领了大份额的市场，为了更好地发展北斗，需要兼容 GPS，而且城市内卫星信号易受遮挡，采用多模导航技术，也可以提高定位的准确性与可靠性。依托青岛杰瑞自动化、海信网络、中车四方股份、电子研究所等，研发制造用于公共交通、校车、特种车辆、轨道交通，具有高性能组合导航、无线网络通信、地面数字集群通信、无线对讲、远程监管和交互等功能，可与指挥调度系统、应急通信系统、安全监控系统集成的北斗多模车载卫星导航监控终端。

4.3 多模电力等行业授时终端研发制造

依托华世基电子、东软载波等企业，研发制造适应电力、电信、金融等行业的北斗多模卫星电力授时终端、授时服务器等产品，开发卫星导航和微电网应用技术，形成电力指挥调度系统等配套的能力。

5.1 面向制造业的协同电子商务服务平台

国务院出台的《中国制造 2025》，提出工业互联网、大数据、云计算、生产制造、销售服务等全流程和产业链的综合集成应用，建设工业云服务和工业云平台。重点包括强化数据管理和高性能运算的核心服务能力，以电子商务为重点大力发展网络交易和服务平台，建设以公共服务平台和工程数据中心为重要支撑的制造业创新网络，建设一批促进制造业协同创新的公共服务平台，提供产品、市场的动态监控、预测预警和精准营销服务，提高制造业信息应用系统的方案设计、开发和综合集成能力，推动软件与服务设计制造资源关键技术与标准的开放共享。

5.2 第四方物流与多式联运的平台建设

第四方物流是供应链的集成者与管理者，对物流资源与技术整合，对物流全过程进行设计，研究多式联运与第四方物流平台一体化的应用平台，发挥信息全局化的共享优势，高效地衔接不同交通工具，可以大幅提高效率、降低成本。

6.1 新型传感器与短距离无线传输技术

短距离无线通信技术会在建筑智能化系统中的应用中呈现暴发性的增长。要集中攻关 Wi-Fi、NFC、高频 RFID 和新型传感器等核心技术，研制相关接口、接入网关设备，着力形成短距离无线通信模块化产品，并推动接口和设计的标准化工作将是未来创新工作的重点。

6.2 物联网系统集成关键软硬件技术

目前,物联网传感器主要是通过中心进行信息交换,实时性较差,影响用户的使用体验。研究物联网集成网关的软硬件技术,实现物联网传感器在现场直接进行实时信息交换,可提高物联网集成能力与技术水平。

6.3 智能卡身份认证关键技术及芯片设计

智能卡身份认证技术涉及电子身份证、电子护照等诸多领域,有基于局域网和外部网的、基于 PC 和非 PC 的、基于在线和离线的多种以智能卡位基本技术特征的身份认证应用及解决方案。

7.1 云平台服务优化管理技术

云平台承载了大量的计算与存储任务,研究云平台服务的数据融合、流程融合与服务融合等相关优化技术,以及云平台服务质量实时监管与服务可视化管理技术,对提升云平台服务的效率与质量保障能力至关重要。

7.2 云计算应用构建与集成技术

云计算作为一种新的计算架构,具有较高的开发复杂度。研究基于此架构技术的应用如何快速开发,以及如何集成各种云计算应用与大数据平台,对促进各专业领域的技术进步与云计算产业发展至关重要。

7.3 云计算多模式客户端技术

云计算多模式客户端技术主要研究多种形态的云客户端接入技术、多模式客户端云服务环境。面向云计算典型行业应用需求,研制多种形态的轻量级云客户端接入技术。

青岛市"十三五"新材料产业创新路线图

一、国际新材料科技产业发展现状与趋势

新材料作为具有优异性能和特殊功能的材料,是现代高新技术产业发展的重要支撑,传统产业的技术进步和产业结构调整的重要推动力。随着经济和科技迅猛发展,对材料性能的要求不断提高,新材料的突破不但会促进一项新技术的诞生,推动一个产业发生变革,甚至形成一轮新的产业革命。

(一)发展现状

自20世纪80年代起,技术的革新和经济的发展越来越依赖新材料的进步,新材料从研发到工业化应用的时间也越来越短,而在部分领域新材料的研发已经严重滞后于产品的设计。面对制造业等行业发展需求,各发达国家均将材料科学技术列为优先发展领域,凭借其技术、资金、人才、专利等优势,力争在材料科学领域中占据主导地位。为促进新材料科学技术与产业发展,美国、欧盟、日本和俄罗斯等国家和地区的政府纷纷推出新材料领域发展规划,高度重视新材料对智能制造、新一代信息技术、新能源等产业和技术领域发展的引领、支撑作用。美国先后推出《先进制造伙伴关系计划(AMP)》(2011)、《先进制造业国家战略计划》(2012)、《国家制造业创新网络》(2013)等,涉及纳米材料、碳纤维复合材料等先进材料领域。欧盟、日本和印度也针对各自国家材料的发展现状,相继启动了"面向21世纪的科技发展战略""科学技术基本计划""纳米电子功能技术构建""欧洲地平线2020规划""科技发展长远规划——2025年构想"等一系列国家计划,均对新材料发展进行了全面布局。

为解决新材料从发现、发展、性能优化、系统设计与集成、产品论证及推广的过程中研究团队间彼此独立、缺少合作和相互数据的共享,以及材料设计的技术落后等问题,美国启动了"材料基因组"计划。2014年12月,美国发布《材料基因组战略规划》,从国家层面加速"材料基因工程"的发展,已在高温合金和飞机关键材料领域率先获得重大突破。另外,近1/3的世界500强企业,如埃克森美孚、通用电气、英特尔、杜邦等,均并投入大量的资金、人力从事新材料研发、生产或与其密切相关的产业。因此,整合企业、高

校、研究机构及相关政府部门的创新资源,建立国家级创新中心、产业联盟,促进材料研发转型,缩短新材料研发周期,全力抢占材料科学技术制高点,才能满足高新技术产业和经济发展需求。

(二) 发展趋势

随着基础研究和应用技术的不断进步,新材料的功能日趋多元化、复合化,材料科学与其他学科技术交叉的领域和规模不断扩大。而新材料产业与上下游产业的相互合作与渗透融合也更加紧密,逐步从传统的"连续化、大规模和大规格制造"向"高精尖和差异化、智能化和柔性化制造"方式转变,"材料设计—材料制造—工程化应用"同步一体化开发模式的优势越来越显现。未来,材料的低成本、安全、高效、低能耗和绿色技术将更加受到关注,高性能、高附加值产品是新材料产业重点发展方向,在特种材料领域将形成较强的技术和市场垄断。近年来,全球来新材料科技产业发展呈现以下趋势。

1. 新材料技术与其他高技术深度融合

新材料技术与生物技术、信息技术等高技术和新兴产业深度融合,形成跨学科、跨领域发展态势。新材料技术的发展,带动了能源、生物、信息、交通、环保等多个产业发展,而各领域对材料的要求也进一步加速了新材料产业的发展。

2. 新材料技术发展趋向"四化"

随着全球经济一体化进程加速,国际经济和科技竞争日益激烈。新材料发展由军事需求转向军民结合或者纯民用需求,新材料技术也更加趋向结构功能一体化、功能材料智能化、材料与器件集成化、制备及应用过程绿色化。

3. 新材料产业链协同发展

新材料具有跨学科、跨领域的特征,产业发展呈现出横向扩散和互相包容的趋势。国外诸多先进企业都十分重视行业的系统布局,并已形成行业垄断企业,新材料与器件制造一体化,上、下游产业纵向联合,产业链向下游应用延伸。

4. 新材料产业更加注重可持续发展

未来,新材料产业的发展将以高效、绿色、低能耗、可回收再利用的新材料以及发展先进的数字化制造技术为主要方向,注重加强与资源、能源、环境的协调发展,注重资源的再生利用,注重发展低耗能、无污染或少污染新材料制造技术,提高新材料的人性化水平。

二、我国新材料科技产业发展现状及存在的问题

在国家政策积极引导和产业内在发展动力推动下,我国材料科学技术发展迅速,已由跟踪逐步转向创新与跨越,创新成为材料科技发展的主旋律,产业规模不断发展壮大。

(一) 发展现状

在基础研究和技术应用领域,我国材料方向科技论文数和知识产权数量达到世界第一位:2012 年,中国材料类论文数达到 18 000 篇,是美国的 2 倍,日本的 4.25 倍;发明专

利申请数于2008年超越美国、日本,居世界第一位。2014年,我国重点基础材料行业规模以上企业主营业务收入60.79万亿,从业人员超过6 000万人。随着国民经济的持续高速增长及战略性新兴产业的快速发展,对新材料的需求持续增加。未来一段时间,新材料在研发、产业及应用等方面仍处于大发展时期。

1. 部分关键技术取得重大突破,材料保障能力显著提高

近年来,我国新材料产业关键技术不断取得重大突破,新材料品种不断增加。高端金属结构材料、新型无机非金属材料、高性能复合材料保障能力明显增强,先进高分子材料和特种金属功能材料自给水平逐步提高。我国自主开发的钽铌铍合金、碳化硅单晶、氮化镓半导体薄膜、高温超导薄膜、T700和T800级碳纤维复合材料、二苯基甲烷二异氰酸酯(MDI)、间位芳纶等生产技术已接近或达到国际水平;超材料研发与产业化处于国际领先水平。深圳光启公司已申请超过2400件超材料底层技术和应用专利,约占全球超材料技术领域专利申请量的85%,超材料产品在多个领域实现应用;高性能碳/碳复合材料、SiC陶瓷基复合材料也取得重大进展,在航空和新能源等领域应用也逐渐形成规模。

2. 产业体系初步形成

当前,我国已初步建成了自主研发的新材料产业体系,并迅速扩大到国民经济各个领域;拥有从事材料领域的科技活动人员115万,材料类研发机构超过100家,国家重点实验室近30家,国家工程实验室20余家,国家工程(技术)研究中心超过100家,各类国家级新材料产业化基地逾200家;初步形成了包括研发、设计、生产和应用等品种门类较为齐全的产业体系,涵盖了金属、无机非金属、高分子、复合材料等几大类材料,基本能够满足我国经济和国防建设与发展的需要。

我国研发第三代新型钕铁硼永磁材料,技术和产业化都处于国际先进水平。稀土贮氢材料产业发展迅猛,厦门钨业股份有限公司开发的稀土镁基储氢合金性能指标已接近国际先进水平。昆明贵研催化剂有限责任公司研发出高性能稀土基汽车尾气催化器,形成了一批自主创新核心技术。国产催化器在德国大众通过了SGB样品测试一阶段认可,在国际市场开拓方面迈出了重要一步。8英寸电子级单晶硅抛光片已大规模化生产,12英寸级以上单晶硅抛光片产业化也取得重大进展。此外,纯镓和高纯镓、水平砷化镓晶片等半导体材料产业,以及新型超长余辉发光材料和制品、氮化镓基发光材料与器件、彩色终端显示用荧光粉、纳米级掺稀土基因与氧化硅玻璃复合光放大功能材料、偏光片彩色感光材料等显示发光材料,已形成较大规模的产业。

3. 产业规模不断扩大

自2010年以来,我国新材料产业规模一直保持稳步增长,由2010年的6 500亿元增长至2014年的16 000亿元左右,年均增速保持在25%左右(图1)。在细分领域方面,特种金属功能材料占比约为32%,高端金属结构材料占比约为19%,先进高分子材料占比约为24%,新型无机非金属材料占比约为13%,高性能纤维及复合材料占比约为9%,前沿新材料占比约为3%(图2)。其中,稀土功能材料、先进储能材料、光伏材料、有机硅、

超硬材料、特种不锈钢、玻璃纤维及其复合材料等产能居世界前列。

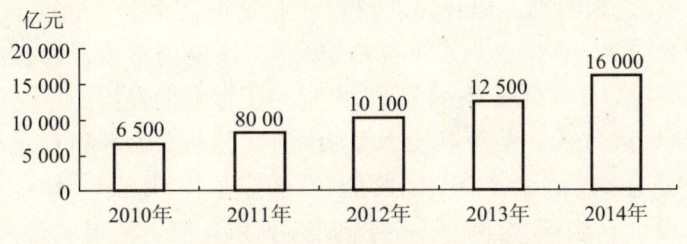

图1　2010—2014年中国新材料产业规模

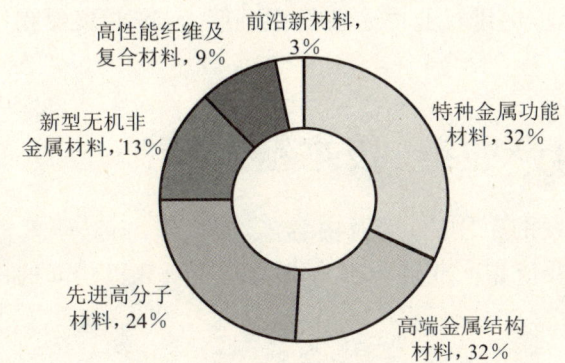

图2　2014年中国新材料产业结构

4. 产业聚集区已然形成，行业组织日渐增多

我国新材料产业已形成集群式的发展模式，基本形成长三角、珠三角和环渤海等三个大型新材料产业集群。长三角拥有工业基础雄厚、交通物流便利、产业配套齐全，目前已形成了包括航空航天、新能源、电子信息、新型化工等领域的新材料产业集群。珠三角的经济主要以外向出口型为主，新材料产业集中度高，下游产业拉动明显，已形成了较为完整的产业链，在电子信息材料、改性工程塑料、陶瓷材料等领域具有较强的优势。环渤海地区凭借大学和科研院所优势，发展高技术产业，技术创新推动作用明显，区域的科技支撑较强，在稀土功能材料、膜材料、硅材料、高技术陶瓷、磁性材料和特种纤维等多个新材料领域均具有较大优势。

众多新材料产业相关的行业组织相继成立。仅2014年，就有中国新材料产业技术创新战略联盟、中国碳纤维及复合材料产业发展联盟、中国先进橡胶产业联盟和锂电材料产业创新联盟等多家新材料行业联盟成立，这些行业组织的成立将进一步推进新材料产业有序发展。

（二）存在的问题

然而，我国新材料科技发展仍与发达国家存在一定的差距，如基础原材料整体技术水平不高，物耗能耗排放高；核心技术、工艺及装备依赖进口或者受制于国外，专利质量有待提高；自主创新能力不强，研发投入不足，专用研发设备的投入力度有待加强；研发人才不足，创新型领军人物及高层次的工程技术人员和管理人才缺乏；配套与工程化能力较弱，高端产品产业化程度低等问题；而且新材料研发过程投入大、周期长、风险高，一般企业和研究机构很难单独。我国新材料产业市场巨大,国家重大工程和国防建设对部分新材料需求强烈,需求明确。但我国新材料行业龙头企业不仅数量少,而且利润率低,部分行业产能严重过剩,产业竞争力不强,规模与创新能力落后于跨国垄断企业。创新不足给新材料产业发展带来了一系列问题,也制约了行业的发展。

当前,新材料发展方式正从革新走入革命,创新已然变为新材料发展的灵魂。创新将使新材料产品实现多功能化、环保化、智能化、低成本化、复合一体化、长寿命性并能够按用户需要进行设计。这一方面给服务业、制造业和人们生活方式带来革命性的影响,另一方面也加快了生物技术和信息产业的革命性突破。因此,加大创新投入,加快新材料行业的创新能力建设,促进行业内企业的强强联合、产业聚集和资源整合已是我国新材料行业发展的趋势。

三、新材料产业链、技术链分析

新材料产业链涉及的范围广,涉及内容多,变化快,对其研究也没有一个权威的定论。新材料技术链主要依靠产业链内部企业及高校研究机构间的链合创新和竞合创新构成,来完成技术创新。

(一)新材料产业链、技术链

新材料产业链的上游主要包括原材料的供应,中游主要是对新材料的加工制造和生产技术改进,下游主要是新材料的应用和产成品的销售。新材料产业链上、下游延伸较长,在空间上随上游原始材料的变化及中游生产加工技术的不同,不断向外衍生和扩展。因此,本次路线图主要针对青岛"十三五"期间重点发展的新材料领域展开产业链和技术链研究。所绘制的新材料产业链与技术链如图3所示。

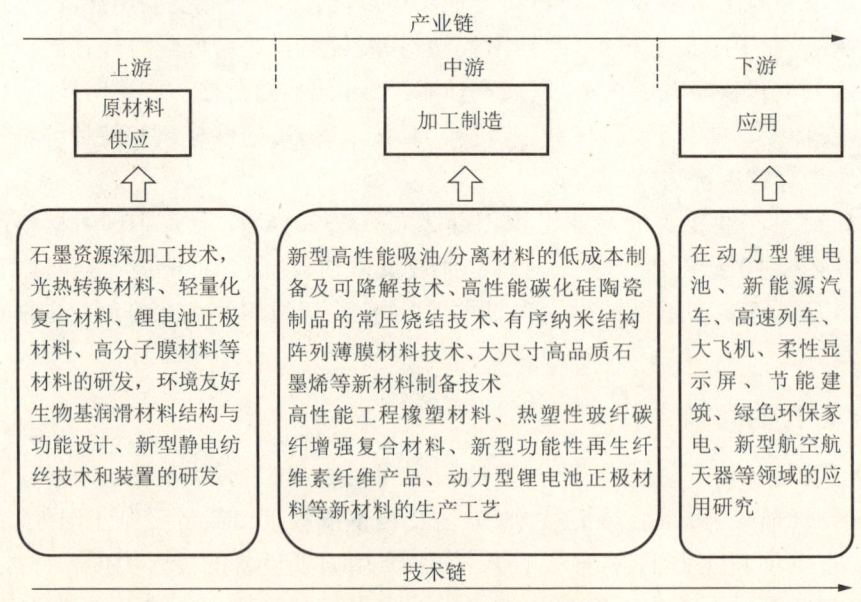

图3 新材料产业链与技术链构成

新材料产业上游的原材料涉及范围广，其质量直接影响到新材料的性能，掌握原材料精深加工技术是产业链上游技术研发重点。在新材料技术链中，新材料的研发与设计是起点。当前，材料科学发展已可以通过原子模拟计算和分子设计等技术手段，实现新材料性能的"定制"化。

新材料加工制造包含产业门类繁多，是新材料产业链的主要组成部分，加工制造工艺和生产设备的水平直接决定了新材料的品质和性能。新型高分子材料、电子信息材料、石墨烯及先进碳材料、陶瓷材料和高性能金属材料作为新材料主要领域，加工制造关键技术包括制备技术、精密加工工艺、表面处理技术、热处理工艺、塑性成型工艺以及材料加工制造设备等。作为工业革命和技术革命的先导，新材料产业链的下游主要是最终应用和消费市场，可直接促进节能环保、汽车工业、高速列车、航空航天、电子信息、建筑行业、家电等国民经济各领域的发展，加快行业的转型升级和技术创新。

（二）青岛市新材料产业链发展现状

青岛新材料产业发展已具有一定的基础，在新型高分子、防腐防污、功能纤维及新能源材料领域具有较强竞争优势，如旭域土工高性能聚合物格栅工程材料在国内市场占有率超过1/3，海洋化工研究院防腐防污涂料占据军方60%市场份额等。

青岛自然资源丰富，其中石墨储量居全国第二位，年产量约占全国的1/3，是全国主要的石墨生产加工基地。滑石储量居全省第二位，拥有全国最大的滑石凹陷露天矿，其产品80%出口。另外，还拥有沸石、重晶石、珍珠岩砂等稀有矿产资源，具有广阔的发展前景。另外，青岛还拥有青岛铸造机械有限公司、青岛纺织机械股份有限公司和青岛赛瑞达设备制造有限公司等新材料加工制造设备生产企业。而中国海洋大学、中国石油大学(华东)、青岛科技大学、青岛大学、青岛理工大学、山东科技大学等高校科研机构在新型高分子材料、电子信息材料、石墨烯及先进碳材料、陶瓷材料和高性能金属材料等领域，具备较强的科研能力。

新型高分子材料是青岛的优势特色产业，包括橡塑新材料、塑料合金、高性能涂料纤维材料、合成树脂新材料、石油化工新材料等，拥有一批一流的实验室和具有世界先进水平的生产装置，承担了一系列国家级的高水平研究开发项目。目前，以软控股份、黄海橡胶、橡胶谷、海尔新材料和颐中格栅等为代表的青岛新型高分子材料产业，以具有相当规模的产业化能力，并在全国范围内形成了较大的影响。近年来，我市动力型锂电池和超级电容、新能源汽车、节能环保、半导体显示和照明等产业发展迅速，带动了动力电池材料、新一代光电材料、磁性材料、陶瓷基复合材料、石墨烯材料及先进碳材料等产业发展迅速，催生和壮大了乾运高科新材料有限公司、新正锂业有限公司、青岛云路、青岛铝镓光电、华高科技等一批新材料生产加工企业。在新材料产业链的下游，青岛拥有海尔、海信、中车四方、双星轮胎、青岛华金、开世密封等大量的新材料应用企业，强劲的需求，推动我市新材料产业快速发展。

（三）青岛新材料产业SWOT分析

近年来，青岛市新材料产业发展迅速，在新型高分子材料、海洋新材料等领域具备

▶ 青岛市"十三五"重点产业创新路线图

较好的科研和产业基础,新型电子信息材料、新能源材料、功能陶瓷材料、石墨烯及先进碳材料等新材料产业迅猛发展。2014 年,全市规模以上新材料企业 180 余户,实现销售收入 557.7 亿元,占规模以上工业战略性新兴产业比重为 18.5%,增速达 22.3%。但是,青岛市新材料产业也存在企业规模偏小、产业链条不长、产业集中度不足、创新能力显弱、市场开拓乏力和政策措施不够等问题。通过 SWOT 组合战略矩阵(表1)全面分析我市新材料产业发展中的优势、劣势,正视其所面临的机遇和威胁,对增强新材料产业实力、促进产业跨越发展具有重要现实意义。

表 1 青岛市新材料产业 SWOT 组合战略矩阵

内部 / 外部	S(优势) (1)资源优势 (2)科技创新优势 (3)市场潜力巨大 (4)产业基础优势	W(劣势) (1)产业链延伸不够 (2)创新能力较弱 (3)缺乏龙头企业 (4)政策落实不足
O(机遇) (1)政府高度重视,产业地位提升 (2)产业环境向好,市场潜力巨大 (3)科技进步驱动,产业创新发展	S-O 战略 (1)充分发挥青岛资源和科研优势,强化"政产学研"合作 (2)加快推进新材料产业园区化、规模化和集约化发展 (3)推动结构优化升级、产品升级换代 (4)面向高新技术产业需求,加快产业总量扩张,抢占市场,实现产业跨越式发展	W-O 战略 (1)把握发展契机,产业链向上下游延伸、发展配套产业 (2)鼓励公共研发服务平台、产业技术创新联盟等创新平台建设,强化创新能力 (3)扶持龙头和骨干企业,培育精深加工企业 (4)加强政策执行力,提升产业竞争力
T(威胁) (1)产品结构不合理 (2)行业管理缺失 (3)区域竞争加剧	S-T 战略 (1)突出产业优势,加强行业管理,优化产业结构 (2)提高可持续发展能力,走集约化发展之路,提高产业竞争力	W-T 战略 (1)加快技术合作平台建设,提升产业创新能力,提高产品附加值 (2)加大区域合作力度,实现优势互补

四、发展目标

作为青岛市优先发展的十大新兴产业之一,新材料产业将围绕高速列车、汽车机车、船舶海工、航空航天、石油化工、家电电子、交通运输、土木工程、节能环保、健康医疗、新能源等产业发展需求,依托科研机构和重点企业,突出科技创新,加快产品结构调整,进一步提升产业层次,形成产业特色,做大产业规模,建成国际知名的新材料产业基地。到 2020 年,部署实施自主创新重大专项,突破共性关键技术 35 项,搭建各类创新载体 25 家,形成一批具有自主知识产权的产品,培育拥有自主品牌和较大市场影响力的骨干企业 50 家。新材料产业产值突破 2 000 亿元,增加值突破 500 亿元。

五、研发需求

综合新材料领域国内外发展趋势、我市产业基础和发展目标,在文献资料研究和专家调研基础上,确定了 5 个重点领域和 13 个重点发展方向,凝炼提出 50 余项关键共性技术攻关方向,详见表2。

表2 青岛市"十三五"新材料领域研发需求表

子领域	发展方向	研发需求
先进高分子材料	橡 胶	耐高温密封油丁腈橡胶 新型高性能吸油/分离材料 家电用低VOC、高性能TPE/TPR类材料
	塑 料	家电用安全健康塑料 高强度、高耐温工程塑料 多色彩免喷涂一次成型高光高硬材料
	纤 维	再生纤维素纤维 天然纤维素纤维 多功能复合纤维 海洋生物质纤维
	其 他	结构性防火隔热材料 生物基润滑材料 膜材料
高性能复合材料	树脂基复合材料	热塑性玻纤碳纤增强复合材料 高性能碳纤维
	陶瓷基复合材料	高性能碳化硅、氧化锆复合陶瓷制品的常压烧结技术及应用
	塑料基复合材料	高耐候、高吸光性PP材料 高导热、高强度ABS类复合材料
	其 他	印刷电子基材 导电油墨
新型无机非金属材料	先进陶瓷	小型化多铁材料 精细陶瓷微波烧结技术 透明电光陶瓷
	新一代光电材料	复合功能激光材料 柔性显示材料 蓝光、紫外LED外延片生长及应用技术 动力型锂电池正负极材料
	人工晶体	新型非线性光学晶体 太赫兹晶体和激光晶体
特种金属材料	特种金属材料	高性能合金材料 超导线材 钕铁硼材料 加热部件用防腐材料 耐冲击镍铬合金 换热器用高导热金属合金
前沿材料	纳米材料与器件	纳米生物材料 纳米酶 介孔材料 纳米化智能材料与器件 纳米复合脱模涂层 有序纳米结构的可控制备及其在纳米器件中的应用

续表

子领域	发展方向	研发需求
	石墨烯及碳材料	石墨烯复合导波功能材料 石墨烯复合纤维 石墨烯电子材料 高品质石墨烯制备技术 石墨烯专用生产设备

六、创新资源配置

(一) 创新资源分布现状

目前,青岛市新材料领域除海洋之外共拥有各类重点实验室、工程技术研究中心、科研院所等创新载体80余家,其中包括青岛市纤维新材料与现代纺织国家重点实验室培育基地、橡塑材料与工程省部共建教育部重点实验室等省部级重点实验室12家,山东省金属材料与表面工程技术研究中心、山东省橡胶材料工程技术研究中心等工程技术中心24家,详见表3、表4。

表3 青岛市新材料领域创新载体资源分布汇总表

级别\类型	重点实验室	工程技术研究中心	产业技术创新联盟	高等院校	科研院所	引进院所	企业技术中心
国家级	—	1	—	—	—	—	—
部 级	5	—	—	1	—	—	—
省 级	7	6	1	4	1	—	—
市 级	5	17	5	—	4	2	22
总 计	17	24	6	5	5	2	22

表4 新材料领域创新载体资源列表

序号	类别	机构名称	依托单位	级别
1	重点实验室	橡塑材料与工程省部共建教育部重点实验室	青岛科技大学	部级
2		轮胎先进装备与关键材料国家工程实验室	青岛科技大学	部级
3		材料电子理论研究室和材料界面实验室	中国石油大学(华东)	部级
4		青岛市纤维新材料与现代纺织国家重点实验室培育基地	青岛大学	部级
5		中国科学院生物基材料重点实验室	中国科学院青岛生物能源与过程研究所	部级
6		山东省橡塑材料与工程重点实验室	青岛科技大学	省级
7		山东省多相流体反应与分离工程重点实验室	青岛科技大学	省级
8		山东省特种纺织品加工技术重点实验室	山东省纺织科学研究院	省级
9		山东省纤维新材料与现代纺织重点实验室	青岛大学	省级
10		山东省微复合材料重点实验室	青岛大学	省级

续表

序号	类别	机构名称	依托单位	级别
11	重点实验室	山东省高分子材料先进制造技术重点实验室	青岛科技大学	省级
12		山东省聚合物高性能化及循环利用技术重点实验室	青岛科技大学	省级
13		青岛市非晶合金重点实验室	青岛云路新能源科技有限公司	市级
14		青岛市轮胎新材料重点实验室	怡维怡橡胶研究院有限公司	市级
15		青岛市纤维及纺织品工程重点实验室	青岛大学	市级
16		青岛市新材料研究重点实验室	青岛科技大学	市级
17		青岛市纳米技术重点实验室	青岛科技大学	市级
18	工程技术中心	国家橡胶与轮胎工程技术研究中心	青岛高校软控股份有限公司	国家级
19		山东省金属材料与表面工程技术研究中心	山东科技大学	省级
20		山东省塑料高性能化工程技术研究中心	青岛科技大学	省级
21		山东省橡胶材料工程技术研究中心	青岛科技大学	省级
22		山东省功能纤维工程技术中心	青岛大学	省级
23		山东省多相聚合物材料工程技术研究中心	青岛大学	省级
24		山东省纳米材料工程技术研究中心	青岛科技大学	省级
25		青岛市轮胎工程技术研究中心	青岛高校软控股份有限公司	市级
26		青岛市橡塑密封工程技术研究中心	青岛开世密封工业有限公司	市级
27		青岛市电动汽车轮胎工程技术研究中心	青岛泰凯英轮胎有限公司	市级
28		纺织梳理机械工程技术研究中心	青岛东佳纺机(集团)有限公司	市级
29		青岛鞋用材料与设计工程技术研究中心	青岛亨达集团有限公司	市级
30		青岛轮胎模具装备工程技术研究中心	青岛元通机械有限公司	市级
31		青岛市高分子杂化材料工程技术研究中心	青岛大学	市级
32		青岛市非线性晶体材料技术研究中心	青岛海泰光电技术有限公司	市级
33		青岛市海洋高分子功能材料工程技术研究中心	青岛海洋先进材料工程技术研究中心有限公司	市级
34		青岛市多晶硅材料工程技术研究中心	青岛隆盛晶硅科技有限公司	市级
35		青岛锂电锰系正极材料工程技术研究中心	青岛乾运高科新材料股份有限公司	市级
36		青岛市无机非金属新材料与精细工艺工程技术研究中心	青岛清阳新材料发展有限公司	市级
37		青岛市合成润滑材料工程技术研究中心	青岛中科润美润滑材料技术有限公司	市级
38		青岛市激光器件工程技术研究中心	青岛镭视光电科技有限公司	市级
39		青岛市耐热合金材料工程技术研究中心	青岛新力通工业有限责任公司	市级
40		青岛市膜产品工程技术有限公司	青岛中车华轩水务有限公司	市级
41		青岛市集装箱液体软包装工程技术研究中心	青岛恒信塑胶有限公司	市级

▶ 青岛市"十三五"重点产业创新路线图

续 表

序号	类别	机构名称	依托单位	级别
42	产业创新联盟	轮胎工艺与装备产业技术创新战略联盟	青岛科技大学	省级
43		青岛市轮胎先进制造产业技术创新战略联盟	软控股份有限公司	市级
44		青岛市纺织服装产业技术创新战略联盟	青岛市纺织服装行业协会	市级
45		青岛市高性能及功能化高分子材料产业技术创新战略联盟	青岛华世洁环保科技有限公司	市级
46		青岛市高分子新材料及可循环利用产业技术创新战略联盟	青岛科技大学	市级
47		青岛市石墨产业技术创新战略联盟	山东新华锦石墨材料科技有限公司	市级
48	高校	青岛科技大学	山东省教育厅	省级
49		青岛大学	山东省教育厅	省级
50		青岛理工大学	山东省教育厅	省级
51		山东科技大学	山东省教育厅	省级
52		中国石油大学(华东)	教育部	部级
53		中国海洋大学	教育部	部级
54	科研院所	青岛市橡胶工业研究所	—	市级
55		山东省纺织科学研究院	山东省纺织行业办	省级
56		青岛市服装研究所有限公司	—	市级
57		青岛市皮革研究所		市级
58		青岛市建筑材料研究所		市级
59	引进院所	青岛市资源化学与新材料研究中心	中国科学兰州化学物理研究所	其他
60		新型陶瓷与精细工艺国家重点实验室成果转化及生产基地	清华大学	其他
61	骨干企业	合成橡胶:伊科思、第派新材 轮胎:双星橡塑机械、赛轮、黄海橡胶、耐克森轮胎、森泰达轮胎 橡胶制品:橡六、固特异、双蝶 橡胶机械:软控股份、双星机械 橡胶行业产学研示范基地:青岛科技大学、高校软控、中国橡胶协会 服装:以即发、红妮、雪达、红领、耀杰、鑫天、圣美尔、宝马特、一洲 服饰:亨达、孚德、丰昌;纺机:宏大、星火、东佳 纺织:即发、青纺联	—	其他

(二)创新资源配置

1. 加快产业技术研究院等新型研发机构建设

围绕重点发展方向支持建设储橡胶产业技术研究院、服装产业技术研究院、新材料产业技术研究院和青岛市资源化学与新材料研究中心等新型研发机构。

（1）橡胶产业技术研究院。拟依托青岛科技大学、怡维怡橡胶研究院有限公司建设，重点围绕合成橡胶、轮胎、橡胶制品、橡胶机械等方面提供技术支撑。

（2）服装产业技术研究院。拟依托青岛纺联控股集团、青岛大学建设，重点围绕产品结构优化、产品附加值和产业链配套能力提升、功能性纺织面料研发、产品原创设计和文化内涵等方面提供技术支撑。

（3）新材料产业技术研究院。拟依托青岛大学、联合青岛国家石墨烯产业创新示范基地和青岛国际石墨烯创新中心共同建设，重点开展石墨烯及其衍生物制备技术、石墨烯改性纤维制备技术及石墨烯改性纤维纺织加工技术等方面的研发。

2. 加快推进产业园区建设

加快推进中德绿色铸造产业园，推进国家橡胶与轮胎工程技术研究中心橡胶新材料与高性能轮胎绿色生产联合体示范基地、华硕陶瓷碳化硅产业化基地、力神动力电池项目、乾运高科锂离子电池、云路新能源非晶带材、华世洁电池隔膜材料及装备、海晶化工聚氯乙烯、阳煤恒源聚碳酸酯、青岛碱业新材料苯乙烯、信泰超高分子量聚乙烯纤维等一批累计投资超过200亿元的重点项目建设。

重点推进国家火炬计划青岛新材料产业化基地核心区、黄岛新材料产业聚集区、胶州新材料产业聚集区、即墨新材料产业聚集区、崂山新材料产业聚集区和平度新材料产业聚集区等新材料集聚区建设，加快构建"一核、五区"的新材料产业发展格局。

3. 加强高层次人才引进培养

围绕重点发展方向人才需求，"十三五"期间计划引进新材料领域创新创业领军人才及团队30～50个。

七、产业创新路线图与行动计划

（一）产业创新路线图

综合我市新材料产业发展基础、目标、研发需求、创新资源，文献调研及专家讨论结果，绘制青岛市新材料产业创新路线图（图4）。围绕先进高分子材料、高性能复合材料、新型无机非金属材料、特种金属材料以及前沿新材料等五个重点领域进行关键共性技术攻关，结合创新载体搭建、骨干企业培育、产业园区建设和产业集群打造等创新举措，推动新材料产业快速发展。

（二）行动计划

根据青岛市高新技术产业发展和产业转型升级的方向，重点围绕高性能复合材料、新型无机非金属材料、特种金属材料等新材料领域共性关键技术，在印刷电子材料、新型光电材料、先进能源材料、工程高分子材料、高性能纤维及其复合材料、新型建筑材料、新一代生物医用材料、高性能生物基润滑材料、石墨烯制备及先进碳材料等方向，部署实施自主创新重大专项，进一步提升新材料产业链上中下游企业的自主创新能力及协同配

青岛市"十三五"重点产业创新路线图

			2016年	2018年	2020年
发展目标	产值	新材料产业	约900亿元	>1 400亿元	>2 000亿元
	创新资源建设	搭建创新载体	60家	75家	85家
		培育骨干企业	10家	10家	60家
		打造产业集群	5个	10个	15个
发展瓶颈	技术工艺		新材料的设计研发能力较弱　相关技术标准制定滞后核心专利受制于人生产工艺落后关键设备研发投入不足		
	外部环境		行业协调管理缺乏发展重点不突出财税、金融等政策扶持力度不够完善		
研发重点	先进高分子材料	橡胶	耐高温密封油丁腈橡胶新型	高性能吸油/分离材料	
			家电用电VOC、高性能TPE/TPR类材料		
		塑料	家电用电安全健康塑料高强度、高耐温工程塑料		
			多色彩免喷涂一次成型高光高硬材料		
		纤维	再生纤维素纤维　天然纤维　多功能复合纤维　海洋生物质纤维		
		其他	结构性防火隔热材料　生物基润滑材料		
	高性能复合材料	树脂复合材料	热塑性玻纤碳纤增强复合材料	高性能碳纤维材料	
		陶瓷复合材料	高性能碳化硅、氧化锆陶瓷基复合材料常压烧结技术及应用		
		塑料复合材料	高耐候、高吸光性PP材料　高导热、高强度ABS类复合材料　高性能水处理膜材料		
	新型无机非金属材料	先进陶瓷	小型化多铁材料精细陶瓷微波烧结技术	透明电光陶瓷	
		新一代广电材料	蓝光、紫外LED外延片生长及应用技术　复合功能激光材料　柔性显示材料		
			动力型锂电池正负极材料　印刷电子用基材　导电油墨		
		人工晶体	新型非线性光学晶体　太赫兹晶体　激光晶体		
	特种金属材料		高性能合金材料　换热器用高导热金属合金	钕铁硼材料	
			加热部件用防腐、耐冲击镍铬合金	超导线材	
	前沿材料	纳米材料与器件	纳米生物材料　纳米酶介孔材料	纳米化智能材料	
			纳米复合脱模涂层	有序纳米结构的可控制备	
		石墨烯及碳材料	石墨烯专用生产设备　石墨烯复合纤维　石墨烯复合功能材料		
			高品质石墨烯制备技术	石墨烯电子材料	
资源配置	新建拟建		橡胶产业技术研究院　服装产业技术研究院　新材料产业技术研究院　青岛市资源化学新材料研究中心　中德绿色铸造产业园　国家橡胶与轮胎工程技术研究中心　橡胶新材料与高性能轮胎绿色生产联合体示范基地等		
	现有基础		青岛科技大学　中国海洋大学　中国科学院生物能源与过程研究所　钢铁总院青岛海洋腐蚀研究所　山东省纺织科学研究院　青岛市资源化学与新材料研究中心　青岛云路　怡维怡橡胶研究院　开世密封　高校软控　元通机械　海泰光电　隆盛晶体　乾运高科　镭视光电科技　新华锦石墨材料科技有限公司　双星机械　黄海橡胶　即发集团第派新材料　华硕陶瓷　力神集团　华世洁　海晶化工等		

图4　青岛市"十三五"新材料产业创新路线图

套能力,打造新材料产业技术研究院、橡胶产业技术研究院、服装产业技术研究院、国际石墨烯创新中心等特色鲜明的创新载体和公共研发平台,推动新材料产业快速发展(表5)。

表5 新材料领域行动计划

时间节点	2018年	2020年
发展目标	部署实施自主创新重大专项,突破共性关键技术20项,搭建各类创新载体15家,形成一批具有自主知识产权的产品,培育拥有自主品牌和较大市场影响力的骨干企业30家	突破共性关键技术15项,搭建各类创新载体10家,培育骨干企业20家,形成新材料产业集群10个以上
发展路径	(1)关键技术突破及产业化:重点突破高性能橡胶新法炼胶技术、导电油墨制备技术、超级电容/动力型锂电池电极制备技术、高品质石墨烯制备技术、新型高性能吸油/分离材料的低成本制备及可降解技术、高性能碳化硅常压烧结技术、化纤柔性化高效制备技术、第三代半导体照明芯片制备技术、环境友好生物基润滑材料结构与功能设计/制备工艺/复配技术等关键共性技术;实现耐高温密封油橡胶材料、高性能碳纤维复合材料、家电用低VOC高性能TPE/TPR类材料、结构性防火隔热材料、药物缓释载体材料、高性能生物基润滑材料等新材料产品的产业化 (2)搭建创新载体:推进橡胶新材料、纺织服装新材料、金属基复合材料、先进纳米材料等领域重点实验室、工程技术研究中心、产业技术研究院和专业孵化器等创新载体建设 (3)建设产业园区:围绕石墨烯、先进碳材料、光电新材料、纺织新材料、橡胶新材料等领域建设产业园区,形成特色产业聚集区 (4)加强国内外合作:引进瑞典查尔姆斯理工大学、意大利石墨烯研究中心、意大利VERSAILS公司以及上海交大等国内外知名科研机构来青设立研发中心 (5)引进培养高层次人才:引进新材料领域领军人才40~50名	(1)关键技术突破:在钕铁硼永磁材料、小型化多铁材料微波器件、高性能水处理膜材料、光热转换材料、太赫兹晶体与激光晶体、石墨烯基电子器件、透明电光陶瓷及高性能电光器件等领域取得技术突破;实现石墨烯修饰电极、高温合金及金属间化合物制品、碳纳米管复合强化铝合金等产品的产业化 (2)搭建创新载体:推进储能材料、半导体材料、稀土新材料、润滑材料、生物医用材料等领域的创新载体建设 (3)建设产业园区:围绕印刷电子材料、碳纤维复合材料等领域形成特色产业聚集区 (4)国内外合作:加强与美国、欧盟等先进国家合作,共建研发中心和成果转移基地 (5)引进高层次人才:引进领军人才30~60名

参考文献

[1] 工业和信息化部. 新材料产业"十二五"发展规划[EB/OL]. (2012-01-04)[2012-02-22]. http://www.miit.gov.cn/n11293472/n11293832/n11293907/n11368223/14470388.html.

[2] 国家发展和改革委员会高技术产业司,中国材料研究学会. 中国新材料产业发展报告(2013)[R]. 北京:化学工业出版社,2014.

[3] 青岛市经济和信息化委员会. 青岛市十大新兴产业发展总体规划(青发改高技〔2014〕290号)[EB/OL]. (2014-07-01)[2015-01-29]. http://gxq.qingdao.gov.cn/n28356009/n28356073/n28356939/n28360120/n28360681/30547930.html.

[4] 青岛市经济和信息化委员会. 青岛市工业产业集聚区(基地)布局规划[EB/OL]. (2012-07-06)[2012-03-01]. http://www.qingdao.gov.cn/n172/upload/131016150506316084/140614213618333836.pdf.

[5] 青岛市科技局,青岛市科学技术信息研究所. 青岛市科技创新载体资源产业分布报告[R]. 青岛:青岛市科技局,青岛市科学技术信息研究所,2014.

[6] 国务院. 中国制造2025(国发〔2015〕28号)[EB/OL]. (2015-05-08)[2015-05-19]. http://www.gov.cn/zhengce/content/2015-05/19/content_9784.htm.

[7] 国家发改委,财政部,工业和信息化部. 关键材料升级换代工程实施方案[EB/OL]. (2014-10-23)[2014-10-31]. http://www.sdpc.gov.cn/zcfb/zcfbtz/201410/t20141031_635469.html.

[8] 贾志琦,孙钢,王琳. 山西省新材料产业SWOT分析[J]. 科技和产业,2014,14(5):21-24.

[9] 陶李昶. 中国新材料产业自主创新路径研究——基于产业链视角[D]. 合肥:合肥工业大学人文经济学院,2012.

[10] 于升峰,谭思明. 青岛重点产业领域技术发展路线图研究[M]. 北京:中国文史出版社,2013.

附 件

附件一 专家名单

序 号	姓 名	单 位
1	杜芳林	青岛科技大学
2	戴金辉	中国海洋大学
3	劳春峰	海尔集团技术研发中心
4	马长勤	青岛镭视光电
5	陈沙鸥	青岛大学
6	曲丽君	青岛大学
7	刘敬权	青岛大学
8	朱海涛	青岛科技大学
9	李 伟	青岛科技大学
10	周 勇	青岛石墨烯创新中心
11	高鉴明	开世密封

附件二 关键共性技术描述

1. 印刷电子关键材料开发与生产工艺

重点开展 OLED 显示/电子纸显示、柔性照明 LED、RIFD 电子标签、可穿戴电子设备和传感器等印刷电子技术关键材料研发,包括可溶可固化 HTM 材料;高性能电子传输材料(ETM)、可印刷电极材料、印刷 TFT 的半导体/绝缘层材料、高性能载流子传输材料及导电材料制备技术、金属纳米导电油墨和环境友好型水性导电油墨、高性能关键基地材料与支撑材料制备技术等。

2. 动力型电池关键材料研发与产业化

重点开展高比能量和或高比功率动力型电池新型正负极材料、电解液材料,特别是安全性高、稳定性高的正负极材料,耐温与安全的隔膜材料以及不燃烧电解质体系等关键技术研发;包括电池隔膜,特别是动力锂离子电池和燃料电池复合膜;新型电极材料,如非碳负极材料、高容量正极材料和高电压正极材料等;燃料电池用高效、廉价代铂催化剂;非晶与微晶硅、碲化镉和硒铟镓铜材料;新型电解质、溶剂和添加剂等。

3. 石墨烯制备关键技术

重点开展高性能低成本石墨烯粉体及高性能薄膜制备等关键技术和工艺研发;包括 CVD 法石墨烯膜生产技术与制造装备的设计及成套集成,氧化还原法和物理法等低成本、批量制备高纯度、结构可控石墨烯粉体技术等。

4. 新型高性能吸油/分离材料

重点研发具备良好的亲油性、疏水性、高吸油倍率、高吸油速率、保油能力强、可重复使用、易于油水分离及无毒可生物降解等性能的高效吸油/分离材料。

5. 先进陶瓷材料制造关键技术

重点开展先进陶瓷低成本、绿色制备工艺、生产装备等关键技术研发；包括高端碳化硅、氮化硅和氧化铝粉体的关键制备技术，高性能碳化硅常压烧结技术，高新更结构陶瓷的精细微结构控制和烧结机理等。

6. 化纤柔性化高效制备技术

重点开展聚酯、聚酰胺聚合与纺丝动力学结构演变机理；包括聚酯、聚酰胺多元组分、多点在线添加等关键技术研发，高效分散与物料快速切换技术，深染高色牢度色母粒、色浆及功能原液着色纤维制备技术，聚酰胺萃取浓缩液高效裂解回用技术，聚酰胺环吹风纺丝技术，再生聚酯低能耗连续聚合、熔体高效纯化技术等。

7. 第三代半导体照明芯片制备技术

重点开展大尺寸、高质量第三代半导体衬底和外延材料及新结构材料制备等关键技术研发；包括研究基于图形化衬底、同质衬底及多种新型衬底的高质量外延技术，低维结构、极化匹配等高内量子效率外延设计与制备技术，新型高效封装材料与技术，LED和荧光粉的全光谱白光半导体照明材料、器件和模组技术等。

8. 环境友好生物基润滑材料关键技术

重点开展环境友好生物基润滑材料结构与功能设计、制备工艺、复配技术研究，开发可应对高速、高温、重载、恶劣环境及气氛等苛刻工况条件且个有环保可再生特点的高性能生物基润滑材料，解决港口机械、高铁、风电、先进制造等行业的关键设备润滑难题。

9. 合成橡胶高性能化关键技术

重点开展合成橡胶和弹性体性能提省、高效低成本生产、加工应用等关键技术研发；包括高温密封油丁腈橡胶及家电用低VOC、高性能TPE/TPR类材料合成技术、溶聚丁苯橡胶阴离子聚合链中官能化技术，卤化丁基橡胶阴离子聚合分子量分布可控和分子链星型支化技术，高活性高顺式稀土顺丁橡胶定向催化技术，以生物和有机硅为原料的非石油路线新型橡胶的制备与应用技术等。

10. 稀土永磁材料关键技术

重点开展高矫顽力、耐高温钕铁硼磁体制备技术与产业化研究；揭示多主相新型稀土永磁材料的磁耦合机制和矫顽力机理；解决高丰度多主相稀土永磁材料可控制备技术，并实现新型永磁材料的设计与可控制备。

11. 多铁性材料应用关键技术

多铁性材料是指同一个相中包含两种及两种以上铁的基本性能（铁电性、铁磁性或者铁弹性）的材料，同时具备铁磁性和铁电性。重点开展小型化多铁材料微波器件、高密度存储器、多态记忆元件、电场控制的压电传感器和电场控制的压磁传感器等产品的关键技术研究。

12. 高性能膜材料关键技术

重点在水处理用膜、动力电池隔膜、氯碱离子膜、光学聚酯膜等领域开展关键技术研发。为满足海水淡化与水处理需求,研制和开发反渗透、纳滤、超滤和微滤等各类膜材料,加快卷式膜、帘式膜、管式膜、平板膜等膜组件和膜组器产业化。

13. 光热转换材料

光热转换材料是一种重要的太阳功能材料,可分为蓄热材料、导热材料、热电材料和集热材料等;包括相变储热材料、显热储热材料、导热流材料和导热流管道材料、半导体金属合金型导热材料、方钴矿型热电材料、氧化物型热电材料、金属硅化物型热电材料以及选择性吸收涂层等。

14. 半导体新材料关键技术

重点研究半导体金刚石、氮化硼、有机无机钙钛矿等第三代半导体新结构材料,探索这些新材料、新结构在太赫兹器件、单光子源、自旋电子学器件等方面的应用。对碲化锡、砷化镓、铌酸锂等晶体的光波段特性和太赫兹波段电光特性开展研究,实现 THz 波段光泵浦激射和光电流红外探测等太赫兹器件产业化。

15. 新型激光晶体材料关键技术

重点研发适合半导体激光直接泵浦的新波段激光晶体,开发出高性能的适合半导体激光的新波段的激光晶体,突破高质量大尺寸激光晶体制备关键技术。

16. 石墨烯基电子器件产业化

在石墨烯高质量氮化物半导体材料、石墨烯柔性显示材料、透明电极、场效应晶体管、电子传感器等领域开展关键技术攻关和产业化研究。

青岛市"十三五"生物技术产业创新路线图

一、国内外发展现状与趋势

（一）国际

近年来，全球范围内生物技术和产业呈现加快发展的态势，主要发达国家和新兴经济体纷纷对发展生物产业作出部署，作为获取未来科技经济竞争优势的一个重要领域。

2003—2013年的11年中，全球发表的生物和医学论文数量占自然科学论文总数的50.5%，全球生物产业产值以超出GDP增长1~2倍的速度不断发展。生物技术的创新与跨越发展，将对经济社会和人们生活产生巨大影响。生物信息学、生命组学、干细胞和合成生物学等前沿科学蓬勃兴起与快速发展，推动全球迎来生物技术发展新的浪潮，并加速推动了生物技术在农业、医药、能源、工业和环境等领域的应用，催生了在这些领域中的产业发展新态势。

全球医药大型企业集团50强均属于美国、日本、欧洲等经济发达国家和地区，以专利药物控制着全球90%左右的医药市场份额。受环保成本影响，原料药生产逐步向发展中国家转移，中国和印度成为最大的世界原料药生产大国。当前，全球正在面临一批治疗心脑血管病、癌症、糖尿病等重大疾病和常见病的重磅炸弹药物专利即将到期，非专利药物迎来十年黄金机遇期，美、日、欧等政府纷纷采取措施抢占非专利药市场。生物技术药物也成为未来医药产业的发展重点，主要包括基因工程蛋白质药物、疫苗、多肽和核酸类药物，是治疗和控制人类癌症、心脑血管疾病、糖尿病、自身免疫疾病、传染性疾病和遗传性疾病药物的主要研究方向。

（二）国内

我国高度重视生物技术和产业的发展，《国家中长期科学和技术发展规划纲要（2006—2020年）》将生物技术作为科技发展的五个战略重大产业，启动实施了转基因生物新品种培育、重大新药创制、艾滋病和病毒性肝炎等重大传染病防治三个科技重大专项，大幅度提高了生物和医药领域的科技投入。2010年，国务院将生物产业列为重点培育和发展的七大战略性新兴产业之一，大力推进生物技术研发和创新成果产业化。一批生物科技重大基础设施相继建成,一批关键技术取得突破,生物产业产值以年均22.9%的速度增长。2011年,实现总产值约2万亿元。生物医药、生物农业、生物制造、生物能源等产业初具规模,出现一批年销售额超过100亿元的大型企业和年销售额超过10亿元的大品种。我国在生物技术研发、产业培育和市场应用等方面已初步具备一定基础。

我国是世界制药大国,但不是制药强国,产品多为仿制药和附加值较低的大宗原料药,正在经历大宗原料药→特色原料药→专利仿制药→通用名药→创新药物发展过程。抢抓国际专利药到期机遇,发展非专利药物,成为我国当前制药产业升级的有效途径。我国已掌握了生物医药领域大肠杆菌表达系统、基因重组、发酵、规模化蛋白质制备、生物治疗控制和药物评价等技术,抗体药物实现了从无到有;但与欧美发达国家差距很大,如我国只掌握了简单的生物制药生产技术,尚未掌握动物细胞大规模培养技术。

为进一步促进生物技术的发展,2013年国务院出台《生物产业发展规划》。国家将采取四大举措加强生命科学研究和生物技术创新,突破一批核心关键技术,开发一批重大生物产品,大力发展生物农业、生物医药、生物能源、生物制造和生物环保产业,实现生物技术由技术积累向产业崛起的跨越。一是加强规划引导,统筹协调国家科技计划对生物技术的支持;二是加强政策激励,进一步改善生物技术的发展环境;三是加强医疗资源的开放共享,促进生物技术的交流与合作;四是加强人才培养和引进,建立高素质、多层次的生物技术人才队伍。

二、我市产业发展现状与分析

(一)发展现状

2012年,青岛市政府出台《青岛市人民政府关于加快培育和发展战略性新兴产业的意见》(青政发〔2012〕51号),将生物产业列入青岛市重点发展的七大战略性新兴产业;提出"充分发挥现有产业基础和比较优势,依托重点企业和科研院所,加快建设青岛国家生物产业基地。以崂山生物科技园、高新区蓝色生物医药园、即墨高新区"药谷"为支撑,重点引进新型疫苗、新型酶制剂、诊断试剂、现代中药、医疗器械、生物服务外包、绿色农用生物制品等产业。"

2012年,青岛市发布《青岛市工业产业集聚区(基地)布局规划》。在生物产业领域,重点布局青岛高新区生物与医药产业集聚区、黄岛海洋生物产业集聚区、城阳生物医药产业集聚区、即墨生命科学产业集聚区等工业集聚区(表1)。

表1 青岛市生物技术产业集聚区

序号	集聚区名称	已开发面积/规划面积(公顷)	2011年工业总产值(亿元)	2015年目标工业总产值(亿元)
1	青岛高新区生物与医药产业集聚区	88/250	0.5	100
2	黄岛海洋生物产业集聚区	300/500	197	400
3	城阳生物医药产业集聚区	120/330	12	100
4	即墨生命科学产业集聚区	80/300	0	80
	合计	588/1380	209.5	680

青岛市"十三五"重点产业创新路线图

截至2014年底,全市51家规上生物产业企业实现产值170.2亿元,同比增长19.0%。我市是国家生物产业基地,基本建立了以海洋创新药物、海洋生物医用材料、海洋生物农用制品为主的产业体系。

从重点企业看,青岛明月海藻集团有限公司是我国海藻加工行业的龙头企业,也是目前全球最大的海藻生物制品企业。据了解,近年来一批具有国际先进技术水平的优秀生物医药企业不断涌现,如青岛国海生物制药有限公司、青岛益青药用胶囊有限公司、青岛康地恩动物药业有限公司等。

(二) SWOT 分析

青岛市生物技术领域 SWOT 分析如表1所示。

1. 优势(Strengths)

(1) 初步形成崂山生物科技园、高新区蓝色生物医药园、黄岛海洋生物产业集聚区等产业园区。

(2) 培育了明月海藻、蔚蓝生物、易邦生物、海大生物、岛奥克生物、易邦生物、根源生物、东海药业、海利尔药业、华仁药业、黄海制药等优势企业。

(3) 搭建了一批国家级、省级和市级创新平台。

2. 劣势(Weaknesses)

(1) 产业规模较小,缺少领军企业。与规模达几百亿美元以上的大型跨国企业相比,青岛市生物技术产业的企业规模普遍较小,竞争力不强。

(2) 缺少高端人才。除了海洋生物领域的传统优势外,青岛市在生物医药、生物制造等方面都缺少高端创新创业人才。

(3) 缺少优势产品,缺乏自主知识产权。

3. 机会(Opportunities)

(1) 国家和省市产业政策提供给力支持。生物技术产业是新兴产业,政府已经加大力度推动生物产业的发展。国务院于2010年10月18日下发《国务院关于加快培育和发展战略性新兴产业的决定》(国发〔2010〕32号),明确将从财税金融等方面出台一揽子政策加快培育和发展战略性新兴产业。2013年,国务院出台《生物产业发展规划》,提出:到2015年,我国生物产业形成特色鲜明的产业发展能力,对经济社会发展的贡献作用显著增强,在全球产业竞争格局中占据有利位置;到2020年,生物产业发展成为国民经济的支柱产业。2012年以来,青岛市连续出台《青岛市十大新兴产业发展总体规划》(青发改高技〔2014〕290号)、《青岛市人民政府关于加快培育和发展战略性新兴产业的意见》(青政发〔2012〕51号)等政策文件,大力支持生物产业发展。

(2) 当前生物技术产业增长迅速,需求旺盛,是市场投资热点。近年来,我国大力推进生物技术研发和创新成果产业化,一批生物科技重大基础设施相继建成,一批关键技术取得突破,一批创新产品得到推广应用,产业化项目大幅增加,市场融资、外资利用和国际合作取得积极进展,生物产业产值以年均22.9%的速度增长。

4. 威胁(Threats)

（1）国际巨头纷纷进入国内，具有垄断技术优势。由于发展历史和行业发展的不同阶段等原因，发达国家大企业特别是世界 500 强企业建立了强大的企业技术创新与研发能力，美国的辉瑞、强生等企业每年的研发经费高达 500 亿～600 亿人民币，世界著名的酶制剂公司诺维信研发经费占销售额的 12%，年研发经费高达 14 亿人民币。由于先发优势，这些国际大公司还设立了重重技术壁垒和专利陷阱，使我国的生物技术创新之路更加艰难崎岖。

（2）国内区域竞争激烈。许多省市把生物产业作为重点发展的战略性新兴产业。青岛市发展生物技术产业，在争取国家资金政策支持，吸引高端创新创业人才的项目上面临激烈的竞争。

表 2 　青岛市生物技术领域 SWOT 分析

外部条件 内部能力	机遇(Opportunities) (1)国家和省市产业政策提供给力支持 (2)生物技术产业增长迅速，需求旺盛，是市场投资热点	威胁(Threat) (1)国际巨头纷纷进入国内，具有垄断技术优势 (2)国内区域竞争激烈
优势(Strength) (1)初步形成崂山生物科技园、高新区蓝色生物医药园、黄岛海洋生物产业集聚区等产业园区 (2)培育了明月海藻、蔚蓝生物、易邦生物、海大生物、岛奥克生物、易邦生物、根源生物、东海药业、海利尔药业、华仁药业、黄海制药等优势企业 (3)搭建了一批国家级、省级和市级创新平台	优势-机遇(SO) (1)发挥区域集聚发展优势，加速向高端产品延伸 (2)加大科技型中小企业孵化和培育力度 (3)提升创新平台的研发水平和公共服务能力	优势-威胁(ST) (1)实施重大专项，支持重点企业开展关键技术研发 (2)加快园区发展，形成集群优势
劣势(Weakness) (1)产业规模较小，缺少领军企业 (2)缺少高端人才 (3)缺少优势产品，缺乏自主知识产权	劣势-机遇(WO) (1)重点培育领军型企业 (2)引进高端人才，建设一流团队 (3)加大研发力度，自主研发"拳头"产品	劣势-威胁(WT) (1)改善创新创业环境，提升对高端创新创业人才、项目的吸引力 (2)做好产品和技术研发规划，避免知识产权纠纷

通过对青岛市生物技术产业的 SWOT 分析可以看出，青岛市应抓住国家重点发展生物技术产业的机遇，发挥青岛市现有企业、园区、平台等方面的优势，重点培育领军型企业，引进高端创新创业人才，自主研发"拳头"产品，打造国内领先的生物技术产品研发与制造基地。

三、产业发展目标

加大政策支持力度，引导企业加大研发投入，突破一批行业关键技术和共性技术，形成自主知识产权；培育一批有特色的科技型中小生物企业，支持骨干企业做强做大，成为国内同行业的领军企业；推动生物技术产业加快发展，建成国内一流、国际先进的生物技术产业研发、孵化和生产基地；到 2020 年，产值将达到 500 亿元。

四、研发需求

研发需求是在总结产业基础、发展目标和市场需求分析三个阶段的基础上，通过文献资料研究和企业调研，采用专家讨论、调研以及资料收集法，确定了生物制造、生物医药、生物能源、生物科技服务等 4 个重点发展方向的 24 项共性关键技术，详见表 3。

表 3 青岛市生物技术领域研发需求表

编 号	发展方向	关键技术
1.1	生物制造	用于纺织、洗涤、造纸等行业的新型工业酶制剂
1.2		环境友好生物化工产品
1.3		先进发酵、催化工艺与装备
1.4		现代环保生物饲料添加剂
1.5		环境友好新型生物兽药
1.6		绿色高效生物农药
1.7		海洋功能性食品与化妆品研发
2.1	生物医药	治疗性抗体药物的研发与应用
2.2		蛋白质和多肽类药物的研发与应用
2.3		新型疫苗产品的研发与应用
2.4		新型靶向药物的研发与应用
2.5		干细胞药物研发与产业化
2.6		中成药标准化生产工艺
2.7		新型诊断试剂的研发与应用
2.8		医学与健康装备的开发与应用
2.9		医用材料的开发与应用
2.10		I 类创新海洋药物研发与应用
3.1	生物能源	生物液体燃料的高效制备
3.2		高品位海藻燃气生物转化技术
3.3		能源植物的筛选与培育
3.4		生物质能源循环利用
4.1	生物科技服务	第三方生物技术检验检测
4.2		生物企业个性化技术解决方案
4.3		生物产业软环境服务

五、创新资源配置

（一）现有创新资源分布情况

青岛市生物技术产业创新载体共有 66 家，其中国家级 2 家、部级 5 家、省级 11 家、市级48家(表4、表5)。

表4 生物技术领域创新载体资源分布汇总

	重点实验室	工程技术研究中心	产业技术创新联盟	科研院所	公共研发平台
国家级	—	2	—	—	—
部 级	5	—	—	—	—
省 级	2	8	—	1	—
市 级	12	25	9	—	2
其 他	—	—	—	—	—
总 计	19	35	9	1	2

表5 生物技术领域创新载体资源列表

序号	类别	机构名称	依托单位	级别
1	重点实验室	国家海洋局海洋生物活性物质重点实验室	国家海洋局第一海洋研究所	部级
2		海洋药物教育部重点实验室	中国海洋大学	部级
3		海洋生物遗传学与育种教育部重点实验室	中国海洋大学	部级
4		中国科学院实验海洋生物学重点实验室	中国科学院海洋研究所	部级
5		中国科学院生物基材料重点实验室	中国科学院青岛生物能源与过程研究所	部级
6		山东省生化分析重点实验室	青岛科技大学	省级
7		山东省糖科学与糖工程重点实验室	中国海洋大学	省级
8		青岛市现代分析技术及中药标准化重点实验室	国家海洋局第一海洋研究所	市级
9		青岛市海洋天然产物研究开发重点实验室	国家海洋局第一海洋研究所	市级
10		青岛市生态化工重点实验室	青岛科技大学	市级
11		青岛海藻综合加工重点实验室	青岛明月海藻集团有限公司	市级
12		青岛市农业生物技术重点实验室	青岛市农科院/山东省花生研究所	市级
13		青岛市现代生物工程及动物疫病研究重点实验室	中国动物卫生与流行病学中心	市级
14		青岛市海洋药物重点实验室	中国海洋大学	市级
15		青岛市海洋生物技术重点实验室	中国科学院海洋研究所	市级
16		青岛市海洋酶工程重点实验室	中国水产科学研究所黄海水产研究所	市级
17		青岛市海水鱼类种子工程与生物技术重点实验室	中国水产科学研究所黄海水产研究所	市级
18		青岛市酶制剂制备与生物催化重点实验室	青岛蔚蓝生物集团有限公司	市级
19		青岛市动物微生态及生理效应重点实验室	青岛中仁动物药品有限公司	市级
20	工程技术中心	国家动物用保健品工程技术研究中心	青岛康地恩药业有限公司	国家级
21		国家海洋药物工程技术研究中心	中国海洋大学	国家级
22		山东省再生医学与生物诊疗工程技术研究中心	青岛大学医学院附属医院、青岛奥克生物开发有限公司	省级

青岛市"十三五"重点产业创新路线图

续 表

序号	类别	机构名称	依托单位	级别
23	工程技术中心	山东省海藻多糖提取与应用工程技术研究中心	青岛明月海藻集团有限公司	省级
24		山东省生物农药工程技术研究中心	青岛农业大学	省级
25		山东省兽药诊断试剂工程技术研究中心	青岛农业大学动物科技学院	省级
26		山东省海洋药物工程技术研究中心	中国海洋大学、青岛华海制药厂	省级
27		山东省畜禽基因工程疫苗工程技术研究中心	青岛易邦生物工程有限公司	省级
28		山东省渔药工程技术研究中心	青岛中仁动物药品有限公司	省级
29		山东省浒苔处理与综合利用工程技术研究中心	青岛海大生物集团有限公司	省级
30		干细胞与再生医学工程技术研究中心	青岛奥克生物开发有限公司	市级
31		青岛市生物兽药开发工程技术研究中心	青岛宝依特生物制药有限公司	市级
32		青岛市海洋生物制品工程技术研究中心	青岛贝尔特生物科技有限公司	市级
33		青岛市现代马业工程技术研究中心	青岛德瑞骏发生物科技有限公司	市级
34		青岛市微生态工程技术研究中心	青岛东海药业有限公司	市级
35		青岛益生菌工程技术研究中心	青岛根源生物技术集团有限公司	市级
36		青岛生物源农药工程技术研究中心	青岛海利尔药业集团股份有限公司	市级
37		青岛市医用敷料工程技术研究中心	青岛海诺生物工程有限公司	市级
38		青岛仿生农药工程技术研究中心	青岛瀚生生物科技股份有限公司	市级
39		青岛血液净化制品工程技术研究中心	青岛华仁药业股份有限公司	市级
40		青岛药物缓控释工程技术研究中心	青岛黄海制药有限责任公司	市级
41		青岛市甲壳素材料工程技术研究中心	青岛即发集团股份有限公司	市级
42		青岛生物酶工程技术研究中心	青岛康地恩生物科技有限公司	市级
43		青岛动物药品研究与创制工程技术研究中心	青岛康地恩药业有限公司	市级
44		青岛市生物发酵工程技术研究中心	青岛科海生物有限公司	市级
45		青岛市海藻加工工程技术研究中心	青岛明月海藻集团有限公司	市级
46		青岛市渔用新蛋白源工程技术研究中心	青岛七好生物科技有限公司	市级
47		青岛动物乳腺生物反应器工程技术研究中心	青岛森淼实业有限公司	市级
48		青岛动物疫苗创制及工业化工程技术研究中心	青岛易邦生物工程有限公司	市级
49		青岛化药制药(正大海尔)工程技术研究中心	青岛正大海尔制药有限公司	市级
50		青岛市渔药工程技术研究中心	青岛中仁药业有限公司	市级
51		青岛市大型海藻工程技术研究中心	山东省海洋生物研究所	市级
52		组织工程角膜工程技术研究中心	中国海洋大学	市级
53		青岛市浒苔处理与综合利用工程技术研究中心	中国海洋大学生物工程开发有限公司	市级
54		青岛生物质绿色化学转化工程技术研究中心	中国科学院青岛生物能源与过程研究所	市级

续 表

序号	类别	机构名称	依托单位	级别
55	产业创新联盟	干细胞与再生医学产业技术创新战略联盟	青岛奥克生物开发有限公司	市级
56		青岛市新型农药产业技术创新战略联盟	青岛瀚生生物科技股份有限公司	市级
57		青岛市天然植物药创制与开发产业技术创新战略联盟	青岛康地恩药业股份有限公司	市级
58		青岛市海藻多糖提取与应用产业技术创新战略联盟	青岛明月海藻集团有限公司	市级
59		青岛工业生物技术产业技术创新战略联盟	青岛蔚蓝生物集团有限公司	市级
60		青岛市动物用生物制品产业技术创新战略联盟	青岛易邦生物工程有限公司	市级
61		青岛市现代种业技术创新战略联盟	山东高远花生科技有限公司	市级
62		青岛市兽药制剂产业技术创新战略联盟	山东信得科技股份有限公司	市级
63		青岛市海水养殖种苗产业技术创新战略联盟	中国水产科学研究院黄海水产研究所	市级
64	科研院所	山东省海洋生物研究所	山东省海洋与渔业厅	省级
65	公共研发平台	青岛市海洋药物公共研发平台	青岛海洋生物医药研究院股份有限公司	市级
66		青岛市生物医学工程与技术公共研发平台	北科建集团	市级

（二）新增创新平台

1. 中国生物制造产业技术研究院

依托青岛市蔚蓝生物集团研发中心，联合华东理工大学国家生物反应器重点实验室和华东理工大学国家生物工程中心，吸收其他相关领域的国际、国内先进技术研发机构，组成中国生物制造产业技术研究院。研究院为独立法人，企业化、市场化、国际化运作，非事业编制，自负盈亏，独立核算。建立一个全新的管理体制、全新的运营模式，以市场为导向，以服务生物技术产业，特别是生物发酵、生物医药、生物制造行业为宗旨，以提供行业共性关键技术、行业发展的前瞻技术和企业个性解决方案为目标，努力成为行业发展的创新发动机和生物高新企业的孵化器，创新人才的培育中心。

产业技术研究院与现有的大学、科学院和企业研发错位发展，不同于做原始发现和基础研究的大学和科学院，也不同于做具体产品开发的企业。产业研究院只做行业需要的共性关键技术、前瞻性技术和企业个性技术解决方案。同时产业研究院又必须与大学、科学院和企业密切合作，成为他们之间技术创新与技术转化的桥梁，充分利用大学、科学院的公共创新资源，早期介入基础研究成果和原始创新点子，通过市场机制与他们利益分享，将这些成果和创新点子转化成企业能够消化利用的成熟技术。

以发酵工艺和过程为中心，一端连着生物产业一端连着生物科学研究，重点选育和改造工业菌种；研究菌种的配套发酵工艺与产品生产的过程技术；产品分离提取技术；生产工艺设计与装备制造；以生物催化为手段的原料高效利用技术；制剂包衣技术等产业实用技术。开发动、植物新的反应器与技术，生物高效表达体系，科研的精密仪器和生物制造的高端装备等行业共性关键技术。关注与跟踪无细胞表达、合成生物技术和复合抗体技术等前瞻技术。

• 产业技术研究院争创国际一流的研究院,充分利用政府支持和国家政策,又不依赖政府。在未来通过承担国家科技项目、企业委托研发、专利经营和企业孵化等方式,经过五年努力达到技术经营总额5亿元。做到国际一流、人才荟萃、技术领先、门类齐全,资金充足、运营健康、可持续发展。

2. 动物用生物制品研发中试服务平台

依托青岛农业大学、康地恩药业、易邦生物、康大集团等组建动物用生物制品研发中试服务平台,开展动物标准化饲养、传染病检测等方面的研究,建立动物病理学实验室和病理学评价标准,进行畜禽疾病诊断、疫苗、免疫调节等生物制品的研发和中试,为动物用生物制品开发服务。

3. 药物药效学筛选评价与技术服务平台

以青岛大学医学院天然药物研究所为依托,规划筹建药物药效学筛选评价与技术服务平台,建立多分子、多细胞及动物水平筛选评价模型,优化拓展海洋候选药物筛选模型,建立与国际接轨的药效评价标准及完善的标准操作程序。

4. 药物安全性评价研发服务平台

依托青岛市药品检验所,建设药物安全性评价研发服务平台,推动平台获得国家认证,开展药品、医疗器械、功能性食品、化妆品和餐饮食品安全性评价和新药研发化合物筛选及药效学研究服务,提供符合药物非临床研究质量管理规范(GLP)要求的安全性评价报告。

六、产业创新路线图与行动计划

(一)产业创新路线图

综合青岛市产业基础与现状、发展目标、研发和创新资源需求,结合专家调研、文献数据分析等,绘制生物技术产业创新路线图,如图1所示。依托现有骨干企业和科研院所,重点开展生物制造、生物医药、生物能源、生物科技服务等4个方向的24项共性关键技术攻关,结合创新载体搭建、骨干企业培育、产业园区建设和产业集群打造等创新举措,突破发展瓶颈,推动生物技术产业快速发展。2018年,产业产值将达到350亿元。2020年,将达到500亿元。

(二)行动计划

立足青岛产业基础与发展定位,重点在生物制造、生物能源、生物医药、生物科技服务等领域开展关键技术攻关,部署实施干细胞药物研发与产业化、创新药物研发与产业化、新型生物制品研发等自主创新重大专项,搭建生物制品产业技术研究院、动物用生物制品研发中试服务平台、药物药效学筛选评价与技术服务平台、药物安全性评价研发服务平台等创新载体,形成一批具有自主知识产权的产品,培育拥有自主品牌和较大市场影响力的领军型企业,形成国内领先的生物技术产业集群。详见表6。

```
                        2016年          2018年          2020年
                    ───────────────────────────────────────────▶
┌──┬──────────────────────────────────────────────────────────────────┐
│产│产业产值      达到290亿元--------达到350亿元--------达到500亿元      │
│业│园区建设      ----产业集聚程度大幅度提升----培育2~3个国内领先的园区   │
│目│企业培育      骨干企业10家------骨干企业20家------行业领军企业3~5家  │
│标│创新平台建设  1个--------------2个--------------4个                │
│  │人才团队      5个--------------10个-------------20个               │
└──┴──────────────────────────────────────────────────────────────────┘

┌──┬──────────────────────────────────────────────────────────────────┐
│发│(1) 产业规模较小，缺少领军企业                                      │
│展│(2) 缺少高端人才                                                   │
│瓶│(3) 缺少优势产品，缺乏自主知识产权                                   │
│颈│(4) 国际巨头纷纷进入国内，具有垄断技术优势                           │
│  │(5) 国内区域竞争激烈                                                │
└──┴──────────────────────────────────────────────────────────────────┘
                    ↑              ↑              ↑

┌──┬─────────┬────────────────────────────────────────────────────────┐
│  │         │         新型工业酶制剂                                    │
│  │生物制造  │现金发酵、催化工艺与装备  环境友好型生物化工产品             │
│  │         │生物饲料添加剂  生物兽药  生物农药                           │
│  │         │海洋功能性食品与化妆品研发                                  │
│研│         │                                                         │
│发│         │干细胞药物  新型疫苗  治疗性抗体药物                         │
│重│生物医药  │新型靶向药物  蛋白质和多肽类药物                            │
│点│         │新型诊断试剂  医用材料  中成药标准化                         │
│  │         │创新海洋药物  医学与健康装备                                │
│  │         │                                                         │
│  │生物能源  │生物液体燃料的高效制备  能源植物                            │
│  │         │生物质能源循环利用  高品质海藻燃气生物转化技术               │
│  │         │                                                         │
│  │生物科技  │第三方生物技术检验检测                                      │
│  │服务     │生物企业个性化技术解决方案  生物产业软环境服务               │
└──┴─────────┴────────────────────────────────────────────────────────┘
                    ↑              ↑              ↑

┌──┬─────────┬────────────────────────────────────────────────────────┐
│  │         │明月海藻  蔚蓝生物  易邦生物  海大生物  奥克生物              │
│  │         │易邦生物  根源生物  东海药业  海利尔药业  华仁药业             │
│创│现有基础  │黄海制药等  中国海洋大学  中国科学院青岛生物能源与过程        │
│新│         │研究所  国家海洋局第一海洋研究  青岛科技大学                  │
│资│         │中国动物卫生与流行病学中心  中国水产科学研究院黄海水产         │
│源│         │研究所等                                                  │
│  │         │                                                         │
│  │         │中国生物制造产业技术研究院                                  │
│  │拟新建    │动物用生物制品研发中试服务平台                              │
│  │         │药物药效学筛选评价与技术服务平台                             │
│  │         │药物安全性评价研发服务平台                                  │
└──┴─────────┴────────────────────────────────────────────────────────┘
```

图1 青岛市生物技术领域产业创新路线图

表6 青岛生物技术产业行动计划

时间	2018年	2020年
发展目标	部署实施自主创新重大专项，突破共性关键技术14项，搭建各类创新载体10家，形成一批具有自主知识产权的产品，培育拥有自主品牌和较大市场影响力的骨干企业10家	突破共性关键技术10项，搭建各类创新载体2家，培育骨干企业10家，培育行业龙头企业3~5家，形成生物制造产业集群1个

▶ 青岛市"十三五"重点产业创新路线图

续 表

时间	2018年	2020年
发展路径	（1）关键技术突破及产业化：重点突破新型工业酶制剂、先进发酵催化工艺与装备、现代环保生物饲料添加剂、环境友好新型生物兽药、绿色高效生物农药、海洋功能性食品与化妆品研发，新型疫苗产品的研发与应用、新型靶向药物的研发与应用、干细胞药物研发与产业化、新型诊断试剂的研发与应用、医用材料的开发与应用、I类创新海洋药物研发与应用，生物液体燃料的高效制备、生物质能源循环利用等技术，提升第三方生物技术检验检测、生物企业个性化技术解决方案等服务能力 （2）搭建创新载体：建设中国生物制造产业技术研究院、动物用生物制品研发中试服务平台等创新载体 （3）引进高层次人才：引进领军人才10～15人	（1）关键技术突破：重点突破环境友好生物化工产品，治疗性抗体药物的研发与应用、蛋白质和多肽类药物的研发与应用、中成药标准化生产工艺、医学与健康装备的开发与应用，高品位海藻燃气生物转化技术、能源植物的筛选与培育等技术，提高生物产业软环境服务能力 （2）搭建创新载体：建设药物药效学筛选评价与技术服务平台、药物安全性评价研发服务平台等创新载体 （3）培育产业集群：生物制造产业集群 （4）引进高层次人才：引进领军人才10～15人

参考文献

[1] 国务院. 生物产业发展规划[EB/OL]. (2012-12-29)[2013-01-06]. http://www.gov.cn/zwgk/2013-01/06/content_2305639.htm.

[2] 青岛市经济和信息化委员会. 青岛市十大新兴产业发展总体规划(青发改高技〔2014〕290号)[EB/OL]. (2014-07-01)[2015-01-29]. http://gxq.qingdao.gov.cn/n28356009/n28356073/n28356939/n28360120/n28360681/30547930.html.

[3] 青岛市人民政府. 青岛市人民政府关于关于加快培育和发展战略性新兴产业的意见(青政发〔2012〕51号)[EB/OL]. (2012-10-11)[2012-10-30]. http://www.qingdao.gov.cn/n172/upload/121030165805201283/140614191505067584.pdf.

[4] 青岛市经济和信息化委员会. 青岛市高端制造业和新兴产业发展指导目录(2012-2016年)[EB/OL]. (2012-10-29)[2012-10-30]. http://www.qingdao.gov.cn/n172/n24624151/n24625275/n24625289/n24625303/130929153601367882.html.

[5] 青岛市经济和信息化委员会. 青岛市工业产业集聚区(基地)布局规划[EB/OL]. (2012-07-06)[2012-03-01]. http://www.qingdao.gov.cn/n172/upload/131016150506316084/140614213618333836.pdf.

[6] 万纲. 实现生物技术产业大跨越[J]. 中国科技财富, 2013(5): 6-7.

[7] 聂翠蓉. "生物经济"浪潮再涌——各国发展生物技术产业政策扫描[J]. 中国科技财富, 2013(1): 43-45.

[8] 张平, 张晔. 我国生物技术产业发展与产业政策路线图构想[J]. 华中农业大学学报: 社会科学版, 2013(1): 1-5.

附 件

专家名单

编号	姓名	工作单位
1	刘鲁民	蔚蓝生物股份有限公司
2	黄河	山东六和集团
3	魏玉西	青岛大学医学院
4	韩彦弢	青岛大学医学院
5	吴晋沪	中国科学院青岛生物能源与过程研究所
6	曲宝涵	青岛农业大学

青岛市"十三五"新能源产业创新路线图

一、国内外发展现状与趋势

(一)发展现状

1981年,联合国召开的"联合国新能源和可再生能源会议"对新能源的定义为以新技术和新材料为基础,使传统的可再生能源得到现代化的开发和利用,用取之不尽、周而复始的可再生能源取代资源有限、对环境有污染的化石能源,重点开发太阳能、风能、生物质能、潮汐能、地热能、氢能和核能(原子能)等。而已经广泛利用的煤炭、石油、天然气、水能等能源,称为常规能源。

由于化石能源具有不可再生性,化石能源的使用造成生态环境不断恶化,世界各国尤其是主要大国把发展新能源作为产业发展的重点。为了更好地满足经济社会发展对能源消费的需求,以美国为首的西方国家纷纷大力扶持本国新能源产业的发展,不仅制定了完整的发展战略和规划,还给能源企业大量的财政补贴和优惠政策。美国是新能源产业发展最快的国家之一,奥巴马政府制定了相当完善的新能源战略举措,大力开发清洁能源,研发大量配套产品设备,全面开发节能交通工具,建设超导智能电网,按计划有步骤地降低碳排放量,提供充足资金支持。

发展新能源产业已成为世界主要国家的重点发展方向,对我国而言,是个难得的发展机遇。我国在新能源方面具有优势和潜力,有可能进入世界领先行列。我国一直非常重视新能源的开发与利用。自从2006年实施《可再生能源法》之后,国家相继出台了一系列法律法规,完善了电网企业和发电企业之间的电价补贴和电网企业之间的交易配额关系。这些法律和政策促进了我国新能源产业的健康发展,提高了新能源产业的集中度,增强了我国新能源产业的综合竞争力。但是,我国新能源的发展也面临诸多问题如产能过剩、规划凌乱、管理脱节、技术挑战等。其中,技术挑战是最为严重的问题。

(二)发展前景

到2020年,我国新能源占一次能源的比例已有不同测算:《国家可再生能源中长期发展规划纲要(2006—2020年)》提出6亿吨标准煤的目标;《中国能源中长期(2030—2050)发展战略研究报告》认为将达到6.7亿吨标煤;《中国新能源战略研究》报告、《电力工业"十二五"草案》等给出各自的数据,总体在6~9亿吨标煤之间。6亿吨标煤是最为保守的数据,预计将超过7亿吨标煤。近十年来,全球风力发电市场保持了20%的年均增长速度,太阳能光伏发电的年均增长速度超过30%,生物质液体燃料的年均增长速度也达到了15%。中国在新能源方面的增速高于世界平均水平。按照2012年底我国商品化可再生能源为3.3亿吨标煤,年均增速达到10%测算,2020年也将超过7亿吨标煤。我国提出了2020年可再生能源占一次能源的比例15%的目标,比欧盟、日本的目标低了5个百分点,远远低于德国、丹麦等发达国家的目标。按照2020年我国消耗45亿~50亿吨标煤计算,我国可再生能源将达到7亿吨标煤。

我国的新能源还有较大的资源可获取量。我国陆上和海上风能理论上可开发总量约为18亿吨标准煤。若已有建筑屋顶的20%安装太阳能热水系统,20%安装太阳能光伏系统,国内2%的戈壁和荒漠安装太阳能光伏发电系统;太阳能预计总量将超过8亿吨标煤。农作物秸秆和林业剩余物资源量相当于每年可提供4.6亿吨标准煤。地热能超过10亿吨标煤。但2011年,我国可再生能源利用量不到10%,未来空间巨大。按照发改委能源所的数据和高技术产业的资本产出率测算,我国新能源将带动4.5万亿的投资,新增GDP约1.5万亿元。

二、青岛市产业基础与现状

(一)产业链与技术链分析

将新能源产业链按照上、中、下三个环节进行分析研究,即位于新能源产业链上游的是原材料和各种生产设备供应商,称之为原材料生产环节;新能源产业链中间环节是能源转换设备设计和生产者,称之为新能源设备制造环节;处于新能源产业链下游的则是各种新能源应用产品及其零部件(包括蓄电池、逆变器等)的开发商和并网/离网发电系统,称之为系统集成环节。图1给出了新能源的产业链和技术链构成。

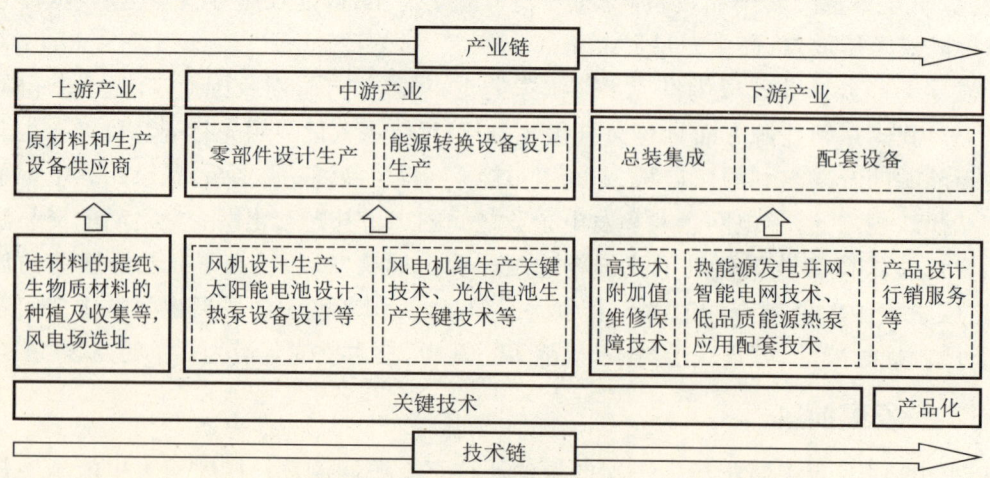

图1 新能源产业链与技术链构成

新能源产业技术链主要指与光伏产业相关的各种技术的序列链接。新能源产业技术链各环节的技术要求不同,可以分为核心技术、辅助技术和一般技术三大类。

(二)青岛市新能源产业发展现状

青岛市新能源产业作为战略性新兴产业,其规模以上工业的统计数据如表1所示,2014年,新能源产业的总产值达到78.8亿元,主营业务收入达到77.7亿元。主要的企业有昌盛日电、华创风能、天人环保工程有限公司等,主要的研究机构有中国海洋大学、中国科学院青岛生物能源与过程研究所、山东科技大学等。

表1 青岛市新能源产业统计数据

年 度	企业户数(户)	总产值(亿元)	增速(%)	主营业务收入(亿元)	增速(%)
2012	34	75.11	28.9	69.48	45.1
2013	42	88.6	7.7	87.6	14.8
2014	26	78.8	40.1	77.7	35.6

数据来源:青岛市国民经济和社会发展统计公报

(三)SWOT分析

SWOT分析通过对产业内外部环境、资源及战略能力进行分析总结,系统地确认产业内部的优势(S)、劣势(W)以及产业所面临的机会(O)、威胁(T)四个方面主要因素。根据对青岛市新能源产业及技术现状分析,具有以下几点。

(1)优势。① 初步形成446公顷新能源产业集聚区,主要布局在即墨市、胶州市、平度市;② 聚集了昌盛日电、华创风能、天人环保工程有限公司等新能源企业。

(2)劣势。① 缺少核心技术:自主设计能力不足,核心技术依赖于国外,新能源专业化体系和产业体系尚未形成,大部分行业标准受制于国外企业;② 缺乏高端专业人才:缺乏设计、经营、管理、法律方面的人才,大大限制了新能源产业的发展。

(3)机遇。① 产业政策:2010年,国务院发布《国务院关于加快培育和发展战略性新兴产业的决定》,将新能源产业第一次提升到国家发展战略层面,随后《可再生能源发展"十二五"规划》《风力发电科技发展"十二五"专项规划》《太阳能发电科技发展"十二五"专项规划》《能源发展战略行动计划(2014—2020年)》《国家能源局综合司关于做好2014年光伏发电项目接网工作的通知》等一系列政策文件,为新能源产业发展提供了良好的政策环境;② 产业环境:新能源产业发展势头良好。

(4)威胁。部分新能源行业产能过剩,产品出口受限,行业风险持续加大。

针对青岛市新能源产业的内部优势和劣势以及面临的外部机会和威胁,构建了青岛市新能源产业发展的SWOT分析矩阵(表2)。如表2所示,青岛市应充分利用现有优势资源,紧抓当前大好机遇,消弭青岛市当前劣势,应对外部威胁。主要措施包括:以节能减排与能源安全国家战略为指引,以分布式能源建设为突破口,充分利用我市国际合作基础与资源、软硬件研发优势,出台相应的引导政策与激励措施,鼓励企业参与开发产业上下游链条产品与技术,开发适合新能源应用的关键技术装备,突破新能源发展的技术壁垒与瓶颈,在前期新能源示范工程的基础上,推过示范工程的成功经验,推动我市新能源产业的快速发展。

青岛市新能源产业发展的 SWOT 分析矩阵,详见表 2。

表2 青岛市新能源产业 SWOT 分析

内部能力＼外部条件	机遇(Opportunities) (1)系列产业政策提供给支持 (2)在国家"一带一路"等重大战略带动下,风电、太阳能等新能源产业市场需求旺盛	威胁(Threat) (1)部分行业产业过剩,产品出口受限 (2)行业风险持续加大
优势(Strength) (1)初步形成新能源产业集聚区 (2)已集聚了新能源产业装备及关键配套设备企业	优势-机遇(SO) (1)发挥区域集聚发展优势,加速向高端产品延伸 (2)实施品牌战略,建设龙头设计企业	优势-威胁(ST) (1)突破关键配套技术,培育应用产品产业 (2)加快平台建设,推动创新发展
劣势(Weakness) (1)缺少核心技术 (2)缺少高端人才	劣势-机遇(WO) (1)实施关键配套技术攻关,实施知识产权战略 (2)引进高端人才,建设一流团队。 (3)引进国内外新能源企业,提高装备设计开发能力	劣势-威胁(WT) 出台引导政策与激励措施

三、产业发展目标

(一)新能源产业市场需求要素

结合青岛市新能源产业的发展现状和产业的 SWOT 分析,筛选出市场需求要素,通过运用文献梳理法结合专家意见,对新能源产业的市场需求要素进行了评估,并最终确定新能源产业市场需求要素的依次排序,如表 3 所示。

表3 新能源产业的市场需求要素

序号	需求要素	要素内容
1	提高技术创新能力	提高新能源产品性价比
		提高生活垃圾等原料的利用率
		风力发电同水利、火力并网发电
2	增强能源的供应能力	缓解能源需求增长
		缓解一次性能源日益紧张
		满足交通行业的能源需求增长
		能源的充分利用(工业节能领域)
		电力需求增长
3	提高能源的管理能力	满足高能耗领域的能源管理
		提高微电网智能化集成
		提高能联网应用能力
4	缓解生态环境的污染	生物质原料绿色利用
		缓解由于化石燃料开发过程带来的污染

（二）新能源产业目标分析

青岛市坚持集中与分散开发利用并举，以风能、太阳能、生物质能利用为重点，大力发展可再生能源。到2020年，青岛市依据社会经济发展情况，建设1~2个城镇化区域分布式能联网构建关键技术及产业化示范园区，建设1~2个建筑一体化太阳能应用示范工程，突破1~2项生物质关键技术，建设2~5个低品位能源引用示范工程。支持青岛市拥有自主知识产权和自主品牌、具有国际竞争力的龙头骨干企业，发挥对新能源产业发展的领军带动作用。支持和引导一批产业链配套企业调整结构，提高技术水平，向"专、精、特"方向发展。培育一批具有自主知识产权的世界级产品和国际知名品牌。

（1）风电：完成5 MW以上全功率变换型风电机组中大功率发电机和全功率变流器的研发；实现风电机组参与电网电压调节和电网频率支撑；制造出10~20 MW超大型风电机组样机；研发出基于智能的风电机组与风电场为基础的能源互联网接入技术；大力发展分布式风电和离网式新能源微电网建设；健全风电运维产业链，鼓励专业的风电运行保障公司发展，从而保证机组安全稳定运行和控制运营成本。

（2）太阳能：建设高倍聚光太阳能光伏示范电站；建设太阳能光伏电池用于农作物微滴、微风灌溉的应用示范区；攻关硅电池用的正面银浆、背面铝浆的关键技术，发展柔性有机、钙钛矿太阳能电池。

（3）生物质能：新型生物质资源的培育和产品开发；生物质能源化转化和利用机制研究；城市和农业生物质废弃物收储运技术、装备及信息化建设；生物能源工业化技术及专业化装备开发；生物能源产业化及商业运营模式开发。

（4）低品位能源：新型海水源热泵集中供热供冷技术；城市地下空间废热源供热供冷技术；近海浅滩源热泵工程应用技术；污水、土壤及太阳能等复合源热泵系统应用技术。

（5）能联网应用技术：多源能源互联微网应用技术；基于城镇的小型能源互联网应用技术；能源互联网基础理论主要方向包括能源互联系统数学建模和仿真理论、能源互联系统稳定性理论等关键科学问题研究。

（三）青岛市新能源产业发展壁垒分析

1. 太阳能

（1）太阳能技术发展不平衡。在高分子原材料、太阳能与建筑相结合等技术应用领域，还没有新的突破；在太阳能光伏发电产业方面，太阳能光伏企业在产业链中处于上游。

（2）技术水平相对落后。"建筑光伏"一体化和屋顶并网系统还处于探索研究阶段，而技术领先国家德国、日本、美国已经做出了大规模推广"百万屋顶"的尝试。太阳能企业原材料的技术壁垒高，主要由日本、美国等发达国家控制，获取技术十分困难。

（3）在理论研究方面还存在储备不足。青岛企业发展方向和驻青院校的科研基础没有良好的配合起来。

2. 风能

国家发改委提出重点发展的风能技术包括兆瓦、数兆瓦级风电机组、关键零部件，数字控制策略,保护检测技术,风能探测与应用技术及装备,海上风电机组基础及安装技术和风电场运行技术。从这些技术的专利数量状况来看,日本在风能利用技术上的专利数量最多,其次为美国和中国。

3. 生物质能

在生物质能方面,日本的专利最多,其次是中国。这在一定程度上说明我国在生物质能利用方面的技术处于世界领先地位。而从我国生物质能专利的类型上看,我国在粮食作物、生物燃料乙醇生产技术、绿色生物柴油炼油化工生产技术、垃圾、垃圾填埋气发电技术以及高效降解转化技术上的发明专利较多,具有较强的自主创新能力。

通过以上分析,结合对每个领域的关键技术进行遴选。结果如表4所示。

表4 新能源产业关键技术

序号	技术领域	编号	关键技术
1	太阳能领域	1.1	建筑光电一体化
		1.2	薄膜电池的转化率的提高
2	风能领域	2.1	风电机组及关键零部件的技术突破
		2.2	电网数字控制策略
3	生物质能领域	3.1	低成本的生物质锅炉烟气处理技术和装备
		3.2	沼气提纯净化制备生物天然气
		3.3	突破纤维素生物和物化预处理技术
4	热泵技术领域	4.1	城市地下空间废热源供热供冷技术
		4.2	污水、土壤及太阳能等复合源热泵系统应用技术
		4.3	新型海水源热泵集中供热供冷技术
5	能联网应用技术领域	5.1	多源能源互联微网应用技术
		5.2	能源互联系统整体仿真技术
		5.3	区域能源互联系统的优化控制技术

(四)新能源产业研发需求分析

研发需求是在总结市场需求分析、产业目标分析和技术壁垒分析三个阶段所提出问题的基础上,确定突破产业技术壁垒和关键技术难点的研发需求,找出现实与目标的差距,理清需要培养和提升哪些能力。为了克服技术壁垒所带来的技术瓶颈,实现产业的各阶段目标,青岛市新能源产业必须开展以下领域的研究开发,如表5所示。

表5 新能源产业研发方向表

序号	技术领域	编号	技术难点	技术路线和研发方向
1	太阳能领域	1.1	建筑光电一体化	建筑光电一体化和建设屋顶电站研发及产业化
		1.2	薄膜电池转化率的提高	柔性有机、钙钛矿太阳能研发及产业化
2	风能领域	2.1	风电机组及关键零部件的技术突破	风电机组及关键零部件技术研发及产业化
		2.2	电网数字控制策略	电网输送及安全保障技术研发及产业化

续 表

序号	技术领域	编号	技术难点	技术路线和研发方向
3	生物质能领域	3.1	低成本的生物质锅炉烟气处理技术和装备	开发高性能低成本生物质成型燃料生产装备及产业化
		3.2	沼气提纯净化制备生物天然气	发展高浓度高效厌氧发酵产业化工艺和技术
		3.3	突破纤维素生物和物化预处理技术	纤维素生物质低成本预处理技术和水解技术研究及产业化
4	热泵技术	4.1	城市地下空间废热源供热供冷技术	形成城市地下空间废热源供热供冷核心技术并实现产业化
		4.2	污水、土壤及太阳能等复合源热泵系统应用技术	完成具有地区优势的产业化
		4.3	新型海水源热泵集中供热供冷技术	形成核心技术并实现产业化
5	能联网应用技术领域	5.1	多源能源互联微网应用技术	重点研究基于地区资源特点的微型能源互联网的关键技术并完成示范工程
		5.2	能源互联系统整体仿真技术	研发多能源互联并网模型及仿真技术,各种能源的并网接入技术
		5.3	区域能源互联系统的优化控制技术	研究构建多级分层控制和集中管理方式的能源运行、管理与控制互联网的技术

四、创新资源建设与配置

(一)创新资源分布现状

目前,中国海洋大学、中国科学院青岛能源与过程研究所、山东科技大学等高校院所均有从事新能源与可再生能源领域研究的专家团队,青岛昌盛日电集团、华创风能和天人环保工程公司等多家企业从事新能源和可再生能源领域的研发生产和工程施工。青岛市能源技术产业创新载体共有21家,其中国家级3家、部级3家、省级5家、市级10家。

表6 新能源产业的创新资源

	重点实验室	工程技术中心	产业技术创新联盟	高 校	科研院所
国家级	—	—	—	1	2
部 级	1	—	—	2	—
省 级	2	3	—	—	—
市 级	2	3	4	—	1
总 计	5	6	4	3	3

(二)创新资源配置

"十三五"期间,建设一个热泵工程技术中心,推动热泵产业化装备研发和生产的快速发展;依托中国海洋大学、青岛理工大学、青岛大学等科研单位,组建热泵产业创新联盟;整合青岛市有关研究人才队伍和平台资源,建立青岛热泵联合研发中心。

五、产业创新路线图与行动计划

（一）产业创新线路图

大力发展新能源，推进新能源科技创新，提高新能源利用水平。综合青岛市产业基础与现状、发展目标、研发需求和创新资源，结合专家调研、文献数据分析等，绘制新能源产业创新路线图，如图2所示。重点在风能、太阳能、生物质能、低品位能源、能联网应用技术等技术方向加强科技自主创新。抓好10 MW超大型风电机组研制等科技重大专项；依托重大工程带动自主创新，依托光伏发电、城市低品位能源应用和能源互联网应用示范区建设等重大能源工程，加快科技成果转化；加快能源装备制造创新平台建设，形成有国际竞争力的能源装备工业体系。加快能源科技创新体系建设，建立以企业为主体、市场为导向、政产学研用相结合的创新体系。鼓励建立多元化的能源科技风险投资基金，加强能源人才队伍建设，鼓励引进高端人才，培育一批能源科技领军人才。

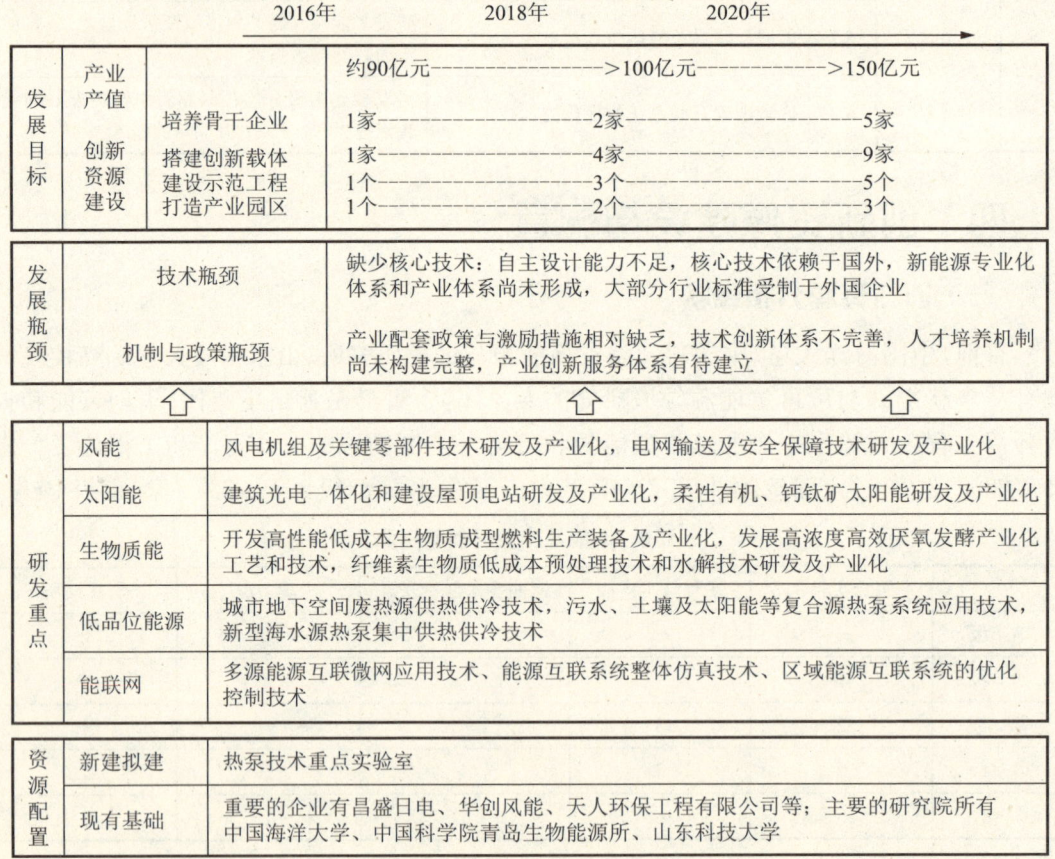

图2 新能源产业的创新技术路线图

（二）行动计划

基于青岛市新能源和可再生能源的资源及技术优势，进一步提高研发创新能力，通过突破产业关键技术、实施重大应用示范、组建新能源实验平台、推进新能源装备测试基地建设、完善新能源扶持政策等综合配套措施,争取在五年内突破一批关键技术、开展一批示范应用,到 2020 年,发展成为全国领先的新能源技术研发中心、装备测试基地和开发利用示范区,加快推进青岛市新能源产业化进程,特制定五年行动计划(表 7)。

表 7　新能源产业的行动计划

时　间	2018 年	2020 年
发展目标	在风能、太阳能、生物质能、低品位能源、能联网应用技术等领域部署实施自主创新重大专项,突破共性关键技术 20 项,搭建各类创新载体 2 家,形成一批具有自主知识产权的产品,培育拥有自主品牌和较大市场影响力的骨干企业 20 家,创新型产业集群 1 个,建设新能源示范区 1 个	突破共性关键技术 10 项,搭建各类创新载体 6 家,培育骨干企业 10 家,创新型产业集群 1 个
发展路径	(1) 关键技术突破及产业化:完成 5 MW 以上全功率变换型风电机组中大功率发电机和全功率变流器的研发;制造出 10～20 MW 超大型风电机组样机;研发出基于智能的风电机组与风电场为基础的能源互联网接入技术;突破硅电池用的正面银浆、背面铝浆的关键技术;发展柔性有机、钙钛矿太阳能电池;建设城市和农业生物质废弃物收储运技术、装备;开发生物能源工业化技术及专业化装备;新型海水源热泵集中供热供冷技术;城市地下空间废热源供热供冷技术;近海浅滩源热泵工程应用技术;污水、土壤及太阳能等复合源热泵系统应用技术;多源能源互联微网应用技术;基于城区的小型能源互联网应用技术 (2) 搭建各类创新载体:建设青岛低品位能源利用重点实验室;建设新能源为基础的能源互联网产业发展联盟;推进企业技术中心建设 (3) 建设示范工程:高倍聚光太阳能光伏示范电站;太阳能光伏电池用于农作物微滴、微风灌溉 (4) 打造创新型产业集群:新能源创新型产业集群 (5) 引进培养高层次人才:引进国内外高层次人才 30～50 人,其中国家"千人"层面人才 5 人,中国科学院"百人"层面人才 15 人,泰山学者、"杰青"层面人才 10 人	(1) 开展硅基太阳能一体技术的高效利用;重点发展大面积的有机和钙钛矿太阳能电池,建设光伏农业示范项目 (2) 建设国家热泵技术应用(青岛)示范基地 (3) 建设中德高端生态园区能源互联网示范区 (4) 海岛能源互联网建设

参考文献

[1] 国家能源局. 国家能源科技"十二五"规划(2011—2015)[EB/OL]. (2011-12-05)[2012-02-08]. http://www.nea.gov.cn/131398352_11n.pdf.

[2] 国家发展和改革委员会. 可再生能源发展"十二五"规划[J]. 太阳能, 2012(16): 6-19.

[3] 北京市发展和改革委员会. 北京市"十二五"时期新能源和可再生能源发展规划[EB/OL]. (2011-12-25)[2011-12-26]. http://www.bjpc.gov.cn/zwxx/ghjh/wngh/125sq/201108/P020151222385391077692.doc.

[4] 国务院. 国家中长期科学和技术发展规划纲要(2006—2020年)[M]. 北京: 中国法制出版社, 2006.

[5] 科学技术部. 国家"十二五"科学和技术发展规划[EB/OL]. (2011-07-04)[2011-07-13]. http://www.most.gov.cn/mostinfo/xinxifenlei/gjkjgh/201107/t20110713_88230.htm.

[6] 山东省科学技术厅. 山东省"十二五"科学技术发展规划纲要[EB/OL]. (2011-07-25)[2014-04-10]. http://www.sdstc.gov.cn/u/cms/www/201404/10195555apys.doc.

[7] 青岛市人民政府. 青岛市"十二五"科学和技术发展规划纲要[EB/OL]. (2011-06-08)[2011-06-08]. http://www.qingdao.gov.cn/n172/n68422/n68424/n16185733/110628103612472653.html.

[8] 科学技术部. 智能电网重大科技产业化工程"十二五"专项规划[EB/OL]. (2012-03-27)[2012-05-04]. http://www.most.gov.cn/tztg/201205/W020120504368746716985.doc.

[9] 科学技术部. 风力发电科技发展"十二五"专项规划[EB/OL]. (2012-03-27)[2012-04-24]. http://www.most.gov.cn/fggw/zfwj/zfwj2012/201204/W020120424399928123420.doc.

[10] 科学技术部. 太阳能发电科技发展"十二五"专项规划[EB/OL]. (2012-03-27)[2012-04-24]. http://www.most.gov.cn/fggw/zfwj/zfwj2012/201204/W020120424402470461584.doc.

附 件

专家名单

编号	姓名	单位名称	职称/职务	专业/现从事领域
1	吴新振	青岛大学自动化与电气工程学院电气工程系	系主任/教授	电机及系统的设计、分析与控制
2	佘希林	青岛大学	教授	聚合物纳米材料、太阳能电池
3	胡松涛	青岛理工大学	教授	热泵与制冷技术、余热利用技术、新型热/电/冷联供技术等
4	郭荣波	中国科学院青岛生物能源与过程研究所	研究员	生物制氢、微生物燃料电池、分离分析
5	曹娜	山东科技大学	副教授	可再生能源发电

青岛市"十三五"仪器仪表产业创新路线图

一、国内外仪器仪表产业发展现状与趋势

(一) 国内仪器仪表产业发展现状与趋势

我国仪器仪表产业应用领域广泛,覆盖了工业、农业、交通、科技、环保、国防、文教卫生、人民生活等各方面,在国民经济建设各行各业的运行过程中承担着把关者和指导者的任务。由于其地位特殊、作用大,对国民经济有巨大倍增和拉动作用,有着良好的市场需求和巨大的发展潜力。

随着节能降耗、低碳经济、民生产业、战略新兴产业的发展,调整结构和转型已成为国家的长期国策,为仪器仪表行业带来了新的机遇和市场。我国仪器仪表行业门类、品种比较齐全,布局较为合理,具有相当技术基础和生产规模的产业体系,已成为亚洲除日本以外最大的仪器仪表生产国,是发展中国家中综合实力最强的仪器仪表生产国。从产品的科技水平分析,目前我国中低端产品品种基本齐全,能够批量生产,且质量稳定,但高端精密仪器严重依赖进口,我国在科学仪器的研究和制造方面与发达国家相比差距较大。从"十一五"末期开始,我国仪器仪表行业加快了向中高档产品发展的速度,开发了一批技术水平达到或接近国际水平的中高档产品。截至 2012 年,全行业规模(2 000 万元)以上企业 3 739 个,完成工业总产值 7 112 亿元,销售产值 6 955 亿元,利润总额 604 亿元,总资产 5 886 亿元,全部从业人员 970 938 人。2012 年进出总额为 6 089 亿美元,其中,进口 389 亿美元,出口总额为 170 亿美元。民营企业产值规模不断上升,产值达 4 354 亿元,同比增长 23.93%,产值占比达到 61.22%;国有及控股企业和三资企业的产值占比不断下降。江苏、广东、浙江、山东、上海等地区的产值继续位列前五位。

"十二五"期间,我国仪器仪表行业将主要围绕国家重大工程、战略性新兴产业和民生领域的需求,加快发展先进自动控制系统、大型精密测试设备、新型仪器仪表及传感器三大重点。根据中国仪器仪表行业协会《仪器仪表行业"十二五"发展规划》,"十二五"期间,仪器仪表行业的发展战略为"强化创新、狠抓基础,市场导向、拓宽领域,体制创新、优化结构,持续推进、振兴产业"。全行业以中高端产品市场为目标,大力加强设计、

制造和质量检验能力,使国产产品稳定性和可靠性得到大幅度提高;瞄准国家重大工程和战略性新兴产业,把行业的服务领域从面向传统领域拓展为面向多个新兴领域;大力推进企业结构调整,着力打造若干"过百亿"龙头企业和形成一批具有国际竞争力的骨干企业;加强对已取得成果的持续推进和长期投入,保持核心技术的不断积累,形成行业可持续发展的机制。根据中国仪器仪表行业协会发布的《2015年中国科学仪器行业发展报告》显示,2015年,仪器仪表大行业20个小行业,规模以上企业4321家,共实现主营收入9378亿元,同比增幅6.2%,接近"十二五"规划"行业产值达到或接近万亿"的预期。其中,科学仪器12个行业汇总主营收入2998.9亿元,占全行业主营规模31.9%。行业进出口总额676美元,总规模自2009年以来首次下降。其中,进口414亿美元,出口262亿美元,创六年来新低。从经济类型上看,民营企业依然是行业发展的中坚力量,三资企业2015年首次出现营收,利润同比双双负增长。此外,全行业亏损企业数从2015年年初的1307家下降到526家,亏损面逐步收窄。

在行业关键技术方面,未来五年将重点解决新型传感器技术、工业无线通信网络技术、功能安全技术及安全仪表、精密加工技术和特殊工艺技术、分析仪器功能部件及应用技术、智能化技术、系统集成和应用技术。

(二)国外仪器仪表产业发展现状与趋势

目前,国外仪器仪表行业规模大,产品竞争力强,掌握着较多的核心技术,创新能力突出,创新人才机构众多,高端的科学仪器基本都被国外所控制。目前行业主要特点如下。一是新技术普遍应用。目前普遍采用电子设计自动化(EDA)、计算机辅助制造(CAM)、计算机辅助测试(CAT)、数字信号处理(DSP)、专用集成电路(ASIC)及表面贴装技术(SMT)等技术。二是产品结构发生变化。在重视高档仪器开发的同时,注重高新技术和量大面广产品的开发与生产,注重系统集成,不仅着眼于单机,更注重系统、产品软化。三是产品开发准则发生变化。从技术驱动转为市场驱动,从一味追求高精尖转为"恰到好处"。开发一项成功产品的准则:用户有明确的需求;能用最短的开发时间投放市场;功能与性能要恰到好处;产品开发准则的另一变化是收缩方向,集中优势。四是注重专业化生产而不再是大而全。生产过程采用自动测试系统。

未来发展趋势如下。一是企业发展重点为做精做大。PerkinElmer、热电、安捷伦、岛津、布鲁克等科学仪器企业大集团主导着国际科学仪器的市场。中小型科学仪器企业通常向专、精、特方向发展。通过并购和组建战略联盟,形成科学仪器大集团是国际科学仪器产业发展的重要趋势。二是科学仪器研发得到重视。欧、美、日等国家和地区都把发展一流的科学仪器支撑一流的科研工作作为国家战略,对科学仪器的装备和创新给予重点扶持。如美国通过国家自然基金(NSF)和国家健康研究院等扶助科学仪器的研发,确保美国在世界科学仪器产业的领先地位;日本于2002年制定了高精密科学仪器振兴计划;欧盟在第六框架计划(2002—2006年)中将操纵和控制设备和仪器的开发列为纳米技术和纳米科学领域的重点内容,在第七框架计划(2007—2013年)中,斥资41亿欧元主要用于辐射源、望远镜和数据库等新型研究基础设施建设;加拿大自然科学与工程研究理事会也制定了研究工具、仪器和设施计划。

（三）国内仪器仪表产业发展的问题与不足

总体上看，我国仪器仪表行业同国际先进水平相比，同我国经济和社会发展的实际需要相比，还存在着很大的差距。

一是创新不足。由于底子薄、欠账多、投入相对不足，我国仪器仪表的创新能力比较薄弱，缺乏能有效带动和引领产业发展的核心技术和关键部件，战略性新兴产业和民生领域急需的、量大面广的科学仪器设备国产率明显不高。关系国民经济命脉和国家安全等一些重点领域科学研究所需重要仪器设备受制于人现象已经凸现，严重制约着我国自主创新战略的实施。

二是许多科学仪器设备对进口依赖度高。长期以来，由于我国对科学仪器研究开发投入重视程度不够，精密仪器等高技术含量和高附加值的产品仍然无法摆脱对进口的依赖，一些重点领域的科学技术研究、开发工作无法独立，成为制约该领域发展的主要"瓶颈"。导致我国在科研领域使用的科学仪器设备绝大部分依赖进口，大型分析仪器基本被欧美垄断。

三是没有形成系统化的创新人才培养体系。在国内大学诸多的学科和专业中，与仪器仪表密切相关的专业主要有理科的分析化学、计量学，工科的光学仪器、测试计量技术与仪器、电磁测量技术与仪器、生物医学工程及仪器、精密仪器与机械、分析仪器等。但是传统分析化学学科并不传授仪器如何研制与开发；工科的精密仪器制造等专业又较少关注仪器的具体实际应用。我国目前仪器制造人才数量与国外差距明显，特别是高端人才短缺已成为阻碍产业发展的主要瓶颈。

二、青岛总体现状

青岛是我国环境监测与分析仪器仪表和科学仪器的发源地之一。目前，青岛有仪器仪表厂家100家以上，近3年平均年产值达40亿以上，产品种类达300余种（除海洋监测领域），主要应用于环境监测与分析、电子测量仪器、自动测试系统、微波毫米波仪器。特别是在环境监测与分析仪器仪表领域，我市的产品主要集中在采样器类（大气采样器、酸雨采样器、烟尘采样器）和分析仪器类（离子色谱仪等），在大气、颗粒物、烟气烟尘、离子色谱等仪器方面占据国内大部分市场，参与了许多国家标准、规程的起草。随着技术的发展，仪器仪表应用辐射面积越来越广，食品药品检测、生物医学检测、材料检测、公共安全、机械工程、农产品、石油化工、水文气象、地质矿产、大气物理等方面的检测仪器仪表越来越受到重视。

仪器仪表产业具有技术高、人均产值高、高科技人才密集、发展速度快等特点，而且对周边产业的带动性强，一旦技术、人才、生产研发等条件成熟，将迅速成长为产业区。近年来，随着科学技术不断提高、政策扶持力度的不断加强、发展环境的不断优化，青岛市仪器仪表产业发展迅速，越来越多的行业龙头企业将发展延伸至该产业，如中国电子科技集团公司仪器仪表有限公司、中国电子科技集团公司第22所天博信息系统工程公司、青岛崂山应用技术研究所、青岛崂山电子仪器总厂有限公司、青岛盛瀚色谱技术有限公司、青岛恒远科技发展有限公司、青岛普仁仪器有限公司、融智生物科技(青岛)有限公司等。2015年,中国电子科技集团公司全资控投子公司中电科仪器仪表有限公司落户青岛西海岸,以及中国计量科学研究院与青岛市科学技术局、青岛高新区管委会签署战略合作协议,建立全面合作关系和长效合作机制。这些机构的引进,对青岛市仪器仪表行业的发展起到积极的推动和支撑作用,将会有力提升青岛市在科学仪器设备领域的综合实力、核心竞争力和国际影响力。

青岛的仪器仪表产业起步早,有广阔的发展前景。但当前的发展仍然存在一些问题,特别是在青岛环境监测与分析仪器仪表领域,虽然企业近几年持续发展,新的企业不断涌现,但与外地同类企业相比,原始创新、集成创新和引进吸收再创新能力比较薄弱,高端仪器仪表研发和制造能力明显不足,发展思路落后,技术没有竞争力,市场运作能力偏弱;企业发展规模受限,产品档次偏低,以采样器为主体,产品同质化严重。近年来外地的仪器仪表企业借着环境保护的热潮发展起来,出现了杭州聚光、北京雪迪龙、河北先河、江苏天瑞等上市企业。随着环保概念股受到资本市场的追捧,这些企业近几年通过资本优势,进行产品的拓展和对其他企业的兼并重组,迅速发展起来。这些企业主要的产品定位较青岛的企业要高。

本路线图主要集中研究环境监测与分析、电子测量仪器、自动测试系统、微波毫米波仪器等在青岛市具有一定优势和发展潜力的领域。海洋环境仪器仪表领域作为青岛市的特色产业,在"海洋环境观测产业创新路线图"部分中进行研究。

三、SWOT 分析

通过对青岛市仪器仪表领域的 SWOT 分析可以看出,青岛市应抓住生态建设的大环境已经形成,政府高度重视战略性新兴产业发展,经济新常态下技术进步的动力进一步加强等有利机遇,发挥青岛市在区位、科研资源、品牌等方面的优势,从政策、财政、金融等方面加以扶持,重点突破关键共性技术,把握产业主导权,发挥区域集聚发展优势,实施品牌战略,建设龙头设计企业,加速产业向高端产品延伸,增加产品的市场占有率,详见表1。

表1 青岛市仪器仪表领域 SWOT 分析

外部条件 \ 内部能力	机遇(Opportunities)	威胁(Threat)
	(1)生态建设的大环境已经形成,政府高度重视战略性新兴产业发展 (2)经济新常态下技术进步的动力进一步加强	(1)产业规模相对较小,缺乏龙头企业与项目 (2)产业集群发展能力不强、配套能力较差
优势(Strength)	优势-机遇(SO)	优势-威胁(ST)
(1)环保采样分析技术、电子测量仪器、自动测试系统、微波毫米波仪器产业基础良好,具有一定的技术和产品优势 (2)具有良好的产业重点和市场占有率	(1)政府进一步加强生态环境监察治理力度,改进资金投入方式,带动市场活力 (2)企业加大与国内外相关企业的合作,增加产品的市场占有率 (3)设立产业基金,增强金融支持	(1)发挥区域集聚发展优势,加速向高端产品延伸 (2)实施品牌战略,建设龙头企业

续表

劣势(Weakness)	劣势-机遇(WO)	劣势-威胁(WT)
(1)缺少创新资源与创新人才 (2)加工难,运营成本高	(1)突破关键配套技术,培育配套产业 (2)引进高端人才,建设一流团队 (3)建设公共研发创新服务平台	(1)政府进一步出台引导政策与激励措施 (2)企业加强自身创新能力和综合运用市场资源的能力

四、研发需求

研发需求是在总结产业基础、发展目标和发展瓶颈分析三个阶段的基础上,通过文献资料研究和企业调研,采用专家讨论、调研以及资料收集法,确定了15个重点发展方向:颗粒物源解析、半挥发性有机物监测、空气颗粒物采样器、水资源监测、在线类便携式监测分析仪器、新型阴阳离子毛细管离子色谱仪、PM2.5中阴阳离子及重金属在线三通道分析仪、微波毫米波测试技术、石油预警平台、电池测试系统、光电测试技术、数字通信测试技术、综合电子测试与自动测试技术、新型生物医疗检测及分析技术、新型食品安全检测及分析技术。提炼出解决仪器仪表领域技术瓶颈的52项研发项目,详见表2。

表2 青岛市仪器仪表领域研发需求表

发展方向	编号	技术研发需求	排序
颗粒物源解析	1.1	颗粒物源解析多功能组合采样管	近期
	1.2	颗粒物源解析自动等速稀释恒流采样技术	近期
	1.3	颗粒物源采样仪器设备	近期
	1.4	颗粒物源采样器气路密封性自检和防倒吸技术	近期
	1.5	高性能真空泵、压缩机	中期
半挥发性有机物监测	2.1	自动恒流采样技术	中期
	2.2	数字化设定及校准参数技术	中期
	2.3	工业余热利用的设备产品化	中期
空气颗粒物采样器	3.1	低浓度颗粒物采样器	中期
	3.2	微震荡天平法烟尘无损取样技术	远期
	3.3	β射线检测方法等速采样技术	远期
	3.4	小流量(16.67 L/min)采样器	中期
	3.5	多通道空气颗粒物采样器	中期
	3.6	自动换膜空气颗粒物采样器	远期
	3.7	便携式环境空气颗粒物直读监测器	远期
	3.8	VOC远程遥控快速气体采样器	远期
水资源监测	4.1	采用高性能蠕动泵、步进电机驱动的新型水质采样器	远期
	4.2	水中毒性预警检测仪	远期
在线类便携式监测分析仪器	5.1	样品自动采集和前处理技术	近期
	5.2	节能监测手持终端智能化技术	近期

续　表

发展方向	编　号	技术研发需求	排　序
在线类便携式监测分析仪器	5.3	高效快速检测技术和分离技术	近期
	5.4	在线流动相发生技术和抑制技术	中期
	5.5	开发智能控制及数据处理系统，建立离子化合物数据库	远期
毛细管离子色谱仪	6.1	新型阴、阳离子毛细管交换柱	中期
	6.2	毛细管电解抑制器	中期
	6.3	免试剂淋洗系统	中期
	6.4	针对毛细管离子色谱系统，开展新的电化学检测器的研究	中期
	6.5	毛细管离子色谱仪的远程控制和在线监测	远期
	6.6	仪器多点布局，建立监测数据的"大数据"库	远期
PM2.5中阴阳离子及重金属在线三通道分析仪	7.1	PM2.5的采样系统	近期
	7.2	前处理系统	近期
	7.3	三通道在线离子色谱仪分析系统	中期
	7.4	物联在线软件系统	中期
微波毫米波测试技术	8.1	宽带矢量调制技术	近期
	8.2	矢量信号分析技术	中期
石油预警平台	9.1	井参数异常分析判断推理技术	近期
	9.2	钻井工程事故预警模型	中期
	9.3	预警信息大数据及决策支持技术	远期
电池测试系统	10.1	充电过程中的电池状态安全监测、协调控制和优化技术	近期
	10.2	轨道交通车载电池测试系统	远期
光电测试技术	11.1	40G光网络物理层参数测试技术	中期
	11.2	光纤非线性效应光参数测试技术	远期
数字通信测试技术	12.1	高速数字传输与误码抖动测试技术	中期
	12.2	分组化光传输网络测试技术	远期
综合电子测试与自动测试技术	13.1	T/R组件自动测试技术	近期
	13.2	电磁信息监测自动测试技术	近期
新型生物医疗检测及分析	14.1	以蛋白组分析为基础的微生物鉴别关键技术	中期
	14.2	蛋白组多重PCR分析关键技术	远期
	14.3	抗污染一体化微生物基因分子鉴别技术	远期
新型食品安全检测及分析	15.1	基于便携式质谱分析技术的农药残留分析仪	中期
	15.2	基于微流控快速微生物培养及数字化分析技术的快速菌落计数仪	远期
	15.3	基于拉曼光谱技术的食品安全快速检测仪	远期

五、创新资源

（一）现有创新载体

目前青岛共有仪器仪表产业创新载体资源9个；其中，国家级1个，省部级5个，市级3个。具体来看：工程技术中心5个，分别是国家电子仪器质量监督检验中心、国防科技工业光电子计量一级站、国防科技工业自动化测试技术研究应用中心、中国电子科技集团公司综合电子测试与保障装备研发中心、山东省气溶胶测控技术与装备工程技术研究中心；重点实验室1个——电子测试技术重点实验室；产业技术创新战略联盟3个，分别是：青岛市分析仪器产业技术创新战略联盟、青岛市环保与安全仪器装备产业技术创新战略联盟、青岛市食品安全与环境检测产业技术创新战略联盟，详见表3。

表3 仪器仪表产业创新载体资源列表

序号	类别	机构名称	依托单位	级别
1	工程技术中心	国家电子仪器质量监督检验中心	中电科仪器仪表有限公司	国家级
2		国防科技工业光电子计量一级站	中电科仪器仪表有限公司	部级
3		国防科技工业自动化测试技术研究应用中心	中电科仪器仪表有限公司	部级
4		中国电子科技集团公司综合电子测试与保障装备研发中心	中电科仪器仪表有限公司	部级
5		山东省气溶胶测控技术与装备工程技术研究中心	青岛恒远科技发展有限公司	省级
6	重点实验室	电子测试技术重点实验室	中电科仪器仪表有限公司	部级
7	产业技术创新战略联盟	青岛市分析仪器产业技术创新战略联盟	青岛盛瀚色谱技术有限公司	市级
8		青岛市环保与安全仪器装备产业技术创新战略联盟	青岛恒远科技发展有限公司	市级
9		青岛市食品安全与环境检测产业技术创新战略联盟	山东世通检测评价技术服务有限公司	市级

（二）搭建创新载体

根据目前青岛市仪器仪表产业载体资源较少的情况，积极引进中科院大连化学物理研究科学仪器研究中心、中国科学院生态环境研究中心、北京市理化分析测试中心、山东省计量科学研究院、天津大学精密测试技术及仪器国家重点实验室、清华大学精密测试技术及仪器国家重点实验室、中国农业大学、华南农业大学等单位。筹建青岛市科学仪器公共研发创新服务平台、青岛市离子色谱技术开发与应用重点实验室、青岛市质谱分析医疗器械创新平台、青岛市农牧业传染病防控物联网工程中心、青岛市电池质量检测实验室。

（三）建设产业基地和园区

建设仪器仪表产业园，加快推进便携式环境监测分析仪器、颗粒物源解析采样仪器、新型阴阳离子毛细管离子色谱仪、PM2.5中阴阳离子及重金属在线三通道分析仪、石油预警平台等项目的研发与产业化重大项目与产业基地建设。加快打造计量科技成果转化基地,提高科技成果转化率,推进仪器仪表产业化进程。

(四)培育产业集群

加强我市已有的青岛市仪器仪表产业技术创新战略联盟、青岛市分析仪器产业技术创新战略联盟、青岛市食品安全与环境检测产业技术创新战略联盟的建设,加快产业园区基地建设,形成山东省仪器仪表产业集群。

(五)引进高层次人才

引进仪器仪表创新创业领军人才(团队)100个,特别是毛细管离子色谱方面、颗粒物源解析技术方面专家、学术带头人,形成仪器仪表领域的专业团队。

六、产业创新路线图

仪器仪表领域创新线路图如图1所示。

		2016年	2018年	2020年
发展目标	产业产值(亿元)	50	65	80
	创新培育骨干企业	10~20	20~60	60~100
	资源搭建创新平台	0	2~3	4~6
	建设打造产业园	0	0	1
发展瓶颈	产业规模相对较小	仪器仪表企业普遍规模偏小,与外地企业比较竞争力差		
	创新研发能力较弱	研究资源较少,企业的研发创新能力不足,缺少核心竞争力		
	产业集群发展能力弱	尚未形成系统集成能力,具有龙头带动作用的企业集团明显不够强大		
研发重点	环境污染源采集及分析	颗粒物源解析与空气颗粒物采样技术,半挥发性有机物监测技术,水资源监测技术,PM2.5阴阳离子重金属在线三通道分析仪,新型阴阳离子毛细管离子色谱仪,在线类、便携式监测分析仪器		
	电波传播检测监测分析	石油预警平台,电池测试系统,微波毫米波测试技术		
	综合电子通信测试系统	光电测试技术,数字通信测试技术,综合电子测试与自动测试技术		
	新型生物医疗检测及分析	以蛋白组分析为基础的微生物鉴别关键技术,蛋白组多重PCR分析关键技术,抗污染一体化微生物基因分子鉴别技术		
	新型食品安全检测及分析	基于便携式质谱分析技术的农药残留分析仪,基于微流控快速微生物培养及数字化分析技术的快速菌落计数仪,基于拉曼光谱技术的食品安全快速检测仪		
资源配置	新建拟建	青岛市科学仪器公共研发创新服务平台、青岛市离子色谱技术开发与应用重点实验室、青岛市质谱分析医疗器械创新平台、青岛市农牧业传染病防控物联网工程中心、青岛市电池质量检测实验室		
	现有基础	山东省气溶胶测控技术与装备工程技术研究中心、青岛市科学仪器设备产业技术创新战略联盟、青岛市环保与安全仪器装备产业技术创新战略联盟、国家电子仪器质量监督检验中心、国防科技工业光电子计量一级站、国防科技工业自动化测试技术研究应用中心、中国电子科技集团公司综合电子测试与保障装备研发中心、电子测试技术重点实验室		

图1 仪器仪表领域创新路线图

七、产业行动计划

发展青岛市仪器仪表产业,进一步优化科技资源要素配置及产业布局,攻克一批掣肘产业发展的瓶颈,积极引进重大项目创新团队和龙头企业落户青岛,形成具有仪器仪表产业集群,特制定如下仪器仪表产业行动计划,详见表4。

重点发展颗粒物源解析仪器及技术、半挥发性有机物监测仪器及技术、空气颗粒物采样设备及技术、水资源监测设备及技术、在线类便携式监测分析仪器及技术、新型阴阳离子毛细管离子色谱仪及技术、PM2.5阴阳离子重金属在线三通道分析仪器及技术、微波毫米波测试技术、石油预警平台、电池测试系统、光电测试技术、数字通信测试技术、综合电子测试与自动测试技术、新型生物医疗检测及分析技术、新型食品安全检测及分析技术。

表4 节能环保仪器仪表产业行动计划

时间节点	2018年	2020年
发展目标	突破共性关键技术14项,实施自主创新重大专项,搭建公共研发平台2家,形成一批具有自主知识产权的产品,培育骨干企业3家	突破共性关键技术10项,搭建公共研发平台2家,培育骨干企业2家,创新型产业集群1个
发展路径	(1) 关键技术突破及产业化:颗粒物源解析自动等速稀释恒流采样技术、颗粒物源采样器气路密封性自检和防倒吸技术,半挥发性有机物监测自动恒流采样技术,便携式监测分析仪器样品自动采集和前处理技术、高效快速检测技术和分离技术、在线流动相发生技术和抑制技术,新型毛细管离子色谱仪新型阴阳离子毛细管交换柱技术、毛细管电解抑制器技术、免试剂淋洗系统技术,PM2.5中阴阳离子及重金属在线三通道采样及前处理技术,微波毫米波矢量信号分析技术,40G光网络物理层参数测试技术,高速数字传输与误码抖动测试技术,电磁信息监测自动测试技术,钻井工程事故预警模型,以蛋白组分析为基础的微生物鉴别关键技术,基于便携式质谱分析技术的农药残留分析仪 (2) 搭建创新平台:青岛市科学仪器公共研发创新服务平台、青岛市离子色谱技术开发与应用重点实验室 (3) 加强国内外合作:加强与中国科学院大连化学物理研究科学仪器研究中心、中国科学院生态环境研究中心、北京市理化分析测试中心、山东省计量科学研究院、天津大学精密测试技术及仪器国家重点实验室、清华大学精密测试技术及仪器国家重点实验室、中国农业大学、华南农业大学等单位的合作 (4) 引进高层次人才(团队):20~60个	(1) 关键技术突破及产业化:空气颗粒物采样器微震荡天平法烟尘无损采样技术、β射线检测方法等速采样技术、VOC远程遥控快速气体采样器技术,采用高性能蠕动泵步进电机驱动的新型水质采样器技术、水中毒性预警检测技术,监测分析仪器在线分析技术,毛细管离子色谱仪远程控制和在线监测技术,PM2.5中阴阳离子及重金属在线三通道分析及物联在线技术,光纤非线性效应光参数测试技术,分组化光传输网络测试技术,预警信息大数据及决策支持技术,轨道交通车载电池测试系统,蛋白组多重PCR分析关键技术,抗污染一体化微生物基因分子鉴别技术,基于微流控快速微生物培养及数字化分析技术的快速菌落计数仪,基于拉曼光谱技术的食品安全快速检测仪 (2) 搭建创新平台:青岛市质谱分析医疗器械创新平台、青岛市农牧业传染病防控物联网工程中心、青岛市电池质量检测实验室 (3) 建设产业园区:建设仪器仪表产业园 (4) 培育产业集群:仪器仪表创新型产业集群 (5) 引进高层次人才(团队):60~100个

参考文献

[1] 科学技术部. 国家"十二五"科学和技术发展规划[EB/OL]. (2011-07-04)[2011-07-13]. http://www.most.gov.cn/mostinfo/xinxifenlei/gjkjgh/201107/t20110713_88230.htm.

[2] 中国仪器仪表行业协会. 仪器仪表行业"十二五"发展规划[EB/OL]. [2011-09-22]. http://www.cima.org.cn/article.asp?classid=34&id=9252.

[3] 国务院. 国家环境保护"十二五"规划[EB/OL]. (2011-12-15)[2011-12-20]. http://www.gov.cn/zwgk/2011-12/20/content_2024895.htm.

[4] 工业和信息化部,科技部,财政部,等. 加快推进传感器及智能化仪器仪表产业发展行动计划[EB/OL]. (2013-02-18)[2013-02-28]. http://www.miit.gov.cn/n11293472/n11293832/n12843926/n13917042/n15226589.files/n15225718.doc.

[5] 青岛市工业技术研究院,青岛盛瀚色谱技术有限公司:青岛市科学仪器公共研发创新服务平台项目可行性报告[R]. 青岛:青岛市工业技术研究院,青岛盛瀚色谱技术有限公司,2015.

[6] 赵阳华. 我国仪器仪表产业发展现状、问题及政策研究[J]. 中国仪器仪表,2009(3):29-33.

[7] 中国仪器仪表协会. 2015中国科学仪器行业发展报告[R]. 中国仪器仪表行业协会,中国仪器仪表学会,中国仪器仪表学会分析仪器分会,仪器信息网.

附 件

专家名单

序 号	姓 名	单 位
1	滕云枫	青岛市工业技术研究院
2	朱新勇	青岛盛瀚色谱技术有限公司
3	崔成来	青岛盛瀚色谱技术有限公司
4	候倩慧	青岛普仁仪器有限公司
5	王丕征	青岛恒远科技发展有限公司
6	黄祖旭	青岛容广电子技术有限公司
7	杨传勤	中科电第22所天博信息系统工程公司
8	李传龙	中电科仪器仪表有限公司
9	李运涛	融智生物科技(青岛)有限公司
10	谭丕功	青岛市环境监测中心站

青岛市"十三五"轨道交通装备产业创新路线图

轨道交通装备是铁路和城市轨道交通运输所需各类装备的总称,主要涵盖了机车车辆、工程及养路机械、通信信号、牵引供电、安全保障、运营管理等各种机电装备。发展"技术先进、安全可靠、经济适用、节能环保"的轨道交通装备,是提升交通运输人流物流效率的保证,是实现资源节约和环境友好的有效途径,对国民经济和社会发展有较强的带动作用。轨道交通装备产业是《国务院关于加快培育和发展战略性新兴产业的决定》(国发〔2010〕32号)确定的高端装备制造业中的五个重点发展方向之一。

一、轨道交通装备产业范畴界定

(一)轨道交通概念

目前国内对轨道交通概念存在诸多模糊,本报告所指的轨道交通涵盖铁路和城市轨道交通系统。

(1)铁路,包括传统铁路、高速铁路(高速客运专线)和城际铁路(区域范围内城市间的客货运专线)。

(2)城市轨道交通,包括地下铁道、轻型轨道交通(轻轨)、有轨电车、单轨交通、新交通系统(如自动导向轨道交通等)等多种形式的城市轨道交通。

(二)轨道交通装备产业链分析

轨道交通装备产业链由资源和材料—部件和系统—整车装配集成—应用和服务构成。上游资源和材料主要包括车体轻量化材料、高分子聚合材料和刹车制动材料;中游包括车辆、牵引供电、信号控制等部件制造,机车、客车、货车、动车组和城轨地铁等整车装配集成;下游为铁路、城市轨道交通提供产品应用和服务。如图1所示。

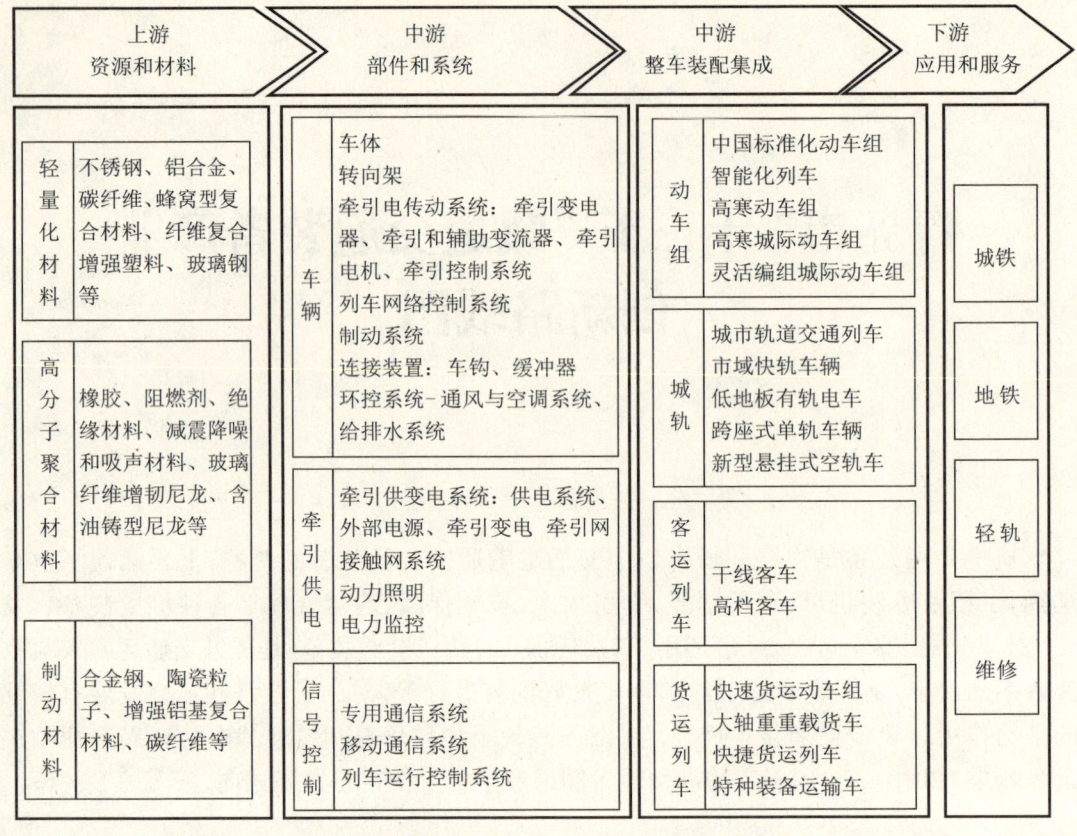

图1 轨道交通装备产业链构成

二、世界轨道交通装备产业发展现状与趋势

（一）国际轨道交通装备产业发展现状

1. 市场规模稳步增长

随着全球城市化建设步伐的加快，轨道交通运输需求在各类运输方式中的份额持续增加。在多个国家出台的经济刺激政策中，铁路都是重要组成部分，进而拉动全球轨道交通装备制造业发展。根据世界铁路行业著名咨询公司德国 SCI Verkehr 公司 2014 年发布研究报告，全球轨道交通装备行业产值从 2010 年的 1 310 亿欧元增长到 2013 年的 1 620 亿欧元，未来每年还将有 3.4% 的年均增长率；预计到 2018 年，全球轨道交通装备制造业产值将突破 1 900 亿欧元（图2）。从全球市场分布来看，中国、美国、俄罗斯拥有全球最大的铁路网，是全球轨道交通装备制造业最大的市场，中东、南非、亚洲、南美等地区则快速呈现出轨道交通装备的巨量需求。

2. 跨国公司在轨道交通装备市场占据优势地位

在全球范围内，能够生产轨道交通装备的约有 46 个国家和地区近 270 家企业。为最大限度地占领国际市场，世界各国不断加大对本国强势企业兼并重组、组建大型跨国公司的支持力度，导致轨道交通装备市场份额不断向世界知名跨国企业集中。根据公开

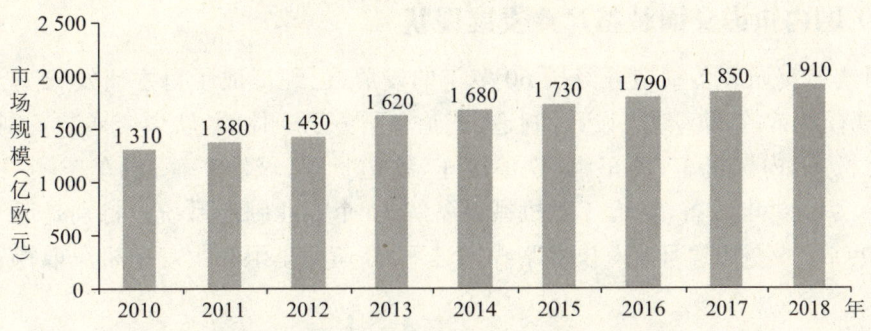

图2　世界轨道交通装备市场规模走势（资料来源：SCI Verkehr）

数据显示，2012年，全球轨道交通装备企业按销售收入排名前七位依次为中国北车、中国南车、加拿大庞巴迪、德国西门子、法国阿尔斯通、美国GE和日本川崎。其中，分居前两位的中国北车和中国南车两家合计销售收入几乎相当于其他5家企业的总和。另据SCI Verkehr发布的报告显示，排名前五位的轨道交通巨头占据了超过50%的市场份额，且还有上升空间。可见，全球轨道交通装备行业一半以上的市场掌握在几家大型企业手中，而中国是唯一拥有两家企业的国家，为避免恶性竞争，"一个声音"对外说话，"走出去"形成合力，2014年底，中国南车和中国北车发布重组公告，采取中国南车吸收合并中国北车的方式合并为中国中车股份有限公司，简称"中国中车"。中国中车将改变全球轨道交通装备制造业竞争格局。世界轨道交通装备重点企业分布如图3所示。

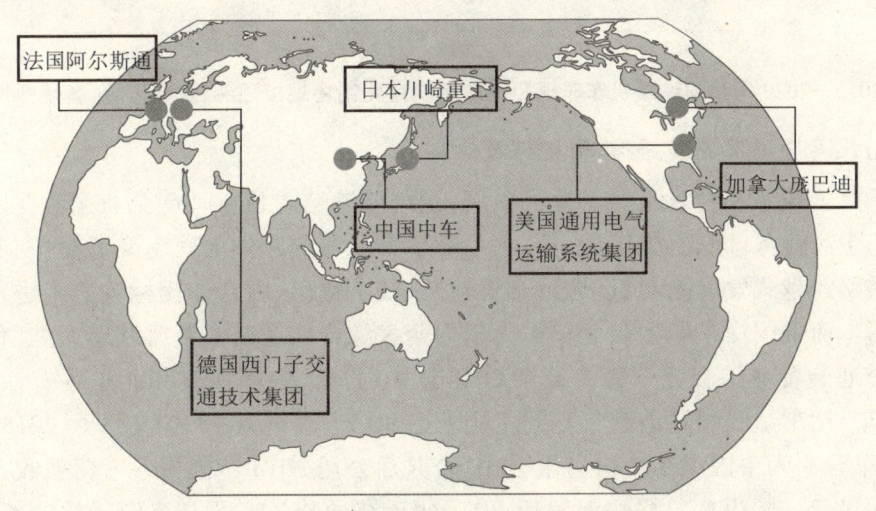

图3　世界轨道交通装备重点企业分布

3. 产品和技术向高性能、环保、安全方向发展

一是高性能体现在不断提高运营速度方面。世界各国在建或新建的高速列车时速目标值都定位在350 km以上，并向400 km目标发展。2010年，中国南车集团研制的"和谐号"380A新一代高速动车组在先导段联调联试和综合试验中，最高时速达到486.1 km，刷新世界铁路运营试验最高速度。二是节能环保方面发展趋势是低损耗、低磨耗，减震降噪，减少尾气排放，并要求维护简便，与环境协调发展。三是安全方面，以人为本，采用新型材料及人机界面，提供平稳舒适的乘坐环境。

（二）国内轨道交通装备产业发展现状

我国轨道交通装备制造业经历60多年的发展，已经形成了自主研发、配套完整、设备先进、规模经营的，集研发、设计、制造、试验和服务于一体的，轨道交通装备制造体系，包括电力机车、内燃机车、动车组、铁道客车、铁道货车、城轨车辆、机车车辆关键部件、信号设备、牵引供电设备、轨道工程机械设备等10个专业制造系统。特别是近十年来在"高速""重载""便捷""环保"技术路线推进下，高速动车组和大功率机车取得了举世瞩目的成就。

1. 产业发展前景广阔

目前，国内市场处于高速成长期，在2020年前，我国轨道交通装备制造业在政策支持和需求快速增长的双重作用下，处于高速成长期，是一个难得的黄金发展机遇期。智研数据中心预测数据显示，2020年，我国铁路机车车辆及动车组制造业销售收入超过3 500亿元（图4），轨道交通装备产业链市场需求保守估计将在万亿元左右。

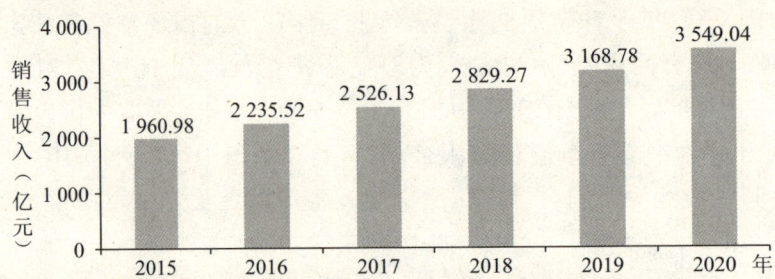

图4　2015—2020年我国铁路机车车辆及动车组制造业销售规模预测（资料来源：智研数据中心）

2. 南北车合并带来竞争格局大调整

由于产业政策和技术准入壁垒的限制，国外轨道交通装备制造企业无法在国内独立开展整车生产业务，因此，庞巴迪、西门子、阿尔斯通等国际知名轨道交通整车制造商，借助中国铁路跨越式发展的契机，通过合资建厂、技术输出、联合体投标等方式进入并拓展中国市场。而中国南车和中国北车作为国内两大综合轨道交通装备制造企业，代表着我国轨道交通装备业综合竞争力。截至2014年10月末，中国南车和北车各有铁路机车、客车、货车、动车组和城轨地铁车辆的主要新造和修理基地共12家（表1）。2015年6月，南车、北车合并为中国中车股份有限公司，合并后公司2013年模拟备考营业收入将达到1 932.59亿元。国内竞争格局调整后，中国轨道交通装备产业开启国际化的新征程，成为国际轨道交通装备行业强有力的竞争者。

表1　国内主要轨道交通装备制造企业分工

名称	机车		客车		货车		动车组		城轨	
	新造	修理	新造	修理	新造	修理	新造	修理	新造	修理
浦镇公司			√	√			√			√
四方股份				√			√	√	√	√
株机公司	√						√		√	√

续表

名称	机车		客车		货车		动车组		城轨	
	新造	修理	新造	修理	新造	修理	新造	修理	新造	修理
四方有限				√			√	√		
资阳公司	√									
戚墅堰公司	√	√								
长江公司					√	√				
眉山公司					√					
二七公司					√	√				
洛阳公司			√							
成都公司			√	√						
石家庄公司					√	√				
中国南车合计（家）	3	3	2	3	4	3	4	3	3	3
长客股份			√	√			√	√	√	√
唐山客车			√	√			√			
大连机辆	√	√							√	√
太原装备		√			√	√				
西安装备										
二七装备	√	√								
同车公司	√	√								
齐齐哈尔					√	√				
沈车公司					√	√				
上海轨发									√	√
济南装备					√					
兰州机车		√								
中国北车合计（家）	3	5	2	3	5	4	4	2	4	4
共计	6	8	4	6	9	7	8	5	7	7

3.《中国制造 2025》明确发展方向

先进轨道交通装备作为《中国制造 2025》重点发展的十个领域之一，未来十年将加快新材料、新技术和新工艺的应用，重点突破体系化安全保障、节能环保、数字化智能化网络化技术，研制先进可靠适用的产品和轻量化、模块化、谱系化产品。研发新一代绿色智能、高速重载轨道交通装备系统，围绕系统全寿命周期，向用户提供整体解决方案，建立世界领先的现代轨道交通产业体系。轨道交通装备制造业将由"中国制造"向"中国创造"转变，有力推动中国高端装备业的产业升级，带动信息产业、电子工业、材料工业等相关产业链整体实力提升，推进中国由"制造大国"向"制造强国"迈进。

三、青岛市轨道交通产业现状与问题

(一)青岛轨道交通装备产业链发展现状

青岛轨道交通装备产业链拥有四方股份、四方有限、四方庞巴迪等整车骨干企业,以及四方车辆研究所、威奥集团、康平铁路玻璃钢、四机宏达工贸、博宁福田智能通道设备(青岛)、海信网络科技、汉缆股份、特锐德电气和欧特美等各类零配件合格供应商100多家(表2),初步形成龙头企业规模较大、带动作用比较明显、具有一定比较优势的产业体系,具备年产高速动车组200列、城轨车辆1 000辆、高档客车或内燃动车组300辆、检修高速动车组120列以及高速动车组不锈钢车体480辆的生产能力。生产的高速动车组整车占全国60%份额,城轨地铁车辆占25%。2013年,青岛城阳高速列车产业园区被认定为"国家新型工业化产业示范基地"。2014年,轨道交通装备产业链规模以上工业企业产值实现37.2%的高速增长,达到598.4亿元。

表2 青岛市轨道交通产业主要机构

分类	机构名称	主要产品
整车	四方机车车辆股份	高速动车组、城际动车组、城市轨道交通车辆、高档铁路客车、内燃动力产品五大产品制造平台,高速动车组、城际动车组系列化产品
整车	四方车辆有限	主要从事铁路高档客车、高速动车组的制造与修理(合资企业),各类机客车及城市地铁、轻轨等交通设备修理、加装、改造,公铁两用车及各类铁路用特种车辆制造,铁路机客车配件制造、机车车辆技术服务、金属热加工及进出口等业务,拥有铁路高档客车新造、铁路高档客车修理、铁路机车车辆零部件及能源设备配套、铸锻、物流五大产业板块及生产基地
整车	四方庞巴迪	主要设计生产高档客车、普通客车车体、电动车组、豪华双层客车、高速客车及城市轨道车辆等
配套	四方车辆有限	主要从事铁路高档客车、动车组、城轨地铁的制造与修理,铁路机车车辆、城轨车辆零部件配套及发电设备辅机制造,金属热加工,物流及外贸等业务,拥有铁路高档客车制造、修理、铁路机车车辆零部件及能源设备配套、铸锻、物流五大产业板块及生产基地,是国内重要的铁路机车车辆修理和零部件制造企业
配套	青岛四方车辆研究所	为轨道交通车辆提供牵引控制系统、列车网络控制系统、旅客娱乐信息系统、辅助逆变器、充电机、中低压电气柜、空气弹簧、密接式钩缓系统、制动系统、大容量弹性胶泥缓冲器及橡胶缓冲器等核心系统和关键配件 下辖青岛思锐科技有限公司和青岛四研铁路电器研究开发有限公司两家全资子公司,并与法国阿尔斯通公司、法国法维莱公司、波兰卡玛克斯公司分别设立三家合资企业,即青岛阿尔斯通铁路设备有限公司、青岛四方法维莱轨道制动有限公司和青岛卡玛克斯缓冲装备有限公司
配套	青岛四方法维莱轨道制动	铁路和地铁专用的制动系统
配套	青岛阿尔斯通铁路设备	组装减震器
配套	青岛卡玛克斯缓冲装备	弹性胶泥缓冲器,轨道车辆用各种车钩、缓冲、减振器件和成套设备
配套	青岛四机宏达工贸	下设金属构件厂、客车配套厂、客车配件厂、金岭分公司,具备高、低速动车组、地铁系列、城轨系列及各种大铁路车等各种车型上万种重要零部件的配套能力
配套	博宁福田智能通道设备(青岛)	轨道交通售检票系统(AFC)

续 表

分 类	机构名称	主要产品
配套	青岛联诚宏达轨道交通设备	株洲联诚集团有限责任公司和青岛四机宏达工贸有限公司于2008年合资成立,具备年产地铁枕梁、牵引梁、缓冲梁36列,动车组悬挂件、裙板、设备舱骨架80列车的能力,为中国中车四方股份公司配套生产的各类部件品种达200多种,已发展成为中车四方股份公司铝部件配件生产的重要基地
	青岛宏达赛奈尔科技	高速动车组辅助空气压缩机、牵引电机冷却风机、连接风挡等配套产品
	青岛威奥轨道(集团)	轨道交通车辆配套相关产品,产品涵盖GRP/SMC内外饰模块、塞拉门系统、开闭机构模块、司机室遮阳帘、卫生间及真空集便系统模块、厨房模块、吧台模块、乘务员室模块、间壁顶板模块、BC类件模块等十个类别或模块下辖有青岛威奥轨道装饰材料制造有限公司、青岛四机工模具有限公司、青岛威奥涂装有限公司、青岛罗美威奥新材料制造有限公司
	青岛康平铁路玻璃钢	为铁路客运装备和城市轨道交通车辆用模块化风、水、电、气高度集成的玻璃钢卫生间模块、洗脸间模块、包间模块、RTM+客室座椅,地铁车辆前端头、驾驶台、司机室内装、墙板等
	青岛欧特美股份	铁路车辆风挡、塞拉门、座椅、集便器、行李架、灯具、门控器、控制柜、内装吸塑和玻璃钢产品,并进行KONI减振器的大修
	青岛亚通达铁路设备	轨道交通用给水卫生系统、蓄电池组、制动闸片及烟雾报警系统
	青岛北车日立轨道通信信号	主要覆盖干线铁路、城市轨道交通(地铁、轻轨、单轨)及有轨电车信号系统,并具备包括ATP、ATO、ATS、微机联锁、DCS等完整信号系统的设计、制造、测试、集成、工程实施及维护能力

(二)创新链基础

目前,青岛市轨道交通装备领域拥有高速列车系统集成国家工程实验室、国家高速动车组总成工程技术研究中心、国家级轨道车辆技术中心等创新载体16家(表3)。近年来,企业研发投入持续加大,骨干企业年研发投入占销售收入的比例达到4%;CRH2E型长编卧铺动车组、CRH380A型动车组、更高速试验列车等系列产品达到国际先进水平;高速列车技术、直线电机地铁车辆技术、高原铁路客车技术、不锈钢车体激光焊接技术等已居于世界领先水平;CINOVA城际动车组技术平台取得技术领先优势,率先推出了CRH6型城际动车组。

表3 轨道交通装备领域创新载体资源列表

序号	类别	机构名称	依托单位	级别
1	重点实验室	青岛市机械设计与制造技术重点实验室	青岛理工大学/四方机车股份/青岛捷能汽轮机/青岛铸造机械集团	市级
2		青岛市高速列车技术重点实验室	四方机车车辆股份有限公司	市级
3	工程技术中心	国家高速动车组总成工程技术研究中心	青岛四方机车车辆股份有限公司	国家级
4		青岛市轨道车辆牵引制动工程技术研究中心	青岛四方车辆研究所有限公司	市级
5		青岛轨道车辆移动通信工程技术研究中心	青岛中嘉轨道交通技术有限公司	市级
6		青岛市轨道车辆牵引辅助系统工程技术研究中心	青岛宏达赛耐尔科技股份有限公司	市级

▶ 青岛市"十三五"重点产业创新路线图

续 表

序号	类别	机构名称	依托单位	级别
7	产业技术创新联盟	高速列车产业技术创新战略联盟	青岛四方机车车辆股份有限公司	国家级
8	科研院所	青岛四方车辆研究所	中国中车集团	国家级
9	引进院所	西安交通大学青岛研究院	西安交通大学	其他
10	企业技术中心	青岛四方机车车辆股份有限公司技术中心	青岛四方机车车辆股份有限公司	国家
11		青岛四方车辆研究所有限公司技术中心	青岛四方车辆研究所有限公司	国家
12		四方车辆有限公司技术中心	中车四方车辆有限公司	省级
13		青岛欧特美股份有限公司技术中心	青岛欧特美股份有限公司	市级
14		青岛四机宏达工贸有限公司技术中心	青岛四机宏达有限公司	市级
15		青岛宏达赛耐尔科技股份有限公司技术中心	青岛宏达赛耐尔科技股份有限公司	市级
16		青岛通用铝业有限公司技术中心	青岛通用铝业有限公司	市级

（三）SWOT 分析

通过 SWOT 分析可见（表 4），青岛市轨道交通装备产业应抓住全球产业快速发展和国家高度重视的机遇，发挥青岛市集聚发展优势，突破关键共性技术，形成具有国际水平的特色领域，把握产业主导权，发挥引领和辐射作用。

表 4　青岛市轨道交通领域 SWOT 分析

内部能力 ＼ 外部条件	机遇（Opportunities） (1) 国内外政府高度重视轨道交通装备产业发展，《中国制造 2025》加快推进实施 (2) 在国家"一带一路"等重大战略带动下，国际市场需求旺盛 (3) 南车、北车合并为轨道交通装备走出去，带来新机遇	威胁（Threat） (1) 国际化能力有待提高，技术水平与国际领先水平仍有较大差距 (2) 轨道交通装备运营方式向网络化和多样化发展对装备制造企业提出更高要求
优势（Strength） (1) 拥有多家国家级创新载体，在整车及关键配套等方面占据技术优势 (2) 初步形成产业体系，产业规模较大，发展态势良好 (3) 骨干企业带动配套企业集聚发展，形成了具有一定竞争力的产业基地	优势-机遇（SO） (1) 发挥产业基础优势，对接《中国制造 2025》，推动产业向智能制造转型升级 (2) 发挥轨道交通装备等特色产业的优势，借助国家战略，拓展国际市场需求	优势-威胁（ST） (1) 加快平台建设，突破关键技术与产业化瓶颈，推动装备向高安全性和可靠性、易维护方向发展 (2) 加大轨道交通装备研发投入，把握产业主导权
劣势（Weakness） (1) 轮轴轴承等部分关键零部件研发生产能力不足 (2) 本地配套企业不足配套企业总数的 1/3，且自主研发能力较差，配套能力不强，配套率偏低	劣势-机遇（WO） (1) 通过引进企业或开展联合攻关等方式提高关键部件研发能力与水平 (2) 引导轨道交通装备配套企业集聚发展，提高本地配套率	劣势-威胁（WT） (1) 针对薄弱环节进行技术突破和产业培育，增强产业竞争力 (2) 政府给予政策和资金支持，促进产业集聚发展

四、青岛轨道交通装备产业创新路线图

（一）发展目标

"十三五"期间，青岛市轨道交通装备产业将聚焦动车组及城轨等整车集成、关键部件与通用技术和信号及综合监控与运营管理系统等重点方向，部署实施新型城市轨道交通装备及关键零部件等自主创新重大专项，加快推进轨道交通产业技术研究院建设，支持重点实验室、工程技术研究中心、公共研发平台、专业孵化器、产业技术创新战略联盟等创新载体建设。依托四方股份等企业，打造具有全球影响力的高速列车技术创新中心。

到2020年，掌握一批重点领域关键核心技术，培育一批拥有自主知识产权和自主品牌、具有国际竞争力的龙头骨干企业，支持和引导一批产业链配套企业调整结构，形成一批具有自主知识产权的世界级产品和国际知名品牌，优势领域竞争力进一步增强，推动城阳轨道交通装备制造产业集聚区向产业集群转型升级。2018年，产业产值超过850亿元。2020年，达到1 000亿元。

（二）研发重点

在企业调研、专家讨论和文献资料研究基础上，综合国内外技术产业发展趋势、我市产业基础和发展目标，确定了整车集成、关键部件与通用技术和信号及综合监控与运营管理系统3个重点发展方向，凝练提出17项关键共性技术攻关方向（表5）。

表5 "十三五"期间青岛市轨道交通装备领域研发重点

发展方向	编号	关键共性技术
动车组及客运列车、城市轨道交通装备、重载及快捷货运列车	1	复合材料的轨道车辆轻量化技术
	2	轨道车辆数字化样车技术
	3	轨道交通车辆碰撞安全技术
	4	轨道交通车辆无人驾驶技术
	5	轨道交通装备气候环境风洞综合试验关键技术
	6	地铁车辆结构模块化技术
	7	轨道车辆结构健康监测技术
	8	轨道列车节能技术
关键部件与通用技术	9	轨道交通车辆无接触网供电技术
	10	轨道列车互联互通技术
	11	新能源驱动列车关键技术
	12	高速列车电磁兼容防护技术
	13	高速列车减振降噪技术
	14	功能涂层技术应用
	15	机器人搅拌摩擦焊在轨道车辆上应用技术
信号及综合监控与运营管理系统	16	基于无线通信网络的列车控制和通信技术
	17	信号及综合监控与运营管理系统

▶ 青岛市"十三五"重点产业创新路线图

(三) 创新链配置

"十三五"期间,轨道交通装备领域重点支持轨道交通车辆系统集成国家工程实验室、轨道交通产业技术研究院等创新载体建设,推进轨道交通装备产业园区与集群建设。

(1) 国际轨道交通技术创新中心。围绕高速列车、城轨地铁等轨道交通车辆动力学、减震降噪、综合舒适度、材料加工等关键领域,以新技术、新材料、新结构及新工艺为切入点,开展研究开发,打造轨道交通技术创新高地。

(2) 轨道交通车辆系统集成国家工程实验室。依托中车青岛四方机车车辆股份有限公司,建立的城市轨道交通车辆系统集成综合测试与仿真平台,开展共性技术、系统技术和集成技术研究,提高下一代城市轨道交通车辆的设计、开发、制造和运维能力。

(3) 轨道交通产业技术研究院。拟依托中车四方股份有限公司建设,引进西南交通大学、北京交通大学、中国科学院力学研究所等单位,重点围绕机车车辆及动车组、配套零部件、轨道交通建设与运营专用设备等方面提供技术支撑。

(4) 产业园区与集群建设。加快推进城阳区青岛轨道交通产业开发区等产业园区建设,打造轨道交通装备制造创新型产业集群。

(5) 加强高层次人才引进培养。根据《青岛市引进高层次优秀人才来青创新创业发展的办法》(青发〔2008〕19号),围绕轨道交通装备产业发展需求,引进高层次人才50~100名。

(四) 产业创新路线图

综合我市产业基础与现状,绘制先进制造领域产业创新路线图,如图5所示。依托

		2016年	2018年	2020年
发展目标	产业产值	约700亿元	>850亿元	>1 000亿元
	创新载体	20家	25家	30家
	骨干企业	15家	20家	25家
	产业园区	1个	1个	1个
发展瓶颈	技术瓶颈	部分关键零部件研发能力不足 安全保障、节能环保等需求 国际化能力有待提高		
	政策瓶颈	科技计划项目减少对中小企业的财政支持、政府采购等政策支持力度不足		
	人才瓶颈	高技能人才不足 高层次人才缺乏		
研发重点	整车集成	轨道车辆轻量化技术 数字化样车 气候环境风洞综合试验 车辆碰撞安全技术 无人驾驶技术 地铁车辆结构模块化技术 轨道列车节能技术 轨道车辆结构健康监测技术		
	关键部件	轨道列车互联互通 无接触网供电技术 功能涂层 新能源驱动列车关键技术 高速列车减振降噪 高速列车电磁兼容防护 机器人搅拌摩擦焊应用		
	信号系统	基于无线网络的列车控制和通信技术信号及综合监控与运营管理系统		
资源配置	新建拟建	轨道交通车辆系统集成重点实验室 轨道交通产业技术研究院 青岛轨道交通产业开发区 轨道交通装备制造创新型产业集群		
	现有基础	四方股份 四方有限 四方庞巴迪 四方车辆研究所 汉缆股份 特锐德电气 海信网络科技 四机宏达工贸 威奥轨道 康平铁路玻璃钢 欧特美 亚通达铁路设备 宏达赛奈尔 法维莱轨道制动 青岛科技大学 山东科技大学 青岛大学 西安交通大学青岛研究院 国家高速动车组总成工程技术研究中心 高速列车产业技术创新战略联盟		

图5 青岛市轨道交通产业创新路线图

现有10余家骨干企业和科研院所,围绕整车集成、关键部件和信号系统3个重点发展方向,开展17项关键共性技术攻关,结合创新载体搭建、骨干企业培育和产业园区建设等创新举措,突破发展瓶颈,推动轨道交通装备产业快速发展。

(五) 对策建议

1. 加强顶层设计,明确发展思路

抓住国家轨道交通装备产业发展战略机遇,立足青岛市产业基础和优势,进行产业顶层设计,尽快研究制定青岛市轨道交通装备产业发展规划,明确轨道交通装备产业发展目标、发展重点、产业布局和扶持措施,并将轨道交通装备产业发展纳入全市"十三五"国民经济和社会发展总体规划和科技创新发展规划。

2. 加大政策支持力度,提升本地配套能力

针对当前青岛市轨道交通装备配套企业规模偏小、自主研发能力差等问题,充分利用青岛区位优势和龙头企业作用,加大政策支持力度,一方面对配套企业在市场准入、土地使用、财政支持、政府采购等方面给予更加宽松的发展环境和更加优惠的扶持政策,推动相关配套企业的本地化生产,进一步增大轨道交通产业发展的集群优势;另一方面通过鼓励性政策,引导龙头企业提高本土配套率,降低成本,实现龙头企业与本地配套企业双赢合作,提高产业关联度及上下游配套能力,形成优势互补的产业链。

3. 主攻整车集成制造,打造产业集群

依托四方股份、四方有限、四方车辆所等企业,以整车集成和关键部件制造为重点,加大科研投入,突破车体轻量化、减振降噪、无接触网供电技术、无人驾驶技术、碰撞安全技术、互联互通技术等共性关键技术,形成具有自主知识产权的产品,大力提升企业的自主创新能力,推进青岛市轨道交通产业开发区建设,打造世界动车小镇,形成具有区域特色优势的轨道交通装备产业集群。

4. 抓住国家"一带一路"发展战略机遇,加快国际化进程

抓住国家"一带一路"发展战略机遇,鼓励四方股份等龙头企业积极在全球布局研发中心,发挥已建立的中德、中英轨道交通技术联合研发中心作用,加快推进中泰高铁联合研究中心建设,通过技术融合、辐射,聚集全球创新资源。加强与国内外高校及科研机构合作,加大高层次人才引进和高技能人才培养力度,提高青岛市轨道交通装备企业参与国际竞争的意识和能力,加快青岛市轨道交通装备"走出去"步伐,进一步推动青岛市轨道交通装备制造产业发展。

参考文献

[1] 工业和信息化部. 高端装备制造业"十二五"发展规划[EB/OL]. [2012-05-07]. http://www.miit.gov.cn/n11293472/n11293832/n11293907/n11368223/n14580681.files/n14578575.doc.

[2] 工业和信息化部. 高端装备制造业"十二五"发展规划[EB/OL]. [2012-05-07]. http://www.miit.gov.cn/n11293472/n11293832/n11293907/n11368223/n14580681.files/n14578575.doc.

[3] 佚名. 世界轨道交通装备产业发展动态[J]. 机电一体化, 2012, 18(1): 4-11.

[4] 赵芸芸, 朱明皓, 姜斯韵. 世界装备制造重点行业发展态势[J]. 装备制造, 2014(4): 64-69.

[5] 夏孝瑾. 城市轨道交通装备制造产业发展动态及天津产业发展对策[J]. 市场周刊: 理论研究, 2014(6): 49-51.

[6] 中国南车股份有限公司, 中国北车股份有限公司. 中国南车股份有限公司、中国北车股份有限公司合并报告书: 修订稿[R/OL]. (2015-04-28)[2015-04-28]. http://www.cninfo.com.cn/finalpage/2015-04-28/1200924074.PDF.

附 件

表1 国内轨道交通核心系统与零部件供应商

序号	主要设备名称	主要企业
1	系统集成、转向架、车体	四方机车车辆股份有限公司
		青岛四方庞巴迪铁路运输设备有限公司
		中车四方车辆有限公司
2	牵引变压器	中车株洲电力机车研究所有限公司
		中国中车集团大同电力机车有限责任公司
3	牵引和辅助变流器、牵引电机	中车株洲电力机车研究所有限公司
		日立永济电气设备(西安)有限公司
4	牵引控制系统	中车株洲电力机车研究所有限公司
5	制动系统	天津海泰控股集团有限公司
		德国克诺尔集团
		青岛四方车辆研究所有限公司
6	列车网络控制系统	中车株洲电力机车研究所有限公司
		青岛四方车辆研究所有限公司
		上海阿尔斯通交通电气有限公司
		常州轨道车辆牵引传动工程技术研究中心
7	配电柜、开关柜、整流器、变压器等	厦门ABB开关有限公司
		施耐德电气(中国)
		青岛特锐德电气股份有限公司
		青岛四方车辆研究所有限公司
8	ATS系统、ATP/ATO系统、联锁系统	卡斯柯信号有限公司
		西门子(中国)有限公司
		庞巴迪宇航公司
9	传输系统、无线集群通信系统、电话系统	华为技术有限公司
		中兴通讯有限公司
		海能达通信股份有限公司
10	CCTV系统、广播系统、PIS系统	杭州华三通信技术有限公司
		日本索尼公司

表2 国内轨道交通其他零部件供应商

序号	产品	供应商
1	车钩	福依特驱动技术系统(上海)有限公司

青岛市"十三五"重点产业创新路线图

续表

序号	产品	供应商
1	车钩	中国中车集团四方车辆研究所
		瑞康车钩有限公司
		法维莱交通设备科技(北京)有限公司
		丹纳车钩系统技术(上海)有限公司
2	贯通道	青岛欧特美交通设备有限公司
		长春长客金豆不锈钢制品有限公司
		虎伯拉铰接系统(上海)有限公司
		常州市武进剑湖通用车辆配件有限公司
3	车门	南京康尼机电新技术有限公司
		上海法维莱车辆交通设备有限公司
		青岛欧特美交通设备有限公司
		北京博得交通设备有限公司
4	牵引	上海阿尔斯通交通电气有限公司
		株洲电力机车研究所
		江苏常牵电机有限公司
		日立永济电气设备(西安)有限公司
		庞巴迪宇航公司
		青岛四方车辆研究所有限公司
5	制动系统	克诺尔制动设备(上海)有限公司
		日本 NABCO 公司
		青岛四方车辆研究所有限公司
		铁道科学院
6	辅助系统	上海阿尔斯通交通电气有限公司
		株洲电力机车研究所
		大连东芝电视有限公司
7	蓄电池	法国帅福特电池有限公司
		荷贝克电源系统(上海)有限公司
		四川长虹电源有限责任公司
		新乡太行电源(集团)
8	空调机组	石家庄国祥运输设备有限公司
		利勃海尔集团
		江苏常牵美莱克空调系统有限公司
		亚波轨道车辆系统(上海)有限公司
		上海法维莱交通车辆设备有限公司
		应用工业技术公司(AIT)

续　表

序　号	产　品	供应商
9	ATC	南京地下铁道有限责任公司
		西门子(中国)有限公司
		阿尔斯通(中国)投资有限公司
10	空调控制柜	石家庄国祥精密机械有限公司
11	内墙顶板	南京康尼机电股份有限公司
12	扶　手	南京康尼机电股份有限公司
13	电器柜门	南京康尼机电股份有限公司
14	座　椅	青岛铁路玻璃钢厂
15	头　灯	青岛威奥轨道(集团)有限公司
16	尾　灯	兰普电器股份有限公司
17	车灯状态指示灯	南京康尼机电股份有限公司
18	车内灯具	天津施莱德照明器材有限公司
19	DC/DC直直转换装置	无锡市灵格灯具厂
		上海振禄电子有限公司
20	旅客信息显示系统	阿尔斯通(中国)投资有限公司
		青岛四方车辆研究所有限公司
21	无线电台	新钶电子(上海)有限公司
		兰普电器股份有限公司
		中国电子科技集团第三所北京奥维特科技开发有限公司
		天津市北海通信技术有限公司
		西安西信怀特利电子信息有限责任公司
		上海铁路通信工厂
22	风　道	常州法联精机有限公司
23	铝型材	江苏天力建设有限公司
		吉林麦达斯铝业有限公司
		山东丛林集团有限公司
		扬州宏福
24	油　漆	江苏华达化工集团有限公司
		阿克苏诺贝尔防护涂料(苏州)有限公司
25	受电弓	崇德碳技术(苏州)有限公司
		法国罗兰集团(上海中电罗兰数码)基腾科技有限公司
		中车永济电机有限公司
26	车　窗	株洲九方轨道装备服务有限公司
		上海耀皮玻璃集团股份有限公司

青岛市"十三五"重点产业创新路线图

续表

序号	产品	供应商
26	车窗	苏州沈飞车窗制造有限公司
		青岛科林铁路设备有限公司
27	地板布	常州长青艾得利符合材料有限公司
		南京浩明工贸实业有限公司
		北京中铁长龙新型复合材料有限公司
28	车轮	马鞍山马钢股份有限公司车轮轮箍分公司
		太原重工钢轮厂
29	轴承	瑞典滚珠轴承制造公司
30	轴箱橡胶弹簧	株洲时代橡塑股份有限公司
		青岛四方车辆研究所有限公司
31	横向橡胶止档	普利司通(上海正家)
		苏州哈金森工业橡胶制品有限公司
		日本东洋西山贸易(上海)有限公司
		康迪泰克集团
		青岛四方车辆研究所有限公司
32	弹性牵引装置组成	株洲南车时代电气股份有限公司
		哈金森集团
		同济大学
		青岛四方车辆研究所有限公司
33	接地装置	芬斯坦电气集团
34	电缆	耐克森(上海)电气器件有限公司

表3 国内轨道交通领域国家重点实验室

序号	实验室名称	所属机构	关键技术
1	轨道交通控制与安全国家重点实验室	北京交通大学	轨道交通安全保障与运输组织理论及关键技术,轨道交通运行控制系统分析与集成轨道交通专用移动通信理论与关键技术
2	机械系统与振动国家重点实验室	上海交通大学	工程领域中有关机械结构和系统的振动、冲击、噪声及故障诊断学科前沿的技术方法,探索新的减振、防冲、降噪方法;探索新的振动和噪声的智能控制及预报方法;探索新的机械设备故障诊断理论及方法,发展相关的实验分析技术、信号处理技术以及新型软、硬件,提高机械设备性能指标、改善机械设备的力学状态与声学环境
3	电力设备电气绝缘国家重点实验室	西安交通大学	电介质材料、结构、性能、表征及其应用,电气设备及其智能化,电力设备绝缘系统及其寿命管理,电工电能新技术及应用

续表

序号	实验室名称	所属机构	关键技术
4	牵引动力国家重点实验室	西南交通大学	围绕轨道车辆及牵引传动的结构设计、动力学和强度分析、检测和试验等相关研究内容,实验室确定了6个研究方向:机车车辆设计理论与结构可靠性;机车车辆耦合系统动力学与控制;悬浮列车技术(含超高速真空管道悬浮交通);摩擦学理论及应用;牵引供电、传动与控制;检测与试验技术。
5	机车和动车组牵引与控制国家重点实验室	中国铁道科学研究院、中国中车股份有限公司	在规划6万平方米的土地上建设牵引系统实验室、辅助系统实验室、网络通信一致性实验室、机车网络控制系统实验室、机车集成控制实验室等20个实验室。
6	高速铁路轨道技术国家重点实验室	铁道科学研究院	实验室研究计划将紧密围绕我国高速铁路建设的重大需求,以高速铁路轨道技术为主要研究对象,开展高速铁路轨道结构及轨下基础设施的基础性、前瞻性和系统性实验研究,为形成具有自主知识产权的高速铁路轨道技术提供创新平台和技术支撑。

表4 国内轨道交通领域国家工程技术研究中心

序号	实验室名称	所属机构	研究方向
1	国家磁浮交通工程技术研究中心	上海磁悬浮交通发展有限公司	实施磁浮交通技术国产化和创新,掌握核心技术,为磁浮交通技术标准研究奠定了技术基础;上海磁浮交通工程研究中心通过推进新的工程应用项目,建立和完善高速磁浮交通应用技术;同时实施标准先行战略,建立高速磁浮交通技术标准体系
2	国家电动客车整车系统集成工程技术研究中心	安徽江淮汽车集团有限公司	中心目标是建成集电动客车整车系统集成研究开发、工程化试验、产业化生产、人才培训和开放服务为一体的高新技术成果工程化和人才培养基地,为企业开发出市场所需的电动客车,成为行业发展、企业进步的技术聚集地和辐射源,提升行业整体水平,增强行业国际竞争力
3	国家高速动车组总成工程技术研究中心	中车青岛四方机车车辆股份有限公司	是中国高速动车组更高层次的研发、试验、工程化技术研发平台;实施轨道车辆未来需求产品研发,关键系统、关键部件的技术攻关及产业化推广,仿真技术研究和仿真平台搭建,工艺研发和数字化制造技术;对有重要应用前景的高速列车科研项目进行系统化、配套化和工程化研究开发;负责基础理论、前沿技术、延伸产业技术研究;将全面提升中国高速动车组的技术研发和工程化技术水平
4	国家轨道交通电气化与自动化工程技术研究中心	西南交通大学	牵引供电与电力综合监控(SCADA)技术、微机保护及变电所综合自动化技术、电气设备检测技术、列车网络控制技术
5	国家列车智能化工程技术研究中心	浙江大学、浙大网新集团	重点在高速列车安全、运维和性能优化的智能化体系与共性技术等方面开展研究,以提升我国在轨道交通列车相关关键领域的智能化水平
6	国家铁路智能运输系统工程技术研究中心	中国铁道科学研究院	成功实现了客运专线综合调度系统及配套技术等核心项目研究成果的工程化和产业化,取得了显著的社会效益和经济效益,"计算机联锁系统"、"车辆减速器"等6项被列为国家重点新产品

青岛市"十三五"重点产业创新路线图

续 表

序 号	实验室名称	所属机构	研究方向
7	国家大型轴承工程技术研究中心	瓦房店轴承集团有限责任公司	重点开展滚动轴承的设计方法、材料应用、检测试验方法等为主要内容的技术研究,建设轴承的高精度、性能、寿命及可靠性四个技术研究平台,重点解决高速、重载、精密轴承的设计、制造与应用的技术问题

表5 国内轨道交通领域国家工程实验室

序 号	实验室名称	所属机构	研究方向
1	高速铁路建造技术国家工程实验室	中国铁路工程总公司	重点解决高速铁路建造关键技术,主要研究车—线—桥振动模拟、特殊岩土路基静动力特性、隧道结构空气动力效应、铁道工程结构耐久性、先进装备核心技术和建造技术数字化等实验系统,开展高速铁路无砟轨道系统成套技术、特殊岩土地基处理和路基沉降控制技术、复杂桥梁建造技术与装备、隧道空气动力学效应与防灾减灾、高性能工程材料及制品制备技术研究与产品开发
2	高速铁路系统试验国家工程实验室	中国铁道科学研究院	主要从事高速铁路系统试验环境、试验方法及标准、试验设备和试验数据处理方法等研究,承担高速铁路系统联调联试,完成必不可少的高速动车组、线路工程、通信信号、接触网与牵引变电、安全保障、客运服务、环保与节能等子系统试验,并建立试验检测技术开发中心、测试数据处理与试验仿真中心
3	高速列车系统集成国家工程实验室(北方)	长春轨道客车股份有限公司	主要从事高速列车系统集成、车体综合、高速列车环境等研发试验及辅助支撑等研究
4	高速列车系统集成国家工程实验室(南方)	中车四方机车车辆股份有限公司	主要从事高速列车系统集成、转向架综合、电磁兼容综合、车体综合和环境综合等研发实验

青岛市"十三五"石墨烯产业创新路线图

石墨烯是由碳原子以 sp² 杂化轨道组成的二维自由态原子晶体,具有特殊的纳米结构和优异的物理化学性能,是已知强度最高、韧性最好、重量最轻、透光率最高、导电性最佳的新型纳米材料,在电子、航天航空、新能源、新材料等领域具有广阔的应用前景,被誉为"万能材料"。自 2004 年英国专家成功剥离出稳定的单层石墨烯以来,石墨烯在理论科学、应用技术和产业发展等领域受到各国政府、学术界和金融资本的广泛关注。

一、石墨烯概述

石墨烯是人类可以利用的第一种二维原子晶体,其材料参数,如机械刚度、强度、导电导热性等都相当优异,未来石墨烯有可能取代现有的许多材料,并创造出一系列颠覆性的技术。

(一)石墨烯基本性质

石墨烯是构建其他维度碳材料的基本单元,也是各类碳材料优秀品质的集大成者。它折叠可成为零维的富勒烯,卷曲可形成一维的碳纳米管,堆积在一起则成三维的石墨。作为目前发现的唯一存在的二维自由态原子晶体,石墨烯几乎集合了世界上众多材料的优秀品质:最薄最轻、载流子迁移率最高、电流密度耐性最大、强度最大最坚硬、韧性最好、透光率最高、导电性能最佳等。石墨烯厚度仅为 0.335 nm,具有超大的理论比表面积(2 630 m²/g),强度通常为普通钢材料的百倍;石墨烯中传导电子是无质量的狄拉克费米子,电子在其中运动时几乎没有阻力;其导热性能优于碳纳米管和金刚石,且几乎完全透明,单层透光率达到 97.7%。同时,石墨烯还具有完美的量子隧道效应、半整数的量子霍尔效应等一系列优异的性质。

由一层以苯环结构周期性紧密堆积的碳原子构成的单层石墨烯被称为本征石墨烯,具备石墨烯的大多数奇特性质。而层数在 2~10 层的石墨烯被称为多层石墨烯,其层内电子运动行为与本征石墨烯有所差别。按照《石墨烯材料的名词术语与定义》(Q/

LM01CGS001—2013），石墨烯材料泛指与石墨烯相关的、不多于10个碳原子层的二维碳材料，包括单层石墨烯、双层石墨烯、少层石墨烯、石墨烯、单层氧化石墨烯、氧化石墨烯、单层还原氧化石墨烯、还原氧化石墨烯以及功能化石墨烯。石墨烯微片则是指碳层数多于10层、厚度在5～100纳米范围内的超薄的石墨烯层状堆积体，其性质与石墨烯有较大差别。石墨烯粉体则只是石墨烯微片的升级产品，与石墨材料相比只存在几何结构、形貌的差别，而电子运动行为的差异不大。

（二）主要制备工艺

实验室中制取高品质石墨烯的工艺并不复杂，因此近年来石墨烯研究十分普遍。然而，低成本、高品质石墨烯的大规模生产却存在较大困难，这成为制约石墨烯工业应用的主要因素之一。石墨烯制备技术与设备是石墨烯生产的基础。目前，石墨烯制备技术主要分为自上而下（Top-Down）和自下而上（Bottom-Up）两种途径，已开发出了从简易低成本制造到高品质大面积量产的多种工艺及生产设备，包括机械剥离、氧化还原法、溶剂剥离法、化学气相沉积（CVD）法、SiC晶体外延生长法、有机合成法等（表1）。各种工艺各有优缺点，需要根据不同的需求进行选择（表2）。同时，新制备工艺的研发和现有工艺的改进也在不断进行。如日本产业技术综合研究所将CVD法的处理温度由1 000 ℃降至300 ℃～400 ℃的技术，并试制出A4纸大小的触摸面板；富士通开发出在基板上直接形成石墨烯的CVD法；日本东北大学开发出在硅基板上形成SiC薄膜后采用SiC晶体外延生长法在基板上形成石墨烯膜的技术，并已制作出两极性CMOS逆变器等。

表1　石墨烯制备技术比较

制备技术	主要工艺	特　点
机械剥离法	最早的石墨烯分离方法，通过反复在石墨上粘贴并揭下黏合胶带来制备石墨烯	可获得高品质石墨烯片，成本低、操作简单，缺点是片的大小与层数难以控制、不适合量产，主要用于石墨烯物理性质和器件研究的材料制备
氧化还原法	利用强质子酸形成石墨层间化合物，并用强氧化剂进行氧化还原	方法简单，温度较低，但难以充分还原，导电性和透明性无法保证，主要用于大面积透明导电膜和涂布工艺的TFT制作
溶剂剥离法	利用超声波的作用破坏溶液中石墨的层间的范德华力，层层剥离，制备出石墨烯	不会像氧化还原法那样破坏石墨烯的结构，没有在石墨烯的表面引入任何缺陷，可以制备高质量的石墨烯，缺点是产率很低
SiC晶体外延生长法	利用硅的高蒸汽压，在高温和超高真空条件下使硅原子挥发，剩余的碳原子通过结构重排在SiC表面形成石墨烯层	所得石墨烯质量较高，缺点是制备条件苛刻，需要较高的真空度，成本较高，效率较低，石墨烯薄片转移困难
化学气相沉积法	以铜箔、镍膜等平面型金属为生长基，利用甲烷等含碳化合物作碳源，通过其在基体表面的高温分解来生长石墨烯	工艺简单，所得石墨烯质量高，可实现大面积生长，且较易转移到各种基体上，缺点是成本高，不适合量产；目前，广泛用于纳米电子器件和透明导电薄膜研究
有机合成法	自下而上组装合成石墨烯，用具有精确结构的小分子经精确控制的化学反应，得到具有明确结构的石墨烯及其宏观体	可实现石墨烯在分子尺度的结构操控，可加工性强，但所得石墨烯的横向尺寸较小、产率较低；目前，已经合成出石墨烯带、纳米石墨烯片、宏观石墨烯及其衍生的富碳材料等

表2　几种工艺所制备石墨烯的性质及应用范围

制备工艺	尺寸（μm）	样品尺寸（mm）	电荷载子迁移率（室温cm^2/v·s）	应用范围
机械剥离法	>1 000	>1	>2×10^5 >10^6（低温）	科研
溶剂剥离法	≤0.1	无限，为一层重叠薄片	100（一层充电薄片）	涂料、油漆/墨水、复合材料、透明导电层、蓄能、生物应用
氧化还原法	约100	无限，为一层重叠薄片	1（一层充电薄片）	涂料、油漆/墨水、复合材料、透明导电层、蓄能、生物应用
化学气相沉积法	1 000	约1 000	10 000	光子、纳米电子、透明传导层、传感器、生物应用
SiC晶体外延生长法	50	100	10 000	高频晶体管和其他电子器件

（三）主要应用领域

从石墨烯专利领域分布来看，其应用技术研究热点领域主要有锂离子电池、太阳能电池、薄膜晶体管、传感器、半导体器件、复合材料、透明显示触摸屏、透明电极等。另外，在海水淡化、半透膜、催化剂载体、防静电装置等领域，石墨烯也有广泛的应用。

1. 储能技术领域

石墨烯拥有大的比表面积、规范的多孔结构、高的电导率和热稳定性，是很好的电极材料和储氢材料，可广泛地应用于超级电容、锂离子电池和燃料电池等储能电池中。用石墨烯制备锂离子电池，可以在增加电极储能的同时，减少锂离子的扩散距离，有效提高锂电池的充放电效率和循环稳定性。单层石墨烯的氢气吸附量可达7.7 wt%，能够满足美国能源部（MOE）对汽车所需氢能的要求（6 wt%）。美国德州大学奥斯汀分校研究人员利用KOH对石墨烯进行化学修饰重构形成多孔结构，得到的超级电容的储能密度接近铅酸电池。

2. 复合材料领域

石墨烯独特的物理、化学和机械性能，可作为有机和无机材料基体的功能化添加剂，能够显著提高复合材料的电化学、热力学和机械性能等多种性能及其加工性能，在导电高分子材料、电极材料、航空材料、催化剂载体、抗静电薄膜、多功能复合材料、高强度多孔陶瓷材料等复合材料的制备和改性方面有着广泛的应用。*Nature* 上报道了薄层石墨烯-聚苯乙烯纳米复合材料的制备方法，石墨烯-环氧树脂纳米材料已经制备成功。韩国开发出石墨烯和金属超强复合材料，0.000 4%质量分数的石墨烯就能将材料强度提高数百倍。

3. 电子技术领域

作为未来有可能取代硅的材料，石墨烯基电子器件已经出现在新型晶体管、高速计算机芯片、存储器和其他电子器件的原型样品中。石墨烯的透明导电性和柔韧性其他材料无法比拟，适合用作透明电极，用于柔性触摸屏、LCD、OLED、太阳能电池等领域。被认为是最有潜力替代氧化铟锡的材料。韩国开发出了可在空气中长时间稳定存在的n

型石墨烯半导体。美国研发的石墨烯-硅光电混合芯片,在光互连和低功率光子集成电路领域应用前景广阔(表3)。密歇根理工大学研发的蜂巢状结构的三维石墨烯电极,光电转换效率达到7.8%,有望取代太阳能电池中的铂。

表3 石墨烯在电子和光电领域中的应用

应用领域	优势	存在的问题
触摸屏	石墨烯的耐久性比目前基准材料更好	需要有效控制接触电阻和薄层电阻(可通过掺杂实现)
电子纸	单层石墨烯具有高透光性,能实现可见性	要求对接触电阻有效控制
可折叠有机发光二极管	搞电子质量的石墨烯弯曲度低于5毫米,石墨烯功能函数可以调谐因而提高了效率,石墨烯的原子级平潭表面有助于防止短路电流和漏电流	需有效的控制接触电阻和薄层电阻,需要共形覆盖三维结构
逻辑晶体管	石墨烯的高电子迁移率	新的结构需要实现频带间隙和迁移率平衡,开关闭须大于10^6
可调谐纤维锁模激光器	石墨烯频谱范围宽广	需要低成本的石墨烯转移技术
固态锁模激光器	可饱和的石墨烯吸收器廉价,容易集成到激光器系统中	需要低成本的石墨烯转移技术
光电探测器	石墨烯能提供640 GHz波长的带宽,进行芯片间和芯片内部通信	需提高响应率
偏振控制器	石墨烯易与硅集成,降低偏振控制器件体积	需对高品质石墨烯性质进行全面控制
光调制器	石墨烯可提高工作速度,简化工艺	需由高品质石墨烯带宽提高到100 GHz以上
隔振器	石墨烯能在硅基片上实现隔振器的微型化	需降低磁场强度,优化工艺架构
被动锁模半导体激光器	石墨烯吸收器可实现密集的波分复用光互连	互连架构需要降低功率

4. 传感器和生物医学领域

石墨烯因其独特的二维结构能提升传感器的各项性能,用于气体、生物小分子、酶和DNA电化学传感器的制作。另外,石墨烯及其衍生物具有水溶性好、比表面积大等特点,在纳米药物运输系统、生物检测、生物成像、肿瘤治疗等生物医学方面的应用广阔。新加坡开发出了敏感度是普通传感器1 000倍的石墨烯光传感器;美国伦斯勒理工学院研制出性能远超现有商用气体传感器的廉价石墨烯海绵传感器;美国宾夕法尼亚大学开发的石墨烯纳米孔设备可以快速完成DNA测序。

二、国内外石墨烯技术与产业发展现状和趋势

近年来,石墨烯基础研究取得了显著的进步,应用研究也取得许多突破性的进展。作为具有广阔发展前景的前沿材料,石墨烯市场潜力巨大,能够带动一大批产业的发展。但目前,石墨烯发展仍以技术和应用研究为主,高校和科研机构是其主力军,产业发展基本处于专利布局阶段,产品还在实验室或中试阶段,整个产业链未实现疏通和整合,尚未形成产业规模。

（一）国际石墨烯技术与产业现状

石墨烯在能源、材料、电子技术和环保等领域潜力巨大，而其技术研发具有明显的前瞻性和先导性特征，这就使各国政府成为推动石墨烯发展的重要推手，全球主要发达国家都投入大量的人力财力开展石墨烯相关研究开发和产业应用布局。近年来，美国、欧盟、英国、韩国等国家和地区发布或资助了一系列石墨烯相关研究计划、科技项目和产业发展规划，力图在石墨烯产业创新发展中争取技术制高点，占据先发优势。

1. 美国

2006 年以来，美国国家自然科学基金会（NSF）和美国国防部高技研究计划署等机构支持了大量石墨烯研究项目，包括石墨烯复合材料、石墨烯电子器件、超级电容、场效应晶体管、传感器以及石墨烯的连续制造等项目。其中，碳原子射频应用项目总资助金额达 2 200 万美元，主要开发超高速和超低能量石墨烯基射频电路，研发用于制造电脑的石墨烯电子芯片和晶体管。目前，已在磁性石墨烯纳米复合材料、石墨烯热传导技术、石墨烯电极和石墨烯电子器件等领域，取得重大的成果。而且，有多家大型跨国公司和中小型创新企业在石墨烯研发与产业化方面取得了较大进展。

2. 欧盟及其成员国

2008 年以来，欧盟通过欧盟框架计划（FP7）等计划支持了大量石墨烯研究。2013 年，欧盟确定石墨烯为"未来新兴旗舰技术项目（FET）"，组织 23 个国家的学术界和产业界的 142 个研究组开展合作研究，在 10 年项目期中计划投入经费总额达 10 亿欧元。石墨烯旗舰项目涵盖从材料到零件和系统集成的整个价值链，并将组建石墨烯产学研联盟，帮助石墨烯科研成果从实验室走向社会，促进经济增长，创造新的就业。该计划将石墨烯研究提升至战略高度，是欧盟有史以来最大的研究资助类项目。

德国科学基金会于 2009 年启动石墨烯新型前沿研究项目，以提高对石墨烯性能的理解和操控，研制新型石墨烯基电子器件。2011 年，英国政府投入 5 000 万英镑支持石墨烯研发和商业化应用研究，并于 2012 年追加 2 150 万英镑，研究方向包括石墨烯电子器件、功能涂层、超级电容和电池等方面。除此之外，法国、意大利和西班牙等国对石墨烯研究也给予了极大关注。意大利有 23 家机构参与"未来新兴旗舰技术项目（FET）"中，与德国并列首位，其次是西班牙 18 家、英国 17 家和法国 13 家等。

3. 日本和韩国

日本科学技术振兴机构（JST）从 2007 年就开始了对石墨烯/硅材料及器件技术开发项目的资助。日本经济产业省 2011 年投入 9 亿日元实施的低碳社会实现之超轻、高轻度创新融合材料项目，重点支持石墨烯的批量合成技术。韩国在 2007—2009 年间累计资助了 90 项石墨烯相关研究项目，经费达 1 870 万美元。2012—2018 年，韩国知识经济部将向石墨烯领域提供 2.5 亿美元的资助，用于石墨烯技术研发和商业化应用研究。2013 年，韩国产业通商资源部组织韩国 41 家研究机构和 6 家企业成立石墨烯联盟，合作攻关，希望打造每年 153 亿美元的市场，形成 25 家全球领先企业。

4. 产业发展模式

目前，国外石墨烯的产业化推进大多以产业组织的形式推进，产学研合作日趋紧密。各国政府注重与龙头企业的研发合作，让企业成为推进石墨烯发展的主角。美国IBM公司在碳原子射频应用项目的支持下成功研制出首款由石墨烯圆片制成的集成电路，并发现石墨烯材料能大幅降低蓝光LED成本。三星公司、浦项制铁等企业牵头韩国石墨烯科研项目。诺基亚作为欧盟石墨烯旗舰联盟成员，获得欧盟未来与新兴技术组织支持开展石墨烯柔性透明导电薄膜研究。而FP7资助的NanoMaster项目中有英国Net Composites公司、荷兰飞利浦公司、瑞士特密高公司、西班牙塑料技术研究所和意大利Lati公司等行业龙头企业参与。IBM、三星电子、陶氏化学、通用、洛克希德马丁、施乐公司等国际著名跨国集团，也高度关注石墨烯的发展，积极推进石墨烯应用研究。三星的石墨烯专利遍布触摸柔性屏、曲面显示屏、石墨烯晶体管等各个领域。宝洁公司和戴森公司与杜伦大学合作探索石墨烯复合材料的潜在应用领域。剑桥大学和塑料逻辑公司签署战略合作协议，共同促进石墨烯在柔性电子产品中的应用研发。

（二）我国石墨烯技术与产业现状

我国天然储量占世界总储量的75%，生产量占世界总产量的72%，发展石墨相关产业具有得天独厚的条件。但我国石墨产业技术水平较低，产品大多以原材料形式出口，高端石墨产品依赖进口。目前，全球石墨烯产业同处起步阶段，我国石墨烯技术研究和应用研究十分突出。截至2014年，论文发表量和专利申请量均居世界首位，是我国赶超世界先进水平的突破点。

我国石墨烯产业发展潜力巨大，预计2015年我国石墨烯企业销售将达5亿元，带动下游产业50亿元。到2022年，中国石墨烯市场容量可到万亿规模，年均增速50%以上。在国家宏观战略引导与政策支持下，各地基于已有的科技和产业基础积极布局，产业集群发展态势初步形成。

1. 政府高度重视产业发展

我国拥有全球最大的石墨烯应用市场空间，并且已经具备了很好的发展基础。在当前经济新常态背景下，各级政府和部门均高度重视，将石墨烯视为培育新兴产业增长点，带动传统制造业转型升级，推动大众创新、万众创业的动力之一，从政策、资金等方面大力推进石墨烯技术和产业发展。

2014年，国家发展和改革委员会等多部委联合发布《关键材料升级换代工程实施方案》，明确将石墨烯列入三大关键性开发材料。2012年，工业和信息化部发布《新材料产业"十二五"发展规划》，其中前沿新材料就包含石墨烯。自2007年，科技部和国家自然科学基金委利用国家科技重大专项、国家"973计划"等科技计划项目，围绕"石墨烯宏量可控制备""石墨烯基电路制造设备、工艺和材料创新"等方向部署了一批重大项目，对石墨烯技术和应用研究进行支持。其中，仅国家自然科学基金资助的石墨烯相关项目就有1 000多项，金额超过8亿元。2014年，国家"863计划"纳米材料专项也将石墨烯研发作为重点的支持方向。目前，我国已形成由1 000多支团队、2万多研究人员组成的庞大石墨烯研究队伍，主要集中在高校和科研院所。

江苏、上海、北京、浙江、山东、广东等经济发达地区石墨烯研发和产业布局起步早，产业集群化态势初步显现。重庆、内蒙古等中西部地区依托矿产资源优势，积极开展跨区域合作，推动产业发展。2010年7月，泰州成立了国内首个专业的石墨烯新材料公司，成为首个石墨烯研究与检测平台。2011年，常州成立了国内首个石墨烯产业化基地——江南石墨烯研究院，并以此为基础组建了江苏省产业技术研究院。在石墨烯的产业化应用方面，常州所倡导的"平台＋孵化＋投资"的运作模式走在了全国甚至世界前列。2013年，无锡市出台了我国首部区域石墨烯发展规划《无锡市石墨烯产业发展规划纲要（2013—2020年）》，提出推动石墨烯产业成为无锡经济发展的战略先导产业和特色产业。2014年，宁波市政府出台《宁波市石墨烯技术创新和产业发展中长期规划（2014～2023）》，通过石墨烯下游应用技术研发与应用产品示范推广专项的实施，构筑以应用企业为主体，科研机构、研发企业、应用企业三者新型产学研合作对接机制，推动石墨烯全产业链规模化、高端化、集群化发展。

2013年，中国石墨烯产业技术创新战略联盟成立，并与无锡、青岛、宁波等地合作建设石墨烯产业创新基地。同年，山东省石墨烯产业技术创新战略联盟和江苏等省石墨烯产业技术创新战略联盟也分别成立。现在，中国石墨烯企业已经超过100家，并在常州、无锡、青岛、深圳等地形成产业集群，石墨烯产品已经在动力电池导电添加剂、防腐涂料、加热产品、触摸屏等领域开始步入市场。

2. 产、学、研合作推动产业进步

目前，我国石墨烯创新人员大多集中在高校和科研院所，成果和专利也大多集中在研究机构中，而石墨烯产业化主体是企业。因此，搭建政产学研用互促合作的产业化转换平台，稳步推动高端应用领域的技术升级，合理加快低端应用领域的市场化进程是石墨烯产业发展的正确道路。经过多方努力，我国已形成以中国科学院金属研究所、中国科学院宁波材料技术与工程研究所、江南石墨烯研究院、中国科学院重庆绿色智能技术研究院和清华大学、浙江大学、北京大学、中国科学技术大学等科研院所为核心，金路集团、上海南江（集团）有限公司、宝安集团及深圳海洋王公司等企业为产业主体的石墨烯产学研合作发展格局。

中国科学院宁波材料技术与工程研究所开发的石墨烯低成本规模化制备技术成本低廉、易于规模化生产，已于2011年建成年产30吨的中试生产线。2013年年底，北京墨烯控股集团有限公司引进中国科学院宁波材料技术与工程研究所技术成立的宁波墨西科技有限公司，建成了首期年产300吨石墨烯生产线。中国科学院金属研究所研制出石墨烯粉体、浆料和分散液等多种产品，在大尺寸单晶石墨烯及其薄膜的制备和无损转移方面取得进展，并与金路集团合作在动力电池用石墨烯基电极材料、石墨烯基透明导电薄膜、散热材料等领域开展产业化研究，已于2012年底建成1.5 t石墨烯中试生产线。中航工业北京航空材料研究院突破大尺寸、高质量石墨烯薄膜技术难题，实现了大尺寸、高质量石墨烯薄膜批量化生产。中国科学院重庆绿色智能技术研究院通过拓展传统CVD制备石墨烯方法，研制出国内首片15 in的单层石墨烯导电屏幕，实现了7 in的石墨烯触摸屏量产的可能性。

2013年,中国科学院重庆绿色智能技术研究院与南江集团合作共同生产石墨烯透明导电薄膜。2013年5月,常州二维碳素科技有限公司年产3万平方米石墨烯薄膜生产线投产,实现了石墨烯大规模量产,推出了可实现全部基本功能的石墨烯电容触摸屏手机,4 in石墨烯触摸屏手机已小批量试生产。2015年10月,我国自主研制的新一代大功率石墨烯超级电容——3 V/12 000 F石墨烯/活性炭复合电极超级电容和2.8 V/30 000 F石墨烯纳米混合型超级电容在中车株洲电力机车有限公司问世,可充放电100万次,充电时间只需数十秒,代表了目前世界超级电容单体技术的最高水平

三、石墨烯文献专利分析

基于汤姆森路透科技集团的WOS科学引文索引(web of science核心合集)和德温特专利数据(Derwent Innovations Index),对石墨烯在全球范围内进行文献和专利检索和分析。

(一)论文产出分析

1. 论文数量年度分析

通过WOS科学引文索引,在1986—2014年期间共检索石墨烯相关论文文献54 760篇,图1给出了相关文献的年度变化情况。从图中可以看出,2000年后,石墨烯相关论文开始增多。而2007年则开始出现快速增长,每年新发表论文数量接近上一年度的2倍。近几年增速有所放缓,每年也有3 000~4 000篇论文发表。

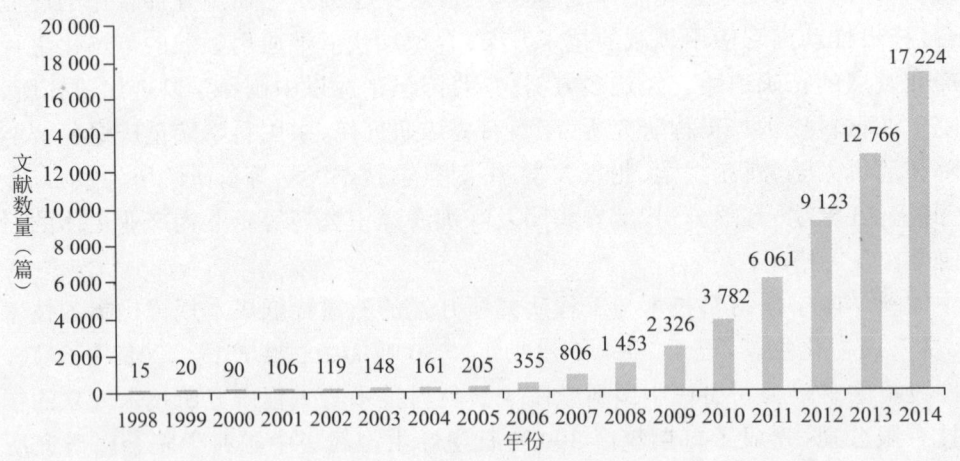

图1 年度分布

2. 论文发表国家(地区)分析

图2是主要国家(地区)论文产出情况。可以看出,中、美两国是论文的主要产出国,两国论文总数超过其余所有国家的总和。而中国大陆所发表的论文数占所有论文总数的1/3强。

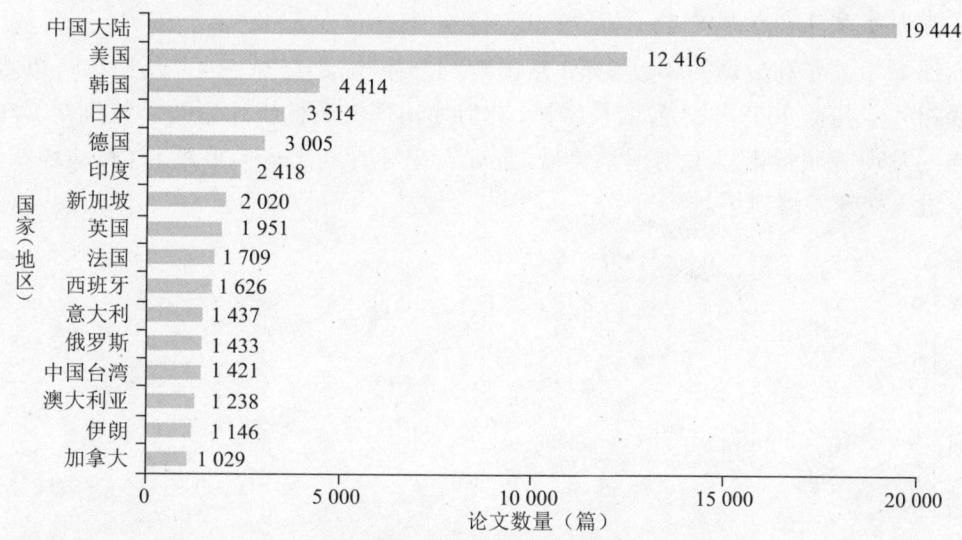

图 2 主要国家/地区排名

3. 主要研究机构分析

图 3 为论文发表量前 20 位的研究机构情况。中国科学院以 4 000 余篇的数量,在所有机构中排名第一,是第二位美国能源部的 3 倍。其中,来自中国的研究机构和大学达到 7 个,占了总数的 1/3。可以看出,这些研究机构绝大多数是由政府下设研究机构或政府资助的高校院所,石墨烯研究还主要集中在基础研究和应用开发阶段。

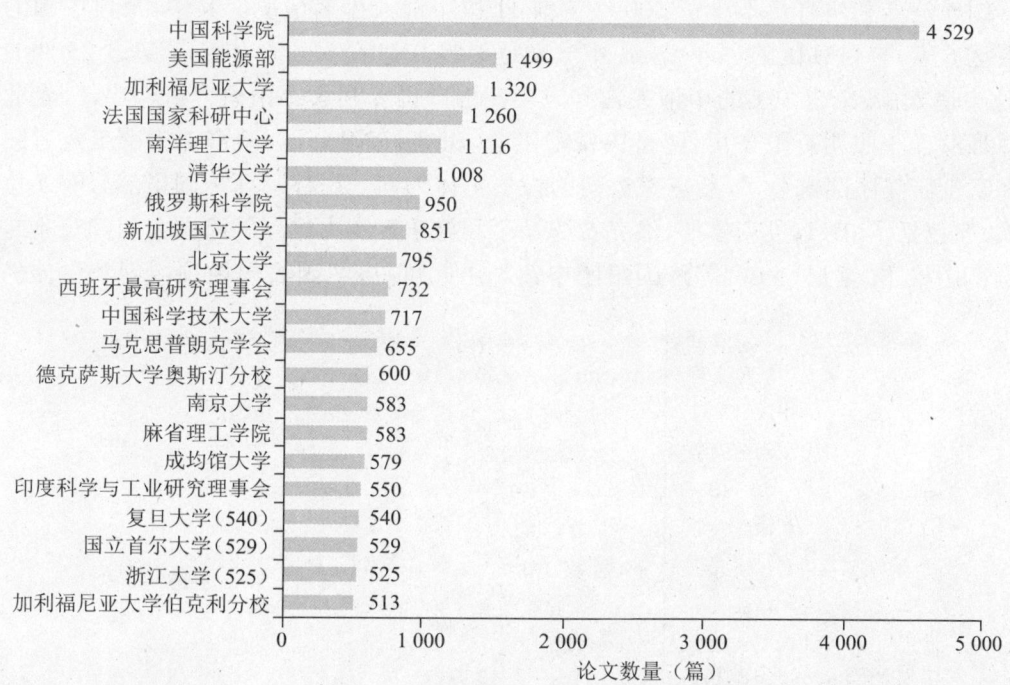

图 3 主要研究机构排名

(二)专利产出分析

通过德温特专利数据,在 1981—2014 年间共检索石墨烯相关专利 12 473 件。

青岛市"十三五"重点产业创新路线图

1. 专利年度变化情况分析

石墨烯相关专利数量的年度变化(基于专利公布年)趋势见图4。从图中可以看出,石墨烯相关专利在2008年之前增长缓慢,其后才出现实质性快速增长。特别是2010年石墨烯的发现者获得诺贝尔物理学奖后,全球石墨烯专利出现急剧增长,石墨烯相关专利技术进入快速发展轨道。

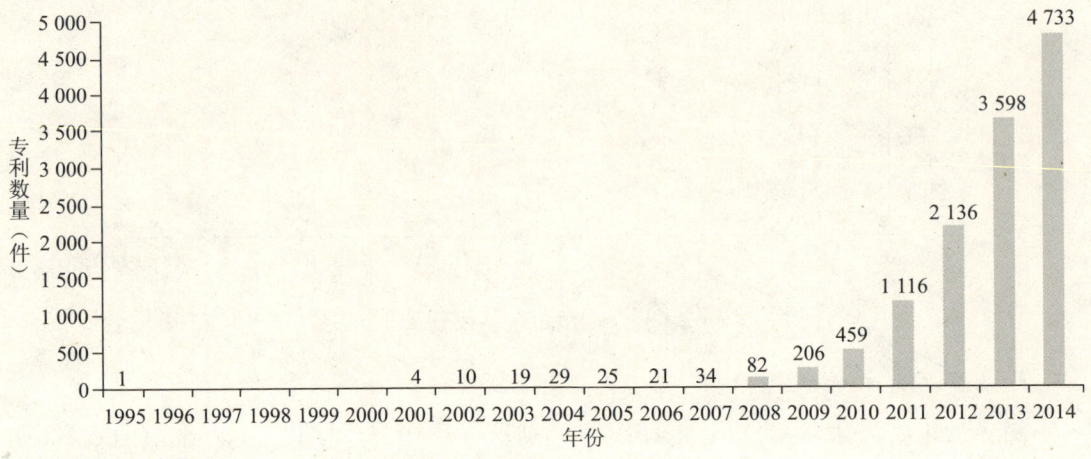

图4 专利年度变化情况

2. 重要专利申请人分析

图5是专利所有量不少于100件的前11位申请人排名情况。其中,来自中国的申请人达6家,来自韩国的占4家,另外一家是美国IBM公司。而申请量超过25件的前80位申请人中,来自中国的申请人占到一半。但中国专利大多由研究机构申请,企业只有深圳海洋王照明有限公司、鸿富锦精密工业(深圳)有限公司、鸿富锦精密工业有限公司和富士康集团四家公司,后三家公司的投资主体为同一母体。而美国虽然只有7位申请人,但包括了IBM、贝克休斯、洛克希德马丁和施乐等实力雄厚的跨国公司。日本专利则全部由松下、索尼、NEC等跨国集团申请。由此可见,我国石墨烯领域创新主体仍让

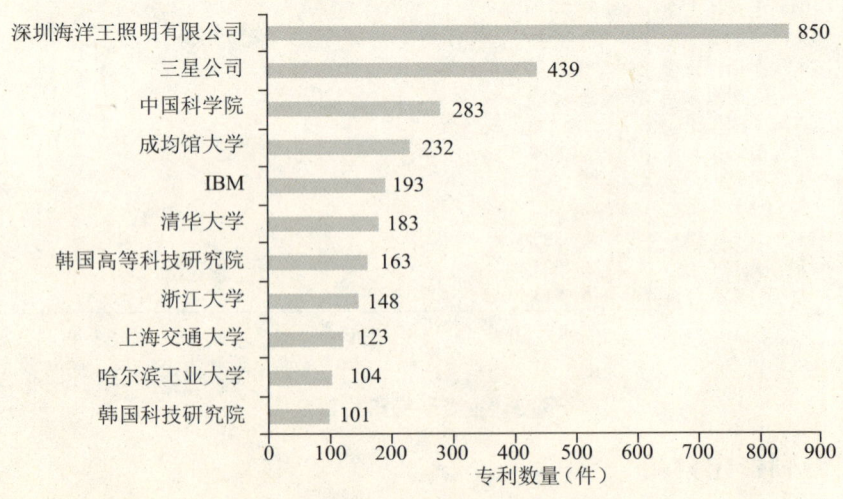

图5 重要专利权人排名

是高校研究院所为主,创新实力雄厚的大型企业还未开展专利布局,产业发展要走的路还很长。

3. 国家(地区)分析

图6为拥有石墨烯专利主要国家(地区)的排名情况。图中可以看出拥有石墨烯专利最多的国家(地区)依次为中国大陆、韩国、美国、日本、中国台湾、法国、德国和芬兰。专利大多集中在中、美、韩、日四国手中,申请量可以反映本国的技术研发活跃度。除中国台湾名次变化较大外,这个排名与专利受理量国家和地区排名相当。尤其是中国大陆的专利申请量居全球首位,是第二位韩国的两倍,数量超过了美国的4倍,反映了近年来我国在石墨烯领域投入大,成果多。

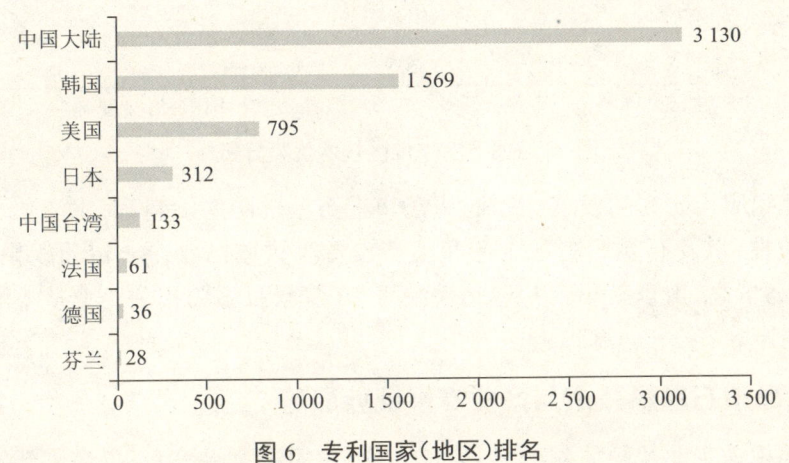

图6 专利国家(地区)排名

4. 主要国家(地区)技术优势分析

图7是主要国家(地区)的技术优势分析气泡图。由图中可见,中国大陆在石墨烯技术各个领域都表现突出,如复合材料、燃料电池、导电膜、锂离子电池、超级电容、化学气相沉积法、溶剂剥离法等领域,中国大陆的专利申请量均居首位。而美国在传感器、晶体管和印刷电子领域超越中国大陆,但优势不明显。日本则在燃料电池、复合材料和导电膜等领域具备一定的优势。

通过对全球石墨烯文献和专利分析可以发现,石墨烯理论研究和技术研究20世纪就已经开始,但一直发展缓慢。自然界中稳定存在的石墨烯于2004年被成功分离出后,石墨烯研究开始活跃。2006年后,论文和专利数量开始出现实质性大幅增长,特别是论文领域的表现要比专利突出,这与论文和专利的发表和申请周期相符。而2010年,石墨烯的发现者获得诺贝物理学奖后,全球石墨烯专利申请量和授予量急剧增长,石墨烯技术进入快速发展期。

四、青岛市石墨烯技术与产业发展现状

青岛是我国天然石墨三大主产地之一,储量约占全国的22%,以工业价值最大的鳞片石墨为主,是全国石墨产业主要生产加工基地,丰富的资源基础有力推动了青岛市石

青岛市"十三五"重点产业创新路线图

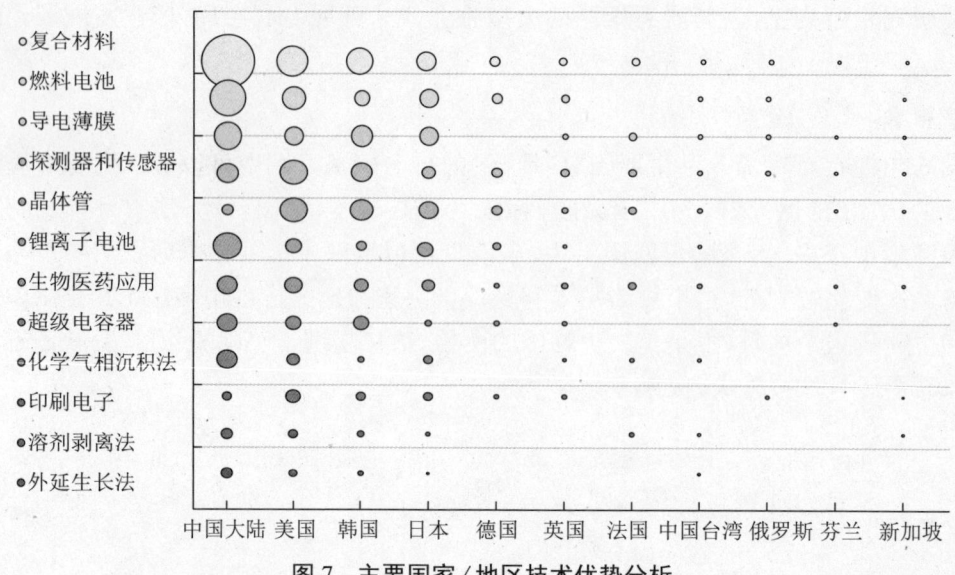

图7 主要国家/地区技术优势分析

墨烯技术研究和应用研究的发展。目前,青岛市在石墨烯防腐涂料、海水淡化、导电薄膜、纤维及橡胶改性,以及石墨烯制备工艺和生产设备等领域已取得一定的成果,聚集了青岛赛瑞达、青岛华高、山东新华锦和青岛瑞纳等20余家石墨烯相关企业从事石墨烯及其衍生产品的生产。

(一)青岛市石墨烯技术与产业发展成效显著

青岛本地相关企业及科研院所已具备国内行业的一流水平,石墨烯创新能力居国内前列。其中,青岛赛瑞达公司研发的应用自主研发的纳米材料CVD设备,可实现大面积、高品质、低成本石墨烯薄膜连续生长;青岛大学化工与环境学院国家重点实验室培育基地,采用物理剥离法,以高分子作为媒介,也已成功分离出石墨烯,其分离制备将进入中试阶段;青岛华高能源利用在氧化还原法的基础上进行改进,制备出了高质量的单层石墨烯。

在石墨烯应用领域,驻青科研单位和高校已研制出相应产品,并有部分产品中试生产。中国科学院青岛生物能源与过程研究所研究人员将石墨烯应用于锂电池以及电容器上,大大提高了锂电和超级电容的性能;中国海洋大学正在开展石墨烯电子芯片的研发;青岛科技大学、高校软控合作开发将石墨烯应用于橡胶轮胎等产品的石墨烯复合添加材料。石墨烯在海洋防腐防污涂料、纺织品生产中应用也已进入中试阶段。在石墨原材料及制备技术,还是石墨烯在复合材料、电子信息还是在储能、环保方向的应用,青岛都具有丰富的自然资源和产业创新资源。

为提高石墨烯技术和应用研发能力,青岛大力引进国内外有实力的石墨烯研究机构、创新团队和生产企业在青创新创业。青岛国际石墨烯科技创新园一期项目已于2014年8月完工并投入使用,"千人计划"专家、山东石墨烯产业技术创新战略联盟秘书长侯士峰博士领军的石墨烯防腐涂料项目,美国材料研究学会专家、中国石墨烯产业技术创新战略联盟常务理事萧小月博士的石墨烯新型散热材料项目,泰山学者海外特聘专家、青岛大学刘敬权教授领军的青岛华高能源单层石墨烯研发中心项目,清华大学朱宏伟教授的石墨烯海水淡化等18个项目签约落户。石墨烯导电薄膜、石墨烯纤维和上海交通大学金属基复合材料国家重点实验室青岛研究中心等项目也即将开工建设。2014年12月,青岛华高能源科技有限公司在青岛蓝海股权交易中心成功挂牌上市,这是我国目前首家在"四板"挂牌上市的生产单层石墨烯的企业。2015年5月,青岛瑞利特新材料科技有限公司也成功在四板挂牌上市。2015年,青岛高新区成功获批国家火炬青岛石墨烯及先进碳材料特色产业基地,上升成为国家级产业聚集区。

青岛借助中国石墨烯产业技术创新联盟为平台,以国家火炬青岛石墨烯及先进碳材料特色产业基地、青岛国际石墨烯创新园和南墅石墨新材料创业中心等石墨烯产业聚集区位依托,在2015中国国际石墨烯创新大会上,与清华大学、上海交通大学、山东大学、青岛科技大学等多所国内知名高校签署共建协同创新平台合作协议。韩国标准石墨烯公司、香港THD工业控股有限公司、青岛元盛光电科技有限公司等国内知名石墨烯及先进碳材料企业签署入驻协议。青岛华高、瑞利特、青岛国际石墨烯创新中心、萝北县石墨烯产业高新技术产业中心等十几家企业或产业中心签署了双边合作协议。良好创新氛围和众多实力强大的研究机构和制造业支撑,将推动我市石墨烯产业的快速发展。

(二)青岛市石墨烯产业链创新链分析

青岛石墨烯产业瞄准世界科技前沿,抢占产业发展战略制高点作,实施全产业链发展模式,高起点规划产业,高层次集聚资源,培育和引进了一批关联度大、产业链长、具有核心竞争力的石墨烯科技研发和产业化项目。从技术研发、原材料、专用设备制造,到石墨烯薄膜、石墨烯基复合材料和电子器件等产品的加工制造,最终石墨烯锂离子电池、超级电容、电子油墨等终端应用研发和生产单位。青岛聚集了一批创新能力强的骨干企业和科技型中小企业,已形成特色鲜明、产业关联度大的较为完整产业链(图8)。

从产业链上游来看,青岛作为我国石墨资源三大主要产地之一,产品以优质大鳞片石墨为主,主要生产企业有青岛石墨股份有限公司、青岛黑龙石墨有限公司和新华锦石墨材料科技有限公司等,可为石墨烯产业提供高质量的原材料。青岛赛瑞达电子装备有限公司是国内综合实力最强的半导体工艺装备制造企业之一,技术水平达到国际一流水准,所生产的半导体技术专用工艺设备、化学气相沉积(CVD)等设备,被广泛地用于碳纳米管、石墨烯等纳米碳材料的生产中。公司研发生产的透明导电薄膜及薄膜沉积装备,突破石墨烯薄膜连续制备及剥离转移工艺,实现了大面积石墨烯薄膜材料的连续制备。

在产业链中游,青岛逐步形成了以海洋、石墨烯电子器件和复合材料为主要特色石墨烯及先进碳材料产业集群。主要科研和生产单位开展的项目:中国科学院青岛生物能源与过程所将石墨烯应用于锂电池及超级电容器上,已有小批量样品生产;青岛科技大学、青岛大学等分别开展了石墨烯应用于橡胶轮胎、纤维材料等产品中的研究;青岛华高能源科技有限公司所生产的石墨烯具有层数少(1~3层)、比表面积大、缺陷低、导电性强等特点;青岛海纳尔纳米科技有限公司研发生产的石墨烯合金材料具有超导散热、耐腐蚀抗氧化、高强度、轻量化等特性。目前,已形成石墨烯薄膜、锂离子电池和超级电容的、石墨烯防腐防污涂料、导电油墨、石墨烯纤维材料和碳纤维复合材料等一系列产品。

▶ 青岛市"十三五"重点产业创新路线图

产业链下游,应用产业逐步成熟。青岛工业基础扎实,完善的工业体系可以与石墨烯产业形成联动。基地内拥有一批科技创新力强、市场占比高的高新技术产业可以与石墨烯产业有效对接。如在产能和制造技术全国第一的高速列车行业领域,青岛中车四方已与上海交通大学、澳大利亚联邦科学与工业研究组织等国内外科研机构合作开展石墨烯超级电容等材料的研发和产业化;作为我国重要的海洋防腐防污涂料科研和生产基地,海化院、青岛瑞利特新材料科技有限公司都开展石墨烯防腐涂料的研究。另外,在新材料、新兴显示、节能环保、生物医药等战略性新兴产业以及装备制造、纺织、化工等传统产业,石墨烯均有较大的应用空间。

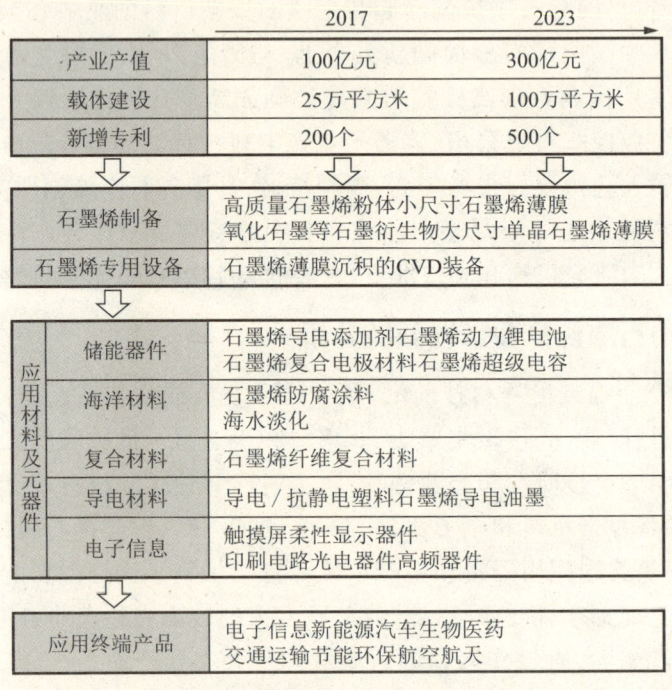

图8 青岛市石墨烯产业链分析

在此基础上,青岛与黑龙江省鹤岗市萝北县、澳大利亚林肯矿业股份有限公司等国内外石墨资源型企业,共同发起设立国际级石墨资源交易中心,全面整合上下游石墨资源。目前,青岛石墨烯产业科技创新及产业发展初具规模,已逐步形成石墨烯创新集群和产业集群区。

(三)存在的问题

青岛石墨烯产业发展虽然取得了成就,但与国内外先进国家和地区相比,还存在政策、人才、平台及知识产权保护等方面许多问题。

1. 缺乏产业整体发展规划

目前,国内无锡、宁波等地已经出台了产业规划,统筹布局产业发展,而青岛市尚未出台石墨烯产业发展规划,全市石墨烯产业发展方向还不明确,缺少统筹布局。但高新区、平度市等多个区市都将石墨烯作为重点产业发展方向。其中,高新区起步较早,已经建设国际石墨烯创新中心、国家火炬特色产业基地等平台,对创新资源的吸引力较大。

2. 自主创新能力不足

与国内其他地区相比,青岛市石墨烯产业领军人才和团队数量较少,在科技创新投入不足,原始性、顶尖性石墨烯科技创新产出较少,科研成果以跟踪研究为主。

3. 缺乏专业创新平台

目前,常州市建立了江南石墨烯研究院和江苏省产业技术研究院、宁波市有中国科学院宁波材料所等国内顶级的专业石墨烯研究机构,以及一批专业化的研究平台和创新团队从事石墨烯技术研究和开发,研究能力和研究水平走在全国的前列。而青岛市主要有中国科学院青岛生物能源与过程研究所、青岛大学和青岛科技大学等机构的研究团队在开展石墨烯相关技术研究,全市还没有专业化的石墨烯重点实验室、工程技术中心、产业技术研究院等公共研发服务创新平台,专业孵化器、产业园区数量和规模与国内先进地区差距也较大。

4. 知识产权重视程度不足。

是否拥有专利是石墨烯产业发展的关键问题。目前,我市石墨烯专利数量较少,低于常州、宁波等地区。截至2015年5月,我市主要研究机构和企业石墨烯专利申请量为42件;而同期常州市主要研究机构和企业石墨烯相关专利申请量为114件,宁波为100件,都高于青岛。而且青岛市还没有制定石墨烯知识产权战略,石墨烯相关专利布局较弱,石墨烯产业发展存在受制于人的情况。

五、青岛市石墨烯产业创新路线图

(一) 发展目标

青岛市石墨烯产业发展将重点聚焦石墨烯制备工艺及关键设备、石墨烯锂离子电池和超级电容、石墨烯复合材料、石墨烯电子油墨、石墨烯海水淡化等方向,部署实施重大专项,支持重点实验室、工程技术研究中心、公共研发平台、专业孵化器、产业技术创新战略联盟等创新载体建设,依托中国科学院青岛能源与过程研究所、中国海洋大学、国家火炬石墨烯及先进碳材料特色产业基地、中国国际石墨烯创新园等研究机构、产业园区和企业,将青岛打造成为中国北方最大、具有较强国际影响力、以海洋为特色的石墨烯产业创新聚集区。

到2017年,掌握一批重点领域关键核心技术,引进石墨烯行业上下游企业30家以上,培育一批拥有自主知识产权和自主品牌、具有国际竞争力的龙头骨干企业,石墨烯相关产业产值超过100亿元。到2023年,逐步建成科技企业孵化平台、技术转移平台、现代化生产于一体的产业体系,全市石墨烯产业总产值突破300亿元。

(二) 产业创新路线图

在对国内外石墨烯技术和产业发展现状及趋势深入研究的基础上,综合考虑国家战略布局,梳理了石墨烯材料制备、应用与装备发展所涉及的关键技术与产品体系。根据

▶ **青岛市"十三五"重点产业创新路线图**

青岛的自然资源、区位交通、政策措施等要素的基础和优势,从产业链、创新链角度分析了青岛石墨烯产业发展现状,明确了发展目标,绘制了青岛市石墨烯产业创新路线图(图9)。

		2017年	2023年
发展目标	产业产值	>100亿元	>300亿元
	创新载体	15家	30家
	骨干企业	20家	50家
	产业园区	5个	15个
发展瓶颈	技术工艺	高品质石墨烯制备技术不成熟、成本高　石墨烯薄片的转移　石墨烯带隙问题　透明导电膜良率问题　石墨烯与金属材料的接触点电阻过高　标准的缺失	
	外部环境	科研成果与产业转化不能很好衔接　产品应用市场还未打开　行业发展存在一定的泡沫	
研发重点	石墨烯制备	CVD法基板材料选择及连续生产关键技术　外延法石墨烯剥离技术　溶剂剥离法产率提高工艺　石墨烯专用生产设备的研发	
	石墨烯复合材料	石墨烯纤维复合材料　金属基石墨烯复合材料　石墨烯/塑料复合材料　石墨烯导电导热材料　石墨烯橡胶复合材料　石墨烯/无机非金属复合材料	
	石墨烯锂离子电池/超级电容	石墨烯改性负极材料　石墨烯导电添加剂	
	石墨烯电子器件	石墨烯触摸屏　石墨烯透明电极　石墨烯高频晶体管　石墨烯导电薄膜　石墨烯-硅复合芯片　石墨烯电子传感器	
	其他应用	石墨烯防腐涂料　石墨烯电子油墨　石墨烯海水淡化	
资源配置	新建拟建	青岛石墨烯产业公共检测平台　山东大学国际石墨烯协同创新研究基地　石墨烯技术国际转移中心　查尔姆斯大学青岛石墨烯研发中心	
	现有基础	中国科学院青岛能源与过程研究所　中国科学院青岛海洋研究所　中国海洋大学　青岛科技大学　青岛大学　青岛市纤维新材料与现代纺织国家重点实验室培育基地　海洋涂料国家重点实验室　国家橡胶与轮胎工程技术研究中心　国家高压超高压电缆工程技术研究中心　青岛国际石墨烯科技创新园　青岛赛瑞达电子装备有限公司　山东新华锦石墨材料科技有限公司　青岛华高能源科技有限公司	

图9　青岛市石墨烯产业创新路线图

六、意见建议

(一)加大政策扶持力度,推动产业化进程

加强产业发展顶层设计,发挥政府的引导作用,加快制定青岛市石墨烯产业发展规划,开展石墨烯产业技术路线图研究;加大资金投入力度,组织石墨烯重大专项,构建多元化、多渠道的科技投入体系,鼓励企业在石墨烯领域的研发投入;建立风险补偿、基金扶持等配套政策,支持天使投资、科技小贷等新型金融业态与石墨烯产业紧密结合。

（二）提升自主创新能力，搭建公共研发平台

调整和优化投入结构，建立科技资源开放共享机制，积极探索以企业为主体、市场为导向、政产学研相结合的石墨烯创新体系，强化石墨烯应用研究，突破制约产业发展的关键核心技术。组建石墨烯重点实验室、研究中心、工程技术研究中心、公共研发服务平台和产业技术研究院等创新平台，建设石墨烯专业孵化器、产业园区等创业平台，增强青岛市石墨烯技术和产业的整体竞争力。

（三）推进人才发展战略，加快专业人才队伍建设

制订石墨烯专项人才引进计划，完善人才发展规划。从政策、资金、项目等方面加大人才扶持力度，大力引进国内外石墨烯领军人才和团队，吸引国外留学人员回归，加强本地石墨烯高层次人才和团队培育；鼓励高校设立石墨烯相关专业，为石墨烯技术和产业发展培养专业人才，提供人才支撑。

（四）重视知识产权保护，加快科研成果产业化

大力开展石墨烯专利研究分析，制定青岛市石墨烯知识产权发展战略，提高知识产权保护意识；鼓励相关专利申请，加快石墨烯专利布局。推进石墨烯科研成果产业化，加强研发与产业化的有机融合，支持研发机构与企业联合开展科技创新，缩短成果产业化进程。推进企业、高校和科研院所优势互补、利益共享、风险共担的合作机制，探索产学研合作新模式。

参考文献

[1] 王丽,潘云涛. 石墨烯的研究前沿及中国发展态势分析[J]. 新型炭材料,2014,25(6):401-408.

[2] 沙建超,赵蕴华,罗勇. 基于专利的中美石墨烯技术创新比较研究[J]. 全球科技经济瞭望,29(1):35-41,55.

[3] 郑佳,党蓓,沙建超. 石墨烯技术领域研究报告[R]. 北京:中国科学技术信息研究所,2013.

[4] 王国华,周旭锋,汪伟,等. 2015 石墨烯技术专利分析报告[R]. 宁波:中国科学院宁波材料技术与工程研究所,2015.

[5] 朱燕,胡世明. 中国石墨烯产业发展研究报告[R]. 北京:中国化工信息中心,2013.

[6] 周晓明,张超,马永浩,等. 石墨烯产业调研报告[R]. 南京:江苏省科学技术情报研究所,2013.

[7] 宁波市科学技术局,宁波市经济和信息化委员会,宁波市发展和改革委员会. 宁波市石墨烯技术创新和产业发展中长期规划(2014~2023)[EB/OL]. (2014-05-29)2014-05-29]. http://gtog.ningbo.gov.cn/art/2014/5/29/art_16_352445.html.

[8] 无锡市发展和改革委员会. 无锡市石墨烯产业发展规划纲要(2013—2020年)(锡政办发〔2013〕287号)[EB/OL]. (2013-12-18)[2013-12-18]. http://dpc.wuxi.gov.cn/BAO2/D/012/6633899.shtml.

第二篇　民生科技篇

青岛市"十三五"人口与健康领域创新路线图

一、国内外人口与健康领域发展现状与趋势

(一) 精准医学成为医学领域研究热点

2015年1月30日,美国总统奥巴马宣布"精准医学"计划,通过分析100多万名美国志愿者的基因信息,更好地了解疾病形成机理,进而为开发相应药物,实现"精准施药"铺平道路。"精准医学"项目的短期目标是为癌症找到更多更好的治疗手段,长期目标则是为实现多种疾病的个性化治疗提供有价值的信息。

(二) 互联网医疗是未来医疗健康服务业的必然趋势

互联网医疗的主要驱动力来自于三个层面:首先,互联网渗透进入医疗行业,是互联网发展自然演进的必然阶段。互联网自20世纪90年代末期先后冲击纸媒(门户、搜索)、通讯(IM工具)、零售(电子商务)、旅游(在线旅游)、金融(互联网金融)、教育(在线教育)等领域,其发展的核心脉络即从易到难依次渗透到具备低效率、多痛点、大空间、长尾特征的行业中去,而医疗行业完全符合了这样的特征,由于其涉及线下医疗资源的问题,因此渗透难度大,从而属于互联网渗透传统行业中后期的产物。互联网医疗的兴起必将为健康体检企业提供更多向健康管理领域进行业务延展的机遇,行业原有领军企业的地位可能被撼动,行业竞争格局也将发生巨变。

(三) 转化医学研究不断深入

转化医学是现代国际医学界的研究重点领域。转化医学结合传统临床医学和基础医学领域,以疾病为导向,开展以疾病预防、干预、早期预警筛查、早期诊断、早期治疗、治疗效果监控为主的研究工作,围绕目标疾病,开展从分子、组织到个体整体水平和人群的研究,全面认识疾病的发病机制,进而解决诊断治疗和预防中存在的问题。

(四) 生物医学备受关注

生物医学是近年来生命科学领域最受关注以及研究进展最为迅速的生物领域之一。

以干细胞为基础的再生医学和新兴的生物诊疗技术给治疗人类疾病带来全新的治疗手段和希望,在全球掀起生物医学技术研究及应用的热潮。世界各国加大对再生医学与生物诊疗领域的投入并已取得大量突破性的成果。

二、青岛市人口与健康领域发展现状与问题

"十二五"期间,青岛市在医疗水平、健康保障体系、居民健康状况及相关科技研究等方面都取得了长足的进步,多种重大、常见疾病的死亡率都较以往有不同程度的下降,越来越多的高科技医用设备、药物、基因技术在青岛市医疗卫生机构推广应用,万名人口病床数等数据显著增加,医疗卫生的协同攻关能力不断增强,一些疾病已得到早期诊断、早期筛查,提高了疾病的治疗和预防效果。这都不同程度地反映出青岛市人口与健康领域科技研究取得的一些成果。

取得成绩的同时,青岛市在人口与健康领域的科研水平、物质基础及人才资源等方面与国内一些大城市相比,还存在一定的差距,主要体现在以下几个方面:缺乏高水平、高层次的人才队伍;有限的相关高校、科研机构研究力量分散,未能就重点重大项目形成有效的协同创新能力;科研资金投入有限、分散,未能充分体现出青岛的地方特色;在国内外有一定影响的科研项目还比较少,对突出问题的引领支撑作用不够。因此,"十三五"期间,应紧密结合青岛市人口与健康领域的客观需求,以市场与应用为导向,集中人力、物力等资源针对青岛市比较突出的人口、健康问题进行重点投入,有所为有所不为,尽力避免盲目、分散、重复、低效造成的科技资源浪费。发展壮大一批有青岛城市特色、与青岛的城市建设和发展相协调匹配的人口与健康重点科技项目,通过项目引导整合青岛市相关的人口与健康科技资源,建设一批有影响的人口与健康重点学科和研究基地,引导培育以中青年为骨干的医学研究队伍,迎接医疗市场开放所面临的挑战,为今后扩大青岛市人口与健康科技在国内外的影响,更好地改善市民的生活水平和健康状况打下坚实的基础。

三、人口与健康领域 SWOT 分析

通过 SWOT 分析方法,综合我市人口与健康领域自身的优势(S)、劣势(W)以及面临的外部机遇(O)和威胁(T),具体分析如下。

(一)青岛市人口与健康领域发展的优势

(1)青岛市人口与健康领域,基础医学研究领域水平居于国内中上游,从发表的高水平研究成果,承担的国家级研究项目方面来看,基本与青岛的经济社会发展相适应。

(2)青岛市在临床医学方面,有较多的三甲医院数量和较高的门诊量。越来越多的高科技医用设备、药物、基因技术在我市医疗卫生机构推广应用。

(3)青岛市医疗保障体系不断完善,医保待遇不断提高,随着社区医院的普及,人民群众就医难就医贵的问题逐步得到缓解。

（二）青岛市人口与健康领域发展的劣势

（1）青岛市临床医学水平相对较低，没有在山东省乃至全国临床医学的一流学科，反映在诊断水平、治疗水平、预防和保健水平低。

（2）青岛市重大疾病诊治能力不足。目前青岛市仅有眼科（国家重点学科）、骨科（国家临床重点专科）、肝移植（肝移植手术数量国内前十）、痛风病、小儿先心病诊治在国内有一定影响，而在其他专业方面与国内主要城市尚存在较大差距。

（3）慢性病监测系统覆盖面过低。目前青岛市慢性病死因监测系统覆盖面过低，缺乏以医疗机构为基础的慢性病新发病例监测系统。此外，肿瘤登记等患病监测覆盖人群也很少。

（三）青岛市人口与健康领域发展的外部机遇

（1）随着人类寿命的显著延长，老龄人口的比重不断上升。2020年，全球60岁以上老年人口将增至10亿，健康长寿已经成为社会的普遍需求，医疗保健面临巨大的市场需求。

（2）环境因素的影响，带来对人体健康的更多关注。城乡工业化，居住城市化，大气、土壤和水环境的污染，以及温室效应、臭氧空洞、水土流失、生态失衡等现象的发展，对人类的健康状态和疾病谱构成产生了重大影响。环境科学及相关因素对人类健康的作用越来越受到人们的关注。

（3）健康产业不断成长壮大。以现代医药产业为代表的健康产业，保持了持续增长的势头，成为新技术革命的第四次浪潮。合成和天然来源药物，人源化抗体、疫苗、重组蛋白等生物技术药物，药物新剂型和新的药物传输技术的出现，为医药产业的蓬勃发展提供了新的空间，极大地提高了人类战胜疾病的能力。

（四）青岛市人口与健康领域发展的外部威胁

（1）在重大疾病方面，青岛市面临着慢性病和传染病的双重压力。随着生活水平的提高及生活习惯的改变，一些危害人类生命的重大慢性器质性疾病对人类健康的威胁却日益突出，而这些疾病至今尚缺乏有效的预防和治疗措施；传统传染病威胁持续存在，新发传染病不断出现，人口大规模流动增加了防治难度，频繁的国际商贸往来加剧了传染病跨国界传播风险，环境和生产生活方式的变化增加了传染病防治工作的复杂性。

（2）人口结构性矛盾更加突出，老龄化高峰即将到来。青岛市60岁以上户籍老年人口比例将达到19.3%左右。人口分布不尽合理，市区人口密度高，基础设施和公用资源承载超负荷。

（3）人口素质不容乐观。青岛市以预防为主的人口健康公共服务体系尚未形成，整体上还不适应人民群众日益增长的卫生保健需求。儿童早期教育、青少年健康人格培养、人口道德素质、心理卫生、社会诚信政策亟待完善和加强。

通过对青岛市人口与健康领域的SWOT（表1）分析可以看出，青岛市应紧跟世界医学的发展步伐，发挥青岛市在基础医学研究领域水平较高、医疗保障体系较为完善等方面的优势，重点突破关键共性技术，着力提高青岛市的医疗水平及人口健康素质。

表 1 青岛市人口与健康领域发展战略矩阵

内部能力 \ 外部条件	机遇(Opportunities) (1) 医疗保健面临巨大市场需求 (2) 环境科学及相关因素对人类健康的作用越来越受到人们的关注 (3) 健康产业成长壮	威胁(Threat) (1) 青岛市面临着慢性病和传染病的双重压力 (2) 口结构性矛盾更加突出,老龄化高峰即将到来 (3) 人口素质不容乐观
优势(Strength) (1) 基础研究水平处于全国中上游 (2) 三甲医院和床位数量较高 (3) 高科技医用设备、药物、基因技术推广应用较好 (4) 国际合作基础良好 (5) 医疗保障体系不断完善,医保待遇不断提高	优势-机遇(SO) (1) 城市功能定位和发展目标带来人口与健康发展新机遇 (2) 不断完善的医疗保障体系,为健康产业的发展提供巨大空间 (3) 良好的国际合作基础,有利于推广国际先进的治疗理念和高端技术	优势-威胁(ST) (1) 加大对慢性病、老年疾病的防治与治疗技术攻关 (2) 面对人口老龄化的逐步到来,延展养老服务范围,开拓银色市场 (3) 深入宣传健康理念,建立以预防为主的人口健康公共服务体系
劣势(Weakness) (1) 临床医学水平相对较低 (2) 重大疾病诊治能力不足 (3) 慢性病监测系统覆盖面过低	劣势-机遇(WO) (1) 支持一批重大疾病技术攻关 (2) 探索互联网技术在人口与健康领域的深入应用 (3) 开展精准医学和转化医学的应用研究	劣势-威胁(WT) (1) 引进和培育一批高层次专业技术人才 (2) 增加全社会对人口与健康领域的投入 (3) 制定相关的扶持激励政策

四、青岛市人口与健康发展目标

(1) 围绕提高青岛市居民身心健康的关键技术问题组织科技攻关,到 2020 年,争取在精准医学和转化医学领域有所突破。密切结合青岛市的实际情况,加大对重点常见病、多发病、疑难病症研究的支持力度,针对严重危害人民健康的常见、多发疾病和地方病,突出重点,加强在疾病预防、诊断和治疗手段的关键性临床应用研究和应用医学基础性研究进行技术攻关;扶持一批有青岛地方特色的常见病、多发病医学研究项目,结合青岛特色,倡导绿色健康与疾病预防,进一步促进中医、中药研究与开发。同时,注重对重大疫情控制和灾后快速救治的技术研究,力求部分领域有新突破。

(2) 在科研规模、队伍、水平和基地建设等方面有组织、有目标地启动一批重点科研项目,培养引进一批在国内外有较大影响的卫生科技人才。进一步提高我市人口与健康领域科技创新能力,促使我市发病率较高的一批常见重大疾病的早期诊断、治疗、预防技术达到国内先进水平,部分研究达到国内领先水平和国际先进水平。

(3) 通过科技手段促进卫生科技与防病治病结合,启动医学科技成果的转化和应用,大力推广新技术,提高农村和社区服务的整体医疗水平。到 2020 年,争取建立一些具有国内领先地位的医学重点实验室、医疗服务机构和示范基地,从而提高居民的健康水平,大幅度降低常见疾病的发病率、死亡率。

(4) 重视生殖健康,提高出生人口素质,使育龄群众普遍享有优质的生殖保健服务,为经济、社会、资源、环境的谢涛发展和可持续发展创造良好的人口环境。

五、青岛市人口与健康领域研发需求

青岛市人口与健康领域研发需求如表 2 所示。

表 2　青岛市人口与健康领域研发需求表

领　域	发展方向	技术研发需求
人口与健康	肿瘤、代谢性疾病、老年性疾病和传染病	恶性肿瘤的早期诊断和防治技术
		心脑血管疾病重构机制和干预策略的研究
		重大代谢性疾病的发病机制及综合防治
		常见老年退行性疾病的发病机制和综合防治
		慢性阻塞性肺部疾病、过敏性疾病的早期诊断和综合防治技术
		功能性磁共振成像技术对血管性痴呆早期诊断的研究
		老年创伤性认知功能障碍疾病的发病机制,早期诊断和综合防治
	转化医学、精准医学、生物医学组学、再生医学	心血管疾病基础与临床转化研究
		建立囊括我市各个年龄阶层、各种身体状况的男女志愿者的生物样本库
		开展重大恶性肿瘤的分子检测技术,建设肿瘤基因或分子谱库
		开展干细胞治疗糖尿病、心脑血管疾病等重大疾病的微环境及免疫机制的研究及临床应用关键技术研究
		建立通过市场机制实现细胞治疗技术转移和扩散的新模式
	远程医疗与互联网医学及预警、保健技术	基于大数据的数字医学关键技术产品的研发
		医疗大数据的处理、存储、分析、应用研究,建设互联网医疗 B2B2C 模式
		互联网医疗社群模式的研究
		基于大数据的医养结合养老服务平台研发及应用
	现代中医药	开展青岛市重大疾病和传染病中医、中西医结合防治的跨学科协作研究,制定具有中医特色和优势的临床技术标准和防治指南
		开展重大、常见多发病创新中药产品的研发及应用,建立一批青岛市重点道地药材、医院中药制剂的质量控制方法及标准
		著名老中医学术思想经验继承、现代分析挖掘与推广方法研究
		开展中医"治未病"干预方案的构建及效果评价研究
	人口与计划生育	妇女儿童精神、心理疾病早期筛查及多学科干预模式研究
		安全生育、节育新技术
		儿童重大出生缺陷的高效无创孕期筛查及生后早期干预综合诊疗模式研究
		开展基于"单独"出生政策后高龄孕妇优生优育关键技术的研究
		生殖健康和环境、营养、遗传等相关影响因素及其作用机理的研究
	器官移植	开发和研究肝、胰腺、小肠和肾临床移植技术的新策略
		器官移植免疫耐受发生的细胞分子机制研究

（一）重大疾病诊治技术的研发与应用

1. 恶性肿瘤的早期诊断和防治技术

研究包括肺癌、胃癌、结肠癌、肝癌、乳腺癌、宫颈癌、前列腺癌等青岛市常见恶性肿瘤的早期诊断技术，重点研究癌前病变和肿瘤侵袭前期的早期分子事件，发现肿瘤诊疗新标志物；支持恶性肿瘤多中心、前瞻性的诊疗方案的协作研究。

2. 心脑血管疾病发病机制及早期防治技术

重点研究高血压、心肌梗死、脑血管疾病等青岛市重大心脑血管疾病的发病机制和早期诊断技术，建立青岛市重大心脑血管疾病的一级预防方案。

3. 重大代谢性疾病的发病机制及综合防治

研究糖尿病、痛风病、甲状腺疾病等青岛市重大代谢性疾病的分子营养学机理，支持青岛市营养状态、食物摄入与重大代谢病疾病关系的研究，建立重大代谢性疾病的综合防治技术。

4. 慢性阻塞性肺部疾病、过敏性疾病的早期诊断和综合防治技术

研究哮喘、阻塞性肺部疾病、过敏性疾病的发病机制，支持空气污染（如 PM2.5）、海洋环境污染与慢性肺部疾病、过敏性疾病关系的研究，建立上述疾病的早期诊断技术及综合防治技术。

5. 重大老年疾病（如老年骨骼相关疾病、神经退行性疾病）的综合防治技术

研究骨质疏松、退行性骨关节病等老年骨骼相关疾病及老年痴呆等神经退行性疾病的发病机理，开发预防与诊疗老年骨骼相关疾病及神经退行性疾病的新策略。

（二）转化医学、精准医学、生物医学组学、再生医学

开展转化医学研究，结合传统临床医学和基础医学领域，以疾病为导向，开展以疾病预防、干预、早期预警筛查、早期诊断、早期治疗、治疗效果监控为主的研究工作，围绕目标疾病，开展从分子、组织到个体整体水平和人群的研究，全面认识疾病的发病机制，进而解决诊断治疗和预防中存在的问题。

整合青岛市各医院、大学和科研机构拥有的基因数据，建立囊括各个年龄阶层、各种身体状况的男女志愿者的青岛市生物样本库；开展青岛市重大恶性肿瘤的分子检测技术，建设肿瘤基因或分子谱库，为肿瘤精确治疗提供分子基础；探索开展青岛市重大代谢性疾病、心脑血管疾病等的分子检测技术并建设其分子谱库，为实现其个性化治疗提供基础。

开展干细胞治疗糖尿病、心脑血管疾病等重大疾病的微环境及免疫机制的研究及临床应用关键技术研究，制定糖尿病、心脑血管疾病细胞治疗的技术标准，开发具有自主知识产权的新细胞产品；建立通过市场机制实现细胞治疗技术转移和扩散的新模式，拉动再生医学产业链。

（三）远程医疗与互联网医学及预警、保健技术

开展基于大数据的数字医学关键技术产品的研发，研究和开发专业医疗移动互联硬

件和医患互动软件;开展基于医院信息系统、直接获取海量心血管疾病和肿瘤疾病多类型数据的研究,开展医疗大数据的处理、存储、分析、应用研究,建设互联网医疗B2B2C模式;探索开展互联网医疗社群模式的研究。

(四) 现代中医中药

开展青岛市重大慢性疾病和部分常见病中医、中西医结合防治的跨学科协作研究,制定具有中医特色和优势的临床技术标准和防治指南;开展青岛市重大传染病的中医、中西医结合防治技术的研究,建立具有中医或中西医结合特色的综合防治方案;开展重大、常见多发病创新中药产品的研发及应用,建立一批青岛市重点道地药材的质量控制方法及标准。

(五) 人口与计划生育

开展先天性心脏病、神经管畸形、遗传代谢病等重大出生缺陷疾病的早期筛查关键技术的研究;开展基于"单独"出生政策后高龄孕妇优生优育关键技术的研究;开展营养因素、环境因素对生殖健康影响的研究,建立有效的预防和监测技术。

(六) 器官移植

开发和研究肝、胰腺、小肠和肾临床移植技术的新策略,研究器官移植免疫耐受发生的细胞分子机制,重点寻找免疫耐受标志物,建立移植免疫耐受诱导的新方案。

六、青岛市创新资源建设与配置

目前,青岛市人口与健康领域有省级重点实验室5家、市级重点实验室13家、工程技术中心7家、产业技术创新联盟3家、孵化器及研发服务平台4家。

"十三五"期间,拟建设针对精准医学的基因检测与个体化用药指导重点实验室,以及器官移植重点实验室和骨科生物力学重点实验室,鼓励高校、企业、医院围绕重点疾病、重点产品、重点服务开展跨学科研究,进行创新研究资源配置,在某些领域或重点疾病形成有特色、具有国内一流水平的疾病发病分子机制、预警、干预、诊断、治疗、治疗监控相关的研究成果。

青岛市人口与健康领域创新资源如表3所示。

表3 青岛市人口与健康领域创新资源

序号	现有创新资源	拟建创新资源
1	山东省眼科学重点实验室(省眼科所)	(1) 基因检测与个体化用药指导重点实验室 (2) 器官移植重点实验室 (3) 骨科生物力学重点实验室 (4) 建立重大急慢性传染病诊断的综合技术平台 (5) 心血管疾病转化医学实验室
2	禽流感专业实验室(动卫中心)	
3	山东省神经相关疾病的机制与防治重点实验室(青大)	
4	山东大学齐鲁医院卫生部心血管与功能研究重点实验室	
5	山东省代谢性疾病重点实验室(青大附院)	
6	青岛市医药卫生技术重点实验室(青大)	

> 青岛市"十三五"重点产业创新路线图

续 表

序号	现有创新资源	拟建创新资源
7	青岛市常见病重点实验室(市立/青大附院)	(6)心血管疾病远程监护预警救治平台 (7)甲状腺恶性肿瘤诊断及手术治疗实验室 (8)青岛市神经调控技术工程实验室 (9)山东大学干细胞及3D生物打印重点实验室) (10)生物能学实验室 (11)神经疑难罕见病会诊中 (12)建设绿色的多行业协作的儿童身心保健中心 (13)青岛市国际医疗合作中心
8	青岛市致盲性眼病防治重点实验室(眼科医院)	
9	青岛市脑功能与疾病重点实验室(青大)	
10	青岛市药物代谢动力学重点实验室(市立)	
11	青岛市肿瘤生物治疗重点实验室(中心医院)	
12	青岛市消化疾病重点实验室(市立)	
13	青岛市甲状腺病重点实验室(青大附院)	
14	青岛市高血压重点实验室(青大附院)	
15	青岛市宫颈病重点实验室(青大)	
16	青岛市泌尿系统疾病重点实验室(青大附院)	
17	青岛市内分泌糖尿病重点实验室(内分泌医院)	
18	青岛市呼吸道与肠道病毒防控重点实验室(疾控中心)	
19	国家海洋药物工程技术研究中心(海大)	
20	山东省再生医学与生物诊疗工程技术研究中心(青大附院/奥克生物)	
21	青岛药物缓控释工程技术研究中心(黄海制药)	
22	青岛血液净化制品工程技术研究中心(华仁制药)	
23	青岛化药(正大海尔)工程技术研究中心	
24	干细胞与再生医学工程技术研究中心(奥克生物)	
25	青岛市医用敷料工程技术研究中心(海诺生物)	
26	干细胞与再生医学产业技术创新战略联盟(奥克生物)	
27	青岛市天然植物药创制与开发产业技术创新战略联盟(康地恩)	
28	青岛市创新化药和中药产业技术战略联盟(海汇生物)	
29	青岛生物医学工程与技术孵化器(蓝色生物科技园)	
30	生物技术药物公共研发平台(蓝色生物科技园)	
31	海洋药物公共研发平台(海洋生物医药研究院)	
32	食品药品安全性评价检测公共研发平台(药检所农大)	

七、产业创新路线图与行动计划

(一)产业创新路线图

青岛市人口与健康领域"十三五"期间亟须强化临床医学与基础医学、生物学的结合,提升临床医学的研究水平,注重临床医学与转化医学、分子靶向医学、生物医学组学的结合,围绕重点疾病,形成研究合力和跨领域的研究团队,培育形成国内有特色的研究成果,带动临床医学的某个领域形成国内一流的学科、人才、研究成果和治疗力量。

综合青岛市人口与健康基础与现状、发展目标、研发需求和创新资源,绘制人口与健康领域创新路线图,如图1所示。依托现有创新资源,围绕6个重点发展方向,开展27项关键共性技术攻关,推动人口与健康领域快速发展。

			2016年　　　　　　　　2018年　　　　　　　　2020年
发展目标	领域目标	人口与健康	在精准医学和转化医学领域有所突破;加强在疾病预防、诊断和治疗手段的关键性临床应用研究和应用医学基础性研究进行技术攻关,扶持一批有青岛地方特色的常见病、多发病医学研究项目,进一步促进中医、中药研究与开发,在重大疫情控制和灾后快速救治技术领域有新突破
	创新资源建设	搭建创新载体引进培育高端人才	建立一些具有国内领先地位的医学、重点实验室、医疗服务机构和示范基地,培养引进一批在国内外有较大影响的卫生科技人才和团队
发展瓶颈	人口与健康领域		临床医学水平较低,重大疾病诊治能力不足,慢性病监测系统覆盖面过低,面临慢性病和传染病的双重压力,口结构性矛盾更加突出,老龄化高峰即将到来,人口素质不容乐观
研发重点	肿瘤、代谢性疾病、老年性疾病和传染病		重大代谢性疾病的发病机制及综合防治　　功能性磁共振成像技术对血管性痴呆早期诊断的研究　　心脑血管疾病重构机制和干预策略的研究　　恶性肿瘤的早期诊断和防治技术　　常见老年退行性疾病的发病机制和综合防治 慢性阻塞性肺部疾病、过敏性疾病的早期诊断和综合防治技术 老年创伤性认知功能障碍疾病的发病机制、早期诊断和综合防治
	远程医疗与互联网医学及预警、保健技术		基于大数据的数字医学关键技术产品的研发 医疗大数据的处理、存储、分析、应用研究,建设互联网医疗B2B2C模式 互联网医疗社群模式的研究 基于大数据的医养结合养老服务平台研发及应用
	现代中医药		重大疾病和传染病中医、中西医结合防治的跨学科协作研究 临床技术标准和防治指南　　中医"治未病"干预方案的构建及效果评价研究 重大、常见多发病创新中药产品的研发及应用
	人口与计划生育		妇女儿童精神、心理疾病早期筛查及多学科干预模式研究 安全生育、节育新技术高龄孕妇优生优育关键技术的研究 儿童重大出生缺陷的高效无创孕期筛查及生后早期干预综合诊疗模式研究 生殖健康和环境、营养、遗传等相关影响因素及其作用机理的研究
	器官移植		开发和研究肝、胰腺、小肠和肾临床移植技术的新策略　　器官移植免疫耐受发生的细胞分子机制研究
资源配置	新建拟建		基因检测重点实验室、器官移植重点实验室、骨科重点实验室、心血管疾病重点实验室、甲状腺恶性肿瘤重点实验室、神经调控实验室、生物能学实验室国际医疗合作中心、儿童身心保健中心、心血管疾病远程监护预警救治平台
	现有基础		山东省眼科学重点实验室、禽流感专业实验室、山东省神经相关疾病的机制与防治重点实验室等5家省级重点实验室,青岛市医药卫生技术重点实验室、青岛市常见病重点实验室、青岛市药物代谢动力学重点实验室、青岛市高血压病重点实验室等13家市级重点实验室,国家海洋药物工程技术研究中心、干细胞与再生医学工程技术研究中心等7家工程技术中心,干细胞与再生医学产业技术创新战略联盟、青岛生物医学工程与技术孵化器等服务平台

图1　人口与健康领域创新路线图

(二)行动计划

"十三五"期间,青岛市将强化临床医学与基础医学、生物学的结合,提升临床医学的研究水平,注重临床医学与转化医学、分子靶向医学、生物医学组学的结合,围绕重大

青岛市"十三五"重点产业创新路线图

疾病的诊治,形成研究合力和跨领域的研究团队,培育形成国内有特色的研究成果,带动临床医学在特定领域形成国内一流的学科、人才、研究成果和治疗力量。具体行动计划如表4所示。

表4 人口与健康领域行动计划

时间节点	2018年	2020年
发展目标	在重大疾病、优生优育、转化医学、互联网医学等领域部署实施自主创新重大专项,突破共性关键技术10项,搭建各类创新载体10家,开发一批诊治、检测、防治新技术	在精准医学、器官移植等领域突破共性关键技术5项,搭建创新载体5家
发展路径	(1)关键技术突破:开展肿瘤、代谢性疾病、老年性疾病和传染病的早期诊断及防治技术攻关,建立囊括我市各个年龄阶层、各种身体状况的男女志愿者的生物样本库;开展干细胞治疗糖尿病、心脑血管疾病等重大疾病的微环境及免疫机制的研究及临床应用关键技术研究;突破医疗大数据的处理、存储、分析与应用技术,建设互联网医疗B2B2C模式,研发基于大数据的数字医学关键技术产品;开展青岛市重大疾病和传染病中医、中西医结合防治的跨学科协作研究,制定具有中医特色和优势的临床技术标准和防治指南;儿童重大出生缺陷的高效无创孕期筛查及生后早期干预综合诊疗模式研究;开展基于"单独"出生政策后高龄孕妇优生优育关键技术的研究 (2)搭建各类创新载体:建立基因检测与个体化用药指导重点实验室、心血管疾病转化医学实验室、甲状腺恶性肿瘤诊断及手术治疗实验室、骨科生物力学重点实验室、甲状腺恶性肿瘤诊断及手术治疗实验室、重大急慢性传染病诊断的综合技术平台等 (3)示范工程:3D虚拟影像手术系统、数字社区远程诊疗服务系统等5~8个示范工程 (4)引进高层次人才:5~10名	(1)关键技术突破:开展重大恶性肿瘤的分子检测技术,建设肿瘤基因或分子谱库;互联网医疗社群模式的研究;开发和研究肝、胰腺、小肠和肾临床移植技术的新策略;器官移植免疫耐受发生的细胞分子机制研究 (2)搭建各类创新载体:建立器官移植重点实验室等 (3)引进高层次人才:5~10名

参考文献

[1] 国家卫生和计划生育委员会. 全民健康素养促进行动规划(2014—2020年)[EB/OL]. (2014-04-15)[2014-05-09]. http://www.nhfpc.gov.cn/xcs/s3581/201405/218e14e7aee6493bbca74acfd9bad20d.shtml.

[2] 国务院. 国家人口发展"十二五"规划[EB/OL]. (2011-11-23)[2012-04-10]. http://www.gov.cn/zwgk/2012-04/10/content_2109800.htm.

[3] 周琪,任小波,杨旭,等. 干细胞与再生医学研究战略性先导科技专项进展[J]. 中国科学院院刊,2015,30(2):262-271.

[4] 吴一龙. 精准癌医学:走向未来的路[J]. 循证医学,2015,15(1):1-2.

[5] 申元英. 转化医学:现代医学发展的必然趋势[J]. 大理学院学报,2014,13(8):49-51.

[6] 张正,李淮涌,朱智明. 国内医院转化医学发展动态分析[J]. 中国医院管理,2014,34(4):53-55.

[7] 陆敏. 我国远程医疗发展现状及存在问题与对策[J]. 武警医学,2008,19(10):947-948.

附 件

专家名单

编 号	姓 名	单位名称
1	王 斌	青岛大学附属医院
2	李自普	青岛大学附属医院
3	纪文岩	青岛海慈医院
4	逄增昌	青岛市疾病预防控制中心
5	张风华	青岛市妇女儿童医院
6	唐淑云	山东大学齐鲁医院青岛院区
7	代旭东	青岛市立医院

青岛市"十三五"公共安全领域创新路线图

一、国内外公共安全领域的技术发展趋势

公共安全是政府转型过程中需要面对的重点领域,需求增长快,社会关注度高,与之对应的应急产业起步晚、起点高,高新技术吸纳、转移和集成的潜力巨大,可以形成经济社会发展新的增长点,是公共安全领域产业的基本特点。

(一)风险分析是公共安全保障的基础

分析和了解突发事件属性,评估和把握区域风险,在此基础上做好应急资源的配置,才能实现对突发事件的充分预防和有效控制,从而为公共安全提供保障。近年来,公共安全理论研究方兴未艾,以公共安全三角形理论为代表的一批研究成果得到应用,进一步深入研究的课题涵盖了多目标风险评估、安全边界、区域风险综合评价等。

(二)监测预警是公共安全保障的重要环节

随着经济社会的发展,社会的流动性、聚集性不断增加,威胁公共安全的突发事件种类越来越多,常规和非常规突发事件的应对对预警的依赖越来越大,加大对突发事件的监测预警的研发和装备投入是大势所趋。快速检测、在线监测、基于大数据的统计分析和物联网技术在突发事件的监测过程中发挥了重要作用,互联网和手机通讯在风险预警中的作用愈加突出。

(三)应急自救和应急救援是公共安全的重要防线

应急自救和应急救援是公共安全的重要防线,搞好突发事件的应急自救和应急救援,能有效地防止事故灾害扩大,最低限度地减少生命和财产损失。突发事件发生、发展的速度通常很快,外界救援需要较长反应时间,因而当突发事件来临时,自救和互救能力尤为重要,通过科学研究寻求自救和互救规律,研发快捷可靠地自救和互救技术,可以有效降低突发事件的人员伤害和财产损失。

（四）应急科技产业是公共安全水平持续提升的基本保障

经济社会的快速发展导致不同利益团体和个体之间的矛盾、人与自然生态环境的矛盾加剧，由此导致各种突发事件持续高发，预防和控制这些突发事件对应急科技产业提出了新的要求。加大应急科技投入，发展应急科技产业，促进高科技在应急行业、民生领域的应用，不仅可以为突发事件的预防与控制提供技术和装备支撑，而且会为青岛尽快占领应急科技产品市场，形成经济社会发展新的增长点。

二、青岛市公共安全领域产业基础与现状

公共安全是建设平安青岛的重要保障，是民生建设的重要内容。青岛市作为我国的公共安全综合试点城市，在公共安全管理体制变革、机制优化和支撑技术研发等方面获得了长足进展，在突发事件的预防、预警、应急响应和处置以及重大危险源监控管理等方面形成了一批有价值的成果，初步实现了公共安全管理法制化、防范集约化、应急智能化、保障综合化，达到体系完备、资源共享、指挥有效、迅速互动、保障有力的目标。空间信息技术、互联网技术、安全评价和规划技术、重大危险源分级管理等高新技术得到发展和应用，初步实现了突发事件的充分预防和有效控制。

三、发展目标

到2020年，依据青岛市经济社会发展趋势、针对公共安全保障主要任务和重点需求，建设2个公共安全工程技术研究中心和1个应急装备测试中心，构建多学科交叉的公共安全科技共享平台。研究突发事件预防预警和自救逃生及救援处置的关键科学问题，强化应用研发、集成示范和产品产业培育，突破20余项预防预警和自救逃生及救援处置的关键技术，研发具有自主知识产权的高水平仪器设备和装备。促使突发事件应急要素的深度融合，为青岛市突发事件应急体系的整合、应急机制的优化提供科技支撑，形成青岛市经济社会发展新的增长点。

四、发展瓶颈

由于对突发事件等应急自救和应急管理的研究涉及多个专业领域学科交叉，加之资金和人力等方面的投入相对不足，相关研究及其成果尚无法满足持续增长的应对突发事件的需求。缺乏对重大突发公共安全事件实施全面检测监控，并能够快速、动态地全面了解应急现场状况的技术手段，缺乏科学预测不同条件下突发公共事件的发展趋势、后果并快速预警的理论方法，对跨部门重大突发公共事件应急和处置的科学决策、综合协调能力依然不足，对新成果和新产品推广应用力度不够。

五、重点研究领域及关键技术

结合青岛公共安全现状,确定青岛市现阶段公共安全领域的重点研究方向主要包括突发事件及其风险理论、监测预警技术和应急救援以及自救装备,重点在突发事件预防预警、救援与处置、应急产品以及食品安全监控等领域开展重大关键技术攻关,详见表1。

表 1 青岛市公共安全领域重点研究领域及关键技术

重点研究领域	编号	关键技术
突发事件预防预警支撑技术	1.1	突发事件风险评估技术
	1.2	监测预测综合研判技术
	1.3	应急准备体系
	1.4	综合指挥调度技术及系统
	1.5	区域应急资源优化配置技术及其应用
	1.6	城市公共安全应急管理体系研究
	1.7	突发事件属性、次生衍生与耦合作用的机理和规律
	1.8	承灾载体反应动力学
	1.9	大空间建筑性能化设计技术
	1.10	区域安全规划技术
	1.11	应急物联网技术
	1.12	雾霾、浒苔、风暴潮、雷电强对流天气等带来的自然灾害的精细化监测预报技术
	1.13	基于CIM的事故灾害预防关键技术研究
突发事件救援与处置关键技术	2.1	基于突发事件情景设计的应急演练方法
	2.2	应急决策支持技术与系统
	2.3	极端条件下区域灾情监测技术及装备
	2.4	巨灾条件下城市公共安全保障技术
	2.5	城市危化品重大风险分布、评估与预警系统
	2.6	化学事故物证分析和事故过程重构技术开发和支撑平台建设
	2.7	应急堵漏技术
	2.8	基于BIM的应急处置关键技术研究
应急科技产业与产品支撑技术	3.1	个体和工程防护技术与装备
	3.2	生命探测技术和装备
	3.3	监测预警设备
	3.4	应急自救和应急救援装备
食品安全监控技术	4.1	饮水、食材中环境持久性污染物监控系统及其数据库的建立
	4.2	饮水、食材中环境持久性污染物源头阻抗技术研究与集成示范

续 表

重点研究领域	编 号	关键技术
食品安全监控技术	4.3	饮水、食材中环境持久性污染物净化技术研究与集成示范
	4.4	饮水、食材中环境持久性污染物终端阻抗技术研究与应用示范
	4.5	食品生产信息数字化监控平台及其溯源系统的建立与示范

六、创新资源配置

（一）创新资源分布现状

目前，青岛理工大学、青岛科技大学、青岛农业大学等高校院所均有从事公共安全领域研究的专家团队，青岛海丽雅集团、山东世通检测评价技术服务有限公司等多家企业从事安全品的研发生产、食品环境的安全检测，成立了青岛市食品安全与环境检测产业技术创新战略联盟。

（二）创新资源配置

十三五期间，重点建设2个公共安全工程技术研究中心（青岛市应急装备工程技术研究中心和青岛市热安全工程技术研究中心）和1个应急装备测试中心（青岛市通用应急装备测试中心）。

七、产业创新路线图

（一）产业创新路线图

综合青岛市产业基础与现状、发展目标、研发需求和创新资源，结合专家调研、文献数据分析等，绘制公共安全领域产业创新路线图，如图1所示。依托科研院所和多家骨干企业，围绕4个重点领域，开展20多项关键共性技术攻关，通过建立研究中心、测试中心，构建多学科交叉的公共安全科技共享平台，建设示范工程等创新举措，突破发展瓶颈，为青岛市突发事件应急体系的整合、应急机制的优化提供科技支撑，推动青岛市公共安全产业快速发展。

（二）行动计划

围绕生产安全、食品安全和社会安全等领域的科技需求，加强基础理论研究和关键技术攻关，实现综合应急救援与决策指挥、应急产业关键技术装备、公共安全风险监测与治理、重大基础设施安全保障、社会安全预测预警和查控处置，以及重特大生产事故监测控制、防治与应急救援等重大科技任务的持续创新，开展公共安全示范工程建设，提升公共安全科技支撑突发事件的预防、准备和应对的能力，为青岛市应急管理提供科技支撑，培育发展应急科技产业，特制定五年行动计划，详见表2。

	2016年	2018年	2020年
发展目标	突破10项预防预警和救援处置的关键技术,建设2~3个公共安全工程技术研究中心,研发10项具有自主知识产权的应急装备产品,开展1~2项示范工程。		突破6项关键技术,建设测试中心,构建多学科交叉的公共安全科技共享平台,研发具有自主知识产权的应急装备产品。
发展瓶颈	实现全面检测监控并快速、动态了解应急现场状况的技术手段 跨部门重大突发公共事件应急和处置的综合协调能力 新成果和新产品的推广应用		
研发重点	突发事件预防预警支撑技术	突发事件风险评估 监测预测综合研判 应急准备体系 综合指挥调度技术及系统 区域应急资源优化配置技术及其应用 城市公共安全应急管理体系 区域安全规划 应急物联网技术 基于CIM的事故灾害预防关键技术 雾霾、浒苔、风暴潮、雷电强对流天气等带来的自然灾害的精细化监测预报	
	突发事件救援与处置关键技术	基于突发事件情景设计的应急演练方法 应急决策支持技术与系统 极端条件下区域灾情监测技术及装备 巨灾条件下城市公共安全保障技术 城市危化品重大风险分布、评估与预警系统 基于BIM的应急处置关键技术 化学事故物证分析和事故过程重构技术开发和支撑平台建设 应急堵漏技术	
	应急科技产业与产品支撑技术	个体和工程防护技术与装备 生命探测技术和装备 监测预警设备 应急自救和应急救援装备	
	食品安全监控技术	饮水、食材中环境持久性污染物监控系统及其数据库的建立 污染物源头阻抗技术研究与集成示范 污染物净化技术研究与集成示范 污染物终端阻抗技术研究与应用示范 伪劣食品快速检测方法与技术 基于物联网的食品追溯方法与技术	
资源配置	新建拟建	应急装备工程技术研究中心 热安全工程技术研究中心 通用应急装备测试中心	
	现有基础	青岛理工大学 青岛科技大学 青岛农业大学 青岛大学 青岛海丽雅集团 山东世通检测评价技术服务有限公司 青岛市食品安全与环境检测产业技术创新战略联盟	

图1 公共安全产业创新路线图

表2 青岛市公共安全领域行动计划

时间节点	2018年	2020年
发展目标	突破10项预防预警和救援处置的关键技术,建设2~3个公共安全工程技术研究中心,研发10项具有自主知识产权的应急装备产品,开展1~2项示范工程	突破6项关键技术,建设测试中心,构建多学科交叉的公共安全科技共享平台,研发具有自主知识产权的应急装备产品

青岛市"十三五"重点产业创新路线图

续 表

时间节点	2018年	2020年
发展路径	（1）关键技术攻关：重点支持突发事件风险评估、监测预测综合研判、应急资源优化配置等技术攻关，建立城市危险化学品重大风险分布、评估与预警系统，突破海上遇险目标的快速定位及高效处置技术、搜救及探测机器人技术等，研发区域灾情监测、生命探测技术和装备，食品生产信息数字化监控平台及其溯源系统的建立与示范 （2）搭建创新载体：建设应急装备工程技术研究中心和热安全工程技术研究中心等 （3）示范工程：开展食品溯源、燃气泄漏预警、危化品运输在线监测、安全生产在线监测等8～10个工程示范 （4）引进高层次人才3～5名	（1）关键技术攻关：重点开展重大火灾等社会安全事故的预防与控制技术，以及雾霾、浒苔等自然灾害的精细化监测预报技术的研发；建立饮水、食材中环境持久性污染物监控系统；研发安全避险、应急处置与救援装备 （2）搭建创新载体：建设通用应急装备测试中心 （3）引进高层次人才3～5名

参考文献

[1] 科学技术部. 国家公共安全科技发展"十二五"专项规划[EB/OL]. (2012-03-21)[2012-06-18]. http://www.most.gov.cn/fggw/zfwj/zfwj2012/201206/W020120618535683592891.doc.

[2] 青岛市科学技术局. 青岛市"十二五"科技发展规划公共安全专项规划[R]. 青岛:青岛市科技局, 2012.

[3] 青岛市人民政府. 青岛市"十二五"时期突发事件应急体系建设规划(2011—2015)[EB/OL]. (2011-09-23)[2011-09-23]. http://www.qingdao.gov.cn/n172/n68422/n68424/n16185733/111104161822526673.html.

[4] 宋鹏. 我国社会公共安全的挑战与治理[J]. 产业与科技论坛, 2014, 13(19):5-6.

[5] 何明, 邹青丙, 雷冬青, 等. 社会公共安全事件应急管理关键技术研究[J]. 中国安全科学学报, 2014, 24(9):166-170.

[6] 张春艳. 大数据时代的公共安全治理[J]. 国家行政学院学报, 2014(5):100-104.

[7] 中国人民大学课题组. 我国公共安全的现状与分析[J]. 中国机构改革与管理, 2014(6):29-32.

[8] 陈建安, 刘建波, 吕红频. 全面加强应急预案管理 着力健全公共安全体系——《突发事件应急预案管理办法》解读[J]. 中国减灾, 2014(11):16-19.

附 件

附件一　专家名单

序 号	姓 名	单 位
1	董 华	青岛理工大学
2	谢传欣	青岛科技大学
3	赵宏坤	青岛农业大学
4	耿 敏	青岛市气象台
5	李桂枝	青岛市环保局

附件二　关键共性技术描述

1. 突发事件预防预警支撑技术

1.1 突发事件风险评估技术

探索区域和行业突发事件风险评估原理研究适应于城市综合风险评估的技术和方法，建立区域风险评估理论模型，研究基于多种因素影响的城市脆弱性综合评估计算基础理论与方法；为编制基于3S技术和风险评估技术的城市公共安全规划标准提供支撑。

1.2 监测预测综合研判技术

研究环境条件对突发事件发展演化的综合影响因素及预测建模方法；突发事件演化进程中应急救援的时效性分析；研究自然灾害的预警模式和技术，编制监测预警的技术标准。发展自然灾害、事故灾难、公共卫生及社会安全方面的监测、预警及大数据分析类应急技术，提高青岛市对于自然灾害及各类突发事件监测预警的实时性和准确性。多部门多种类数据的共享及有机融合技术，基于大数据分析技术，对于灾害发生时监测及搜集到的各类数据进行融合管理，对灾害的现状及发展进行分析预测。道路交通状况的模拟预测技术，基于各类智能传感器技术、无人驾驶汽车技术对交通堵塞情况进行预测。

1.3 应急准备体系

研究基于重大突发事件情景设计的应急演练方法、综合性应急能力评估方法、地下工程和跨海大桥等重大基础设施与关键资源的风险监测、评估和保护技术方法等。

1.4 综合指挥调度技术及系统

研究基于风险识别的应急物资储备模式与调度模型、资源优化配置体系设计方法、救援力量统筹调度和协同作战技术；研发综合指挥调度系统。

1.5 应急资源优化配置技术及其应用

研究基于运筹学方法的应急资源(物资、装备和人力资源)的优化配置方法及其应用技术,建立相应的应急物资配置技术标准。

1.6 城市公共安全应急管理体系研究与工程示范

探索建立城市化学灾害事故防控和应急处置体系,整合现有城市化学灾害事故应急救援力量,设计构建适合青岛市的应急管理体系,以消防部队为依托,整合社会资源,组建城市化学灾害事故应急救援队伍。以平度市为例,对设计的应急管理体系进行事故场景假设和实战分析,提出优化建议。

1.7 突发事件属性、次生衍生与耦合作用的机理和规律

研究突发事件的表征、次生衍生灾害发展演化机理和规律,灾害作用类型、强度与时空分布特点和规律,次生衍生灾害与恶劣环境耦合对城市设施和系统的综合影响;研究突发事件与承灾载体作用模型、预测原理和方法。

1.8 承灾载体反应动力学

研究复杂灾害要素作用下承灾载体脆弱性辨识原理与技术,本体破坏模式和功能失效机理以及相应的强化机理和防护应对技术,基于物联网技术的灾害作用下承灾载体反应的监控技术,探索承灾载体破坏与突发事件次生衍生的相互作用规律,建立承灾载体破坏与突发事件次生衍生的相互作用规律模型。

1.9 雾霾、浒苔、风暴潮、雷电强对流天气等带来的自然灾害的精细化监测预报技术开发

建设雾霾观测系统和气溶胶质量浓度观测网、新型能见度自动观测网等,综合分析雾霾等时空分布特征、变化及传输路径,提升空气污染、霾天气和空气质量预报预警的精细化预报,开展重污染天气监测分析决策服务;开展海上天气中期、延伸期和气候趋势预测以及核污染、海洋污染扩散等突发性公共事件的应急天气预报,提高海洋气象灾害的风险评估、预估和防御能力。

增强对局地强降雨、雷电、冬季降雪、大雾等高影响天气监测预警能力,完善市县一体化监测预警平台。开展城市高影响天气预报关键技术研究,研发城市高影响天气精细化预报产品,加强集合预报产品在高影响天气预报中的应用研究,建立针对不同灾害天气的预报系统。完善城市气象灾害预警信息发布系统,利用广播、电视、报纸、网络、手机短信和电子显示屏等多种渠道向社会广泛发布气象灾害预警信息。开展城市建筑、关键行业的防雷工作,降低雷电灾害损失。

2. 突发事件救援与处置

2.1 基于突发事件情景设计的应急演练方法

研究突发事件的表征和情景设计,探讨不同突发事件的应急演练方法,研发模拟演练装备。

2.2 应急决策支持技术与系统

研究突发事件评估、监测、预判综合集成的智能决策技术,突发事件案例反演与分析技术;研究复杂灾害条件下的事件链综合防控技术,研发基于物联网与云计算技术的突发事件应急平台系统。

2.3 极端条件下区域灾情监测技术及装备

研究利用低空飞行器实时灾情监测、识别的传感技术,研究有毒有害物质的移动式非接触探测技术,研发应急动力装备与移动式应急系统及装备等。

2.4 巨灾条件下城市公共安全保障技术

研究城市功能破缺恢复与社会稳定性保障技术,探索突发事件导致的物理性破坏和秩序性破坏对城市功能的影响及其耦合作用规律,分析城市功能部分破缺对社会稳定性的影响机制,综合集成城市灾后恢复手段、策略和防控技术。

2.5 城市危化品重大风险分布、评估与预警系统

重点研究城市危化品的分布状况,重大风险特性,有毒物质泄漏风险及影响区域评估;利用信息技术,研究建立城市重大风险的预警系统;选择黄岛区作为试点,建成危化品重大风险管控示范项目。

2.6 化学事故物证分析和事故过程重构技术开发和支撑平台建设

重点研究危险化学品生产、运输、贮存等典型场所的火灾、爆炸典型灾害事故模拟仿真技术,研究利用危险化学品典型灾害事故的三维数值仿真模拟和虚拟现实技术相结合,开发突发事故下人员疏散动态模拟仿真技术。

2.7 应急堵漏技术

研制开发新型的注剂式带压堵漏和带压粘接堵漏技术和装备,采用物理化学复合处理技术(如物理稀释和化学分解相结合的方法)对危险化学品进行无害化处置,开展危险化学品堵漏技术标准化研究,提高我国危险化学品泄漏事故应急处置和救援的技术水平和能力。

3. 应急科技产业与产品支撑技术

3.1 个体和工程防护技术与装备

研究突发事件不同阶段的公众心理和行为特征,个体行为与群体行为的相互影响规律,大规模群体疏导技术;研发灾害环境下的防护、通讯、照明、侦检、识别和逃生的技术和装备;发展应急救援人员防护、矿山和危险化学品安全避险、特殊工种保护、家用应急自救防护等产品;研发社会公共安全防范、重要基础设施安全防护、重要生态环境安全保护等设备。

3.2 生命探测技术和装备

研究针对突发事件生命和特定物体的搜救探测技术,如超声波、远红外、微波、射线探测器,可穿透墙壁、地表的生命探测器,灾害环境下的自发光、微光可视仪等。

3.3 监测预警设备

重点发展地震、气象灾害、地质灾害、海洋灾害和森林火灾等监测传感设备和有毒有害气体探测传感器；发展农产品质量安全、食品药品安全、生产生活用水安全等应急检测装备，流行病监测、诊断试剂和装备；在社会安全方面，发展城市安全、网络和信息系统安全等监测预警产品。

3.4 应急自救和应急救援装备

研究应急自救逃生装备，研究大型和轻型便捷高效的破拆、挖掘、高空等救援技术与装备，研发在复杂环境和受限空间可方便快速安装布置的支撑技术与装备；研究有针对性的灭火、洗消、抑爆技术，研发自动配比、混合等防爆洗消药剂和装置；研发高层楼宇逃生装备等。

4. 食品安全监控技术

4.1 饮水、食材中环境持久性污染物的监控、治理及集成示范

重点研究环境条件对水源、食材中化学性持久性污染物的影响，建立实时监测数据库和预警机制与溯源控制系统；从不同领域分别研究环境持久性污染物源头阻抗技术、终端阻抗技术和净化技术，并进行集成应用和示范推广。

4.2 食品生产信息数字化监控平台及其溯源系统的建立与示范

采用智能传感器、射频识别、条形码标签、GPS、摄录像监控和物联网等现代电子高科技，创建食品生产信息化监控管理平台及其质量溯源系统，以及"企业自控、中心服务平台、行业监管、消费者反馈"四位一体的产品质量安全控制智能化网络模式及其技术服务体系，并实施"溯源食品"超市准入制度。通过食品生产全程视踪智能化控制、监管和质量安全溯源系统工程的实施，提升产品质量安全在线实时监控水平与可追溯性，增加食品生产过程的质量安全控制能力和透明度。

青岛市"十三五"农业科技领域创新路线图

一、国内外农业科技发展趋势

农业发展的根本出路在于科技进步。世界农业科技发展动向表明,信息技术、生物技术等高新技术在农业中得到广泛应用,成为提高农业现代化水平的重要手段,循环农业、低碳农业受到更多关注,农业技术改造的步伐明显加快,传统农业正在快速向现代农业转变。世界农业科技发展呈现出一些新特点,企业成为农业应用性研究的主体,农业知识产权发挥出更大的作用,各国政府更加重视农业科技发展,并努力改善农业科技创新环境。世界农业科技发展的动向与特点,对于明确我国农业科技发展方向,改善农业科技创新环境,具有借鉴意义。

(一)国外农业科技发展趋势

从传统农业向现代农业转变,就是将工业要素投入农业来替代传统要素的过程。主要表现为以机械作业替代畜力和手工作业,以化肥等工业投入要素替代农家肥等来自农业自身的投入要素,依靠科学知识和实验的农业替代依靠经验的农业,以专业化的商品性农业替代产品自产自用为主的自给性农业。

20世纪六七十年代以来,现代优良品种的育成和扩散、优质高效化肥的广泛应用、灌溉农业的发展、动植物保护技术的创新和应用、农业机械化的推进,不断推动世界各国从传统农业向现代农业转变。

发达国家改造传统农业起步阶段所选择的技术路线,主要由该国的国情和资源禀赋决定,归纳起来有三种模式。一是以美国、加拿大、澳大利亚等国为代表的农业机械化模式,首要目的是提高劳动生产率;二是以日本、荷兰、以色列等国为代表的生物技术化模式,首要目的是提高土地产出率;三是以法国、德国等国为代表的农业机械化和生物技术化兼顾模式。无论从哪种模式起步,各国最终都转向了以机械化、良种化、化学化、电气化、信息化等为主要内容的全面农业现代化,进入基本趋同的发展阶段。

为了抢占现代农业科技制高点,主要发达国家把农业科技进步作为国家重要战略,给予大力支持。各国政府通过完善法制建设、支持基础研究、补贴应用研究和试验发展、农业科技推广、建设基础设施、开展信息服务等,在农业科技发展中发挥主导作用。

美国是农业科技最发达的国家,政府对农业科技的支持也是最大的。美国支持农业科技发展的重点是,长期资助公共研究部门从事基础性研究工作,以及通过农业信息化建设促进农业技术推广、农业信息传播。20世纪90年代,美国建成了全球最大的农业计算机网络应用系统。21世纪初,又通过立法授权农业部负责农产品市场信息收集和发布。美国国家农业数据库、国家海洋与大气管理局数据库、地质调查局数据库等著名的农业信息数据中心,均得到了美国政府的政策与资金支持。

日本通过制定法律,把农业政策目标和经济措施法律化,推动现代农业发展,如《农业机械化促进法》《主要作物种子法》《农业基本法》及配套的《农业近代化资金促进法》等。日本的农业科研主体包括国立/公立科研机构、大学、企业等,均得到政府资金大力支持,如国立农林水产科研机构的经费几乎100%来自农林水产省。政府和农协是农业科技推广应用的主体。农林水产省负责制定农业科技推广工作的相关制度,并组织、协调和指导推广工作,地方农政局负责监督和指导地方农业技术推广工作及发放推广经费。政府还对日本各地的农村信息服务系统进行投资。

为了推进现代农业,韩国建立了农业科技研发与推广一体化的指导体系,由韩国农村振兴厅负责农业科研、农业技术推广、农村生活指导,以及对农民和农业公务员进行培训。韩国政府非常重视农业信息化建设,农林水产食品部下属的农林水产信息中心专门负责实施,其运行维护费用由政府预算安排。政府投资建设农村信息主干网,从主干网到用户的网络由民营电信企业负责,政府给予经费补助。为了方便农民上网,韩国还制定相关优惠措施。

(二)国内农业科技发展趋势

经过近60多年的发展,特别是改革开放以来,我国农业科技取得了长足的发展。虽然与发达国家还有较大的距离,但是所取得的显著进步是不可否认的。现代农业技术与常规技术结合不断促进农业生产发展,建立了生物技术与杂交育种技术为代表的新品种培育体系,杂交水稻和抗虫棉等6 000多个动植物新品种投放到农业生产中,为粮食生产,特别是肉、蛋等的保障起到了重要作用;生物技术以及种养、机械化和病虫害综合防治等技术的应用,大大提高了农业的生产率和土地的使用效率。2014年,全国粮食生产再获丰收,总产量达到60 709.9万吨,比2013年增加515万吨,增长0.9%;全国粮食产量实现"十一连增",已经达到了丰年有余的水平;建立了畜牧水产等良种繁育、集约化养殖及疾病防治技术体系。目前,我国畜牧总产跃居世界首位,肉、蛋等产量在全世界排在第一位,但科技进步贡献率56%,比发达国家低20个百分点。

想实现我国农业的发展,就应当进一步加大农业科技的投入,推进农业科研单位的联同合作,以开拓农业发展新投入途径,进而逐渐构成"以政府持续加大投入,社会力量支持参与"的资金投入机制,进而最大限度的唤起农业科技服务工作者工作的主动性与积极性,从而为我国农业的进一步发展提供有力的物质基础。此外,强化对农业科技推广体系的完善,推动科研成果尽可能快的转变成生产力,逐渐形成一支以政府为主导,社会各界(农民、合作社、企业等)大力参与的农业科技推广队伍,以促进我国农业的发展。

(三) 产业链与技术链分析

现代农业产业链是一种新型产业组织方式,它是一个规模巨大、结构复杂的网状要素系统,贯通农业产前、产中和产后三大领域,涵盖各种农产品的物流链、信息链、价值链、组织链四大链条,链接产前、生产、加工、流通、消费五大环节。其中,由五大环节构成产业链主链,每个环节又包含若干次级链。同时,组成链条的每个环节都对应农业生产领域不同的功能,实施这些功能的主体包括家庭农场、龙头企业、农民专业合作社、专业的社会化服务机构等新型现代农业生产经营主体以及农户等。详见图1、图2。

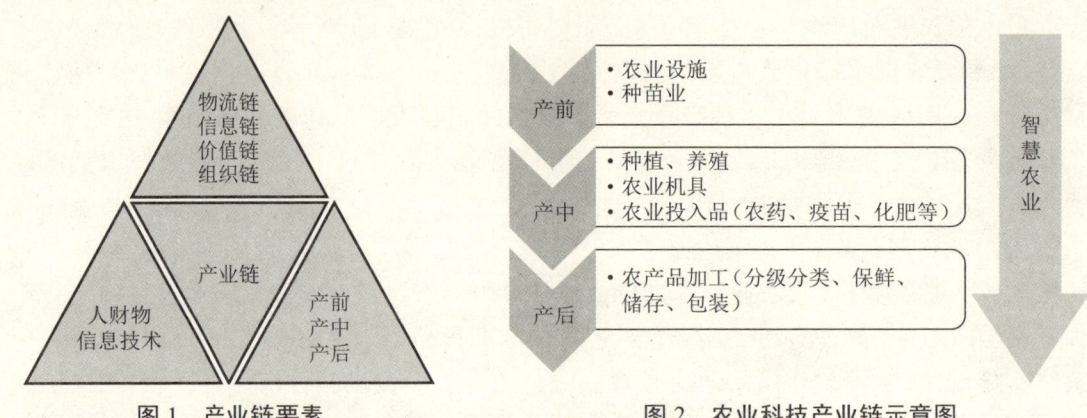

图1　产业链要素　　　　　　图2　农业科技产业链示意图

二、青岛市农业科技基础与现状

(一) 青岛市农业科技发展总体现状

青岛是一座闻名遐迩的旅游城市、沿海开放城市和工业城市,还是一个农业人口占68%的农业大市,主要农产品可以实现自给有余,是粮食的主产区和主销区、全国最大的农产品出口城市。

青岛凭借较强的经济实力、丰富的农业资源和良好的区位优势,在农业上创新发展、厚积薄发,农业现代化水平位居山东省前列。2014年,农民人均纯收入接近1.75万元。

2012年召开的青岛市第十一次党代会提出,实施"全域统筹、三城联动、轴带展开、组团发展、生态间隔"战略;坚持以高端农业引领传统农业发展,全面提升农业产业化、专业化、标准化、品牌化、国际化水平,率先基本实现农业现代化。

青岛市"十二五"规划也明确提出,以统筹城乡发展为目标,以加快转变农业发展方式和优化提升农村经济结构为主线,积极开发农业功能,创新农业经营方式,大力发展集生产、经济、生态、文化、休闲、观光于一体的新型都市农业。

2014年,获科技部批准建设青岛大沽河流域国家农业科技园、国家新农村发展研究院。四市一区获国家科技富民强县专项行动计划支持。科技特派员专项行动帮扶农户7 000余家,建立科技示范基地130个,培训农民20余万人次。先后培育出橄榄油型花生、高维 C 番茄等农业新品种 130 余个。新增光伏农业大棚 4.2 万平方米,年发电量 2 200 万千瓦时,项目荣获联合国"蓝天奖",有效促进农业增效、农民增收。

(二)青岛市农业科技 SWOT 分析

1. 优势

(1)实施了"四百工程"(建设 100 万亩高产优质高效粮食、100 万亩优质蔬菜、100 万亩优质专用花生、100 万亩优质果茶示范区),形成了种植业四大优势产业布局,打下了口粮安全的坚实基础。2013 年,青岛市委市政府出台意见,全面部署现代农业园区、农业产业化、智慧农业、品牌提升、现代种业、节水农业、生态循环农业、远洋渔业、生态林业和农业机械化等十大重点工程建设,推动现代农业全面提档升级。各级财政每年投入 40 多亿元,带动社会投资 60 多亿元,金色粮仓、绿色粮仓、白色粮仓、蓝色粮仓等"四大粮仓"已现雏形。目前,全市蔬菜产量已达 400 多万吨、肉蛋奶 58.4 万吨、水产品 45.4 万吨,粮食、蔬菜、油料、肉蛋奶、水产品人均占有量均高于全国平均水平,为工业化城市粮食自给做出了样板。

(2)积极"引进来、走出去",引进国内外资本和先进技术,加快构建农产品加工转化体系,推动农业与二、三产业深度融合。

(3)探索完善"龙头企业+农场(基地)+农户"的利益联结机制,引导鼓励工商企业参与蔬菜和果茶精品园的建设和经营,逐步形成了市场化投入、企业化经营和产业化开发的精品园区运营新模式。

(4)现代发展模式催生了新的农业业态。如华盛绿能农业公司建设的光伏农业项目占地 1 000 亩,它以光伏设施大棚为载体,实现了"棚顶发电、棚内种植",该模式已在山东、江苏、内蒙古等地得到推广。光伏大棚采用先进的滴喷灌和通风系统,以及墙体、袋式基质和管道等先进栽培方式。

2. 劣势

(1)粮食综合生产能力仍然不强。青岛市小麦和玉米播种面积基本稳定在 $26.7\times 10^4 \text{hm}^2$ 左右,但是 666.7 m^2 小麦单产只有 420 kg 左右,玉米单产只有 480 kg 左右,与全国、全省先进水平相比还有不小差距,而且各地发展不平衡。

(2)农产品地理标志数量少。青岛农产品资源丰富,名优特产数不胜数。特色农产品一个重要的指标就是地域性很强,但从地理标志产品数量上看,青岛市获得国家地理标志保护的农产品 36 种,与同属山东省的潍坊、烟台等城市相比,种类较少。

(3)青岛市大力实施现代种业振兴工程,通过引进国内外知名种业企业,扶持带动本地企业创新发展,提升良种保障能力,促进农业增效、农民增收,但缺乏起到龙头作用的大型种业企业。

(4)农产品质量安全保障能力有待提升。农业质量标准体系、农产品质量监督检测体系和农业行政执法体系有待健全和完善,执法力度需要进一步加大。部分农产品尚无标可循,名牌农产品的培育需要更加重视。

3. 机遇

（1）发展农业的根本出路在科技，中央政府对农业科技创新体系建设十分重视，2007年、2012年、2015年的中央一号文件都把农业科技作为头等大事来抓，凸显了农业科技在现代农业发展过程中的引领作用。2015年，中央农村工作会议和中央一号文件《关于加大改革创新力度加快农业现代化建设的若干意见》指出：要强化农业科技创新驱动作用，健全农业科技创新激励机制；建立优化整合农业科技规划、计划和科技资源协调机制；加强对企业开展农业科技研发的引导扶持，使企业成为技术创新和应用的主体；加快农业科技创新，在生物育种、智能农业、农机装备、生态环保等领域取得重大突破。

（2）《全国农业可持续发展规划（2015—2030年）》提出，充分发挥科技创新驱动作用，实施科教兴农战略，加强农业科技自主创新、集成创新与推广应用，力争在种业和资源高效利用等技术领域率先突破。大力推进农业科技创新和体制机制创新，释放改革新红利，推进科学种养，着力增强创新驱动发展新动力，促进农业发展方式转变。

4. 威胁

（1）农业科技开发与科技使用对接的障碍。农业科技成果的数量、档次和水平需要进一步提高，对推动农业增产和农民增收的新品种的培育和引进方面的工作有所欠缺，一些重大科技成果和先进实用技术的推广力度不够，农业科技推广体系有待进一步完善，农业从业者的素质需要进一步提升。

（2）不可持续性威胁。目前，我国粮食连年增产，农业物质技术装备条件明显改善，2014年，粮食生产"十一连增"，农业科技进步贡献率达到56%，农作物耕种收综合机械化水平突破60%，可以说科技已成为我国农业发展的主要推动力量。但同时也不可否认，在追求农业高经济效益或高产量的同时，一部分是以牺牲环境为代价，化肥、农药、农膜的大量应用。高投入、高消耗的农业经营模式，投资和消费关系失衡，使环境受到污染，农业措施不当使水土流失加剧等，势必影响到生态效益和社会效益、影响到农业产业的可持续发展，更谈不上农业科技的创新。

通过对我市农业科技领域的SWOT分析（表1）可以看出，我市应抓住国家加快农业现代化建设的契机，发挥青岛市在区位、科研资源等方面的优势，重点突破关键共性技术，把握产业主导权，发挥山东半岛蓝色经济区龙头作用，成为我国农业科技产业发展的先导。

表1 青岛市农业科技SWOT分析

内部能力＼外部条件	机遇（Opportunities）	威胁（Threat）
	（1）2015年中央农村工作会议和中央一号文件《关于加大改革创新力度加快农业现代化建设的若干意见》 （2）《全国农业可持续发展规划（2015—2030年）》	（1）我国正处于农业转型升级的关键时期，发展将面临较大挑战 （2）激烈的国内外农产品竞争 （3）食品质量安全危机 （4）农业科技开发与科技使用对接的障碍

续 表

优势(Strength)	优势-机遇(SO)	优势-威胁(ST)
(1)较强的经济实力、良好的区位优势,较好地农业基础条件 (2)在城市发展大局中全域规划、整体布局,搭建"一轴三片、四区多点"现代农业发展总体框架 (3)青岛市拥有众多高校和科研院所,在农业和农产品研究领域处于全国领先水平	(1)发挥区位优势,加速实现现代农业发展目标 (2)发挥资源与科研优势,适度扩大农业科技产业规模 (3)加快农业产业结构的优化升级	(1)加速关键技术攻关,大力发展生态农业、绿色农业 (2)加快平台建设,推动农业创新发展,突破关键技术与产业化瓶颈 (3)大力实施外向型农业发展战略,加强省际、国间合作
劣势(Weakness)	劣势-机遇(WO)	劣势-威胁(WT)
(1)粮食综合生产能力仍然不强 (2)农产品地理标志的数量少 (3)大型种业企业缺乏 (4)农产品质量安全保障能力有待提升	(1)突破关键技术,提高农业综合生产能力,促进农业产业可持续发展 (2)引进高端人才,培育龙头企业(如登海种业、金妈妈等),培育中小企业,促进农业科技产业的整体提升 (3)发展特色农业,建设本地农业特色品牌	(1)针对薄弱环节进行技术突破和产业培育,增强农业科技产业竞争力 (2)出台引导政策与激励措施,促进产业集聚发展

三、青岛市农业科技发展瓶颈

目前,青岛市在农业科技发展方面已取得了一些成果,建立了一批示范园区,但仍存在一些阻碍其发展的技术瓶颈,具体见表2。

表2 农业科技产业技术壁垒

序号	技术领域	编号	技术壁垒	排序
1	现代种业	1.1	作物、畜禽重要性状形成机理不够清晰	1
		1.2	作物、畜禽种质资源分散、优异基因的挖掘利用不足	2
		1.3	作物、畜禽育种关键技术及规模化良种生产与繁育技术存在瓶颈制约	3
		1.4	种子加工与质量控制技术落后	4
2	现代种养业	2.1	作物、畜禽生长发育调控机理、生态环境调控和循环机理以及化肥、农药转化、消解机制不够清楚	1
		2.2	耕地质量提升、作物绿色增产技术存在瓶颈制约	2
		2.3	规模化畜禽健康养殖、农业废弃物处理及资源化利用技术相对落后	3
3	新型农业投入品	3.1	生物降解代谢和调控机理、肥料与植物养分供需耦合机理及动植物免疫诱导调控机理不够清楚	1
		3.2	适时高效化学、微生物肥料及生态高效化学、生物农药生产技术相对落后	2
		3.3	动物疫苗、生物兽药、饲料添加剂、动物保健品创制技术存在瓶颈制约	3
		3.4	新型食品添加剂及高效可降解保鲜剂(膜)研制技术相对落后	4
4	农(畜)产品精深加工	4.1	果实采后代谢机理、生物活性物质作用机理及功效不够清楚	1
		4.2	生物活性物质提取技术存在瓶颈	2

▶ 青岛市"十三五"重点产业创新路线图

续 表

序 号	技术领域	编 号	技术壁垒	排 序
4	农(畜)产品精深加工	4.3	农(畜)产品加工、检测、储运及加工副产物综合利用技术相对落后	3
		4.4	新型保健品和功能食品研发技术相对落后	4
5	新型农业设施装备	5.1	农业设施结构安全优化设计和农业装备设计原理与技术差距较大	1
		5.2	作物特别是经济作物全程机械化装备研发技术相对落后	2
		5.3	种业机械装备、农产品贮藏加工装备及设施研发技术落后	3
		5.4	节水、光伏农业产品及家庭农业设施与装备研发技术存在瓶颈	4
6	智慧农业	6.1	作物生长信息数字模拟技术落后	1
		6.2	农业生产环境智能控制技术瓶颈制约明显	2
		6.3	大数据在农业生产中的应用技术落后	3
		6.4	农业物联网技术落后	4

四、产业目标

立足青岛产业基础与发展定位，聚焦现代种业、现代种养业、新型农业投入品、农(畜)产品精深加工、新型农业装备、智慧农业等领域，以智能化、绿色化、服务化为主导发展方向，努力提高土地产出率、劳动生产率、劳动生产率，到2020年，在创新能力与产业规模上实现以下目标。

（1）加快重大关键共性技术的突破和产业化进程，部署新品种选育及高效育种、农作物节本增效、主要农产品高值化加工与综合利用、光伏农业、农业物联网等重大专项。

（2）推进莱西市现代种业孵化器、青岛大沽河流域国家农业科技园区等创新载体建设，建设青岛市农产品质量安全监管平台，提升农业科技自主创新能力，推动农业科技产业快速发展。

（3）实现粮食和农业生产的化肥、农药使用量零增长。

（4）开展粮食绿色增产模式攻关，要在"三推"（推广高产高效多抗新品种、推广规模化标准化机械化的栽培技术、推进耕地质量建设）和"三控"（控肥、控药、控水）上下功夫，实现科技水平和可持续发展能力的提升。

五、青岛市农业科技关键技术攻关与创新资源配置

（一）关键技术攻关

经分析现状，青岛市农业科技在现代种业、现代种养业、新型农业投入品、农产品精深加工、新型农业设施装备、智慧农业等方面需要重点关注的关键技术方向，具体见表3。

表3 青岛市农业科技关键技术攻关

产业子领域	关键技术方向
现代种业	作物、畜禽产量、品质、抗性、资源高效等重要性状形成的分子机制 作物、畜禽优良种质资源收集、保存与评价 作物、畜禽优异基因的挖掘利用及其优异新种质创制 作物、畜禽育种关键技术研发及高效育种技术体系构建 优质高抗、专用、资源高效、适应机械化作业的作物、畜禽新品种选育 主要农作物、蔬菜、果茶、畜禽规模化良种生产与繁育技术 主要农作物、蔬菜种子加工与质量控制技术
现代种养业	作物、畜禽生殖、发育、营养、免疫调控机理 农业、林业生态环境因子互作调控和生态系统循环机制 化肥、农药损失、转化、沉积、消解的生物学、土壤学机制 耕地质量提升关键技术 高效生物固氮技术 作物绿色增产技术 规模化畜禽健康养殖关键技术 农业废弃物安全处理及资源化利用关键技术
新型农业投入品	生物降解代谢和调控机理 动植物免疫诱导调控机理 肥料与植物养分供需耦合机制 新型复混、缓/控释肥料和微生物肥料研制 新型生态高效化学农药和生物农药 新型生物反应器研制 新型动物疫苗、生物兽药、饲料添加剂、动物保健品创制 新型食品添加剂、保鲜剂(膜)研制
农(畜)产品精深加工	果实采后代谢机理 生物活性物质作用机理及功效分析 生物活性物质提取技术 农(畜)产品精深加工关键技术 农(畜)产品质量安全检测和控制关键技术 农(畜)产品冷链物流关键技术 新型保健品、功能食品研发 农产品加工副产物综合利用技术
新型农业设施装备	农业设施结构安全优化设计 农业装备设计原理与技术 种业机械装备研发 作物全程机械化装备研发 农业设施生产关键技术及装备研发 阳台、居室农业设施与装备研发 农产品贮藏加工装备及设施研发 节水、光伏农业产品研发
智慧农业	作物生长信息数字模拟技术 农业生产环境智能控制技术 农业物联网、农业云服务、移动互联等农业信息领域关键共性技术 基于大数据的农业产业模型研究与应用 农产品智能分选技术

（二）创新资源配置

1. 现有创新资源

目前，青岛市为了加快转变农业发展方式和发展都市现代农业，构建联合协作高效的农业创新机制，加强顶层设计，整合创新资源，强化合作攻关，增强创新能力，表4列出了目前青岛市农业科技在现代种业、现代种养业、新型农业投入品、农（畜）产品精深加工、新型农业装备、智慧农业领域的主要创新资源。

表4　青岛市农业科技创新资源

产业子领域	创新资源
现代种业	国家花生工程技术研究中心 农业部兔遗传育种重点实验室 农业部花生生物学与遗传育种重点实验室 山东省花生重点实验室 山东省应用真菌重点实验室 山东省花生工程技术研究中心 山东省耐盐作物种质创新与利用工程技术研究中心 山东省高校动物生殖与种质创新实验室 山东省黑牛繁育工程技术研究中心 青岛市农业生物技术重点实验室 青岛市现代马业工程技术研究中心 青岛市蔬菜工程技术研究中心 青岛市蓝莓工程技术研究中心 青岛市主要农作物种质资源创新与应用重点实验室 青岛市园艺植物遗传改良与育种重点实验室 青岛市园林工程技术研究中心 青岛市动物种质创新及健康养殖工程技术研究中心 青岛大沽河流域国家农业科技园 青岛农业大学现代农业科技示范园 莱西市现代种业孵化器 中国家兔产业技术创新战略联盟 青岛市现代种业产业技术创新战略联盟 青岛市茶叶产业技术创新战略联盟 青岛市蓝莓产业技术创新战略联盟 青岛市蔬菜种业产业技术创新战略联盟
现代种养业	国家花生工程技术研究中心 农业部烟草生物学与加工重点实验室 农业部疯牛病参考实验室 农业部新城疫参考实验室 农业部布病专业实验室 农业部禽流感专业实验室 山东省旱作农业技术重点实验室 山东省花生重点实验室 山东省花生工程技术研究中心 山东省高校预防兽医学实验室 山东省高校植物病虫害综合防控实验室 山东省高校植物生物技术实验室 青岛市现代农业质量与安全工程重点实验室 青岛市农业生物技术重点实验室

续表

产业子领域	创新资源
现代种养业	青岛市畜禽营养重点实验室 青岛市农村环境工程研究中心 青岛市动物种质创新及健康养殖工程技术研究中心 青岛农业大学现代农业科技示范园 青岛市蔬菜工程技术研究中心 青岛市园林工程技术研究中心 青岛烟草减害工程技术研究中心 青岛市现代马业工程技术研究中心 青岛市奶山羊工程技术研究中心 青岛市蓝莓工程技术研究中心 山东省中美兽医生物技术合作研究中心 青岛市兽医生物技术国际科技合作基地 青岛生物沼气环境微生物国际科技合作基地 青岛市油料作物国际科技合作基地 国家光伏食用菌产业技术创新战略联盟 中国家兔产业技术创新战略联盟 青岛市茶叶产业技术创新战略联盟 青岛市蓝莓产业技术创新战略联盟 青岛市光伏农业产业技术创新战略联盟 青岛市蔬菜种业产业技术创新战略联盟 青岛大沽河流域国家农业科技园 青岛农业大学现代农业科技示范园
新型农业投入品	国家动物用保健品工程技术研究中心 农业部农药研发重点实验室 山东省畜禽动物疫苗重点实验室 山东省畜禽基因工程疫苗工程技术研究中心 山东省农业仿生应用工程技术研究中心 山东省兽药诊断试剂工程技术研究中心 青岛市现代生物工程及动物疫病研究重点实验室 青岛市畜禽疫苗重点实验室 青岛市动物饲料安全重点实验室 青岛市酶制剂制备与生物催化重点实验室 青岛市动物微生态及生理效应重点实验室 青岛市生物兽药开发工程技术研究中心 青岛仿生农药工程技术研究中心 青岛生物源农药工程技术研究中心 青岛动物药品研究与创制工程研究中心 青岛动物疫苗创制及工业化工程技术研究中心 青岛生物酶工程技术研究中心 青岛市饲料质量安全工程技术研究中心 青岛市农用生物制药工程研究中心 山东省中美无脊椎动物细胞培养与细胞工程合作研究中心 山东省中美兽医生物技术合作研究中心 青岛市兽医生物技术国际科技合作基地 青岛市农用生物制药国际科技合作基地 青岛市饲料产业技术创新战略联盟 青岛市动物用生物制品产业技术创新战略联盟 青岛市兽药制剂产业技术创新战略联盟

青岛市"十三五"重点产业创新路线图

续　表

产业子领域	创新资源
新型农业投入品	青岛市新型农药产业技术创新战略联盟 青岛市天然植物药创制与开发产业技术创新战略联盟
农产品精深加工	山东省应用真菌重点实验室 山东省肉类食品质量控制工程技术研究中心 山东省中韩食品生物技术研究中心 青岛益生菌工程技术研究中心 青岛市益生菌产业技术创新战略联盟 青岛市农产品加工与质量安全工程研究中心 青岛市食品安全与环境监测产业技术创新战略联盟 青岛市食品药品安全性评价监测公共研发平台 青岛肉兔繁育及深加工工程技术研究中心
新型农业设施装备	山东省根茎类作物生产装备技术研究中心 山东省种业生产装备工程研究中心 山东省主要农作物机械化生产装备协同创新中心 青岛现代农业装备国际科技合作基地 青岛市农业机械装备产业技术创新战略联盟
智慧农业	青岛市产业技术研究院 青岛市农业科技"110"数字化信息服务网络 青岛市智慧农业产业技术创新战略联盟

2. 创新资源需求

现代农业科技创新体系建设是一个系统工程,具有公共性、基础性、公益性等特征,涉及农业管理、农业研究、农业科技推广、农业科技应用部门等,必须成立由政府部门牵头协调、以农业科技创新中心为核心、以农业高新技术推广试验为基础、以科技产业效益化为目标、以国家政策支持为保障的现代农业科技创新体系。成立国家农业科技创新中心,选取具有相关优势的国家级农业科技园区、国家级大型农业龙头企业作为国家级高新技术产业化推广试验基地。现代农业科技创新体系的系统化建设,必须充分整合科研院所、高等院校等农业科技创新资源,发挥农业科技人员的聪明才智,加强农业科学的基础性、原创性研究。调整农业科技创新结构,优化农业推广、应用及产业化布局,创造良好的农业科技创新政策环境、人才环境。通过现代农业科技创新体系系统化建设,提高我国农业科技创新的效率。表5、表6列出了青岛市农业科技的创新资源需求及创新人才需求。

表5　创新资源需求及简要介绍

创新资源需求	简要介绍（概况及目标）
中美花生联合实验室	依托国家花生工程技术研究中心(山东省花生研究所)、山东省花生工程技术研究中心(山东省花生研究所)、山东省花生重点实验室(山东省花生研究所)、青岛市主要农作物种质资源创新与应用重点实验室(青岛农业大学),联合美国奥本大学花生实验室开展花生育种、栽培、加工等领域的研究,计划用3~5年建成国家级国际联合实验室
青岛市作物种质资源保护中心	依托青岛市主要农作物种质资源创新与应用重点实验室(青岛农业大学)和青岛农业大学胶州现代农业示范园,全面整合青岛市农科院、山东省花生研究所等种质资源,建成集主要农作物收集、保存、鉴定、筛选于一体的作物种质资源保护中心,计划用3~5年建成国内一流的种质资源保护中心

续 表

创新资源需求	简要介绍（概况及目标）
青岛市茶工程技术研究中心	依托山东省茶产业技术体系首席专家岗位（青岛农业大学），联合青岛农科院果茶所、青岛果茶站、市级茶业龙头企业等单位，开展北方茶资源收集、优质耐寒茶新品种选育、优质苗木生产、茶高效栽培技术推广、优质制茶技术工艺研究，计划用3～5年建成中国北方一流的茶工程技术研究中心
青岛市苹果工程技术研究中心	依托山东省果树重点学科（青岛农业大学）、国家现代苹果产业技术体系专家岗位（青岛农业大学），联合青岛农科院果茶所、青岛果茶站等单位，开展苹果资源收集、特色苹果（红肉、加工、柱型、高酸、免套袋）新品种选育、优质大苗生产、矮砧集约化高效栽培技术推广以及重要性状的分子标记和功能基因挖掘与应用研究，计划用3～5年建成国内一流的苹果工程技术研究中心
青岛市现代农业公共研发平台	依托青岛农业大学科技创新大楼，全面整合和集聚青岛市农业科技创新资源，围绕青岛市现代农业发展需求和高端农业发展定位，建设集农业科技创新、技术服务、人才培训于一体的现代农业公共研发平台，计划用3～5年的时间，将平台建成布局合理、功能完备、运行高效、开放共享的国内一流的农业科技创新源头、农业科技综合服务平台、农业技术人才培训基地，为青岛市现代农业发展提供全方位支撑
青岛市设施农业工程技术研究中心	依托青岛农业大学，联合青岛农科院、青岛华盛绿能农业科技有限公司等单位，开展农业设施设计开发、设施农业生产技术、设施农业环境控制等方面的研究，计划用3～5年建成国内一流的设施农业工程技术研究中心
青岛市主要经济作物生产装备工程技术研究中心	依托山东省农业机械工程重点学科（青岛农业大学），开展主要经济作物机械化生产装备研发，全面提高全市主要经济作物机械化生产水平，计划用3～5年的时间，建成国内一流的经济作物生产装备工程技术研究中心
青岛市数字农业重点实验室	依托青岛农业大学数字农业研究中心，开展农业生产环境数字控制、作物生长信息数字模拟等方面的研究，计划用3～5年的时间，建成国内一流的数字农业创新平台
青岛市智慧农业工程技术研究中心	依托青岛大沽河流域国家农业科技园区信息平台（青岛农业大学），开展基于大数据的智能设施农业技术、智能机械装备研发、智能农产品物流技术研发，计划用3～5年的时间，建成国内一流的智慧农业工程技术研究中心
雪龙黑牛养殖科技综合示范园区	依托大连雪龙牧业有限公司，建设高标准雪龙黑牛牧业科技综合示范园区，建设成为集现代型牛舍、新型沼气池、新能源利用、饲料加工、青储池、有机生物肥、屠宰加工为一体的新型牧场
农产品生产数据管理与销售系统	依托青岛市产业技术研究院，研发生产数据管理系统以及移动电商平台，吸纳农业产业链的两头：种植用户与消费用户，为消费者提供可全程溯源的农产品，为种植者农产品种植企业（基地）提供现代农业生产信息管理服务，根据农业生产过程中的人力、资金、生产计划等内容，科学合理的安排，助力发展订单农业

表6 创新人才需求及简要介绍

创新人才资源需求	简要介绍（概况及目标）
岛城高效生态农业领军人才工程	根据青岛市现代农业产业发展需要，在现代种业、高效种植、健康养殖、农产品精深加工、安全高效农业投入品（新型肥料、生物农药兽药、绿色有机饲料等）、智能农机装备、高效设施农业、生物质能源、生物基材料、农业物联网、农产品现代物流及电子商务等领域，面向海内外遴选高效生态农业领域领军人才，组建以领军人才为核心的创新团队；到2020年，遴选20个左右领军人才，组建20个左右创新团队，集中研发一批支撑高效生态农业发展的关键核心技术，培育一批具有自主知识产权的高端高质高效新品种，研制一批绿色农业投入品、农产品精深加工和信息化智能设施装备，打造一批农业高新技术骨干企业，为实现农业转型升级提供有力的人才引领和支撑
智慧农业产业高技术人才培养基地	依托青岛市智慧农业产业技术创新战略联盟，通过企业和高等院校之间的合作，以及联盟内重点实验室、工程技术中心等培训资源，推动联盟内成员单位科技人才的联合培养和交流，打造智慧农业产业高技术人才培养基地，使之成为吸引留学和海外人才的重要基地

六、产业创新路线图与行动计划

（一）产业创新路线图

通过对国内外相关文献资料数据信息的整理、青岛农业科技现状的调查,并结合专家意见进行归纳,对青岛农业科技创新路线图进行了绘制,具体见图3。

			2016年	2018年	2020年
发展目标		产业产值	约100亿元	>120亿元	>150亿元
	创新资源建设	搭建创新载体	80家	100家	110家
		培育骨干企业	20家	40家	50家
		建设人才团队	5个	15个	25个
发展瓶颈		现代种业	作物、畜禽重要性状形成机理不够清晰　　　　　　种子加工与质量控制技术落后 种质资源分散、优异基因的挖掘利用不足 作物、畜禽育种关键技术及规模化良种生产与繁育技术存在瓶颈制约		
		现代种养业	作物、畜禽生长发育调控机理、生态环境调控和循环机理以及化肥、农药转化、消解机制不够清楚 耕地质量提升、作物绿色增产技术存在瓶颈 规模化畜禽健康养殖、农业废弃物处理及资源化利用技术相对落后 生物降解代谢和调控机理、肥料与植物养分供需耦合及动植物免疫诱导调控机理不够清楚		
		新型农业投入品	适时高效化学、微生物肥料及生态高效化学、生物农药生产技术相对落后 动物疫苗、生物兽药、饲料添加剂、动物保健品创制技术存在瓶颈 新型食品添加剂及高效可降解保鲜剂（膜）研制技术相对落后		
		农(畜)产品精深加工	果实采后代谢机理、生物活性物质作用机理及功效不够清楚　　新型保健品和功能食品研发技术相对落后 农（畜）产品综合利用技术相对落后　　生物活性物质提取技术存在瓶颈		
		新型农业装备	农业设施结构安全优化设计原理和农业装备设计技术差距较大 种业机械装备、农产品贮藏加工装备及设施研发技术落后　　作物全程机械化装备研发技术相对落后 节水、光伏农业产品及家庭农业设施与装备研发技术存在瓶颈		
		智慧农业	作物生长信息数字模拟技术落后　　农业生产环境智能控制 技术瓶颈制约明显 大数据在农业生产中的应用技术落后　　农业物联网技术落后		
研发重点		现代种业	重要性状形成的分子机制　　优异基因的挖掘利用及其优异新种质创制　规模化良种生产与繁育技术 优良种质资源收集、保存及评价　　　　　　　　　　　　　　　　　种子加工与质量控制技术 优质高抗、专用、资源高效、适应机械化作业的作物、畜禽新品种选育　效育种技术体系构建		
		现代种养业	作物、畜禽生殖、发育、营养、免疫调控机理　　　　耕地质量提升关键技术 农业、林业生态环境因子互作调控和生态系统循环机制　高效生物固氮技术 化肥、农药损失、转化、沉积、消解的生物学、土壤学机制　作物绿色增产技术 规模化畜禽健康养殖关键技术　　　　　　　　　　　　农业废弃物安全处理及资源化利用关键技术		
		新型农业投入品	生物降解代谢和调控机理　新型食品添加剂、保鲜剂（膜）研制　新型生态高效化学农药和生物农药 肥料与植物养分供需耦合机制　动植物免疫诱导调控机理　　　　新型复混、缓/控释肥料和微生物肥料研制 新型动物疫苗、生物兽药、饲料添加剂、动物保健品创制　　　　　新型生物反应器研制		
		农(畜)产品精深加工	质量安全检测和控制关键技术　　生物活性物质作用机理及功效分析　精深加工关键技术 果实采后代谢机理　　　　　　　生物活性物质提取技术　　　　　新型保健品、功能食品研发 冷链物流关键技术　　　　　　　农产品加工副产物综合利用技术		
		新型农业设施装备	农业设施结构安全优化设计　　节水、光伏农业产品研发　　　农产品贮藏加工装备及设施研发 农业装备设计原理与技术　　　种业机械装备研发　　　　　　作物全程机械化装备研发 阳台、居室农业设施与装备研发　农业设施生产关键技术及装备研发		
		智慧农业	作物生长信息数字模拟技术　　基于大数据的农业产业模型研究与应用　农产品智能分选技术 农业物联网、农业云服务、移动互联等农业信息领域关键共性技术　　农业生产环境智能控制技术		
资源配置	已建	科研院所	青岛农业大学　　国家花生工程技术研究中心　　青岛市主要农作物种质资源创新与应用重点实验室 青岛市现代生物工程及动物疫病研究重点实验室　青岛市畜禽疫苗重点实验室 青岛市农业生物技术重点实验室　山东省种业生产装备工程研究中心　山东省中韩食品生物技术研究中心		
		示范工程	青岛大沽河流域国家农业科技园　青岛农业大学现代农业科技示范园　莱西市现代种业孵化器		
		产业联盟	青岛市现代种业产业技术创新战略联盟　　　　青岛市蔬菜种业产业技术创新战略联盟 青岛市农业机械装备产业技术创新战略联盟　国家光伏食用菌产业技术创新战略联盟 青岛市智慧农业产业技术创新战略联盟		
		骨干企业	青岛华盛绿能农业科技有限公司　青岛金妈妈农业科技有限公司　青岛大牧人机械股份有限公司		
	拟建	示范工程	中美花生联合实验室　　青岛市作物种质资源保护中心　青岛市主要经济作物生产装备工程技术研究中心 雪龙黑牛养殖科技综合示范园区　青岛市现代农业公共研发平台　青岛市智慧农业工程技术研究中心 青岛市设施农业工程技术研究中心　青岛市茶工程技术研究中心　青岛市数字农业重点实验室		
		人才团队	岛城高效生态农业领军人才工程　　智慧农业产业高技术人才培养基地		

图3　青岛农业科技创新路线图

（二）行动计划

立足青岛产业基础与发展定位，聚焦现代种业、现代种养业、新型农业投入品、农（畜）产品精深加工、新型农业装备、智慧农业等领域，以智能化、绿色化、服务化为主导发展方向，加快重大关键共性技术的突破和产业化进程，部署新品种选育及高效育种、农作物节本增效、主要农产品高值化加工与综合利用、光伏农业、基于大数据及物联网的农业信息等重大专项，推进莱西市现代种业孵化器、青岛大沽河流域国家农业科技园区等创新载体建设，建设青岛市农产品质量安全监管平台，提升农业科技自主创新能力，推动农业科技产业快速发展。青岛市"十三五"农业科技产业行动计划具体见表7。

表7 农业科技产业行动计划

时 间	2018年	2020年
发展目标	在现代种业、种养业、新兴农产品投入、农（畜）产品精深加工、新型农业装备、智慧农业等领域部署实施自主创新重大专项，突破共性关键技术20项，搭建各类创新载体5个，形成一批具有自主知识产权的产品，培育拥有自主品牌和较大市场影响力的骨干企业5家，农业示范园区及示范工程8～10个	突破共性关键技术15项，搭建各类创新载体3个，农业示范园区及示范工程2～5个，建设人才工程1个
发展路径	（1）关键技术突破及产业化：重点突破作物、畜禽优良种质资源收集、保存与评价；优质高抗、专用、资源高效、适应机械化作业的作物、畜禽新品种选育；主要农作物、蔬菜、果茶、畜禽规模化良种生产与繁育技术；农业、林业生态环境因子互作调控和生态系统循环机制；新型生态高效化学农药和生物农药；生物活性物质提取；种业机械装备研发；阳台、居室农业设施与装备研发；节水、光伏农业产品研发等 （2）发展各类创新载体：莱西市现代种业孵化器；国家光伏食用菌产业技术创新战略联盟；中国家兔产业技术创新战略联盟；青岛市动物种质创新及健康养殖工程技术研究中心；青岛市主要农作物种质创新与应用重点实验室 （3）推进产业园区建设：青岛大沽河流域国家农业科技园区、青岛农业大学现代农业科技示范园等 （4）加强国内外合作：建设中美花生联合实验室 （5）创新资源建设：青岛市设施农业工程技术研究中心、青岛市数字农业重点实验室等 （6）示范工程：大沽河流域水质监测、光伏农业、新品种培育、智能农机装备、雪龙黑牛养殖科技综合示范园区等 （7）重点扶持龙头企业：华盛绿能、金妈妈等 （8）引进农业科技高层次人才10名	（1）重点发展作物、畜禽育种关键技术研发及高效育种技术体系构建，主要农作物、蔬菜种子加工与质量控制技术，规模化畜禽健康养殖关键技术，农产品加工副产物综合利用技术，作物全程机械化装备研发，农产品智能分选技术，农业物联网、农业云服务、移动互联等农业信息领域关键共性技术 （2）重点建设青岛市作物种质资源保护中心，青岛市智慧农业工程技术研究中心 （3）平台建设：青岛市现代农业公共研发平台 （4）示范工程：数字农业、规模化畜禽养殖等 （5）引进培养高层次人才：建设岛城高效生态农业领军人才工程，引进高层次人才10名

参考文献

[1] 山东省科技厅. 关于加快推进农业科技创新的意见[EB/OL]. (2014-10-10)[2014-10-15]. http://www.shandong.gov.cn/art/2014/10/15/art_285_6650.html.

[2] 农业部科技教育司. 农业科技发展"十二五"规划(2011—2015年)[EB/OL]. [2011-12-27]. http://www.moa.gov.cn/ztzl/shierwu/hyfz/201112/t20111227_2444181.htm.

[3] 农业部. 全国农业和农村经济发展第十二个五年规划[EB/OL]. [2011-09-05]. http://www.moa.gov.cn/ztzl/shierwu.

[4] 农业部科教司. 农业科技发展规划(2006—2020年)[EB/OL]. (2007-06-10)[2007-06-15]. http://www.moa.gov.cn/zwllm/zcfg/qtbmgz/200706/t20070615_835819.htm.

[5] 张薇,董瑜,张秋菊,等. 国内外农业科技发展趋势分析研究[R]. 北京:中国科学院文中国科学院文献情报中心,2007.

[6] 杨兰品. 国外农业科技发展的现状、趋势及其启示[J]. 湖北农业科学,2004(4):7-10.

[7] 刘锟锋,兰大彭. 开工建设现代农业园区201个市级产业化龙头企业达160个:青岛加速推进现代农业十大工程[N]. 青岛日报,2014-01-13(1).

[8] 朱春江,SINGH S P,COMER S,等. 现代农业科技创新SWOT分析[J]. 广东农业科学,2013,40(3):189-193.

[9] 刘洪明,万述伟. 青岛市现代农业发展的成就、问题与对策[J]. 山东农业科学,2012,44(10):130-136.

附件

附件一　专家名单

序号	姓名	单位名称
1	王兆华	青岛农业大学
2	赵金山	青岛市畜牧兽医研究所
3	宋国通	青岛市种子站
4	隋海周	青岛华盛绿能农业科技有限公司
5	张玉刚	青岛农业大学

附件二　关键技术说明

产业子领域	关键技术方向	技术说明
现代种业	作物、畜禽产量、品质、抗性、资源高效等重要性状形成的分子机制	综合应用分子遗传学、发育生物学、生物化学和功能基因组学多学科交叉手段，研究主要农作物和果树的产量、品质、抗病虫害和适于省力化栽培株型，主要畜禽的产量、品质和抗病等性状形成的分子机制，挖掘其关键基因并验证和阐明其功能，为解决作物和畜禽品种选育中重大理论和技术问题提供基础
	作物、畜禽优良种质资源收集、保存与评价	利用传统手段与现代分子生物学相结合方法，重点开展作物、畜禽优良种质资源的收集与保存研究，研发种质资源安全保存与评价技术，开展作物、畜禽优良种质的生物学、品质、抗性等主要性状的鉴定，建设种质资源信息化管理与共享平台促进作物、畜禽种质资源共享共用，提高种质资源利用效率和水平
	作物、畜禽优异基因的挖掘利用及其优异新种质创制	开展作物、畜禽种质资源重要性状精准鉴定与基因型鉴定，阐明种质资源的结构多样性；研究作物、畜禽育种亲本资源基因组变异特点，解析骨干亲本形成的遗传基础；精细定位作物、畜禽高产、优质、抗逆、抗病虫、资源高效利用等重要性状基因，发掘其优异等位基因；克隆重要性状的关键基因，解析基因功能，阐明重要性状形成的分子基础；借助诱变育种技术、远缘杂交技术、组织培养技术、基因工程、染色体工程、细胞工程等多种手段，结合传统的阶梯式杂交育种方法，创制目标性状突出的优异新种质
	作物、畜禽育种关键技术研发及高效育种技术体系构建	创新基因组编辑、全基因组选择、单倍体育种等等技术；建立重要性状的基因组及蛋白质组等数据库，构建品种分子设计信息系统；研究分子设计育种理论和方法，与常规育种技术组装集成，构建高效精准的分子育种技术体系；聚合优异基因，创制高产、优质、抗病虫、抗逆、资源高效利用、适合机械化作业等突破性育种材料
	优质高抗、专用、资源高效、适应机械化作业的作物、畜禽新品种选育	以核心亲本为育种材料，以传统育种技术为手段，开展优质高效、适于加工专用、资源高效、适合机械化作业和省力化栽培的作物、果蔬新品种选育，建立适合青岛地区生态特点的作物、畜禽新品种标准化和规模化测试体系；充分挖掘地方优良作物和畜禽以及引进品种的优异基因，以提高产量、改善品质、增强抗性为重点，强化多性状的协调改良，选育优质、高产、多抗、高效、适宜机械化的作物、畜禽新品种，并示范应用

青岛市"十三五"重点产业创新路线图

续 表

产业子领域	关键技术方向	技术说明
现代种业	主要农作物、蔬菜、果茶、畜禽规模化良种生产与繁殖技术	开展主要农作物、蔬菜、果茶、畜禽规模化良种生产与繁殖技术研究,开发作物、畜禽新品种亲本保纯及繁育、机械化制种、胚胎移植等高效生产技术,提高种子生产效率;重视新育成品种的高效栽培技术研究,通过良种良法配套,实现大面积示范推广
	主要农作物、蔬菜种子加工与质量控制技术	开展主要农作物和蔬菜种子精选、干燥、分级、包衣、包装、贮运、全程质量追溯等质量控制关键技术研究,制定主要农作物和蔬菜种子加工与质量控制技术标准,提高种子的商品质量
现代种养业	作物、畜禽生殖、发育、营养、免疫调控机理	开展作物、畜禽生长性状、生产(产量)性能、产品品质、抗病抗逆、饲料利用等重要性状形成的分子机制研究,研究畜禽繁殖、发育、免疫调控、病原变异与发病等机理,研究必需营养素在作物、畜禽体内的代谢过程及其调节机制
	农业、林业生态环境因子互作调控和生态系统循环机制	从农业生态工程、林业生态工程、土壤生态的角度,研究农业、林业生态系统资源利用的可持续性和农业生态系统内在的能量流动、物质循环、种群调控和动态平衡等功能的持续性机制及其调控途径,陆地生态系统碳-氮-水循环的关键耦合过程及其生物调控机制,植被根系与生态环境相互作用机制等
	化肥、农药损失、转化、沉积、消解的生物学、土壤学机制	研究不同耕地地力水平下化肥利用效率和有害生物发生的演变特征与发生机制,不同耕地障碍因子对化肥农药用量的影响机理,不同耕地地力条件下化肥农药减施机制与控制基准,秸秆还田条件下对土壤质量和肥力水平的调控效应;研究典型化学农药在植物体和土壤中的迁移转化、残留特征与调控,化学农药在靶标植物上沉积、流失与残留消解特征,农药雾滴粒径对靶沉积效率及漂移残留污染控制,农药助剂对化学农药靶沉积效率及影响,环境因素对农药剂量传递效率及调控,生物防治调控机制及对化学农药的替代基础
	耕地质量提升关键技术	建立耕地生态系统健康评价指标体系与管理模式,研发耕地生态系统恢复与重建关键技术;建立微生态学调控与优化途径,研究微生态环境多因子精准调控技术和秸秆还田、地力培肥、土壤改良、养分平衡、质量修复技术,研究有机无机肥配施的土壤肥力提升技术和基于氮肥合理运筹的农田土壤综合管理技术,提升耕地内在质量
	高效生物固氮技术	构建高光合高固氮共生固氮体系,开展高效固氮工程菌株筛选及产业化开发,高效固氮微生物产品研发与产业化
	作物绿色增产技术	研究基于现代信息技术的精准施肥技术,基于自动化监测的水肥一体化施肥技术,农机与农艺相结合的机械化施肥技术,液体肥料高效施用技术,以及有机类肥料高效施用技术;开展化学农药高效安全、经济减量使用技术研发,构建立体完整的农药减量施药技术体系
	规模化畜禽健康养殖关键技术	开展畜禽氮磷和臭气减排技术、植物多酚抗畜禽热应激技术、数字智能化养殖管理技术等技术研究,优化和集成规模化养殖场圈舍环境控制、疫病防控、抗生素替代和病死畜禽无害化处理等技术措施,构建适应于我省推广应用的新型畜禽健康养殖模式,建立完善的技术支撑体系
	农业废弃物安全处理及资源化利用关键技术	筛选生物聚合物高效微生物菌株,研究生物质合成气的发酵工艺;研发秸秆等低值生物质生物酶解技术、秸秆还田腐熟技术、生物质废弃物高效转化制氢技术、研究畜禽粪污好氧堆肥处理、高氮畜禽废水降解、畜禽粪便基料化利用、环保生态可控降解营养钵、畜禽粪便功能性生物肥料生产技术、养殖业废弃物治理微生物制剂与酶产品的创制
新型农业投入品	生物降解代谢和调控机理	研究作物对肥料的阻控机理与增效途径,肥料转化与高效利用生物学机制,农药生物降解代谢途径及调控机理,动物营养代谢途径及调控机理
	动植物免疫诱导调控机理	开展动植物致病机理,动植物免疫防御机制,动植物免疫反应的过程及其调控途径、免疫抑制、免疫损伤、免疫诱导、免疫调控机理等方面的研究

续 表

产业子领域	关键技术方向	技术说明
新型农业投入品	肥料与植物养分供需耦合机制	研究作物养分及形态配伍、增效剂和助剂对复混肥的增效机理、肥料与植物养分供需耦合机制、有机-无机-生物协同增效机理,微量元素与氮磷的协同增效机理,畜禽有机肥施用下肥料氮磷减施机理,秸秆还田下肥料氮磷高效利用机制
	新型复混、缓/控释肥料和微生物肥料研制	研发有机物料化肥替代技术、绿肥作物化肥替代技术、环境养分资源的化肥替代技术,新型缓释肥、控释肥、稳定性肥料、微生物肥料等的研究开发
	新型生态高效化学农药和生物农药	以主要粮食作物、经济作物、蔬菜和果树种植体系的主要病虫害为对象,研究开发高效低毒、低残留、环境友好新型化学和植物源仿生农药,研究RNA干扰调控技术与产品,研发作物免疫诱导调控技术与产品、天敌防控技术与产品、微生物防控技术与产品、天然代谢产物防控技术与产品和物理诱杀技术与产品、农用抗生素新品种、生物农药种衣剂等环保新剂型、种植环境农药降解微生物制剂和酶产品
	新型生物反应器研制	主要研制开发生物发酵反应器、固定化酶或固定化细胞反应器、动物疫苗昆虫细胞生物反应器、蚯蚓生物反应器、动物血液生物反应器、动物乳腺生物反应器等
	新型动物疫苗、生物兽药、饲料添加剂、动物保健品创制	畜禽重要疫病新型疫苗制备技术及产品开发;新型抗菌、抗寄生虫原料药及其制剂创制,新型多肽药物创制,新型中兽药制剂创制,新型宠物原料药及制剂创制;益生乳酸菌饲料添加剂创制技术,新型饲料用酶制剂的创制,功能性肽产品的创制,新型微生态制剂的创制,功能性植物提取物的创制,饲用微生物制剂和酶产品的创制,功能性动物保健品创制
	新型食品添加剂、保鲜剂(膜)研制	重点开展可食涂膜保鲜技术和生物保鲜剂增效因子的开发以及水产品包装材料及保温技术等研究,植物源与微生物源新型生物拮抗剂绿色防腐保鲜剂研发,生鲜农产品贮藏物流的新型化学绿色防腐保鲜剂,生鲜农产品贮藏物流过程防腐保鲜包被材料、可降解包装材料、抗菌保鲜包装材料、改性涂膜保鲜材料等,天然生物保鲜剂研发,功能性天然食品添加剂研发。
农(畜)产品精深加工	果实采后代谢机理	研究果实采后衰老和品质变化的生物学代谢途径及其调控机制、果实采后病害生物防治及其机理
	生物活性物质作用机理及功效分析	从代谢组学入手,研究活性多糖、功能性单糖、功能性低聚糖、功能性油脂类、氨基酸、肽与蛋白质、维生素类、乳酸菌类、酶类、醇、酮、醛与酸类等生物活性物质的代谢途径和作用机理,及其抗氧化、抗病毒、抗辐射,抗衰老,抗肿瘤,提高机体免疫力等功效分析
	生物活性物质提取技术	主要研究活性多糖、功能性单糖、功能性低聚糖、功能性油脂类、氨基酸、肽与蛋白质、维生素类、乳酸菌类、酶类、醇、酮、醛与酸类等生物活性物质的发酵提取工艺及分离精制工艺,研发生物活性物质的生物制备和提取技术
	农(畜)产品精深加工关键技术	粮油、果蔬、肉蛋奶、水产品的高值精深加工关键技术研究与开发,功能性、专用型淀粉、蛋白多糖、单糖、氨基酸、多肽、寡肽等的制备关键技术研究与开发
	农(畜)产品质量安全检测和控制关键技术	重点研究农(畜)产品品质在线检测技术,规模化高通量多指标综合检测的农(畜)产品商品化处理关键技术、农(畜)产品食用安全指标快速检测及控制技术,农(畜)产品优质生产的有害要素检测技术
	农(畜)产品冷链物流关键技术	重点研究农(畜)产品绿色防腐保鲜技术、农(畜)产品新型蓄冷保温技术、农(畜)产品物流过程产品与质量安全跟踪技术、农(畜)产品物流过程品质维持和质量安全控制技术

青岛市"十三五"重点产业创新路线图

续 表

产业子领域	关键技术方向	技术说明
农(畜)产品精深加工	新型保健品、功能食品研发	重点开展适宜不同年龄、性别社会群体个性需求的天然生物活性物质保健品和功能食品的研究开发
	农产品加工副产物综合利用技术	主要开展农产品加工副产品高值开发技术研究、农产品加工废弃物资源化利用关键技术研究
新型农业设施装备	农业设施结构安全优化设计	主要开展日光温室、光伏大棚、居室农业设施、畜禽养殖设施等结构优化设计和建造技术标准与评价体系研究,传统建材改性与新型复合材料研发,资源化再生建材开发与综合利用技术研究
	农业装备设计原理与技术	主要开展以提高精度、柔性、稳定性、作业舒适度等的农机装备整机及零部件设计理论创新和制作技术工艺研究
	种业机械装备研发	主要开展小区精密播种机械、小区联合收获机械、种子清选分级包装装备、种子加工装备等研发
	作物全程机械化装备研发	主要开展主要农作物和经济作物多功能耕作机械、播种机械、田间管理机械、植保机械、收获机械、清选分级装备、烘干贮藏装备等研发,研制适用于日光温室内部管理作业的小型专用机械装备
	农业设施生产关键技术及装备研发	创新集成设施农业智能化生产模式与优质安全生产技术,研发经济实用、性能稳定的环境监测和自动化控制系统和设备,研究开发抗性诱导、高光效利用、水肥一体化与智能环境管控一体化技术及装备
	阳台、居室农业设施与装备研发	主要开展高效清洁轻简阳台、居室农业生产技术研发,便捷式观赏性智能阳台、居室设施农业装备研制,绿色栽培基质、高效专用肥料及低能耗光源调控装置研究
	农产品贮藏加工装备及设施研发	主要开展新型粮油、肉蛋奶、果蔬、茶叶等加工装备研发,高效节能农产品贮藏设施、装备、新材料研发
	节水、光伏农业产品研发	主要开展水肥一体化新型装备、大田及设施农业高效节水新型装备研发,LED植物补光系统、太阳能灭虫系统、太阳能灌溉系统、太阳能污水处理系统及装备和产品研发
智慧农业	作物生长信息数字模拟技术	主要开展作物水分与营养、光能利用、温热效应、逆境反应、生长发育等生境过程模型构建,作物生境过程数字动态模拟技术开发
	农业生产环境智能控制技术	主要开展设施农业生产LED节能光源及光环境智能控制技术、立体多层栽培系统及其关键技术、基于光温耦合的节能环境控制技术、营养液管理与品质调控技术、基于网络管理的智能控制关键技术开发,智能化植物工厂技术集成
	农业物联网、农业云服务、移动互联等农业信息领域关键共性技术	主要开展作物-环境多尺度信息快速获取、融合解析与精准管理技术,作物系统数字化设计与预测预警技术,作物生长过程数字化与可视化技术,智能农业装备目标识别、定位与精准作业协同控制技术研发;作物智能产量监测及数据管理系统研发;基于手机APP的设施农业生产物联网监测及远程控制系统的研究;基于手机APP的家庭农场种植数据管理技术的研究
	基于大数据的农业产业模型研究与应用	主要开展基于信息技术的农业产业智能大数据专家系统的研究,基于遥感技术的土地利用分类识别与农业产业规划研究,农业大数据资源检索、数据关联搜索等关键技术研究,农业大数据资源搜索与获取、处理、存储、分析、应用服务系统开发
	农产品智能分选技术	主要开展便携式农产品品质快速检测与分级技术及装备研究开发、农产品品质在线检测与精确分级技术及装备研究开发、手机APP商品玉米种子品质鉴定数字视觉识别系统研究、根茎类作物及果蔬数字视觉精选分级机器人研究开发

青岛市"十三五"节能环保领域创新路线图

一、国内外节能环保产业发展趋势

(一)国内外发展现状

1. 各国聚焦节能环保

国际金融危机爆发以来,能源资源等全球问题更趋凸显,绿色发展加快兴起。世界各国纷纷出台政策,投入资金,加大对节能环保、可再生能源和低碳技术的支持力度。发展节能环保产业、低碳技术已成为各国抢占未来经济科技制高点的重要途径。

美国是世界最大的环保技术生产和消费国,环保产业产值占全球的1/3,环保产业产值占GDP的比重达到2.45%,其节能环保技术主要出口到加拿大、日本、德国和英国等国家。

美国将节能环保视为新能源战略的核心内容。奥巴马于2009年宣布将在10年内投资1 500亿美元发展清洁能源产业,力争"2035年美国80%电力来自清洁能源"。2013年6月,奥巴马公布了美国第一份全国气候行动计划,其核心是减少发电厂的碳排放,加强清洁能源发展。美国还致力于建立碳排放的"上限交易"机制、提高建筑物能效、完善家用电器节能标准等,促进节能。美国能源节约经济理事会的研究报告称,全面落实节能政策能够使美国在2020年前节约1.2万亿美元。

欧洲在环保领域处于世界领先地位。目前,欧盟27国每年在环保方面的投入超过800亿欧元,占GDP的比例已超过2.25%。欧盟长期实施环境与气候变化计划(LIFE),为节能环保技术研发提供专门的金融支持。目前,该计划已实施四期,累计支持3708个环境研发创新项目。2013年7月,欧盟委员会宣布,将在2014—2020年间投入34.5亿欧元支持新一期LIFE计划,较上一期(2007—2013年)的21.4亿欧元增长61.2%。

日本政府于2010年3月提出中长期温室气体削减路线图,即到2020年减少25%,2050年减少80%,这一承诺有力促进了日本企业对节能环保技术产品的投入。福岛核泄漏事件过后,日本政府、企业和个人都开始寻求使用节能产品,能源消耗下降了

15%～20%。日本多个大型企业带头降能耗、提能效,世界第二大建筑设备制造商小松集团(Komatsu)承诺到2014年将集团耗电量减半。日本政府为其生产的家用电器设定了新的节能目标,与1998年相比,现在的空调能效提高了68%。不过按照政府要求,到2020年,空调的效能还需提高一倍。目前,日本人均年电耗为5 190 kW·h,而美国人均年电耗为9 538 kW·h,日本的能源效率几乎是美国的两倍高。

2. 全球节能环保产业进入快速增长期

国际能源署(IEA)发布的《2013世界能源展望报告》数据显示,2012年,全球单位GDP能耗降低了1.5%,而2000—2010年间的平均值为0.4%。国际能源署预计:2010—2020年,全球节能投资达1.999万亿美元;2020—2030年,节能投资达5.586万亿美元,投资规模成倍增长。

从各细分领域来看,全球节能装备产业发展迅猛,未来增速仍将提升。美国商务部预计,到2015年全球节能装备产业市场规模将达8 000亿美元,2008—2015年期间年均增长率达3.8%,较1999—2007年期间年均增长率提高1.5个百分点。

环保产业方面,据美国环境商业国际公司(EBI)统计,2011年全球环保产业市场规模达8 660亿美元,预计2013年全球市场规模将达约1.02万亿美元。国际金融危机以来,全球环保产业规模增速一路攀升,由2009年的-1%提高至2013年的10%。

资源再生产业方面,2010年世界发达国家产业规模达到1.8万亿美元,目前再生资源回收总值以每年15%～20%的速度增长,未来30年内,其规模将超过3万亿美元。

3. 全球市场重心逐步转向发展中国家

发达国家国内环保市场需求已逐渐趋于饱和,世界节能环保市场的开拓重心正向发展中国家转移,尤其中国、印度、泰国等亚洲新兴市场潜力巨大。国际能源署及日本环境省的报告显示,未来一段时期,中国节能环保市场细分领域中,资源回收、废水处理、土壤修复、节能电器、新能源汽车等产业均将呈现成倍增长。

印度节能环保市场增长强劲。其中,新能源汽车市场规模将由2009年的6.5亿美元增至2020年的134亿美元;资源回收产业市场规模将由2009年的112亿美元增至2020年的200亿美元;再生能源市场规模将由2009年的33亿美元增至2020年的83亿美元。

泰国节能环保市场细分领域中,资源回收产业市场规模将由2009年的22亿美元增至2020年的27亿美元;废水处理市场规模将由2009年的10亿美元增至2020年的17亿美元;新能源汽车市场规模将由2009年的1亿美元增至2020年的10亿美元。

4. 我国节能环保产业发展现状

当今世界经济正在发生重大变革调整,发展绿色经济已经成为世界发展的重要趋势和全球的共识。节能环保产业作为绿色产业的重要组成部分,是我国重点培育的战略性新兴产业。2010年10月10日,《国务院关于加快培育和发展战略性新兴产业的决定》(国发〔2010〕32号)中明确提出将"节能环保产业"作为七大战略性新兴产业之一予以支持。2011年3月14日,《中华人民共和国国民经济与社会发展第十二个五年规划纲要》

提出，将"节能环保产业"作为七大战略性新兴产业发展之首大力支持。根据《"十二五"节能环保产业发展规划》，我国每年节能环保产业将以15%的速率增长，到2015年，我国节能环保产业总值将达到4.5万亿元，增加值占国内生产总值的比重为2%左右，环保服务业产值超过5 000亿元，形成50个左右年产值在10亿元以上的环保服务公司。

我国节能环保产业已拥有一批较为成熟的常规节能环保技术和装备，部分关键、共性技术已产业化，如节能领域的干法熄焦、纯低温余热发电、高炉煤气发电、炉顶压差发电、等离子点火、变频调速等一批重大节能技术装备等。总体来看，产业技术装备在不断升级，已经初步形成了门类较为齐全的产业体系，大规模快速发展的条件已经具备。

虽然我国节能环保产业取得了巨大的发展，但也存在一定的问题。首先，产业政策、法律法规标准体系不够完善。虽然我国出台了一系列的推动节能环保产业发展的措施和政策，但相关的激励机制仍极其不完善，扶持政策非常匮乏，节能环保产业法规和标准体系不完备。其次，资金投入不足，融资渠道不畅。节能环保产业的技术研发和产业化通常需要巨额投入，并且风险巨大，一般企业不敢贸然进入，出现了"不想投、不敢投、不会投、不能投"的"四不投"现象。另外，由于金融机构对节能环保产业政策认识的不足，导致节能环保企业融资环境不畅，限制了产业的发展。第三，企业创新能力不足。与发达国家相比，我国在节能环保领域缺乏核心竞争力，核心技术需要引进发达国家技术，主要原因是企业研发投入少，在科技力量，实验室设置条件以及科研实力方面与西方发达国家存在较大差距。

（二）节能环保产业链分析

节能环保产业的上游是以节能环保材料研发及制造为主构成企业及机构，在产业链中游主要包括节能环保产品及装备生产制造等企业及机构，在产业链的下游是以节能环保产品和装备应用及以咨询、检测、认证、培训、工程、监理等为主要内容的节能环保服务，价值增值主要集中于终端服务环节。具体节能环保产业链构成见图1。

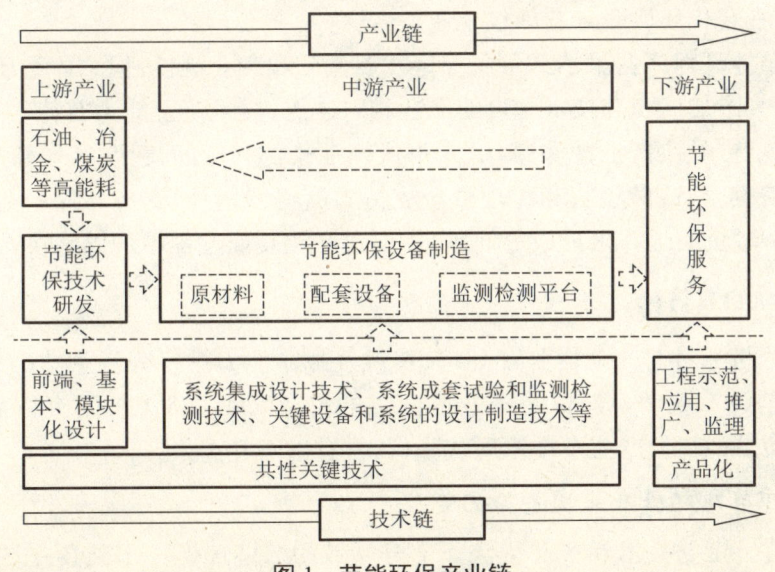

图1 节能环保产业链

二、青岛市节能环保领域产业基础与现状

（一）总体现状

自20世纪80年代以来，青岛市节能环保产业得到快速发展，产业发展初具规模，初步形成了包括技术研发、产品装备制造、产业服务、市场营销等领域的产业体系，总体发展呈增长趋势。目前，青岛市从事节能环保产业企业数量达到400家，从业人数超过8万人，2013年实现收入800亿元。

在节能领域，锅炉（窑炉）和余热余压利用设备、电机及拖动设备、绿色建筑和节能交通技术、高效节能电器和高效照明等技术装备和产品。在环保领域，水污染防治、危险废物与土壤污染治理、环境噪声治理、环境监测仪器仪表和环保材料等技术、装备和产品；在资源循环利用领域，工业再制造、废旧轮胎等资源综合利用、大宗固体废弃物综合利用、废旧汽车和家电电子产品综合拆解利用、海水淡化等领域的技术拓展与应用开发等方面取得了长足进步。主要表现在以下几个方面。

1. 骨干企业快速增长

近年来，青岛市在节能环保企业涌现出众多骨干企业，上市公司多家，拥有一批具有自主创新综合实力强的龙头企业以及增长潜力大的中小企业。在节能家电领域，拥有海尔、海信、澳柯玛等家电龙头企业；在水处理方面，拥有银河水务、国标环保等；在废物处理方面，拥有青岛新天地、天人环境等。

2. 节能环保服务业优势突出

目前，青岛市节能环保服务企业有54家。其中，节能服务产业和低碳服务机构快速发展，城市综合节能规划、建筑节能、工业节能等领域设计开发能力在国内处于领先水平；环保服务业已经形成核心竞争能力，在城镇污水处理、生活垃圾处理、工业污染治理等重点领域发展迅速，形成了一批包括系统设计、设备成套、工程施工、调试运行、维护管理的专业化、社会化环保服务总承包企业。

青岛市节能环保产业虽然具备了一定发展基础和产业规模，但总体看还处于起步阶段，存在具备高附加值和高技术含量的产业相对缺乏，技术研发能力有待于进一步加强；产业链不够完善，缺少产业龙头带动，未形成产业集群和空间集聚；市场管理有待规范、政策法规有待健全、政府税收和专项资金支持力度仍需增强，支持环保产业技术创新和产业化的多种融资渠道并未形成等问题，需要在产业发展过程中加以解决。

（二）SWOT分析

SWOT分析通过对产业内外部环境、资源及战略能力进行分析总结，系统地确认产业内部的优势（S）、劣势（W）以及产业所面临的机会（O）、威胁（T）四个方面主要因素。根据对青岛市节能环保产业及技术现状分析，具有以下几点。

1. 青岛市节能环保产业发展的优势

（1）具有一定的技术和产品优势。部分领域的节能环保技术装备在国内具有一定的优势，如高效节能空调器、低温多效海水淡化设备、橡胶围油栏系列产品、大气采样器、

冷媒回收净化加注机等已达到国内先进水平。废家电拆解处理成套装置、轮胎翻新成套设备、冷冻法胶粉生产装置等领域也有较强的竞争优势。工业锅炉脱硫除尘、海水利用预处理等方面也有较好的技术储备。

（2）具有良好的产业重点和综合科技优势。经过多年发展，青岛市不仅形成了相对独立完备的工业体系，而且正处于产业转型期，高新技术产业发展强劲。与国内其他城市和地区比，其工业能够为节能环保产业发展提供配套服务；青岛市还具备较好的科技开发和人才优势，有国家级和部委的科研院所及高等院校，还设有环保专业或科研机构；工业系统中也有相当数量设计研究院所和国家级的实验室，具有较强的科研开发能力，对发展节能环保产业提供强有力的技术支撑。

（3）具有较好的社会环境和政策环境。青岛市是国内品牌城市、环保模范城市、旅游城市和宜居城市，也是国内较早开展生态城市和文明城市创建活动的城市之一，对城市环保基础设施建设和污染防治工程建设投入在全国处于较高水平。同时，青岛市是沿海开放城市，具有良好引进外资和技术设备的环境和机制，在引进国外资金和技术设备等方面已取得了一定的经验；社会经济发展水平及对环境建设要求，为高起点发展节能环保产业提供了观念和物质的支撑。

2. 青岛市节能环保产业发展的劣势

（1）产业规模相对较小、技术创新能力不强。具备高附加值和高技术含量的产业相对缺乏，节能产业分布主要集中在传统家电行业，具有创新性意义的节能新技术、新产品有待进一步开发。目前，青岛市环保产业技术开发、产品创新等领域多数仍以常规技术为主导，环保新技术、新装备发展缓慢，技术研发能力有待于进一步加强。不少企业的产品是低水平重复，结构雷同，缺乏技术含量高、竞争力强的产品，远不能满足青岛市节能环保的需求。

（2）产业集群发展能力不强、缺乏龙头企业。目前青岛市节能环保产业尚未形成系统集成能力，除了家电企业外，其他节能环保产业企业规模普遍偏小，具有龙头带动作用的大企业大集团明显不足。在大型节能环保项目方面只能提供单台设备或产品，而且附加值较低、市场不稳定，产业内部未形成设计、开发、承包、生产、销售相互配套有机结合的产业体系。同时，青岛市节能环保领域产业链不够完善，缺少产业龙头带动，未形成产业集群和空间集聚。

（3）市场需求信息不畅。一方面，节能环保工程对技术装备有大量的需求；另一方面，节能环保企业需要正确信息指导生产，但当前环保市场明显满足不了上述信息需求。

（4）政策法规引导力度不够。青岛市节能环保产业法规政策虽有所加强，但仍未发挥出有效驱动作用。比如排污费低于治理成本，污染罚款低于其所造成的损失，这样很难促使企业把外部的不经济性内部化，难以带动节能环保产业培育和顺利发展。

3. 青岛市节能环保产业发展的外部机遇

（1）生态建设的大环境已经形成。随着我国将生态建设纳入"五位一体"的建设内容和将创新上升为国家战略后，节能技术、环保技术、资源节约与综合利用技术等生态建设技术的研发应用和产业化进入了力量集聚期，要素的整合期和产业政策的倾斜期，也是我市节能技术研发的重要机遇期。

（2）经济新常态下节能技术进步的动力进一步加强。经济新常态下产业转型升级要求催生的推进节能技术、环保技术、资源节约与综合利用技术等生态建设技术的研发应用和产业化进程的动力进一步加强。未来的企业如果不掌握先进适用的节能技术、环保技术、资源节约与综合利用技术等生态建设技术，企业将失去全球化市场的竞争力和发展的持续能力。

（3）能源生产和消费革命的成果必将带来节能技术的迭代性进步。能源生产和消费革命的成果必将带来节能技术迭代性进步主要表现在以下几个发展趋势方面：以能源消费清洁化为目标的节能与环境治理一体化技术发展趋势，能量系统优化的夹点技术发展趋势，能源消费的信息化智能化管控技术发展趋势，以低温废热再利用技术发展趋势等。

4. 青岛市节能环保产业发展的外部威胁

（1）节能技术对产业支撑乏力条件下的产业塌方。耗能产品能耗等级优化是争取全球化市场的战略制高点。受青岛市节能技术产业化行业单一性和家用电器市场竞争的残酷性制约，在节能技术对这些产业支撑乏力条件下的存在产业塌方的风险。

（2）节能技术研发和应用等力量和资源碎片化形成的区域生态发展新优势丧失。在我国生态建设技术的研发应用和产业化进入了力量集聚期，要素的整合期和产业政策的倾斜期，如果我们抓不住这个发展机会，使得节能技术研发和应用等力量和资源继续碎片化，必将存在失去区域经济生态发展新优势的风险。

（3）节能新技术研发和推广滞后对政府以能耗总量和 GDP 能耗强度相结合的管控目标达成产生不利影响。政府以能耗总量和 GDP 能耗强度相结合的管控目标的实现主要有两个路径：一是节能技术进步；二是节能管理的提升。在经过了"十一五"和"十二五"节能管理改善，节能管理提升的空间在收窄，如果节能技术进步还是滞后，就会存在以能耗总量和 GDP 能耗强度相结合的管控目标达成产生不利影响的风险。

通过对青岛市节能环保领域的 SWOT 分析可以看出，青岛市应抓住国家建设资源节约型环境友好型社会的契机，发挥青岛市在区位、科研资源等方面的优势，重点突破关键共性技术，聚焦高端技术装备和产品，把握产业主导权，实现节能环保产业跨越式发展，使之成为新一轮经济发展的增长点和新兴支柱产业。青岛市节能环保领域发展面临的优劣势以及机会与威胁，详见表1。

表1 青岛市节能环保领域 SWOT 分析

	机遇（Opportunities）	威胁（Threat）
外部条件	（1）生态建设的大环境已经形成，政府高度重视战略性新兴产业发展 （2）经济新常态下节能技术进步的动力进一步加强 （3）青岛三新区（红、黄、蓝）的建设为节能环保产业的发展提供了机遇	（1）国际油价下行对节能减排不利 （2）经济下行压力对环保产业发展造成较大影响 （3）节能技术对产业支撑乏力条件下的产业塌方
内部能力		

续 表

优势(Strength)	优势-机遇(SO)	优势-威胁(ST)
(1)节能环保产业初具规模,基础良好,具有一定的技术和产品优势 (2)具有良好的产业重点和综合科技优势	(1)发挥区域集聚发展优势,加速向高端产品延伸 (2)实施品牌战略,建设龙头设计企业	(1)突破关键配套技术,培育节能环保配套产业 (2)加快平台建设,推动创新发展
劣势(Weakness)	劣势-机遇(WO)	劣势-威胁(WT)
(1)产业规模相对较小,缺乏龙头企业与项目 (2)产业集群发展能力不强,配套能力较差	(1)突破关键配套技术,培育节能环保配套产业 (2)引进高端人才,建设一流团队	出台引导政策与激励措施

三、发展目标

全市节能环保产业产值将确保年均增长 15% 以上,实现 2016 年节能环保产业总产值达到 1 100 亿元,2020 年达到 2 000 亿元的目标;新建 2～3 个省市级环保实验室和技术研发平台,加强政产学研合作,进行重大技术难题联合攻关。建设一批节能环保产业集群、节能环保服务业聚集区和节能环保产业特色基地,实施一批节能环保产业示范项目。实施 4～5 项环保技术商业化应用示范工程,培育一批节能环保产业科技型企业。

四、发展瓶颈

目前,青岛市节能环保产业发展态势加好,但仍存在一些阻碍产业发展的瓶颈,其主要体现在技术瓶颈、政策瓶颈与资金瓶颈三方面。

(一)技术瓶颈

青岛市节能环保领域发展技术瓶颈详见表2。

(1)创新能力不强。以企业为主体的节能环保技术创新体系不完善,产学研结合不够紧密,技术开发投入不足。一些核心技术尚未完全掌握,部分关键设备仍需要进口,一些已能自主生产的节能环保设备性能和效率有待提高。

(2)自主创新能力弱。节能环保企业普遍缺乏对产业发展有重大带动作用的关键和共性技术,自主创新能力弱,缺少节能环保产业相关的核心技术、重大装备、引进消化吸收再创新等项目;拥有自主知识产权和核心竞争力的企业少,产品和服务的附加值低,如新型储能技术、工业有毒有害废弃物处理技术等,对产业链拉动效果不明显,长远发展受制于国外。

表 2 节能环保领域发展技术瓶颈

子领域	发展方向	编号	技术瓶颈	排序
节能技术与装备	高效装备	1.1	大功率设备的研制	近期
		1.2	设备热效率低	中期

▶ 青岛市"十三五"重点产业创新路线图

续表

子领域	发展方向	编号	技术瓶颈	排序
节能技术与装备	高效装备	1.3	节能家电和商用冷链技术装备半导体照明技术	近期
		1.4	稀土永磁无铁芯电机节电技术,永磁调速技术和永磁耦合技术	远期
		1.5	热缆产品的研发及工业化应用技术	中期
		1.6	相变蓄热、蓄冷技术、蓄冷蓄热材料的研究	远期
	城市废热余热余压利用	1.7	郎肯循环发电技术的产业化	近期
		1.8	毛细管壁面换热器及城市地下空间废热源热泵集中供热供冷技术的产业化	近期
		1.9	烟气潜热回收技术	中期
		1.10	工业余热利用的设备产品化技术	中期
	清洁能源及绿色建筑节能利用	1.11	建筑模块化技术	近期
		1.12	高效节能新型建筑材料	中期
		1.13	清洁能源利用及转化技术	中期
		1.14	高大空间热环境精准控制技术及产业化技术	中期
		1.15	混凝土封堵链接技术	中期
		1.16	碱激发材料	远期
环保技术与装备	空气污染控制与治理	2.1	青岛市大气颗粒物来源解析及区域联动控制技术	近期
		2.2	烟气脱硝技术	中期
		2..3	挥发性有机物治理技术与装备	远期
	水污染控制与治理	2.4	渗滤液浓缩液处理技术	近期
		2.5	高浓度难降解工业废水处理技术	中期
		2.6	农村分散型污水处理技术	中期
		2.7	重金属废水处理技术(回收重金属)	远期
	噪声污染与防治	2.8	地铁噪声与振动控制技术	近期
		2.9	隔振技术应用	中期
		2.10	振动控制技术	中期
	生态保护及恢复技术	2.11	工业污染场地和农田土壤修复技术	中期
		2.12	湿地保护技术	远期
		2.13	过城河道河水水质净化技术	近期
		2.14	流域面源污染控制技术	近期
资源循环利用	固体废物综合利用	3.1	工业废弃物的深度利用技术(脱硫石膏、废硫酸、废油、冶炼渣、钢渣、矿渣、微粉等)	近期
		3.2	垃圾填埋场场址恢复利用技术	中期
		3.3	生活垃圾源头减量化技术	近期
		3.4	城市污水处理厂污泥无害化处置技术	中期
		3.5	有机固体废物(酒渣、木屑、药渣)资源化技术	远期

续 表

子领域	发展方向	编 号	技术瓶颈	排序
资源循环利用	再生资源利用	3.6	建筑垃圾和道路沥青再生利用技术与装备	中期
		3.7	电子废弃物/汽车拆解后物料高值化利用技术与装备	近期
		3.8	废旧轮胎资源化技术与装备	远期
		3.9	废旧纺织物回收再生利用技术与装备	远期
	美丽乡村生产生活综合循环利用技术集成示范	4.1	单户生产生活循环技术系统构建和技术集成示范	远期
		4.2	乡村社区生产生活循环技术系统构建和集成示范	近期
		4.3	农业产业园区生产生活循环技术系统构建与示范	中期

（二）政策瓶颈

（1）政策机制不完善。节能环保法规和标准体系不健全，资源性产品价格改革和环保收费政策尚未到位，财税和金融政策有待进一步完善，企业融资困难，生产者责任延伸制尚未建立，节能环保产业统计指标体系和统计制度不健全。

（2）服务体系不健全。合同能源管理、环保基础设施和火电厂烟气脱硫特许经营等市场化服务模式有待完善；再生资源和垃圾分类回收体系不健全；节能环保产业公共服务平台尚待建立和完善。

（3）政府在鼓励自主创新、培育壮大企业、推进成果转化、加强国内外合作、开展应用示范工程、打造产业基地和产业集聚区、培养高素质人才队伍、拓展融资渠道、开拓市场等方面扶持力度不够。

（4）缺乏更加适应新兴产业发展的政策措施，重点从税收激励、融资、技术标准、政府采购、行业准入等方面给予支持，选择重点突破的关键领域。

（三）资金瓶颈

节能环保产业的技术研发和产业化通常需要巨额投入，并且风险巨大，一般企业不敢贸然进入，出现了"不想投、不敢投、不会投、不能投"的"四不投"现象。

另外，由于金融机构对节能环保产业政策认识的不足，导致节能环保企业融资环境不畅，限制了产业的发展。

多层次资本市场体系薄弱，有活力、有发展前途的创新型上市小企业少。对风险投资发展的引导力度不够。社会资金投向青岛重点发展的高新技术产业化领域少，尤其是投入处于种子期、成长期等创业早中期的企业资金少。

五、研发需求

研发需求是在总结产业基础、发展目标和发展瓶颈分析三个阶段的基础上，通过文献资料研究和企业调研，采用专家讨论、调研以及资料收集法，确定了3个重点领域的9个重点发展方向：高效装备、城市废热余热余压利用、高效换热技术、清洁能源及绿色建筑节能利用、审计空气污染控制与治理、水污染控制与治理、噪声与振动控制、生态保护及恢复技术、固体废物综合利用、再生资源利用、乡村生产生活综合循环利用技术集成示范等，提炼出解决节能环保领域技术瓶颈的30项研发项目，详见表3。

表3 青岛市节能环领域研发需求表

子领域	发展方向	编号	技术研发需求
节能技术与装备	高效装备	1.1	高效天然气、生物质能锅炉的大功率化； 基于洁净煤燃烧技术高效燃煤锅炉（煤炭浆体化的清洁高效燃烧锅炉达到超低排放，热效率87%以上。市场占有率30%以上） 煤炭高效清洁利用技术（能源利用效率比传统燃煤锅炉提高30%的洁净煤利用技术） 循环流化床高效燃烧、烟气清洁处理等关键技术及装备研发
		1.2	电机及拖动技术与装备：稀土永磁无铁芯电机技术，节电率10%以上 永磁拖动技术：完成大功率和高压永磁拖动技术研发并实现产业化 永磁调速技术和永磁耦合技术：完成功率1 600～5 000 kW（水冷）研发并实现规模化生产，产品节电20%～50%。 非晶合金变压器技术：相同容量变压器节能能耗25%以上
		1.3	节能家电和商用冷链技术装备半导体照明技术：成本、性能具有国际竞争力的照明核心器件 流体隔热技术：商用产品节约能耗10%～30% R290高效制冷循环技术：COP提高0.5～0.9 中央空调节能管理控制系统：实现中央空调循环水泵、末端空调箱风机等设备节电率达40%～70%，中央空调系统综合节电率达到25%～40%
		1.4	高效换热技术及装备：热缆产品的研发及工业化应用、相变蓄热技术蓄热器创新技术
		1.5	重点研究集成太阳能果菜干燥节能关键技术装备、果菜产地节能贮藏处理关键技术装备、果菜产地预冷处理关键技术装备和真空脉动节能干燥装备
	城市废热余热余压利用	1.6	城市地下空间废热的利用：重点毛细管壁面换热器及城市地下空间废热源热泵集中供热供冷技术的产业化；高大空间热环境精准控制技术及产业化，节能率达到30%～50%
		1.7	烟气潜能回收技术
		1.8	工业余热利用的设备产品化技术：完成郎肯循环发电技术的国产化和产业化，利用75℃以上低温废热，热电转换效率10%，单台机组3 MW以上
	清洁能源及绿色建筑节能利用	1.9	建筑模块化技术（建筑一体化密封技术）
		1.10	高效节能新型建筑材料：重点研发碱激发材料混凝及土封堵链接技术
环保技术与装备	大气污染控制与治理	2.1	烟气综合采样技术：重点开展青岛市大气颗粒物来源解析及区域联动控制技术研究
		2.2	大气污染物控制技术
		2.3	大气采样及污染源在线监测技术，重点研发恒温恒流大气采样装备
	水污染控制与治理	2.4	水质监测技术
		2.5	高浓度难降解工业废水处理技术
		2.6	一体化污水处理技术

续 表

子领域	发展方向	编 号	技术研发需求
环保技术与装备	噪声污染与防治	2.7	噪声与振动控制设备及材料
		2.8	振动与隔振控制技术应用
	生态保护及恢复技术	2.9	危险废物与土壤污染治理
		2.10	湿地保护和利用技术研发及工程示范
资源循环利用	固体废物综合利用	3.1	工业固废深度利用技术
		3.2	矿产资源综合利用
		3.3	餐厨废弃物制生物柴油、沼气等技术
	再生资源利用	3.4	建筑废物分选及资源化技术
		3.5	废旧机电产品及废旧电器电子产品再制造再利用技术
		3.6	废旧轮胎再制造和资源化利用技术
		3.7	废旧纺织物回收再生利用技术研发及工程示范
	乡村生产生活综合循环利用技术集成示范	3.8	单户生产生活循环技术系统构建和技术集成示范
		3.9	乡村社区生产生活循环技术系统构建和集成示范
		3.10	农业产业园区生产生活循环技术系统构建与示范

六、创新资源配置

（一）青岛市节能环保创新资源配置现状

节能环保产业创新资源配置应服务于节能环保的产业培育链条，创新资源载体与平台通过对节能环保产业发展中共性关键技术的支撑，覆盖节能环保产业培育链条的各个环节，从而形成产业培育带动创新资源整合与集聚，创新资源促进产业培育发展与联动。

目前，青岛市节能环保领域共拥有重点实验室、工程技术研究中心、科研院所等各类创新载体39家，其中包括青岛市水质保障与水资源开发利用重点实验室、青岛市新型环保技术重点实验室等重点实验室5家，青岛煤清洁燃烧技术及装备工程技术研究中心、污染源水质在线监测工程技术研究中心等省级、市级工程技术中心10多家，详见表4、表5。

表4 节能环保产业创新载体资源分布汇总表

类型 级别	重点实验室	工程技术研究中心	产业技术创新联盟	高等院校	科研院所	引进院所
国家级	—	—		2	1	—
部级	1	—		—	—	—
省级	1	4	—	3		
市级	3	15	7			2
总计	5	19	7	5	1	2

青岛市"十三五"重点产业创新路线图

表5 节能环保产业创新载体资源列表

序号	类别	机构名称	依托单位	级别
1	重点实验室	工业流体节能与污染控制省部共建教育部重点实验室	青岛理工大学	部级
2		山东省余热利用及节能装备技术重点实验室	青岛理工大学	省级
3		青岛市新型环保技术重点实验室	青岛理工大学	市级
4		青岛市水质保障与水资源开发利用重点实验室	青岛水务集团有限公司	市级
5		青岛市噪声与振动控制重点实验室	中国科学院声学研究所北海研究站	市级
6	工程技术中心	山东省臭氧工程技术研究中心	青岛国林实业股份有限公司	省级
7		山东省炭黑节能装备工程技术研究中心	青岛德固特节能装备股份有限公司	省级
8		山东省混凝土结构耐久性工程技术研究中心	青岛理工大学	省级
9		山东省城市灾变预防与控制工程技术研究中心	青岛理工大学	省级
10		青岛市气象灾害防御工程技术研究中心	青岛市专业气象台	市级
11		青岛市绿色建筑工程技术研究中心	山东科技大学	市级
12		污染源水质在线监测工程技术研究中心	青岛佳明测控科技股份有限公司	市级
13		青岛市园林工程技术研究中心	青岛农业大学	市级
14		青岛煤清洁燃烧技术及装备工程技术研究中心	青岛特利尔环保锅炉工程有限公司	市级
15		青岛生物燃气工程技术研究中心	青岛天人环境股份有限公司	市级
16		青岛市城市矿产工程技术研究中心	青岛新天地环境保护有限责任公司	市级
17		青岛市城市污水深度处理工程技术研究中心	青岛银河环保股份有限公司	市级
18		青岛市固体废物资源化工程技术研究中心	山东科技大学	市级
19		青岛市有机废气吸附材料及装备工程技术研究中心	青岛华世洁环保科技有限公司	市级
20		青岛市能源与环境装备工程技术研究中心	青岛理工大学	市级
21		青岛低温余热发电汽轮机工程技术研究中心	青岛捷能汽轮机集团股份有限公司	市级
22		大型高效节能电机工程技术中心	中科盛创(青岛)电气有限公司	市级
23		青岛市水上溢油应急处置装备工程技术研究中心	青岛华海环保工业有限公司	市级
24		青岛市商用冷链工程技术研究中心	青岛海容商用冷链股份有限公司	市级
25	产业创新联盟	青岛市水煤浆应用产业技术创新战略联盟	青岛特利尔环保锅炉工程有限公司	市级
26		青岛市分析仪器产业技术创新战略联盟	青岛盛瀚色谱技术有限公司	市级
27		青岛市环保与安全仪器装备产业技术创新战略联盟	青岛恒远科技发展有限公司	市级
28		青岛市节能减排产业技术创新战略联盟	西安交通大学青岛研究院	市级
29		青岛市地下空间产业技术创新战略联盟	青岛静力工程股份有限公司	市级
30		青岛市固体废弃物资源化利用技术及装备产业技术创新	青岛新天地静脉产业园管理有限公司战略联盟	市级
31		青岛市商用冷链产业技术创新战略联盟	澳柯玛股份有限公司	市级

续 表

序号	类别	机构名称	依托单位	级别
32	产业创新联盟	青岛市食品安全与环境检测产业技术创新战略联盟	山东世通检测评价技术服务有限公司	市级
33	高校	中国海洋大学	教育部	国家级
34		山东科技大学	山东省教育厅	省级
35		青岛理工大学	山东省教育厅	省级
36		青岛农业大学	山东省教育厅	省级
37	科研院所	中国科学院声学研究所北海研究站	中国科学院声学研究所	国家级
38	引进院所	青岛市环境保护科学研究院	—	市级
39		青岛市环境卫生科研所	—	市级

（二）创新资源建设与配置

（1）搭建创新载体。"十三五"期间，青岛市节能环保产业将继续发挥中国科学院声学研究所、青岛市环境保护科学研究院、中国海洋大学、山东科技大学、青岛理工大学等高校科研院所的资料和科技优势，重点推进青岛市环境监测与预警重点实验室等创新载体建设。

（2）建设产业基地和园区。加强青岛市已有的节能减排产业技术创新战略联盟建设，推进青岛京诚节能环保科技园、建筑废弃物资源化利用产业园、废旧轮胎资源化利用产业园和再生资源利用产业园等产业园区建设。

（3）培育产业集群。形成山东省节能环保产业基地、节能家电和商用冷链技装备和固体废物综合利用等创新型产业集群；推进美丽乡村生产生活综合循环利用技术集成示范和果菜产地保质贮藏节能关键技术装备研发与集成示范等重大示范工程建设，提高科技成果转化率，推进节能环保产业化进程。

（4）引进高层次人才。引进高层次人才30～50名，形成就节能环保领域专业团队。

七、产业创新路线图与行动计划

（一）重点发展领域

为了对环保行业未来各个阶段的技术发展有一个直观的认识，在对环保行业消费者的问卷调查和专家访谈的数据信息进行整理分析的基础上，对环保行业进行了综合技术路线图的绘制。重点在高效节能装备、清洁能源及绿色建筑节能利用、空气污染控制与治理、水污染控制与治理、噪声与振动控制、固体废弃物综合利用、乡村生产生活综合循环利用、生态保护及恢复等领域开展重大共性关键技术攻关，开发具有市场竞争力的节能环保装备和产品，开展美丽乡村生产生活综合循环利用技术集成示范等示范工程，全面实现大气、水、声环境功能区达标，固体废弃物100%得到有效处置，全市生态环境各项指标位居全国前列。

1. 节能技术与装备

（1）高效节能装备。支持高效天然气、生物质能锅炉、循环流化床高效燃烧、烟气清洁处理、节能家电和商用冷链技术装备半导体照明技术等关键技术及装备研发，重点研究集成太阳能果菜干燥节能关键技术装备、果菜产地节能贮藏处理关键技术装备、果菜产地预冷处理关键技术装备和真空脉动节能干燥装备。

（2）清洁能源及绿色建筑节能利用。支持高效节能新型建筑材料、天然气利用及转化、混凝土封堵链接技术等关键技术及装备研发，推动高大空间热环境精准控制技术及产业化。

（3）城市废热余热余压利用。支持烟气潜热回收技术、工业余热利用的设备产品化等关键技术及装备研发，推进郎肯循环发电技术的国际产化和产业化及毛细管壁面换热器及城市地下空间废热源热泵集中供热供冷技术的产业化。

2. 环保技术与装备

（1）空气污染控制与治理。支持青岛市大气颗粒物来源解析及区域联动控制技术、烟气脱硝技术、挥发性有机物治理技术等关键技术与装备的研发。

（2）水污染控制与治理。支持高浓度难降解工业废水处理、农村分散型污水处理、重金属废水电化学处理技术和微滤膜处理、渗滤液膜处理浓缩液的处理技术等关键技术与装备的研发，重点实施渗滤液膜处理浓缩液的处理技术的工程示范项目。

（3）噪声与振动控制。支持地铁噪声与振动控制技术、振动控制技术等关键技术与装备的研发，重点推进隔振技术的应用。

（4）生态保护及恢复。重点支持典型工业污染场地和农田土壤修复技术开发与工程示范、湿地保护和利用技术研发及工程示范、过城河道水质净化技术研发及工程示范、流域水质监测系统开发及应用示范等工程建设。

3. 资源循环利用

（1）固体废弃物综合利用。重点支持工业废弃物的深度利用技术（脱硫石膏、废硫酸、冶炼渣\钢渣矿渣微粉等）研发、垃圾填埋场场址恢复利用技术、生活垃圾源头减量化技术、城市污水处理厂污泥无害化处置技术、有机固体废物（酒渣、木屑、药渣）资源化等关键技术的研发与应用。

（2）再生资源利用。支持电子废弃物/汽车拆解后物料高值化利用技术与装备、废旧轮胎资源化技术与装备研发及工程示范、建筑废弃物和道路沥青再生利用技术研发及工程示范、废旧纺织物回收再生利用技术研发及工程示范等工程建设。

（3）乡村生产生活综合循环利用。重点实施单户生产生活循环技术系统构建和技术集成示范、乡村社区生产生活循环技术系统构建和集成示范、农业产业园区生产生活循环技术系统构建与示范等工程建设。

（二）产业创新路线图

为了对节能环保产业未来各个阶段的技术发展有一个直观的认识，在对节能环保产业消费者的问卷调查和专家访谈的数据信息进行整理分析的基础上，对节能环保产业进行了产业创新路线图的绘制。产业创新路线图的整体结构分为4个部分,包括发展目标、发展瓶颈、研发重点、资源基础和发展举措。首先,对整个节能环保产业发展瓶颈、产业资源方面进行分析总结。然后将节能环保领域研发重点分别列举出来,再根据研发需求提出了相应的发展目标及发展举措。节能环保产业创新路线图见图2。

		2016年	2018年	2020年
发展目标	产业产值(亿元)	1 100	1 500	2 000
	创新资源建设 培育骨干企业	2	3~4	4~5
	搭建创新平台	1	2~3	3~4
	打造产业园	1~2	2~3	4~5
发展瓶颈	技术壁垒 产业基础不强 政策与资金瓶颈	核心技术尚未完全掌握,部分关键设备仍需进口;产品和服务的附加值低,产业规模相对较小,缺乏龙头企业与项目;产业集群发展能力不强,配套能力较差		
研发重点	节能技术与装备	(1)大功率高效天然气、生物质能锅炉 (2)节能家电和商用冷链 (3)半导体照明 (4)朗肯循环发电 (5)毛细管壁面换热器及城市地下空间废热源热泵集中供热供冷 (6)建筑模块化	(1)洁净煤燃烧的燃煤锅炉 (2)煤炭高效清洁利用 (3)循环流化床高效燃烧、烟气清洁处理 (4)烟气潜热回收 (5)用工业余热利 (6)热缆产品的研发及应用 (7)高效节能建筑材料 (8)天然气利用及转化 (9)高大空间热环境精准控制 (10)混凝土封堵链接	(1)稀土永磁无铁芯电机电技术 (2)永磁调速 (3)永磁耦合 (4)相变蓄热、蓄冷 (5)碱激发
	环保技术与装备	(1)大气颗粒物来源解析及区域联动控制 (2)渗滤液浓缩处理 (3)地铁噪声与振动控制 (4)过城河道河水水质净化 (5)流域面源污染控制	(1)烟气脱硝 (2)高浓度难降解工业废水处理 (3)农村分散型污水处理 (4)隔振技术 (5)振动控制 (6)工业污染场地和农田土壤修复	(1)挥发性有机物治理 (2)重金属废水处理 (3)湿地保护
	资源循环利用	(1)工业废弃物的深度利用 (2)生活垃圾源头减量化 (3)电子废弃物/汽车拆解后物料高值化利用	(1)垃圾填埋场场址恢复 (2)城市污水处理厂污泥无害化处置 (3)建筑垃圾和道路沥青再生利用 (4)单户生产生活循环技术系统	(1)有机固体废物(酒渣、木屑、药渣)资源化 (2)废旧轮胎资源化 (3)废旧纺织物回收再生利用 (4)农业产业园区生产生活循环技术
资源配置	新建拟建	青岛市环境监测与预警重点实验室、青岛市土壤污染控制技术平台、生活垃圾处理与资源化技术平台、青岛市低品位能源利用工程中心		
	现有基础	青岛新天地环境保护有限责任公司、青岛华世洁环保科技有限公司、青岛静力工程股份有限公司;中国海洋大学、山东科技大学、青岛理工大学、中国科学院声学研究所北海研究站、青岛市环境保护科学研究院、青岛市环境卫生科研所		

图2 节能环保产业创新路线图

(三)行动计划

为适应青岛市节能环保产业发展新要求,进一步优化科技资源要素配置及产业布局,攻克一批掣肘产业发展的瓶颈,推动科技创新成果就地转化,积极引进重大项目创新团队和龙头企业落户青岛,形成具有青岛特色的节能环保产业集群,特制定如下节能环

青岛市"十三五"重点产业创新路线图

保产业行动计划,详见表6。

重点在高效节能装备、清洁能源及绿色建筑节能利用、空气污染控制与治理、水污染控制与治理、固体废弃物综合利用、乡村生产生活废弃物综合循环利用、生态保护及恢复等领域开展重大共性关键技术攻关,开发具有市场竞争力的节能环保装备和产品,开展生物燃气、城镇废弃物资源化利用、有机废气治理、清洁煤燃烧技术等示范工程,实现大气、水、气、土壤(治理)、固体废弃物有效利用,全市生态环境各项指标位居全国前列。

表6 节能环保产业行动计划

时间节点	2018年	2020年
发展目标	突破共性关键技术8项,实施自主创新重大专项,搭建公共研发平台4家,形成一批具有自主知识产权的产品,培育骨干企业10家	突破共性关键技术6项,搭建公共研发平台2家,培育骨干企业10家,创新型产业集群1个
发展路径	(1)关键技术突破及产业化:重点突破耗能设备能效迭代升级技术、能量系统优化技术、能源消费的信息化智能化管控技术、节能家电和商用冷链技术装备、大气颗粒物来源解析及区域联动控制技术、土壤修复技术、低温废热回收利用技术、循环发电技术及产品 (2)搭建创新平台:建设环境与能源产业技术研究院、青岛市土壤污染控制技术平台、生活垃圾处理与资源化技术平台等,推进企业技术中心建设 (3)建立产业联盟:青岛市节能环保装备产业技术创新战略联盟 (4)推进示范工程:生物燃气、城镇废弃物资源化利用、有机废气治理、清洁煤燃烧技术等10~15个示范工程 (5)加强国内外合作:在节能环保方面加强与浙江大冲能源科技有限公司合作;在资源循环利用方面与广州迪森热能技术股份有限公司合作 (6)引进高层次人才30~50名	(1)关键技术突破:突破能源消费的信息化智能化管控技术、节能高效锅炉等产品,河道水修复技术等技术,开展污染场地修复工程示范、工业废弃物的深度利用技术、农村污水与垃圾源头减量化技术工程示范 (2)搭建创新平台:搭建青岛市环境监测与预警重点实验室、青岛市低品位能源利用工程中心等 (3)建设产业园区:建设再生资源利用产业园 (4)培育产业集群:节能环保装备与固体废物综合利用创新型产业集群 (5)引进高层次人才30~50名

参考文献

[1] 科学技术部. 国家"十二五"科学和技术发展规划[EB/OL]. (2011-07-04)[2011-07-13]. http://www.most.gov.cn/mostinfo/xinxifenlei/gjkjgh/201107/t20110713_88230.htm.

[2] 国务院. 国家环境保护"十二五"规划[EB/OL]. (2011-12-15)[2011-12-20]. http://www.gov.cn/zwgk/2011-12/20/content_2024895.htm.

[3] 国务院. "十二五"国家战略性新兴产业发展规划[EB/OL]. (2012-07-09)[2012-07-20]. http://www.gov.cn/zwgk/2012-07/20/content_2187770.htm.

[4] 国务院. 国务院关于加快发展节能环保产业的意见(国发〔2013〕30号)[EB/OL]. (2013-08-01)[2013-08-11]. http://www.gov.cn/zwgk/2013-08/11/content_2464241.htm.

[5] 国务院. "十二五"节能环保产业发展规划[EB/OL]. (2012-06-16)[2012-06-29]. http://www.gov.cn/zwgk/2012-06/29/content_2172913.htm.

[6] 国家发展改革委,工业和信息化部,科学技术部,等. 重大环保技术装备与产品产业化工程实施方案[EB/OL]. (2014-09-09)[2014-09-22]. http://www.sdpc.gov.cn/zcfb/zcfbtz/201409/W020140922573440302500.pdf.

[7] 工业和信息化部,财政部. 环保装备"十二五"发展规划[EB/OL]. (2011-12-28)[2012-03-01]. http://www.miit.gov.cn/n11293472/n11295091/n11299314/14484592.html.

[8] 青岛市人民政府. 青岛市国民经济和社会发展第十二个五年规划纲要[EB/OL]. (2011-04-15)[2011-04-15]. http://www.qingdao.gov.cn/n172/n25685095/n25685320/n25685925/n25687747/110510154259742165.html.

[9] 青岛市规划局. 青岛市城市总体规划(2011—2020)[R]. 青岛:青岛市规划局,2016.

[10] 青岛市人民政府办公厅. 青岛市大气污染综合防治规划纲要(2013—2016年)[EB/OL]. (2013-06-06)[2013-06-26]. http://www.qingdao.gov.cn/n172/n68422/n68424/n28264690/n29535716/131015143907581036.html.

[11] 青岛市人民政府办公厅. 关于加快发展节能环保产业的实施意见(青政办发〔2014〕26号)[EB/OL]. (2015-01-16)[2015-01-16]. http://www.qingdao.gov.cn/n172/n68422/n68424/n30259215/n30259217/150116162910607763.html.

[12] 青岛市经济和信息化委员会. 青岛市十大新兴产业发展总体规划(青发改高技〔2014〕290号)[EB/OL]. (2014-07-01)[2015-01-29]. http://gxq.qingdao.gov.cn/n28356009/n28356073/n28356939/n28360120/n28360681/30547930.html.

附 件

附件一 专家名单

姓 名	工作单位	职务职称	从事专业
胡松涛	青岛理工大学	教授、博导	建筑环境与能源应用工程
梅 宁	中国海洋大学	教授、博导	热能工程
谭丕功	青岛市环境监测中心站	总工、研究员	环境科学
李 悦	青岛大学	教授、博导	环境科学
孙英杰	青岛理工大学	教授、博导	环境工程
沈国平	青岛市节能监察中心	注册高级咨询师	循环经济、清洁生产、节能评估、审查
王春生	青岛能源泰能热电有限公司	总经理、高工	燃气工程

附件二 关键技术

（一）关键技术清单

子领域	发展方向	编号	关键技术研发方向
节能技术与装备	高效装备	1.1	高效、节能清洁锅炉窑炉
		1.2	电机及拖动设备
		1.3	家电节能照明
		1.4	高效换热技术
		1.5	果菜节能、贮藏、干燥处理关键技术装备
	城市废热余热余压利用	1.6	城市地下空间废热的利用
		1.7	烟气潜热回收技术
		1.8	工业余热利用的设备产品化技术
	清洁能源及绿色建筑节能利用	1.9	建筑模块化技术（建筑一体化密封技术）
		1.10	高效节能新型建筑材料
环保技术与装备	大气污染控制与治理	2.1	烟气综合采样技术
		2.2	大气污染物控制技术
		2.3	大气采样及污染源在线监测技术
	水污染控制与治理	2.4	水质监测技术
		2.5	高浓度难降解工业废水处理技术
		2.6	一体化污水处理技术

续 表

子领域	发展方向	编 号	关键技术研发方向
环保技术与装备	噪声污染与防治	2.7	噪声与振动控制设备及材料
		2.8	振动与隔振控制技术应用
	生态保护及恢复技术	2.9	危险废物与土壤污染治理
		2.10	湿地保护和利用技术研发及工程示范
资源循环利用	固体废物综合利用	3.1	工业固废深度利用技术
		3.2	矿产资源综合利用
		3.3	餐厨废弃物制生物柴油、沼气等技术
	再生资源利用	3.4	建筑废物分选及资源化技术
		3.5	废旧机电产品及废旧电器电子产品再制造再利用技术
		3.6	废旧轮胎再制造和资源化利用技术
		3.7	废旧纺织物回收再生利用技术研发及工程示范
	乡村生产生活综合循环利用技术集成示范	3.8	单户生产生活循环技术系统构建和技术集成示范
		3.9	乡村社区生产生活循环技术系统构建和集成示范
		3.10	农业产业园区生产生活循环技术系统构建与示范

（二）关键技术描述

1. 节能技术与装备

1.1 高效、节能清洁锅炉窑炉

突破煤炭高效清洁燃烧、锅炉自动控制技术、节能高效循环流化床技术、锅炉智能燃烧控制技术、锅炉系统能效诊断与专家咨询系统等关键技术，重点发展高效天然气锅炉、生物质能锅炉及燃烧自动调节控制等节能技术和装备。

1.2 电机及拖动设备

重点发展高效电动机、风机、水泵、空压机等通用耗能设备，特别是稀土永磁无铁心电动机；重点发展高压、低压变频装置、静态无功补偿设备、永磁调速装置以及自控型电能回馈技术。

1.3 家电节能照明

重点发展能效等级二级以上的冰箱、洗衣机、热水器等节能家电；重点发展高效变频空调、高效变频压缩机、高效多联式空调、冷水机组；重点研发用于照明、液晶背光和景观装饰等领域的大功率外延芯片器件、关键原材料制备、系统可靠性、智能化控制及检测技术。

1.4 高效换热技术

高效换热技术主要指压缩机中间冷却系统、新型中冷器及传热翅片、高效波纹铜管换热器、自动除垢换热器、新型高效油冷器、水膜式高效空冷器技术、热缆产品的研发及工业化应用、1.10 相变蓄热技术蓄热器创新技术。

1.5 节能、贮藏、干燥处理关键技术装备

重点研究高效节能物联网商用制冷、商用冷柜流体隔热、集成太阳能果菜干燥节能、果菜产地节能贮藏处理、果菜产地预冷处理等技术和装备。

1.6 城市地下空间废热的利用

城市地下空间废热的利用主要指毛细管壁面换热器及城市地下空间废热源热泵集中供热供冷技术的产业化、大空间热环境精准控制技术及产业化。

1.7 烟气潜热回收技术

烟气潜热回收技术主要包括烟余热回收装置即烟气冷却器的研发、排烟余热回收装置即烟气冷却器的防腐技术,热力系统优化设计和控制技术及锅炉排烟余热深度回收利用系统等。

1.8 工业余热利用的设备产品化技术

工业余热利用的设备产品化技术主要包括余热余压直接转换为机械能回收利用,中低品位余能有机朗肯循环发电,基于吸收式换热的集中供热技术,用于凝汽式火力发电厂、热电厂余热利用、循环水余热回收,研发重点是小型化、大温差吸收式热泵装备。

1.9 建筑模块化技术(建筑一体化密封技术)

建筑模块化技术主要指的是模块建筑体系的空间连接技术、模块建筑体系的建筑节能和密封技术、模块建筑体系的建筑防火技术、模块建筑体系的建筑楼板和墙体隔音技术、太阳能光伏光热与建筑一体化技术及应用示范工程。

1.10 高效节能新型建筑材料

高效节能新型建筑材料主要包括高效节能新型墙体材料、保温隔热材料,发展低辐射玻璃、真空玻璃、镀膜玻璃、光伏一体化玻璃等高性能建筑玻璃、节能型门窗。

2. 环保技术与装备

2.1 烟气综合采样技术

烟气综合采样技术主要包括污染源或大气中 SO_2 和 NO_x 等有害气体的采样和颗粒物(TSP、PM2.5、PM10 等)的采样及开展青岛市大气颗粒物来源解析及区域联动控制技术研究。

2.2 大气污染物控制技术

大气污染物控制技术主要包括烟尘治理、二氧化硫治理、光化学烟雾的治理、烟气脱硫脱硝、汽车尾气的催化净化、复合碳浆清洁燃料等关键技术。

2.3 大气采样及污染源在线监测技术

大气采样及污染源在线监测技术主要包括大气被动采样、分时段自动定时采样及污染源在线监测、固定污染源烟气排放连续监测等关键技术,重点研发恒温恒流大气采样装备。

2.4 水质监测技术

水质监测技术主要包括能自动完成从水样采集、消解反应、还原滴定、终点分析判断到测定值显示、存储全过程重金属离子的分光光度法测试、自主设计水质重金属在线智能测算软件等方面。

2.5 高浓度难降解工业废水处理技术

高浓度难降解工业废水处理技术主要包括高浓度废水分离、物化、生物法、化学法处理技术，高浓度难降解有机废水厌氧生化、好氧生化处理技术，废水处理资源化用膜材料及其功能化改性，高浓度难降解制药废水处理技术研发与应用，含油、重金属、氰等有机废水处理技术研发与应用、炼油和化工行业工艺水、冷却水、废水处理及其回用，重金属废水电化学处理技术和微滤膜处理技术等关键技术。

2.6 一体化污水处理技术

一体化污水处理技术主要包括城镇污水深度脱氮除磷一体化技术及成套设备、膜生物反应器、反渗透离子交换膜技术处理系统、畜禽养殖废水处理技术及农村分散型污水处理技术等关键技术及装备。

2.7 噪声与振动控制设备及材料

噪声与振动控制设备及材料主要包括新型纤维性吸声材料、护面材料、轻质隔声材料、阻尼材料等新型吸声材料，新型消声器、减振器、隔振器、减震台、交通噪声隔声屏障、测试箱、测试房等隔音、降音减震消、低噪声路面、低噪声轮胎等减噪、减振、隔振设备，噪声与振动测量仪器设备及检测技术。

2.8 振动与隔振控制技术应用

振动与隔振控制技术应用主要包括高速铁路声屏障技术研发和城市轨道交通隔振技术、轨道隔振技术产品研发、地铁振动研究及临地铁建筑物隔振减振案例设计与分析。

2.9 危险废物与土壤污染治理

重点推进安全有效的医疗废物焚烧及烟气处理技术，加快研发重金属、危险化学品、持久性有机污染物、放射源等污染土壤的治理技术与装备。

2.10 湿地保护和利用技术研发及工程示范

湿地保护和利用技术研发及工程示范主要包括农源湿地退化演替机理与退化诊断技术、农源湿地关键物种濒危机理及保护技术、开发和利用与湿地保护相关的流域生态环境系统技术，湿地开发、保护和利用工程技术与实施

3. 资源循环利用

3.1 工业固废深度利用技术

工业固废深度利用技术主要包括人造轻骨料、建筑加气砌块、淤泥砖、尾矿烧结砖等新型墙体材料技术，超细粉煤灰作塑料及橡胶制品填充技术，粉煤灰及其他固体废弃物在墙体自保温材料中的应用和城市景观绿化应用技术，超细钢渣微粉（比表面积 $600\ m^2/kg$）在复合矿粉特种干粉砂浆中的产业化技术，石墨尾矿在混凝土应用技术。污

泥处置利用技术,包括好氧堆肥、污泥厌氧产沼气利用、污泥焚烧后残渣利用等。

3.2 矿产资源综合利用

重点开展金矿尾矿、铁矿尾矿、石墨尾矿、石矿粉末和碎屑的综合利用,鼓励商品混凝土、干混砂浆、蒸压加气砌块、墙板等新型建材利废领域拓展与开发。

3.3 餐厨废弃物制生物柴油、沼气等技术

重点研究应用酸碱催化法及化学法制生物柴油和工业油脂技术,制肥和沼气化技术与装备以及酶法、超临界法制油技术。推广应用生活垃圾焚烧发电、生活垃圾厌氧发酵制沼气、城市污水厂污泥和餐厨废弃物资源化利用技术。垃圾填埋场场址恢复利用技术

3.4 建筑废物分选及资源化技术

重点是建筑废物分选技术及装备,轻质物料分选、除尘、降噪等设施,建筑废物微粉应用于装饰材料技术,废旧砂灰粉的活化和综合利用。

3.5 废旧机电产品及废旧电器电子产品再制造再利用技术

重点发展废旧机电产品绿色拆解与检测技术、再制造产品设计、产品粉碎及粒化、剩余寿命评估、质量自动控制、虚拟再制造等技术。重点开展以"四机一脑"、办公设备、手机等小家电、印刷线路板等废旧电子电器的拆解、分选、处置利用,提高深度化处置利用水平。

3.6 废旧轮胎再制造和资源化利用技术

矿用巨型工程轮胎再制造技术研发与应用,废旧轮胎制燃料油技术,重点研究废旧轮胎翻修技术、装备研发以及胶粉等翻新材料关键技术,研究巨型工程轮胎活络模翻修技术,通过轮胎循环利用技术创新,提高废旧轮胎资源的利用率和降低环境污染。

3.7 废旧纺织物回收再生利用技术研发及工程示范

废旧纺织品成分快速鉴别分拣技术、废旧涤纶涤棉为原料的再生纤维制造技术以及其他混杂织物在产业用纺织品等领域的应用技术,推扩废旧纺织品再利用产品的市场应用。

3.8 单户生产生活循环技术系统构建和技术集成示范

开展单个农户家庭种植养殖过程控污和人畜粪便、种植养殖废物清洁处理和资源利用研究示范,建设绿色、健康、环境友好的生态庭院,系统集成沼气、太阳能等能源技术以及采用循环利用材料建造生态农房技术,实现农户家居绿色化和家庭生产清洁化。

3.9 乡村社区生产生活循环技术系统构建和集成示范

结合美丽乡村社区创建,开展乡村社区废弃物减量化、再利用和资源化,秸秆和厨余废弃物气化等集中生产清洁能源的综合利用技术体系、成套装置与设备和运行管理系统研究,在乡村社区开展示范。

3.10 农业产业园区生产生活循环技术系统构建与示范

结合产业发展与美丽乡村创建,选择2～3个农业科技产业园区,设计构建2～3种具有区域特色的农业科技产业园区生产生活循环技术综合利用模式,并与典型地区采用循环利用材料、经济适用安全生态农房整体设计建造相结合,开展示范。

青岛市"十三五"智慧城市领域创新路线图

一、国内外发展现状与趋势

(一)国外

智慧城市建设是全球城市发展的战略选择,是城市竞争的制高点。智慧城市的营造正成为全球城市之间竞争的基础要件之一,是证明一个城市信息化水平的"名片",是保持城市竞争力的重要手段。

在全球范围内,智慧城市整体上已进入规划和建设阶段,在建的智慧城市超过100个,其中欧洲和亚洲(主要是东亚、新加坡和以色列)是智慧城市开展较为积极的地区。

1. 欧盟

欧盟为"智慧城市"建设投资超过110亿欧元,选择了25~30个城市发展低碳住宅、智能交通、智能电网,提升能源效率,应对气候变化。这些城市包括哥本哈根、赫尔辛基、阿姆斯特丹、巴塞罗那、斯德哥尔摩、曼彻斯特等。

欧洲的智慧城市更多关注信息通信技术在城市生态环境、交通、医疗、智能建筑等民生领域的作用,希望借助知识共享和低碳战略来实现减排目标,推动城市低碳、绿色、可持续发展,建设绿色智慧城市。

欧盟还重点支持未来互联网、云计算、物联网等关键领域的研究,鼓励城市与企业界伙伴组成团队申请欧盟资助,研究如何整合性地管理城市能源流(Energy Flows),包括交通、水、垃圾处理、建筑供暖与制冷系统等。

欧盟智慧城市建设主要内容如表1所示。

表1 欧盟智慧城市建设主要内容

时间	项目计划	项目概要
1999年	e-Europe	全民信息社会计划
2005年7月	i2010	致力于发展最新的通信技术、建设新网络、提供新服务、创造新的媒体内容

青岛市"十三五"重点产业创新路线图

续表

时 间	项目计划	项目概要
2009年3月	《信息通信技术研发和创新战略》	呼吁加大对信息技术研发和创新的支持和投入,使欧盟在该领域领先全球
2009年6月	《欧盟物联网行动计划》	希望欧洲在构建新型物联网管制框架的过程中,在世界范围内起主导作用
2010年3月	《欧盟2020战略》	提出了三项重点任务,即智慧型增长、可持续增长和包容性增长。把《欧洲数字化议程》确立为促进经济增长的七大旗舰计划之一
2010年5月	《欧洲数字化议程》	提出七大重点领域: (1)要在欧盟建立单一的充满活力的数字化市场 (2)改进信息通信技术标准的制定,提高可操作性 (3)增强网络安全 (4)实现高速和超高速互联网连接 (5)是促进信息通信技术前沿领域的研究和创新 (6)提高数字素养、数字技能和数字包容 (7)利用信息通信技术产生社会效益
2012年7月	SCC-EIP 即智能城市和社区欧洲创新伙伴行动	将集成欧洲在新能源、智能交通和信息通讯(如物联网)等领域的先进技术,在特定城市开展示范项目,促进绿色经济和知识经济发展,推动城市生产生活方式转型

2. 美国

纽约市早在世纪之交就提出了"智能化城市"计划,以促进城市信息基础设施建设、提升政府公共服务水平。纽约市《2007年信息技术战略导向》中进一步指出信息化的总体目标:市政府转型、政府信息安全访问、信息基础设施、流程再造和快捷服务。

2012年,在Tech Crunch Disrupt大会上,公布五项重要联邦举措,以推动国家数字化。即开放数据计划、提供"Blue Button"应用程序、"20% Campaign"国际救援计划、建立"RFP-EZ"平台、建立MyGov网站。

美国智慧城市建设主要内容如表2所示。

表2 美国智慧城市建设主要内容

时 间	项目计划	项目概要
2009年6月	智能电网	美国商务部和能源部共同发布了第一批智能电网的行业标准,奥巴马政府将该项目作为其绿色经济振兴计划的关键性支柱之一
2009年9月	IBM-迪比克	IBM参与建设的美国第一个智慧城市
2012年5月	利县计划	斥资10亿美元兴建一座没有居民的小城,以帮助科研人员进行新技术测试

3. 日本

日本智慧城市建设以企业和地方政府为主力军,主要向节能和环保方向发展,强调智慧城市建设以民生为重点,让市民看到实实在在的利益,得到市民的充分理解。

政府主要扮演推动者和协调者的角色,极力将企业推到前台,发挥企业的积极性,充分利用企业拥有的先进技术和管理经验。而政府的作用是总体规划,确定发展智慧城市的重点区域和重点项目。

另外,日本政府还全力支持企业参与国际智慧城市项目的竞争。经济产业省已经拨出上百亿日元专款,支持国际商业合作项目。日本还经常举办与智慧城市有关的展览会,提高日本在国际智慧城市建设市场上的影响力。这些举措将为日本争取未来全球智慧城市标准化和规范化建设中的重要地位奠定了基础。

日本智慧城市建设主要内容如表3所示。

表3 日本智慧城市建设主要内容

时 间	项目计划	项目概要
2001年	e-Japan战略	主要致力于宽带建设,让日本成功发展成为通信基础设施发达国家
2005年	U-Japan东京泛在计划	该计划建立在日本先进的信息技术基础上,以日本国内信息基础设施的标准化为目标,通过现代信息通信技术向经济社会的全面渗透,最终实现"将东京建设成为世界第一魅力城市"的远大目标
2006年	IT新改革战略	以促进ICT应用
2009年7月	i-Japan2015战略	到2015年将日本建设成为以人为本,"安心且充满活力的数字化社会",让数字信息技术如同空气和水一般融入每一个角落,并由此改革整个经济社会,催生出新的活力,实现积极自主的创新;该战略包括电子政务、医疗和教育三大核心领域
2012年7月	活力ICT日本	新ICT战略将重点关注大数据应用所需的云计算、传感器、社会化媒体等智能技术开发,并将"国家标准化"作为重点之一

4. 韩国

韩国正在积极开展多个智慧城市的建设试点项目。韩国将智慧城市称为"U-City",其中的"U"是"Ubiquitous Network"(泛在网,用户可以随时随地随意地使用计算机与网络)的第一个字母。

韩国从法律上给U-City下了一个定义,即在道路、桥梁、学校、医院等城市基础设施之中搭建融合信息通信技术(ICT)的泛在网平台,实现可以随时随地提供交通、环境、福利等各种泛在网服务的城市。

韩国智慧城市的建设旨在通过整合公共通讯平台,以网络为基础,打造绿色、数字化、无缝移动连接的生态、智慧型城市,让市民享受到全方位、高效、便捷的市政服务。

韩国智慧城市建设主要内容如表4所示。

表4 韩国智慧城市建设主要内容

时 间	项目计划	项目概要
2004年3月	u-Korea	以无限传感器网络为基础,把韩国的所有资源数字化、网络化、可视化、智能化,以促进韩国经济发展和社会变革新的国家战略
2005年	u-IT839	是u-Korea战略的核心,包括8项服务、3个基础设施、9项技术创新产品
2005年	仁川智慧城市计划	规划松岛、青罗、永宗三地分别发展智慧国城、金融与休闲、物流三大主题,松岛新城成为仁川建设智慧城市的起点
2006年4月	U-Seoul	以加强信息技术在城市公共规划和管理中的应用,建成世界领先的商业城市,使首尔成为让公众享受到质量生活并富吸引力的都市
2007年	u-City	是u-Korea战略在韩国城市的具体实施,分为互联、丰富、智能3个建设阶段,首尔、釜山等6个地区成为其示范区,目前已逐步进入智能阶段的发展

续表

时间	项目计划	项目概要
2011年6月	Smart Seoul 2015	利用信息化积极应对气候和环境变化，促进新产业发展及加快生活方式变革，提出要实现"智能绿色城市"的信息化发展具体目标

5. 新加坡

新加坡于2006年4月正式推出第六个为期十年的信息通信产业发展蓝图——《智慧国家2015规划》(iN2015)。该规划投资约40亿新元，意在"利用无处不在的信息通信技术将新加坡打造成一个智慧的国家、全球化的城市"。通过改造政府、金融、教育、医疗保健、媒体娱乐、制造与物流、旅游与零售业七大主要领域，建构一个真正通信无障碍的社会环境，使得新加坡可以占据全球经济生态链条的高端，促进新加坡在国际经济舞台上的核心竞争力的提高。

到2015年，新加坡政府希望实现如下目标：90%的家庭使用宽带网络；100%的学龄儿童家庭拥有计算机；信息通信科技业带来8万个新增就业机会，其中5.5万个信息通信类工作和2.5万个附属类工作；信息通信增值产业的产值增倍，达到260亿新元、信息通信产业出口收入增长3倍，达到600亿新元；新加坡成为全世界成功应用信息通信技术为经济与社会创造增值首屈一指的国家。

另外，新加坡资讯通信发展管理局在2011年6月推出了"电子政府2015"总体规划，旨在促进由"政府为你"向"政府与你一起"的重大转变，迈向建立一个与国民互动、共同创新的合作型政府。

（二）国内

智慧城市这一概念在我国落地生根并广受关注只用了短短两年时间。国内已有超过50个城市正式发布了智慧城市建设规划，所有的一线城市和50%以上的二线城市都已提出建设智慧城市的目标。据有关专家预测，"十二五"期间，中国智慧城市建设的市场总规模将达到2万亿元。

党的十八大报告指出："坚持走中国特色新型工业化、信息化、城镇化、农业现代化道路，推动信息化和工业化深度融合、工业化和城镇化良性互动、城镇化和农业现代化相互协调，促进工业化、信息化、城镇化、农业现代化同步发展。""建设下一代信息基础设施，发展现代信息技术产业体系，健全信息安全保障体系，推进信息网络技术广泛运用。"这为智慧城市建设指明了方向，同时也强调了信息化在智慧城市建设中的重要性。

2010年，科技部认定武汉、深圳为国家"863智慧城市项目"试点城市。2010年10月，国家发改委联合工信部发文确定北京、上海、深圳、杭州、无锡五市为云计算先行试点示范城市。2012年5月，中国工程院公布北京、杭州、武汉、宁波、西安五市为"中国智慧城市"试点城市。工信部于2011至2012年分别批复宁波、扬州、常州为"智慧城市"建设试点示范城市。住建部于2013年1月推出了首批90个国家智慧城市试点名单；同年8月，又推出第二批103个试点城市名单。2013年9月，科技部联合国家标准化管理委员会确定20座城市为国家"智慧城市"技术和标准试点城市，通过云计算、物联网等国家科技计划项目与各试点城市进行对接。

截至2012年底,我国在建智慧城市数量已达69个,密布在环渤海、长三角和珠三角地区,三大区域的智慧城市数量占据了总数的59.4%。其中,环渤海地区有14个,占总数的20.3%;长三角地区有19个,占总数的27.5%;珠三角地区有8个,占总数的11.6%。中国智慧城市建设已形成沿海地区聚集、中西部热点涌现的总体建设格局。

面对当年智慧城市发展的重大机遇,宁波、无锡、上海、深圳、南京、武汉、佛山等城市积极部署,陆续推出了智慧城市发展战略,力图在新一轮城市竞争中占据主动权(表5)。

表5 我国各城市已出台的有关智慧城市的战略规划

时 间	城 市	相关文件
2010.9	宁 波	《中共宁波市委 宁波市人民政府关于建设智慧城市的决定》(甬党〔2010〕14号)
2010.10	佛 山	《"四化融合,智慧佛山"发展规划纲要(2010—2015年)》
2010.12	宁 波	《宁波杭州湾新区"智慧新城"规划》
2011.2	广 州	《关于在天河东北部建设天河智慧城的工作方案(讨论稿)》
2011.6	宁 波	《宁波市加快创建智慧城市行动纲要(2011—2015)》
2011.8	扬 州	《智慧扬州行动计划》
2011.10	上 海	《上海市推进智慧城市建设2011—2013年行动计划》
2011.10	苏 州	《"智慧苏州"规划》
2011.11	佛 山	《智慧城市及智慧新城建设工作方案》
2011.11	杭 州	《杭州市智慧城市建设总体规划》
2011.12	南 京	《南京市"十二五"智慧城市发展规划》
2011.12	扬 州	《"智慧扬州"评价体系指标V1.1》
2012.3	北 京	《智慧北京行动纲要》
2012.4	天 津	《智慧滨海建设中期实施方案》
2012.5	北 京	《北京智慧旅游行动计划纲要(2012—2015)》
2012.5	深 圳	《智慧深圳规划纲要(2011—2020年)》
2012.5	嘉 兴	《嘉兴市"智慧城市"发展规划(2011—2015年)》
2012.8	无 锡	《无锡国家传感网创新示范区发展规划纲要(2012—2020年)》
2012.8	武 汉	《武汉市智慧城市总体规划》
2012.8	常 州	《常州"智慧城市"发展规划(2012—2016年)》
2012.8	株 洲	《智慧株洲规划(2011年—2015年)》

从表5可知,宁波等试点智慧城市的建设,从顶层设计、战略规划到落地实施均走在全国前列,已成为智慧城市建设中的领跑者,其他城市则扮演着追赶者和准备者的角色。

我国智慧城市发展水平划分如表6所示。

表6 我国智慧城市发展水平划分表

分 类	城 市
A类(创建智慧城市领跑者10个)	无锡、佛山、上海浦东新区、北京、广州、扬州、杭州、上海、宁波、深圳

续表

分类	城市
B类（创建智慧城市追赶者22个）	苏州、南京、常州、武汉、福州、大连、丽水、天津、青岛、长春、舟山、嘉兴、成都、厦门、东莞、太原、珠海、郑州、宜昌、海口、济南、江门
C类（创建智慧城市准备者18个）	哈尔滨、南昌、长沙、西安、重庆、昆明、合肥、泉州、南宁、兰州、株洲、温州、石家庄、烟台、贵阳、沈阳、呼和浩特、唐山

总的来看，当前我国智慧城市建设更加关注民生与服务、创新与发展、感知与物联、公众参与和互动，但总体水平仍处于起步阶段，其发展目标、建设模式、运营规律、投资策略、建设重点等都在努力实践探索中。

二、青岛市产业基础与现状

（一）产业基础

目前，青岛市基本实现全光网络，4G网络建设基本完成，无线城市初步形成，三网已覆盖全市，有线电视双向传输已经实现。信息产业已经成为青岛市最重要的支柱产业之一，且保持高速发展态势。信息产品制造业完成主营业收入2 556亿元，并在2010年居全国计划单列市第二位。软件和信息服务业完成426亿元。其中，软件业务收入完成218亿元，初步形成了"东园西谷北城"的发展格局。"三网融合"标志性应用业务IPTV即将正式商用，青岛将是国内"三网融合"城市中为数不多的较早推出正式商用产品的城市之一。

"十二五"期间，青岛市在八大领域设定了30项工程和76个项目重点实施信息化，对接智慧城市建设。到"十二五"末，青岛拥有近300万亿次聚合计算能力的分布式高性能超级计算环境，形成资源共享的高性能计算公共服务平台，为青岛市发展云计算产业提供强大支撑。

青岛市委市政府对智慧城市建设高度重视，成立了由市委副书记、市长张新起任组长的"青岛市智慧城市建设领导小组"，全面指挥协调建设工作。2013年9月，青岛市编制的《青岛市智慧城市试点示范方案》通过了专家评审，被科技部、国家标准化管理委员会确定为首批国家"智慧城市"技术和标准试点城市。

青岛市智慧城市发展大事记如表7所示。

表7 青岛市智慧城市发展大事记

时间	事件
2009年	云计算被列为"建设山东蓝色经济区"重点项目
2010年7月	国务院确定我市为全国首批三网融合试点城市
2010年底	海尔家电融合物联网技术，率先推出了物联网洗衣机、冰箱、空调等终端产品
2010年12月	《青岛市物联网应用和产业发展行动方案（2011—2015年）》正式发布，力争五年内将青岛市打造成为国家级"物联网应用示范基地"和"物联网终端产品制造基地"，物联网产业产值达到330亿元
2011年5月	中国联通青岛云计算中心落户崂山区，建筑面积2.1万平方米，总投资5亿元，可容纳近4 000个标准机柜，是山东省规模最大数据中心基础设施项目

续 表

时　间	事　件
2012年7月	2014青岛世园会启动了"世园会数字化园区规划"
2012年11月	青岛市重点打造的智慧社区云计算平台"众e通"项目被评为2012中国十佳智慧城市典型案例；该系统于2010年6月在市南区湛山社区试点，2011年10月在市南区推广；现已覆盖市南区65个社区，注册用户4.7万户，预计到2015年覆盖全市41.5%的用户
2013年1月	青岛广电、青岛联通、市气象台、市环保局、市电政办及海陆空交通等八部门共同签订了《智慧青岛手机门户合作框架协议》，首个基于城市云服务平台的移动互联网信息平台正式上线运营
2013年2月	成立了由市委副书记、市长张新起任组长的"青岛市智慧城市建设领导小组"，全面指挥我市智慧城市的建设工作
2013年7月	青岛高新区与中兴通讯股份有限公司、华为技术有限公司分别签订《青岛高新区智慧城市战略合作协议》
2013年9月	青岛市被科技部、国家标准化管理委员会确定为首批国家"智慧城市"技术和标准试点城市
2013年12月	青岛市府办公厅印发《智慧青岛战略发展规划（2013—2020年）》，包括智慧决策等七个专项规划
2014年4月	青岛市智慧城市建设领导小组印发推进智慧青岛建设行动方案

下一步，青岛市将根据《青岛市智慧城市试点示范方案》，重点围绕一园（世博园）、一区（高新区）、两类技术方向（大数据融合和挖掘等共性技术，智慧生活、智能交通、智能制造等领域的应用技术）、三个示范领域（智慧生活、智慧产业、智慧管理）、八个示范应用方向（智慧健康、智慧社区、智慧家庭、智慧制造、电子商务、智慧交通、智慧海洋、云计算中心）开展智慧城市的试点示范工作。

（二）SWOT分析

青岛市智慧城市产业发展的SWOT分析矩阵，详见表8。

（1）优势。① 引进了中国科学院自动化研究所——青岛智能产业技术研究院等专业科研院所；② 培育了青岛海信网络科技股份有限公司、海尔软件有限公司、青岛博云信息技术有限公司等优势企业。

（2）劣势。① 智慧产业规模有限、层次偏低，尚未形成以应用促产业的发展态势；② 智慧城市竞争市场开拓不足，本土企业在智慧城市产业链中所占比重偏小；③ 在建的智慧城市项目推广应用力度不够，全民信息化水平有待提高。

（3）机遇。① 产业政策：青岛市颁布《智慧青岛战略发展规划（2013—2020年）》《推进智慧青岛建设行动方案》等一系列政策，为智慧城市产业发展提供了良好的政策环境；② 产业环境：智慧城市搭载工业4.0、互联网+等概念，产业发展势头良好。

（4）威胁。① 国内区域竞争激烈，许多省市把智慧城市产业作为重点发展的战略性新兴产业，另外我市发展智慧城市产业，在争取国家资金政策支持，吸引高端创新创业人才的项目上面临激烈的竞争；② 产品应用不足。

通过对青岛市智慧城市产业的SWOT分析可以看出，青岛市应把握国家智慧城市技术和标准试点城市建设的契机，活跃创新、集聚发展、共享开放、自主可控、政府引领、社会参与的技术和模式创新体系，全市统筹与分工协作相协调的一体化推进体系，统一、有效的标准规范和管理评估体系,实现城市信息系统与城市现实形态的融合交互,有效支撑宜居幸福的现代化国际城市建设。

表8　青岛市智慧城市产业SWOT分析

内部能力 \ 外部条件	机遇(Opportunities) (1) 系列产业政策提供给支持 (2) 智慧城市搭载工业4.0、"互联网+"等概念,产业发展势头良好	威胁(Threat) (1) 国内区域竞争激烈 (2) 产品应用不足
优势(Strength) (1) 引进了中国科学院自动化研究所——青岛智能产业技术研究院等专业科研院所 (2) 培育了青岛海信网络科技股份有限公司、海尔软件有限公司、青岛博云信息技术有限公司等优势企业	优势-机遇(SO) (1) 逐步建成国内领先的信息基础设施,形成以城市运行要素为单元的融合化智慧应用体系 (2) 实现城市信息系统与城市现实形态的融合交互	优势-威胁(ST) (1) 突破关键配套技术,培育应用产品产业 (2) "高技术含量"和"无技术含量"的创新解决方法应同等重视
劣势(Weakness) (1) 智慧产业规模有限 (2) 智慧城市竞争市场开拓不足 (3) 建的智慧城市项目推广应用力度不够	劣势-机遇(WO) (1) 强调技术导向的具体应用 (2) 引进高端人才,建设一流团队 (3) 建立活跃创新、集聚发展、共享开放、自主可控、政府引领、社会参与的技术和模式创新体系	劣势-威胁(WT) 全面推广智慧城市应用,而非短期的技术炫耀

三、产业发展目标

准确判断智慧城市内涵与条件,在青岛全域统筹发展中,实现信息技术的深化应用、创新应用、特色应用,实现智慧产业的高端发展、协同发展、引领发展,快速提升城市吸引力、创造力和统筹力,信息服务无处不在、居民生活便捷安全、智慧产业引领发展成为智慧青岛的显著特征。

到2018年,智慧青岛建设取得初步成效,通过理顺智慧城市建设机制和重点工程的建设,形成智慧应用引领智慧产业突破发展的格局,市民工作与生活智慧化服务便捷、融合;信息技术支撑下城市运行管理协调有序,企业成长服务智慧化水平明显提升。

到2020年,智慧青岛建设效果全面显现,通过信息技术在城市全域范围的统筹性、融合性应用,城市环境与城市经济协调发展,城市高端人才、高端企业吸引力大幅提升、智慧经济与新兴产业创造力成为城市经济竞争力的核心,城市管理实现全面统筹,社会服务为市民幸福提供全方位保障,青岛成为宜居宜业的智慧城市典范。

四、研发重点

研发重点是在总结产业基础、发展目标和市场需求分析3个阶段的基础上,通过文献资料研究和企业调研,采用专家讨论、调研以及资料收集法,确定了4个重点领域和10项关键共性技术研发方向,详见表9。

表9 智慧城市产业研发方向表

产业领域	关键共性技术方向
物联网	基于物联网的港口物流智慧管理
云计算	云计算综合服务平台
大数据	交通动态运行大数据采集和处理技术 医疗大数据研究与远程医疗应用
高端软件	智慧决策支持系统

五、创新资源建设与配置

青岛市智慧城市产业创新载体共有14家,其中国家级2家、省级1家、市级11家(表10)。

表10 智慧城市产业创新载体资源分布汇总

	重点实验室	工程技术研究中心	产业技术创新联盟	科研院所
国家级	—	1	—	1
省级	1	—	—	—
市级	2	5	4	—
总计	3	6	4	1

青岛智慧城市产业创新载体资源如表11所示。

表11 智慧城市产业创新载体资源

序号	类别	机构名称	依托单位	级别
1	重点实验室	山东省机器人与智能技术重点实验室	山东科技大学	省级
2		青岛市智能信息系统重点实验室	海信集团有限公司	市级
3		青岛市智能控制与机器人技术重点实验室	山东科技大学	市级
4	工程技术研究中心	国家城市道路交通装备智能化工程技术研究中心	青岛海信网络科技股份有限公司	国家级
5		青岛市智能交通工程技术研究中心	青岛海信网络科技股份有限公司	市级
6		青岛市智能码垛输送系统工程技术研究中心	青岛诺力达工业装备有限公司	市级
7		青岛市建筑智能节能工程技术研究中心	青岛研博电子有限公司	市级
8		青岛市智能配网终端工程技术研究中心	青岛乾程电子科技有限公司	市级
9		青岛智能变配电设备工程技术研究中心	青岛特锐德电气股份有限公司	市级
10	产业技术创新联盟	青岛市智慧景区信息服务产业技术创新战略联盟	青岛天信通软件技术有限公司	市级
11		青岛市智慧农业产业技术创新战略联盟	青岛市智能产业技术研究院	市级
12		青岛市智能机器人产业技术创新战略联盟	青岛诺力达智能科技有限公司	市级
13		青岛市智能制造装备产业技术创新战略联盟	机械科学研究总院青岛分院	市级
14	科研院所	青岛智能产业技术研究院	中科院自动化研究所	国家级

六、产业创新路线图与行动计划

（一）产业创新路线图

综合青岛市产业基础与现状，绘制先进制造领域产业创新路线图，如图1所示。依托现有10余家创新载体，围绕物联网、云计算、大数据和高端软件4个重点发展领域，开展10项关键共性技术攻关，结合创新载体搭建、示范工程建设等创新举措，突破发展瓶颈，推动全市智慧产业快速发展，全面推进智慧青岛建设。

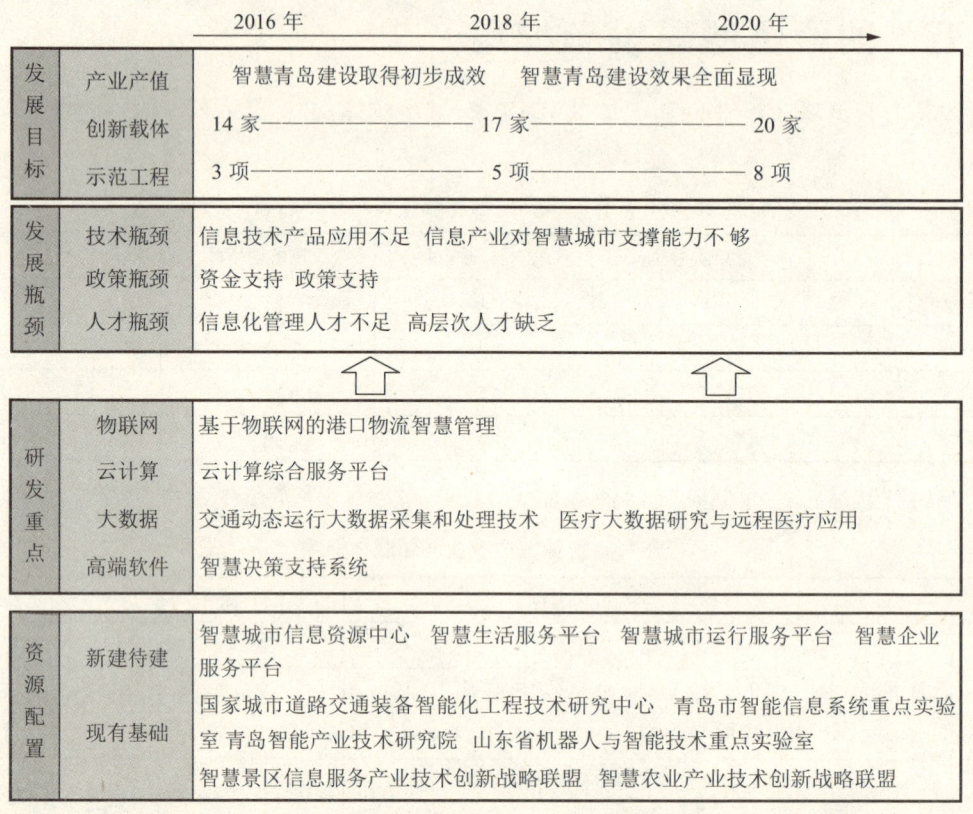

图1 青岛市智慧城市产业创新路线图

（二）行动计划

以推进国家智慧城市技术和标准试点城市建设为契机，重点在物联网、云计算、大数据、高端软件等领域开展共性关键技术攻关，推进智能产业技术研究院、海信智能信息系统重点实验室等创新载体建设，形成以城市运行要素为单元的融合化智慧应用体系，活跃创新、集聚发展的智慧产业体系，打造"智慧青岛"，有效支撑宜居幸福的现代化国际城市建设，制定五年产业行动计划，详见表12。

表12 智慧城市行动计划

时间节点	2018年	2020年
发展目标	突破共性关键技术5项，搭建创新载体3家，开展3~5项示范工程	突破共性关键技术3项，搭建创新载体2家，开展1~2项示范工程

续表

时间节点	2018年	2020年
发展路径	（1）关键技术攻关：突破交通动态运行大数据采集和处理技术、基于物联网的港口物流智慧管理、医疗大数据研究与远程医疗应用等，建立智慧决策支持系统，促进物联网、云计算、大数据、行业应用软件、通信设备等技术在交通、物流、社区应用，推进智慧产业发展 （2）搭建创新载体：推进智能产业技术研究院、海信智能信息系统重点实验室、城市综合云计算服务平台等载体建设 （3）示范工程：开展智慧交通、智慧物流和智慧社区等示范工程 （4）引进培养高层次人才3～5名	（1）关键技术攻关：重点支持云计算、大数据、卫星应用、智慧应用软件等关键技术攻关，实现智能公交集群调度、停车收费电子化和监管智能化，探索开展远程医疗服务，推进景区智能化建设 （2）搭建创新载体：建立智慧景区信息服务平台、网络安全综合保障公共平台等 （3）示范工程：实施智慧医疗、智慧旅游示范工程 （4）引进高层次人才3～5名

附 件

专家名单

序 号	姓 名	单 位
1	丁香乾	中国海洋大学
2	王鲁升	中国海洋大学
3	于树松	中国海洋大学
4	张建华	青岛博云信息技术有限公司
5	刘 新	海信网络科技股份有限公司
6	于忠清	海尔软件有限公司
7	孔庆杰	中科院自动化研究所、青岛智能产业技术研究院

第三篇 海洋产业篇

青岛市"十三五"船舶与海工装备产业创新路线图

一、国内外发展现状与趋势

（一）发展现状

目前，韩国和日本的造船企业是全球船舶建造的主体。虽然日本造船业的总体竞争力日趋下降，中国和韩国两国主导着世界新船市场，但我国在船舶设计、建造技术、管理水平以及创新能力等方面与日韩、欧洲还存在较大的差距。国际船舶16大类中，中国能够自主设计和开发建造的有6类，不具有设计能力但具有建造能力的有8类。目前，全球航运业持续低迷，我国船舶工业整体正处于调整时期。

船舶配套产品价值约占船舶总价值的2/3，船舶配套业在船舶工业中具有举足轻重的作用。欧洲始终坚持走科技引领型的发展道路，在高技术和高附加值船舶配套产品领域一直占据着领先地位，已形成了实力强大的船舶配套业体系，占据全球产业的半壁江山。日本船舶配套业一直持续跟进欧洲领先技术，目前品种齐全、体系完整，产业规模大。韩国船舶配套业起步相对较晚，但在短时间内建立起完整的船舶配套工业体系，目前，韩国国产设备装船率已达到90%以上。与之相比，我国船舶配套业的发展水平存在相当大的差距，产业竞争国际形势十分严峻。

海洋工程装备制造产业呈现三层级梯队竞争格局。第一梯队：欧美国家垄断的装备设计和高端制造区域，海工钻采设备中的关键模块如发动机、定泊设备、电控设备、通讯导航设备等基本由欧美企业生产。第二梯队：韩国、新加坡为代表垄断的总装建造区域，钻井平台、生产平台的制造基本由韩国和新加坡瓜分。第三梯队：中国、巴西等国家，具备一定的建造能力和研发设计能力，在世界海工制造市场占据一席之地，但科技水平和综合实力与发达国家存在不少差距。海工装备制造行业与油价和油气勘探项目密切相关，行业相对繁荣但存在一定风险。但由于国内造船企业在海工装备领域制造和研发能力不足，导致一定程度的市场竞争秩序混乱，行业风险持续加大。

在深海运载作业方面，世界各海洋技术强国均投入了大量的人力和物力开展大型海洋装备的研制,包括有遥控潜水器、自治潜水器、载人潜水器、深海工作站等技术装备,构成了完整的装备体系,实现了装备之间的相互支持、联合作业、安全救助,能够顺利完成水下调查、施工、救捞等任务。我国深海技术进展显著,如蛟龙号、6 000米自治潜水器等的研制成功,但与先进国家相比,目前还处于起步阶段,尤其是在装备和技术体系的建设方面差距较大,大量的核心装备与技术依赖进口,且引进中存在着技术封锁和贸易壁垒。

目前,深海通用技术朝着更高性能、更加完整、更高水平方向发展,并已形成产业,为水下装备的开发提供专业、可靠、实用的技术和基础件,保证了水下装备整体可靠性和实用性。

(二) 发展趋势

1. 船舶与海工装备向绿色化、智能化、大型化方向发展

绿色化主要包括绿色船型的设计(优化船舶线形降低船舶航行阻力)、绿色造船(基于数字化的造船系统工程)、节能减排环保配套(超低排放的高效船用柴油机技术,气体燃料和双燃料发动机技术)、特种海上装备绿色化(经济环保)等。

智能化造船是在制造过程中广泛采用智能化制造装备进行加工和装配,可以显著提高生产效率。物联网技术有望应用于超级智能船舶,同时海洋科学考察装备和远洋渔船也呈现自动化、智能化、信息化发展趋势。

船舶与海洋平台以及相关装备都始终呈大型化发展趋势,这主要源于规模化经济优势的需求。

2. 特种海上运载装备向深海和多功能方向发展

海洋强国的海洋科学考察活动不断向深海区域推进,开发出一系列深海无人潜器,并重视深海空间站的发展。海洋工程装备向深海和功能多元化方向发展,科考船向多功能方向发展,安保船向通用化方向发展。

3. 共性基础技术研究向极端、非线性以及复杂领域发展

极端海洋环境及其与结构物相互作用研究包括极端海洋环境的数理描述,强非线性水波的相互作用和干扰,强非线性水波、风、非均匀流与海洋工程结构物的相互作用,复杂海洋水声环境效应规律等。

4. LNG运输船及相关装备技术成为来为科技研发热点

天然气革命将改变世界能源秩序的格局,由此催生对LNG船及相关装备的持续性需求以及相关技术的发展。

5. 新航线促进新型装备出现

北极航道的出现将使冰区装备成为未来发展的热点。北极钻井船、北极穿梭油船、破冰LNG船、破冰集装箱船等新概念船、大型冰级集装箱船和极地破冰穿梭LNG船、冰区海洋科考船和极地LNG浮式储油卸油装置(FPSO)的研发都处于该领域的研发热点。

二、青岛市产业基础与现状

（一）产业链与技术链分析

图1给出了船舶与海洋工程装备的产业链和技术链构成。

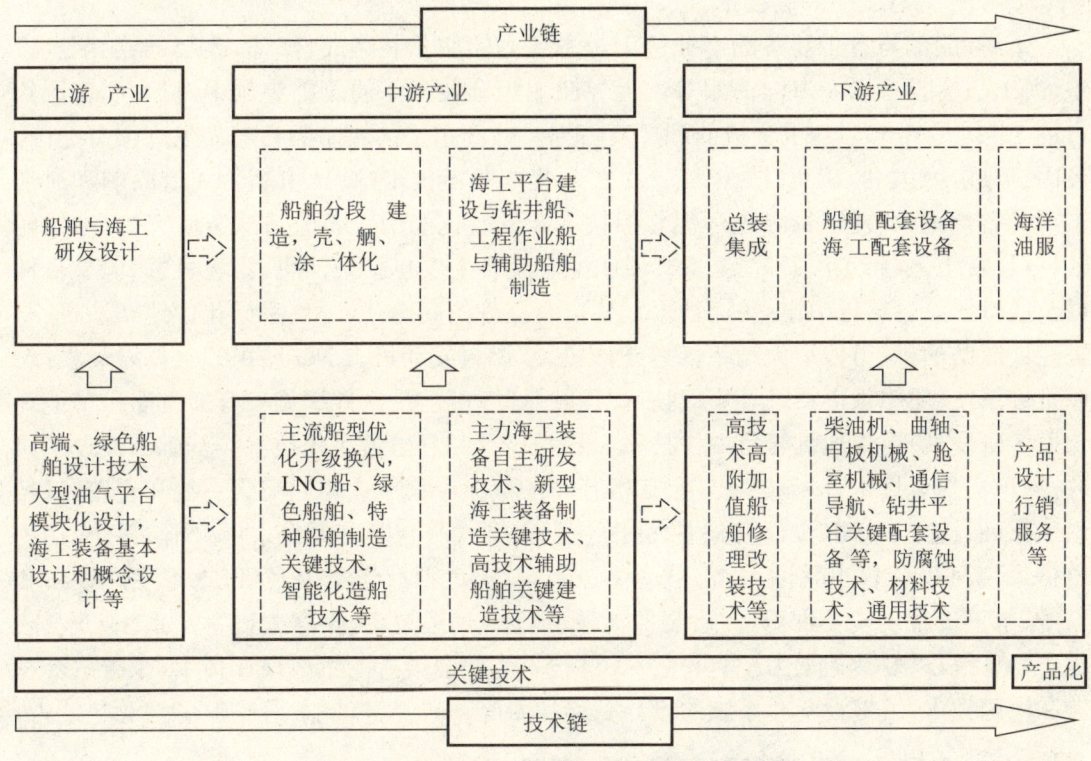

图1 船舶与海工装备产业链与技术链构成

上游：船舶与海工装备的产业链上游主要为船舶与海工装备的设计研发，被欧美国家垄断，代表企业为美国F&G、荷兰GustoMSC、意大利Saipem等。关键技术如下。① 船舶设计：主流船型优化、满足国际造船新规范及新标准的绿色环保型船舶开发设计、高端船舶开发设计、高附加值游轮设计、极地破冰科学考察船等特种船舶设计。② 海工装备设计：海工装备的基础设计、概念设计、详细设计和生产设计。

中游：船舶与海工装备的产业链中游主要为船舶的制造、平台建设与钻井船、工程作业船与辅助船舶制造等。欧美国家以研发建造深水、超深水高技术平台装备为核心，新加坡和韩国则以建造技术较为成熟的浅水/深水钻井平台、钻井船为主，在总装建造领域占据领先地位，如新加坡吉宝远东(Keppel FELS)、胜科海事(Semb Crop)、韩国三星重工、现代重工、大宇造船(DSME)等。关键技术如下。① 船舶制造：主流船型优化升级换代技术；少/无压载水船舶、LNG双燃料/纯气体动力船舶、超大型LNG船、超大型集装箱船、冰区船舶、高端疏浚船舶及岛隧特种施工船舶等船舶关键技术研究；多体船等新型高性能船舶、新能源辅助动力等新概念船型研发。② 平台建设：液化天然气浮式生产储卸装置(LNG-FPSO)、深吃水立柱式平台(SPAR)、张力腿平台(TLP)、浮式钻井生产储卸装置(FDPSO)、自升式生产储卸油平台、深海水下应急作业装备及系统,以及其他新型装备的建造。③ 海洋钻井船、工程作业船及辅助船:平台供应船(PSV)、三用工作船(AHTS)、多功能支持船(MPSV)、潜水支持船(ROV)、海底建设支持船(OSCV)、铺管船(Pipelayer)、守护救援船(Standby/Rescue)、维护作业船(Maintenance)、油田服务船(Oil WellService)等海工船关键技术。

下游:船舶与海工装备的产业链下游主要为船舶总装集成、修理、改装、船舶配套设备、海工被套设备以及海洋油服等。世界船舶配套业每年的总销售额中,日本和韩国约占到50%,另外50%几乎全被欧洲厂商占据。欧洲主要的船舶配套产品生产国有德国、英国、挪威、意大利、荷兰、法国等。① 总装集成关键技术:高技术高附加值船舶和海洋工程装备修理改装技术、绿色环保修船技术及低碳化船用设备改造改装研究等;造修船新材料、新工艺、新工法研究等。② 船舶配套设备主要包括柴油机、甲板机械、舱室机械以及通讯导航船舶自动化;关键技术包括自有品牌的高速柴油机、系列化中速柴油机、小缸径低速柴油机、节能型大功率低速柴油机、双燃料发动机、LNG船用纯气体发动机;船舶推进系统、船舶供电系统等集成技术,压载水处理装置、高效螺旋桨等新型船用节能环保设备研发,船用柴油机绿色减排技术、船用设备智能化、模块化技术等基础共性技术研究,通讯与导航技术等。③ 海工配套指海洋工程平台和作业船的配套系统和设备,以及水下采油、施工、检测、维修等设备,主要包括自升式平台升降系统、深海锚泊系统、动力定位系统、FPSO单点系泊系统、自动化控制系统、大型海洋平台吊机、水下生产设备和系统、水下设备安装及维护系统、物探设备、铺管/铺缆设备、钻修井设备及系统、安全防护检测系统,以及其他重大配套设备;关键技术为配套设备的集成设计技术、系统成套试验和检测技术、关键设备和系统的设计制造技术等。④ 海洋油服:行销服务与总包能力。

(二)青岛市产业链条各环节发展现状

青岛市在船舶与海洋工程装备产业领域的发展已具备了一定基础,并初步形成了包括设计、生产、配套、维护、修理等环节的产业体系,但同时存在自主创新研发不够等问题。按照船舶与海洋工程装备产业链构成,青岛市在船舶与海工装备领域的发展现状总结如下。

1. 船舶与海工装备设计研发处于起步阶段

我国海工装备制造业主要企业中具备设计开发能力的仅有海洋石油工程有限公司和中国石油集团海洋工程有限公司。两家公司在青岛的分公司主要承担制造、安装,尚未进行设计研发。在船舶设计领域,山东省科学院海洋仪器仪表研究所与乌克兰尼古拉耶夫船舶设计局在2012年开始共建中-乌特种船舶研究设计院,主要集中在高速艇、水下运载器等特种船舶研究设计领域。

2. 船舶与海工装备集聚区初步形成

目前,青岛市通过船舶海工产业集聚区的建设,已初步形成黄岛海西湾、即墨女岛、西海岸新区董家口三个错位发展的船舶及海洋工程集聚区。其中,海西湾定位为大型船舶、大型海洋平台、低速柴油机、大型曲轴、甲板机械、舰船电力推进系统和压载水处理系统等产品的生产基地;即墨和董家口定位为 10 万吨级高附加值油轮、特种船、工程船、军船、高端船舶设备配套产品生产基地及船舶技术产学研基地等。

青岛市海洋工程装备制造产业原有基础一般,但近十年来,先后引进了中船重工、武船重工、中海油海工、中石油海工等国内造船和研发、配套企业以及海洋工程装备制造企业,已基本形成船舶及海洋工程产业高度集聚发展的态势。2014 年,青岛市船舶海工产业总体呈现平稳态势:73 家规模以上企业实现完成工业总产值 411.7 亿元,同比增长 14.8%;出口交货值 90.6 亿元,同比增长 27.2%;重点企业新接订单量和手持订单量均较上年同期大幅提升。

3. 船舶与海工装备配套设备产业发展初具规模

配套产品涉足中低速柴油机、曲轴、压载水处理装置、船用航行数据记录仪、船用锅炉、风机、阀门、电缆、锚链、船用电气控制系统、管材管件等多种产品领域。其中,航行数据记录仪、船用锅炉、风机等产品已占到国内市场的 50% 以上。船载航行数据记录仪(俗称黑匣子)自主研发,具有完全自主知识产权,采用 Vxworks 操作系统,已通过 EC 认证,被挪威船级社(DNV)、法国船级社(BV)、德国劳式船级社(GL)、意大利船级社(RINA)等所有欧盟船级社认可,同时也被中国船级社(CCS)、美国船级社(ABS)、英国劳式船级社(LR)、日本船级社(NK)等世界船级社及权威机构认证。船舶压载水管理系统分别采用电解技术以及电催化高级氧化技术,适用于各类远洋船舶。相关船舶压载水处理系统通过 IMO 初步认可、最终认可,挪威船级社(DNV)型式认可,中国船级社(CCS)型式认可,美国海岸警卫队(USCG) AMS 认证,英国劳氏船级社(LR)型式认可,法国船级社(BV)型式认可,日本船级社(NK)型式认可,美国船级社(ABS)的型式认可,意大利船级社(RINA)型式认可以及俄罗斯船级社(RS)型式认可等国家权威船级社及主管机关认证。其中,青岛双瑞在大型船舶领域已成为全球第二大船舶压载水处理系统供应商。青岛船舶配套产品的发展打破了船配行业由日韩企业霸占的局面。

4. 船舶与海工装备用户服务前景广泛

海洋油田服务是一个行销服务方面非常特殊的产业,行销服务的水平整体也有待提高。另外海工也是一个总承包工程,目前总体承包的能力较为薄弱,可以说还不具备完整的海工总承包能力,在深海技术方面差距更大。

(三) SWOT 分析

青岛市船舶与海工装备产业发展的 SWOT 分析矩阵,详见表 1。

(1) 优势。① 初步形成黄岛海西湾、即墨女岛、黄岛董家口三个错位发展的船舶及海洋工程集聚区。② 聚集了中海油海洋工程公司、中石油海洋工程公司、中船重工旗下的北船重工和武船重工等海洋工程装备企业,青岛海西重工、海西重机、海西电机、海西电气、双瑞海洋环境工程、TSC 海洋石油装备和齐耀瓦锡兰菱重麟山船用柴油机等关键配套设备企业。

(2) 劣势。① 缺少核心技术:主流海工装备自主设计能力不足,核心技术依赖于国外,海工专业化体系和产业体系尚未形成;大部分行业标准受制于国外企业,我国船舶产业及船舶配套产业的发展严重滞后。② 缺乏高端专业人才。缺乏设计、经营、管理、法律方面的人才,大大限制了船舶和海工装备产业的发展。

(3)机遇。① 产业政策:2010年国务院发布《关于加快培育和发展战略性新兴产业的决定》,将海工产业第一次提升到国家发展战略层面,随后《海洋工程装备中长期发展规划》《海洋工程装备科研项目指南(2012)》等一系列政策,为海工产业发展提供了良好的政策环境;2012年,青岛市出台了《关于加快发展青岛市十条千亿级产业链的实施意见》(青经信发〔2012〕19号),船舶海工产业是青岛市重点发展的十条千亿级产业链之一。② 产业环境:海工装备制造业发展势头良好,2013年一季度,我国海工订单数量和金额跃居全球第一。

(4)威胁。全球航运业持续低迷,海工装备制造产业虽然繁荣,但导致市场竞争秩序混乱,行业风险持续加大。

通过对青岛市船舶与海工装备产业SWOT分析(表1)可以看出,青岛市应把握海工装备产业由欧美向亚洲国家转移的趋势,引进国内外海工装备设计企业,提高装备设计开发能力。依托海西湾等集聚区,区域优化,聚集发展,打造国家级船舶与海工装备产业示范基地,加速向高端产品延伸,形成品牌产品,突破关键配套技术,培育海工装备配套产业。

表1 青岛市船舶与海洋装备产业SWOT分析

内部能力＼外部条件	机遇(Opportunities) (1)系列产业政策提供给支持 (2)海工装备制造业发展势头较好	威胁(Threat) (1)全球航运业持续低迷 (2)海工装备行业风险持续加大
优势(Strength) (1)初步形成黄岛海西湾、即墨女岛、黄岛董家口三个错位发展的船舶及海洋工程集聚区 (2)已集聚了大量船舶与海工装备及关键配套设备企业	优势-机遇(SO) (1)发挥区域集聚优势,加速向高端产品延伸 (2)实施品牌战略,建设龙头设计企业	优势-威胁(ST) (1)突破关键配套技术,培育海工装备配套产业 (2)加快平台建设,推动创新发展
劣势(Weakness) (1)缺少核心技术 (2)缺少高端人才	劣势-机遇(WO) (1)突破关键配套技术,培育海工装备配套产业 (2)引进高端人才,建设一流团队 (3)引进国内外海工装备设计企业,提高装备设计开发能力	劣势-威胁(WT) 出台引导政策与激励措施

三、产业发展目标

到2020年,青岛市船舶与海洋工程装备领域自主创新能力大幅提升,市场竞争力和国际影响力不断增强,突破一批关键共性技术,构建功能明确、结构合理、运行高效的船舶与海洋工程装备产业链。

通过五年左右的持续滚动支持,在创新能力与产业规模上实现以下目标。

（1）形成3～5个国际前沿的技术优势领域；突破共性核心关键技术20～30项；形成一批拥有自主知识产权的产品；完成高水平研发机构的引进和建设；依据船舶与海工装备产业链的不同环节，引进高层次人才15～20名；搭建各类创新载体6家；拥有骨干企业20～30家。

（2）提高船舶与海工装备产业链上游（设计研发）技术水平和能力，充分发挥产业链中游（建造能力）硬件设备设施的优势，积极带动产业链下游（配套产品）的发展，形成规模化产业集群，形成千亿级产业链。

四、产业发展瓶颈分析

（一）设计研发能力不足

船舶软件设计水平落后；高技术船舶设计长期依赖国外，自主设计尚为空白；高端海洋工程船设计能力薄弱；远洋渔船船舶总体设计建造水平落后。

海工装备的设计研发能力薄弱。海工装备设计主要由美国F&G、挪威Aker Kvaener、荷兰GustoMSC等公司垄断，国内中船重工七〇八所和上海船舶研究设计院等具有一定的详细设计和生产设计能力。我国海工装备制造业主要企业中，具备设计开发能力的仅有海洋石油工程有限公司和中国石油集团海洋工程有限公司，且通过分析专利申请情况，中国石油集团海洋工程有限公司的专利申请地集中在北京、天津，设在青岛的分公司尚未申请专利，其为制造、安装基地。

（二）高端装备制造能力匮乏

目前，我国海洋科考与探索装备数量少，船龄老化，船型落后且种类单一；高端船型几乎全部从国外购买。高端海工装备制造尚属空白。中国船企低端海工产品所占的比重较大。青岛市船舶与海工装备企业产品也多为辅助船、浅水区域海洋工程装备、中低端水平的生产平台和钻井船等，尚未具备高附加值船舶LPG、LNG、FPSO以及深水大型海洋工程装备的制造能力。

（三）核心配套技术受制于人

核心船舶配套设备基本采用引进许可证或与国外合作方合作生产，缺乏自主技术，对引进技术消化不够，对外依赖性较强；而研发投入主要依赖国家，配套企业自主投入不足，对日益提高的技术门槛，我船舶配套产业技术更新换代力不从心。目前，关键技术多被欧美等国外企业垄断，国内海工装备的本土化配套率非常低，近70%以上需要进口，关键设备配套率不足5%。

（四）海上运载装备专用技术水平落后

主要表现在水下作业工具的专项技术与国外存在明显差距；远洋渔船关键装备依赖进口；科考船专用装备可靠性差，主要依赖进口。

五、研发需求分析

研发需求是在总结产业基础、发展目标和市场需求分析三个阶段的基础上,通过文献资料研究和企业调研,采用专家讨论、调研以及资料收集法,确定了5个重点领域的10个重点发展方向,详见表2。

表2 青岛市船舶与海工装备需求表

子领域	发展方向	编号	技术研发需求
船舶	设计建造技术	1.1	特种船舶(海洋科考船、冰区船舶等)的设计、建造技术
		1.2	高附加值船舶(大型油轮、LNG船、集装箱船等)的设计、建造技术
	改装技术	1.3	高技术高附加值船舶和修理改装技术
		1.4	绿色环保修船技术及低碳化船用设备改造改装技术
船舶关键配套设备	动力设备	2.1	大型船用柴油机、曲轴等产品
	基于北斗的通信与导航设备	2.2	海洋综合搜救系统
		2.3	全船监控系统
		2.4	船队管理系统
		2.5	无人船综合定位与导航、自动驾驶技术
	船舶环保设备	2.6	船舶压载水处理系统
		2.7	船舶废气处理系统(脱硫,脱氮,脱碳)
		2.8	电解法船舶生活污水处理系统
海工装备	平台设计制造技术	3.1	半潜式钻井平台设计制造技术
		3.2	浮式生产储卸装置(FPSO)设计制造
		3.3	深水钻井船
		3.4	水下生产系统
	配套设备	3.5	海洋平台甲板机械
		3.6	深海锚泊系统
		3.7	海油气水分离处理设备
		3.8	海洋船舶动力定位系统
		3.9	船舶单点系泊系统设计
深海运载作业技术	深海材料	4.1	固体浮力材料
		4.2	海洋防腐材料
	海底观测	4.3	海底观测网接驳盒
		4.4	水下滑翔机
通用技术	—	5.1	水密接插件
		5.2	水下焊接

六、创新资源建设与配置

(一)创新资源配置链条构成

船舶与海工装备创新资源配置应服务于船舶与海工装备产业培育链条,创新资源载体与平台通过对船舶与海工装备产业发展中关键技术的支撑,覆盖船舶与海工装备产业培育链条的各个环节,从而形成产业培育带动创新资源整合与集聚,创新资源促进产业培育发展与联动,上述各链条关系如图2所示。

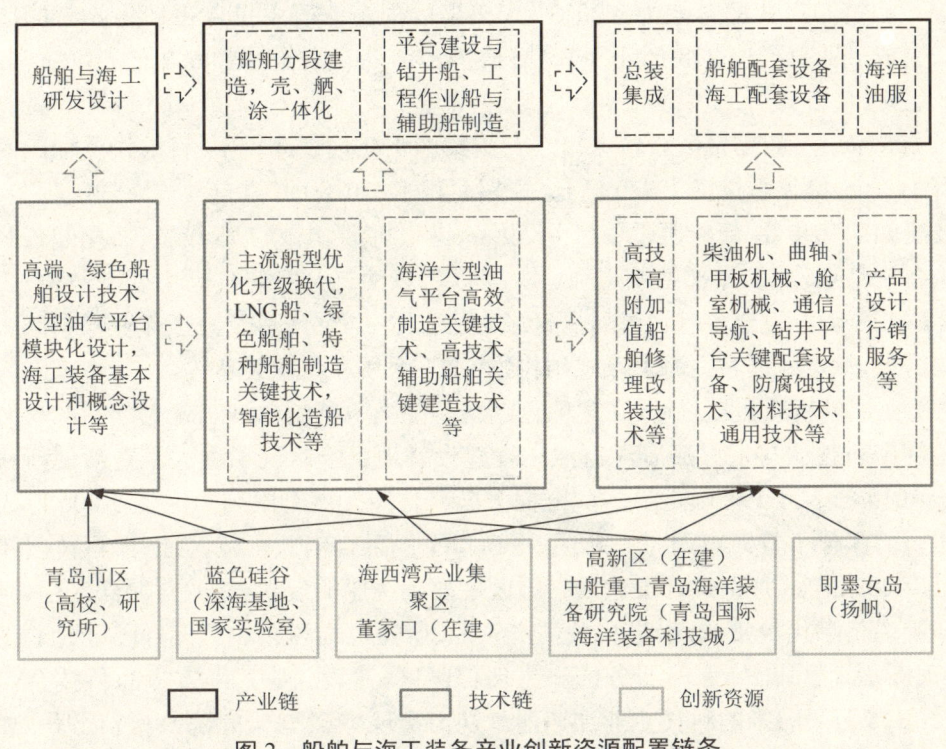

图2 船舶与海工装备产业创新资源配置链条

(二)创新资源配置现状

1. 青岛西海岸经济新区(青西新区)

青岛市在西海岸新区规划建设两个船舶海工产业集聚区,分别是海西湾船舶与海洋工程装备产业集聚区和董家口海洋工程装备产业集聚区。两个集聚区规模以上工业企业数量分别为19个和14个,产业集聚度稳步提高。2013年完成规模以上工业产值287.6亿元,同比增长7.5%(最新)。

(1)海西湾产业集聚区。海西湾产业集聚区已被认定为山东半岛蓝色经济区海洋特色产业园,是国家商务部、工信部批准的首批国家级船舶出口基地和新型工业化产业示范基地。西海湾现已形成了年造船200万载重吨、修船200余艘,海上石油生产平台年钢材加工量35万吨的生产能力;拥有北船重工(200万吨的造船能力;50万吨级船坞1个,全国最大;30万吨级船坞2个)。武船重工(特大型船舶制造、海洋工程已迁到青岛)、美国麦克德莫特海洋工程有限公司、中石油青岛海洋工程公司、中海油青岛海洋石

▶ 青岛市"十三五"重点产业创新路线图

油工程有限公司、青岛造船厂、松本造船有限公司(日本独资)、灵山船厂(韩国现代集团合资)、以及中船重工所属七二五、七一九、七一六、七一一、七一〇、七〇二、七一二等国内顶级船舶技术研究所分部,省、市认定企业技术中心8家,配套企业主要包括齐耀瓦锡兰菱重麟山有限公司(生产大型船用柴油机)、青岛海西重工有限责任公司(生产船用曲轴)、青岛海西重机公司(CSIC的装卸设备制造),具备了较强的创新能力;已形成从船用钢板加工与配送、大型船舶主机曲轴及零部件、浆轴集配配套到新一代节能环保的大型低速船用柴油发动机、船舶电力推进系统、港口及船用机械以及港口导航的"六位一体"的完整产业链和产业配套能力。2013年,集聚区内企业研发投入占销售收入的比例为4.6%,完成工业总产值278亿元,同比增长7.8%,实现税金总额6.7亿元,主营业务收入253亿元(最新)。

(2) 董家口产业集聚区。董家口产业集聚区正在规划建设中,目前投资亿元的重点项目有113个,协议总投资1 520亿元,规划面积1 820公顷,重点发展海洋工程装备、造修船及船舶配套装备、新能源设备、环保设备、港口机械、电力工程设备、石化装备等大型现代装备制造业,船舶零部件制造业。集聚区将以油气开发装备为主要突破口,大力发展海洋矿产资源开发装备,围绕勘探、开发、生产、加工、储运以及海上作业与辅助服务等环节的需求,重点发展大型海上浮式结构物、水下系统和作业装备等。

(3) 在建创新载体。目前,在建的创新资源主要包括哈尔滨工程大学船舶与海洋工程装备创新科技园与中海油海洋石油工程建设基地。哈尔滨工程大学青岛创新科技园成立于2014年3月19日,是哈尔滨工程大学科技园发展有限公司注资5 000万成立的子公司。园区位于青岛市西海岸新区、古镇口军民融合创新示范区(海洋科技创新区),项目已于2014年8月正式开工建设。园区主要围绕船舶装备、船舶与海洋工程、海洋新材料和舰船信息化等领域,引进相关生产企业、研发机构和企业总部。园区建造创新研发区、创新加速区、维修保障服务区和生活保障区,建设3.5万平方米的科技企业孵化器;建设3.5万平方米的科技企业加速器。从而实现"苗圃(研究院)—孵化器—加速器(中试产业基地)"的完整的链条式一体化科技创新服务体系。校企共建哈尔滨工程大学青岛船舶与海洋工程装备创新科技园,打造国内第一个具有蓝色海洋经济特色、军民融合的船舶与海洋工程装备创新科技产业基地,创建国内一流的军民融合创新科技示范园。中海油海洋石油工程建设基地位于开发区薛家岛湾附近。项目建成后,通过与临近的海西湾造修船基地的联合有望成为世界最大的海洋石油工程建造基地之一,主要用于国内外海上油气田开发相关设施的建造、配套高新技术的应用以及关键部件的生产等。

2. 青岛国家高新技术产业开发区(青岛高新区)

2014年9月2日,中国船舶重工集团公司与青岛市人民政府签署《关于共建海洋装备研发及产业化基地合作协议》,青岛高新区管委、青岛市科技局与中国船舶重工集团公司签订了《中船重工青岛海洋装备研究院暨青岛国际海洋装备科技城共建协议》。

中船重工集团分别在高新区规划建设总投资约50亿,占地800亩的中船重工海洋装备研究院暨青岛国际海洋装备科技城项目和占地600亩的中船重工海洋装备产业园,围绕海洋资源开发装备、海洋环境监测系统、海洋装备研制工艺等,开展海洋水文气象观测设备、水下智能探测设备、船舶及海洋工程装备配套设备等海洋装备关键技术和产品的研发、转化、实验、服务和产业化,建成综合实力强、专业特色明显、部分专业具有国际影响力的海洋装备研发及产业化基地,合力做大做强海洋装备产业。中船重工集团作为国内海洋工程装备龙头企业,该项目的签约建设将成为海洋工程装备产业发展的里程碑,将带动七一〇所、七一四所、七一六所、七一九所、七二五所、六〇二院、北海船厂、388厂、481厂等单位在高新区设立分所和产业化基地,引领带动大批海工装备项目落户高新区,提升区域技术研发水平,形成海工装备研发和产业集聚区。到2020年,入住研发机构达到10家以上,研发人员达到1 000人以上,投入研发经费达到2亿元以上,建成2~3海洋装备公共技术服务平台,开发海洋装备新产品10个并实现产业化,支撑青岛高新区海洋装备产业单位经济规模超过50亿元。

作为高新区"1+5"产业格局的重要组成部分,海工装备产业集聚效应初显。目前,已引进海水淡化设备、船舶压载水设备、水下机器人、潜水遥控定位浮标、海洋能装备、基于北斗的近岸海域综合信息监测系统等一批高端海工装备产业项目,总投资超过100亿元。其中,竣工投产项目15个,开工在建项目4个,签约待建项目7个,已达成意向的项目12个;引进中船重工青岛海洋装备研究院、中国科学院声学研究所青岛研发基地、中国科学院北斗导航总体部青岛研发中心、中船重工七一〇所青岛海洋装备研发基地、中船重工(青岛)海工装备科技有限公司、中船重(青岛)轨道交通装备有限公司等一批高端海洋装备研发机构和企业;汇聚了包括侯保荣院士、顾国彪院士、"千人计划"专家张大刚博士、美国堪麦斯公司研发和技术总监莫文辉博士等多位国内外高层次人才;规划建设海洋仪器装备设计仿真平台、海洋智能化仪器装备综合测试中心、国家海洋防腐蚀工程技术研究中心、北斗导航近岸海域综合信息监测平台、海洋技术交易市场等一批海洋装备公共平台,初步构建起海工装备研发及产业化的自主创新体系。

预计到2020年,汇聚国内外知名海洋装备研发公司及海洋装备企业达100家,工业总产值达200亿元,初步建成以中船重工为龙头的具备科技创新、人才集聚功能、拥有较高国际知名度的海洋装备科技研发基地,带动全国海洋装备产业发展,奠定青岛市在全国海洋装备科技研发领域的领导地位。

3. 蓝色硅谷核心区

青岛海洋科学与技术国家实验室由国家科技部、农业部、教育部、国土资源部、国家海洋局、山东省政府和青岛市政府等9个单位和5家科研院所联合投资建设,项目分东、西两个区域,主要建设海洋药物及生物制品、海岸和近海工程、海洋地质等15个功能实验室,深海科研、大型仪器检测设备、资源样品库等5个重大平台和海水资源综合利用、海洋仪器仪表、海洋防腐防污等8个工程技术研究中心。项目全部建成后,将成为我国海洋领域最主要的科技资源共享平台、国内外优秀科学家汇聚地、国际学术交流中心、海洋科技创新成果基地以及高层次人才培养基地,成为国内第一、世界第七大的海洋科研机构。

国家深海基地由国家发改委投资建设,项目规划港口灯塔导航区、大洋通讯岸台天线区、科学实验区、维修保障区等10个功能分区,主要建设280米工作母船码头、实验大楼、研发大楼、深海作业模拟实验室与科普展示大楼、交流中心与招待大楼、后勤保障中心及其他配套设施。其中，一期计划投资 5.1 亿元，建筑面积 2.6 万平方米，主要建设科研办公、维修保障等陆域工程和科考船专用码头，计划 2013 年下半年开工，2014 年竣工。项目全部建成后，我国"蛟龙号"潜水器将在此入驻，成为面向全国深海科学研究、海洋资源调查、深海装备研发和试验、海洋新兴产业服务的多功能、全开放的国家级公共服务平台。

国家海洋设备质量监督检验中心由核心区管委和青岛市质监局投资建设，计划总投资 5.85 亿元。项目分两期建设：一期于 2013 年 6 月开工建设，投资 2.85 亿元，主要建设理化综合实验楼、水下设备检测实验楼、电磁兼容实验楼；二期工程投资 3 亿元，计划 2014 年 1 月开工，主要建设电气检测试验楼、机械气候环境实验楼、材料防火实验楼、电缆检测实验楼、局放冲击实验楼。项目建成后，将成为国内最权威、国际知名、具有鲜明蓝色经济特色的检验检测技术服务平台体系和服务品牌，为山东半岛蓝色经济区和全国海洋装备制造企业的产品研发、质量保证和国内外市场准入提供权威检测和技术支持。

中船重工七二五所青岛海洋装备研究院由中船重工七二五所投资建设，计划总投资 2 亿元，项目分两期建设，其中一期工程投资 1.3 亿元，主要建设海洋防腐防污新材料研发平台和青岛海洋环境试验站，计划 2013 年底前开工，2014 年底竣工。二期工程计划投资 7 000 万元，主要建设海洋防腐防污新材料孵化器，计划 2015 年开工建设，2016 年竣工。项目建成后，将成为特色鲜明、国内领先、国际一流的腐蚀与防护研究试验中心、海洋生物材料研究中心、海洋装备环境适应性检测中心，为各类海洋工程装备的研制开发、产品定型、设计制造和试验检验、安全评估等提供技术支撑，为青岛及周边地区的海洋工程装备研究构建开放式试验研究平台，实现科技资源最大程度的利用和共享。

哈尔滨工业大学青岛科技园由哈尔滨工业大学青岛科技园投资建设有限公司投资建设，计划总投资 65 亿元。项目分二期建设。其中，一期投资 30 亿元，主要建设国家重点实验室、国家工程技术研究中心、哈尔滨工业大学青岛科技园国际展示中心（中俄工科大学联盟 ASRTU）、国际会议中心、中俄（青岛）科技产业园、哈尔滨工业大学工业技术研究院等。项目二期投资 45 亿元，主要建设阿斯图联合研究生院、国际化国家大学科技园、高校联盟科技区、产业孵化基地、科技创新平台。项目建成后，将成为具有国际先进水平、引领蓝色经济创新发展的科技园区和区域协同创新平台，可充分发挥哈尔滨工业大学八大涉海国家级实验室及中俄 30 所工科高校的科研和技术优势，有效推动涉海应用技术的转化和孵化，有力提升青岛科技创新、产业升级和对外科技交流合作的层次与水平。

天津大学青岛海洋工程研究院是天津大学和青岛市政府合作共建的研究院，坐落于青岛市蓝色硅谷核心区。研究院紧邻国家海洋实验室、国家海洋局、哈尔滨工业大学、山东大学、中船重工、华硕、北斗等十余家科研单位及企业，形成科研产业聚集效应。研究院科研团队力量雄厚，其中中国工程院院士 2 人、"千人计划"教授 6 人、973 首席科学家 3 人、长江学者 3 人、杰青 3 人。研究院拥有海洋工程领域先进的研发平台和人才培养基地，未来将打造成世界一流海洋工程研究机构。

4. 即墨女岛

青岛扬帆造船项目是即墨市女岛船舶工业功能区内船舶制造龙头项目,总投资29亿元,占地1 200亩,主要生产散货船、海洋工程支持船等。2012年9月,其制造的全省最大20.5万吨散货船正式下水。依托女岛港优越的地理区位,女岛船舶工业功能区成为青岛市蓝色经济工业产业集聚区、山东省船舶工业聚集区之一。2013年,通裕重工临港产业园项目、玛泽润豪华游艇项目先后落户该区域并开工建设,2014年1月,青岛港口机械设备制造项目正式落户,为推动女岛港升级为国家一类开放口岸带来了崭新机遇。

5. 青岛市区

中国海洋大学、山东省科学院海洋仪器仪表研究所等高校研究所主要分布在青岛市区。

6. 小结

目前,青岛市船舶与海工装备领域共拥有重点实验室、工程技术研究中心、科研院所高校等各类创新载体近60家,其中包括海底科学与探测技术教育部重点实验室等重点实验室3家,海上环保作业船工程技术研究中心工程技术研究中心等国家级、省级、市级工程技术中心7家,相关企业20多家,详见表3。

表3 船舶与海工装备领域创新载体资源分布汇总表

序号	类 别	机构名称	依托单位	级 别
1	重点实验室	海底科学与探测技术教育部重点实验室	中国海洋大学	部 级
2		山东省海洋工程重点实验室	中国海洋大学	省 级
3		山东省特种焊接技术重点实验室	山东省科学院海洋仪器仪表研究所	省 级
4	工程技术中心	国家海洋监测设备工程技术研究中心	山东省科学院海洋仪器仪表研究所	国家级
5		山东省海洋监测设备工程技术研究中心	山东省科学院海洋仪器仪表研究所	省 级
7		海上环保作业船工程技术研究中心	青岛光明环保技术有限公司	市 级
8		青岛市海洋重型起重设备工程技术研究中心	青岛海西重机有限公司	市 级
9		青岛市海洋平台与工程船舶工程技术研究中心	青岛武船重工有限公司	市 级
10		青岛市船舶电力推进系统工程技术研究中心	青岛海西电气有限公司	市 级
11		青岛市油气开发及压裂装备工程技术研究中心	TSC海洋工程与石油装备研究院	市 级
12	产业创新联盟	青岛市起重及打桩作业工程船舶产业技术创新战略联盟	青岛武船重工有限公司	市 级
13		海洋监测设备产业技术创新战略联盟	山东省科学院海洋仪器仪表研究所	市 级
14	科研院所	中电集团第四十一研究所青岛分所	中国电子科技集团公司	国家级
15		中电集团第二十二研究所青岛分所	中国电子科技集团公司	国家级
16		中船重工第七二五研究所青岛分部	中国船舶重工集团	国家级

青岛市"十三五"重点产业创新路线图

续 表

序号	类 别	机构名称	依托单位	级别
17	科研院所、高校	中船重工第七一一研究所青岛分部	中国船舶重工集团	国家级
18		中船重工第七一九研究所青岛分部	中国船舶重工集团	国家级
19		青岛自动化研究所(中船重工第七一六所青岛分部)	中国船舶重工集团	国家级
20		山东省科学院海洋仪器仪表研究所	山东省科学院	省 级
21		中国海洋大学	—	部 级
22		中国石油大学(华东)	—	部 级
23		青岛海洋化工研究院		
24	引进院所	哈尔滨工程大学青岛船舶科技有限公司	哈尔滨工程大学	其 他
25		天津大学青岛海洋工程研究院有限公司	天津大学	其 他
26		青岛东方船舶深海装备结构技术有限公司	中船重工第七〇二研究所	其 他
27		青岛海洋装备研究所	中船重工第七〇二研究所	其 他
28	公共研发平台	青岛市海洋设备检验检测研发平台	青岛市质监局	市 级
29		青岛市深海技术装备公共研发平台	青岛深潜基地	市 级
30		青岛市特种船舶研究设计公共研发平台	青岛工业仪表研究所	市 级
31	骨干企业	船舶:北船重工、武船重工、青岛造船厂、青岛即墨马斯特造船、杨帆造船、青岛前进船厂(中国人民解放军第四八零八工厂) 海洋工程装备:中海油海洋工程、中石油海洋工程、中船重工第七〇二研究所、武船重工 集装箱:中集、马士基 船舶配套:海西重机、海西电气、海西电机、青岛双瑞、青岛海德威科技有限公司	—	其 他

表4给出了船舶与海工装备领域主要企业分布情况。作为技术创新主体的企业,我市已聚集了中海油海洋工程公司、中石油海洋工程公司、中船重工旗下的北船重工和武船重工等海洋工程装备企业,青岛海西重工、海西重机、海西电机、海西电气、青岛双瑞、海洋环境工程、TSC海洋石油装备和齐耀瓦锡兰菱重麟山船用柴油机等关键配套设备企业;拥有50万吨造船坞1座、30万吨及以下造修船坞7座;远期年造船能力超过600万载重吨,海洋工程装备年制造能力100万标吨以上;配套产品涉及中低速柴油机、曲轴、压载水处理装置、船用航行数据记录仪、船用锅炉、风机、阀门、电缆、锚链、船用电气控制系统、管材管件等多种产品。

表4 船舶与海工装备领域主要企业分布汇总表

类别	企业名称	主要产品	研发能力
船舶与海洋工程装备企业	海洋石油工程(青岛)有限公司	海洋石油、天然气开发工程设计、陆地制造、海上安装、调试	海洋石油工程股份有限公司共申请专利660件,其中,海洋石油工程(青岛)有限公司申请65件、发明专利42件、实用新型23件

续 表

类别	企业名称	主要产品	研发能力
船舶与海洋工程装备企业	中国石油集团海洋工程（青岛）有限公司	海洋工程平台、FPSO等海工装备的加工设计、预制和安装	尚未申请专利。总公司中国石油集团海洋工程有限公司共申请专利61件、发明专利28件、实用新型33件
	青岛北海船舶重工有限责任公司	船舶建造、船舶修理与改装、海洋工程修造	申请专利20件，其中发明专利8件、实用新型12件
	武昌船舶重工有限责任公司青岛海西湾基地	FPSO、单柱式平台（SPRAS）、大型综合一体化模块、半潜式钻研井平台等制造	尚未申请专利；总公司武昌船重工共申请专利80件，其中发明专利34件、实用新型45件、外观设计1件
	青岛造船厂有限公司	军用舰船及海工产品	申请专利8件，其中发明专利1件、实用新型7件
	青岛即墨马斯特造船	超巴拿马以上级散货船、油轮、集装箱船、LPG、LNG船	由青岛马斯特船舶设计有限公司为其提供船舶设计服务及技术支持
关键配套设备企业	青岛海西重工有限责任公司	船用大型柴油机曲轴	尚未申请专利。其总公司武汉重工铸锻有限责任公司申请专利66件，其中发明专利34件、实用新型30件、外观设计2件
	青岛海西电机有限责任公司	发电机组、电器控制设备及相关配套设备	申请专利4件，其中发明专利2件、实用新型2件
	青岛海西电气有限责任公司	船舶与海洋电气设备	尚未申请相关专利
	青岛双瑞海洋环境工程股份有限公司（中船重工七二五所青岛分部）	船舶压载水处理装置	申请专利60件，其中发明专利37件、实用新型23件
	TSC海洋石油装备及技术研发中心、青岛天时海洋石油装备有限公司	钻井设备、海洋石油装备	TSC集团控股有限公司共申请9件专利，其中，青岛天时海洋石油装备有限公司申请实用新型专利7件、外观设计专利1件
	青岛齐耀瓦锡兰菱重麟山船用柴油机有限公司	船用柴油发动机	尚未申请相关专利。全套引进芬兰瓦锡兰（Wärtsilä）公司和日本三菱重工（MHI）公司的产品设计和技术

（三）创新资源配置需求

1. 搭建创新载体

推进蓝色硅谷核心区青岛海洋科学与技术国家实验室、国家深海基地、中船重工七二五所青岛海洋装备研究院、哈尔滨工业大学青岛科技园、天津大学青岛海洋工程研究院等建设。

2. 建设产业基地和园区

加快建设红岛高新区中船重工海洋装备研究院暨青岛国际海洋装备科技城项目和中船重工海洋装备产业园。

3. 打造产业集群

推进海西湾船舶与海洋工程装备产业集聚区、董家口海洋工程装备产业集聚区的发展，打造船舶与海工装备创新型产业集群等产业集群。

七、产业创新路线图与行动计划

(一) 重点任务

1. 船舶

提高设计研发水平,加快重点产品研发,加快培育和发展相关重点装备及其关键系统和设备。船舶重点发展特种船舶(海洋科考船、冰区船舶等)的设计、建造技术;高附加值船舶(大型油轮、LNG 船、集装箱船等)的设计、建造技术;高技术高附加值船舶和修理改装技术;绿色环保修船技术及低碳化船用设备改造改装技术。

2. 船舶关键配套设备

重点发展市场需求量较大的设备以及公约新规设备,包括导航系统、船舶动力装备、舱室机械技术的研发及产业化;打造重点产品的专业化制造基地,依托造船行业骨干配套企业,结合已有基础,拓展一批优势产品生产能力。在沿海地区打造专业系统和设备的研发制造基地。船舶关键被套设备重点发展大型船用柴油机、曲轴等产品;基于北斗的通信与导航设备(海洋综合搜救系统、全船监控系统、船队管理系统、无人船综合定位与导航、自动驾驶技术等);舱室机械技术公约新规设备[船舶压载水处理系统,船舶尾气处理系统(脱硫、脱氮、脱碳)、电解法船舶生活污水处理系统]。

3. 海工装备

重点围绕提高近海资源利用水平和深海战略性资源的探测和储备展开研究。突破深海大洋油气、天然气水合物、多金属结核、海底热矿、深海基因等资源调查关键技术,重点开发高精度勘探系统、深水平台、水下生产系统及辅助作业等重大装备。重点发展深海油气开发所需的勘探、海上浮式储油平台(FPSO)、深水钻井船、深水半潜钻井平台等高端海洋工程装备及配套产业,逐步掌握大型高端深海钻井装备关键技术,建设现代海洋工程装备制造基地。在海洋平台甲板机械、深海锚泊系统、海油气水分离处理设备等具备较好发展基础的领域,提高系统集成能力,努力将其打造成为国际知名品牌;同时加强国际合作,通过引进国外专利技术、国际合作、合资办厂等多种方式,加快实现海洋船舶动力定位系统、船舶单点系泊系统等高附加值设备和系统的设计制造。

4. 深海运载作业

围绕国家战略需求以及实现全天候、综合性、长期连续实时观测海洋内部过程及其相互关系的科学目标,重点开发海底观测网接驳盒、水下滑翔机、海洋工程装备腐蚀监测与长效防腐技术、深海装备用浮力材料。

5. 通用技术

研发水密接插件等深海通用产品,大力发展水下焊接技术及装备。

(二) 产业创新路线图

综合青岛市产业基础与现状、发展目标、研发和创新资源需求,结合专家调研、文献数据分析等,绘制船舶与海工装备产业创新路线图(图 3)。船舶与海工装备产业主要围

		2016年	2018年	2020年
发展目标	产业产值	约500亿元	>700亿元	>1 000亿元
	创新资源建设 培育骨干企业	5家	20家	30家
	搭建创新载体	3家	4家	9家
	建设示范工程	1个	3个	5个
	打造产业园区	集聚效应		形成规模
发展瓶颈	技术瓶颈	设计研发能力不足　高端装备制造能力匮乏　核心配套技术受制于人　海上运载装备专用技术水平落后		
	市场风险	航运市场低迷　海工市场风险大		
研发重点	船舶	特种船舶（海洋科考船、冰区船舶等）的设计、建造技术，高附加值船舶（大型油轮、LNG船、集装箱船等）的设计、建造技术，高技术高附加值船舶和修理改装技术，绿色环保修船技术及低碳化船用设备改造改装技术。		
	船舶关键配套	大型船用柴油机、曲轴等产品，基于北斗的通信与导航设备（海洋综合搜救系统、全船监控系统、船队管理系统、无人船综合定位与导航、自动驾驶技术等），公约新规设备［船舶压载水处理系统、船舶尾气处理系统（脱硫、脱氮、脱碳）、电解法船舶生活污水处理系统］		
	海工装备	高精度勘探系统、深水平台、水下生产系统及辅助作业等重大装备（海上浮式储油平台、深水钻井船、深水半潜钻井平台），海洋平台甲板机械、深海锚泊系统、海油气水分离处理设备，海洋船舶动力定位系统、船舶单点系泊系统。		
	深海运载作业	海底观测网接驳盒、水下滑翔机、海洋工程装备腐蚀监测与长效防腐技术、深海装备用浮力材料		
	通用技术	水密接插件、水下焊接技术		
资源配置	产业集群	海西湾船舶与海洋工程装备产业集聚区　董家口海洋工程装备产业集聚区（在建）　即墨市女岛船舶工业功能区		
	重点企业	武船重工　北船重工　海洋石油工程（青岛）　天时（青岛）　中海油石油工程（青岛）　海西电气　海西重机　青岛杰瑞　青岛双瑞　海德威　光明环保　马斯特　山东海工装备研究院等		
	科研院所	中海海洋大学　中国石油大学（华东）青岛海洋化工研究院　山东省海洋仪器仪表所等		
	新建待建	国家深海基地　中船重工海洋装备研究院　中船重工七二五所青岛海洋装备研究院　哈尔滨工业大学青岛科技园　天津大学青岛海洋工程研究院　高新区海洋装备产业园		

图3　产业创新路线图

绕船舶、船舶关键配套、海工装备、深海运载作业以及通用技术五个重点领域进行关键共性技术攻关,结合创新载体搭建、骨干企业培育、产业园区建设和产业集群打造等创新举措,推动海洋船舶与海工装备产业快速发展。

（三）行动计划

为适应青岛市发展船舶与海工装备的新要求,满足"十三五"该产业发展的各项市场需求,进一步优化各项创新资源要素配置和产业布局,攻克一批制肘产业发展的短板与瓶颈,推动科技创新成果就地转化,全面促进更多重大项目创新团队和龙头企业落户

青岛市"十三五"重点产业创新路线图

青岛,促进形成具有青岛特色的船舶与海工装备产业集群,制定船舶与海工装备五年产业行动计划,详见表5。

表5 船舶与海工装备产业行动计划

时间节点	2018年	2020年
发展目标	部署实施自主创新重大专项,突破共性关键技术20项,搭建各类创新载体10家,形成一批拥有自主知识产权的产品,培育骨干企业20家	突破共性关键技术10项,搭建各类创新载体6家,培育骨干企业10家,创新型产业集群形成规模,产值超千亿
发展路径	(1)关键技术研发及产业化:重点开展特种船舶设计与建造、大型船舶节能减排、高技术高附加值船舶和修理改装技术、绿色环保修船技术及低碳化船用设备改造改装技术、海洋工程装备腐蚀监测与长效防腐、深海装备用浮力材料、水下焊接等关键技术攻关,实现导航系统、船舶动力装备、新型船舶压载水等配套装备产业化,开发海底观测网接驳盒、水下滑翔机等装备 (2)搭建创新载体:推进蓝色硅谷核心区青岛海洋科学与技术国家实验室、国家深海基地、中船重工七二五所青岛海洋装备研究院、哈尔滨工业大学青岛科技园、天津大学青岛海洋工程研究院等建设 (3)建设产业基地和园区:加快建设红岛高新区中船重工海洋装备研究院暨青岛国际海洋装备科技城项目和中船重工海洋装备产业园 (4)培育产业集群:推进海西湾船舶与海洋工程装备产业集聚区、董家口海洋工程装备产业集聚区的发展,打造船舶与海工装备创新型产业集群等产业集群 (5)引进高层次人才:引进船舶与海工领域创新创业领军人才10~15名	(1)关键技术研发及产业化:掌握大型油轮、LNG船、集装箱船等高附加值船舶的设计建造技术,开发高精度勘探系统、深水平台、水下生产系统及辅助作业、水密接插件等装备及深海通用产品 (2)搭建创新载体:建设海洋仪器装备综合测试中心等 (3)培育产业集群:黄岛海西湾、胶南董家口、即墨女岛海洋工程集聚区形成错位发展,完善产业链 (4)引进高层次人才:引进创新创业领军人才5~10名,形成船舶与海工领域专业团队

参考文献

[1] 青岛市经济和信息化委员会. 关于加快推进青岛市装备制造业发展的实施意见(青政办发〔2011〕38号)[EB/OL]. (2012-03-01)[2012-03-01]. http://www.qingdao.gov.cn/n172/n68422/n1527/n23269822/120301104605100075.html.

[2] 国务院. 中国制造2025(国发〔2015〕28号)[EB/OL]. (2015-05-08)[2015-05-19]. http://www.gov.cn/zhengce/content/2015-05-19/content_9784.htm.

[3] 国家发展和改革委员会, 国防科学技术工业委员会. 船舶工业中长期发展规划(2006—2015年)[EB/OL]. [2007-09-27]. http://www.ndrc.gov.cn/fzgggz/fzgh/ghwb/gjjgh/200710/P020150630514276839341.pdf.

[4] 工业和信息化部. 船舶工业调整和振兴规划[EB/OL]. [2009-06-09]. http://www.gov.cn/zwgk/2009-06/09/content_1335839.htm.

[5] 工业和信息化部, 国家发展和改革委员会, 科学技术部, 等. 海洋工程装备制造业中长期发展规划[EB/OL]. [2012-03-22]. http://www.gov.cn/gzdt/att/att/site1/20120322/70f3950952e410d4c43a01.doc.

[6] 国家发展和改革委员会, 科学技术部, 工业和信息化部, 等. 海洋工程装备产业创新发展战略(2011—2020)[EB/OL]. (2011-08-05)[2011-09-16]. http://www.miit.gov.cn/n11293472/n11293832/n12843926/n13917042/n14162454.files/n14162469.pdf.

[7] 国务院. 十二五"国家战略性新兴产业发展规划[EB/OL]. (2012-07-09)[2012-07-20]. http://www.gov.cn/zwgk/2012-07/20/content_2187770.htm.

[8] 国务院. 全国海洋经济发展"十二五"规划[EB/OL]. (2012-09-16)[2012-09-16]. http://www.gov.cn/xxgk/pub/govpublic/mrlm/201301/t20130117_65866.html.

[9] 工业和信息化部. 高端装备制造业"十二五"发展规划[EB/OL]. [2012-05-07]. http://www.miit.gov.cn/n11293472/n11293832/n11293907/n11368223/n14580681.files/n14578575.doc.

[10] 工业和信息化部. 船舶工业"十二五"发展规划[EB/OL]. [2012-03-12]. http://www.miit.gov.cn/n11293472/n11293832/n11293907/n11368223/n14492555.files/n14492477.doc.

[11] 科学技术部. 国家"十二五"科学和技术发展规划[EB/OL]. (2011-07-04)[2011-07-13]. http://www.most.gov.cn/mostinfo/xinxifenlei/gjkjgh/201107/t20110713_88230.htm.

[12] 上海市经济和信息化委员会. 上海市船舶与海洋工程装备产业"十二五"发展规划[EB/OL]. (2012-09-04)[2012-09-11]. http://www.sheitc.gov.cn/res_base/sheitc_gov_cn_www/upload/article/file/2012_3/9_11/v8svh6yrxo5m.doc.

[13] 山东省人民政府. 山东省船舶工业调整振兴规划(2009—2011年)[EB/OL]. (2009-

04-20)[2009-04-25]. http://www.shandong.gov.cn/art/2009/4/25/art_285_4935.html.

[14] 青岛市经济和信息化委员会. 青岛市十大新兴产业发展总体规划(青发改高技〔2014〕290号)[EB/OL].（2014-07-01）[2015-01-29]. http://gxq.qingdao.gov.cn/n28356009/n28356073/n28356939/n28360120/n28360681/30547930.html.

[15] 青岛市科学技术局. 推荐国家"十三五"重点研发专项(海洋仪器装备创新专项)[R]. 青岛市科学技术局, 2015.

[16] 青岛市发展和改革委员会. 青岛市"十二五"海洋高技术产业发展规划[EB/OL].（2012-10-09）[2012-10-05]. http://www.qingdao.gov.cn/n172/upload/121016085620784203/140614192843583444.doc.

[17] 谭思明. 青岛(西海岸)黄岛新区海洋科技自主创新领航区定位研究[R]. 青岛：青岛市科学技术信息研究所, 2014.

[18] 张超. 海洋工程装备的关键技术[J]. 机械制造与自动化, 2011, 40(5): 13, 28.

[19] 许嵩, 李成强, 胡琳琳, 等. 世界船舶配套业市场分析与展望[J]. 船舶物资与市场, 2010(2): 9-11.

[20] 黄平涛, 刘啸波. 中国船舶配套产业现状分析[J]. 大陆桥视野, 2010(12): 87-88.

[21] 管泉, 王志玲. 国内海洋工程装备制造业发展态势及青岛市发展瓶颈与对策研究[J]. 中国科技成果, 2014(10): 7-9.

[22] 李彦庆. 海洋运载装备科技发展战略的浅思考[C]// 中国工程院. 中国海洋工程与科技发展战略, 北京：高等教育出版社, 2013: 127-133.

[23] 王诚志, 刘二森. 低油价"砸停"海工快进键——全球海工装备市场2014年回顾与2015年展望[N]. 中国船舶, 2015-02-06(4).

[24] 胡颖. 世界船舶配套产业发展模式研究及我国发展模式探讨[J]. 船舶物资与市场, 2009(5): 23-26.

附 件

附件一　专家名单

编号	姓名	单位名称
1	赖贻翔	中船重工七一六所青岛杰瑞自动化有限公司
2	刘光洲	中船重工七二五所双瑞海洋环境工程有限公司
3	赵建国	北海船舶重工有限责任公司
4	刘炳言	青岛海德威科技有限公司
5	宋峥嵘	中海油海洋石油工程(青岛)有限公司
6	刘保华	深潜基地
7	周忠海	山东省科学院海洋仪器仪表研究所
8	苏新勇	青岛前进船厂(中国人民解放军第四八零八工厂)
9	孙远慧	TSC集团海工装备和页岩气产业基地
10	于　青	中船重工七二五所双瑞海洋环境工程有限公司
11	白　强	山东省科学院海洋仪器仪表研究所
12	李亚东	山东海洋工程装备有限公司

附件二　关键技术

（一）关键技术清单

子领域	发展方向	编号	技术研发需求
船舶	设计建造技术	1.1	特种船舶(海洋科考船、冰区船舶等)的设计、建造技术
		1.2	高附加值船舶(大型油轮、LNG船、集装箱船等)的设计、建造技术
	改装技术	1.3	高技术高附加值船舶和修理改装技术
		1.4	绿色环保修船技术及低碳化船用设备改造改装技术
船舶关键配套设备	动力设备	2.1	大型船用柴油机、曲轴等产品
	基于北斗的通信与导航设备	2.2	海洋综合搜救系统
		2.3	全船监控系统
		2.4	船队管理系统
		2.5	无人船综合定位与导航、自动驾驶技术
	舱室机械	2.6	船舶压载水处理系统
		2.7	船舶尾气处理系统(脱硫、脱氮、脱碳)
		2.8	电解法船舶生活污水处理系统

续　表

子领域	发展方向	编　号	技术研发需求
海工装备	平台设计制造技术	3.1	半潜式钻井平台设计制造技术
		3.2	浮式生产储卸装置(FPSO)设计制造
		3.3	深水钻井船
		3.4	水下生产系统
	配套设备	3.5	海洋平台甲板机械
		3.6	深海锚泊系统
		3.7	海油气水分离处理设备
		3.8	海洋船舶动力定位系统
		3.9	船舶单点系泊系统设计
深海运载作业技术	深海材料	4.1	固体浮力材料
		4.2	海洋防腐材料
	海底观测	4.3	海底观测网接驳盒
		4.4	水下滑翔机
通用技术	—	5.1	水密接插件
		5.2	水下焊接

(二)共性关键技术描述

1.1　特种船舶(海洋科考船、冰区船舶等)的设计、建造技术。主要指海洋科考船和冰区船舶的设计和建造技术。

1.2　高附加值船舶(大型油轮、LNG 船、集装箱船等)的设计、建造技术。高附加值船舶是指利润比较高的船舶,主要是一些特殊需要的船舶如工程类船舶、液化天然气船(LNG)(LNG 船是在 162 ℃低温下运输液化气的专用船舶,是高技术、高难度、高附加值的"三高"产品,是一种"海上超级冷冻车")。

1.3　高技术高附加值船舶和修理改装技术。高技术高附加值船舶通常指大型液化天然气船、万箱级以上集装箱船、大型液化石油气(LPG)船、大中型工程船舶、大型汽车运输船、客滚船、高档化学品船、科学考察船、大型远洋渔船、豪华游艇、豪华游轮等。

1.4　绿色环保修船技术及低碳化船用设备改造改装技术。绿色环保船是指采用绿色能源如太阳能、风能的电力推进船。低碳化船用设备指超低排放燃烧高效率柴油机技术、降低风压居住区、船舶吸收式冷冻机等。

2.1　大型船用柴油机、曲轴等产品。提高柴油机的经济性能的技术如燃烧、增压、低磨损等,降低柴油机排放指标的技术,柴油机可靠性和耐久性,以及电子控制技术研究。曲轴作为船用发动机的关键部件,被誉为船用柴油机的"心脏",对船舶的安全起着至关重要的作用。船用大功率低速柴油机曲轴形状复杂,传递动力大,承受交变载荷,在船舶寿命期内不允许更换,因此对曲轴钢的纯净化、强度、硬度等有很高的要求,对曲轴毛坯锻件的强度、耐疲劳、抗冲击等性能要求十分苛刻,而且曲轴毛坯一体化成型工艺复杂,锻件制造还必须获得国际制造许可证和船级社的工厂许可。

2.2 海洋综合搜救系统。海洋救生定位标将北斗卫星导航系统与海事搜救部门的搜救系统结合在一起,当船只发生事故,人员落水后,利用北斗导航系统实现即时准确定位并通过北斗卫星将落水信息(时间、位置坐标)实时传回给海上救援中心,改变目前广泛应用的传统拉网式搜救方法,使得由以往盲目、大范围地搜救向实时准确定位,快速搜救方式的转变,有效地提高了搜救的准确度和成功率,降低搜救时间。

2.3 全船监控系统。基于北斗卫星导航系统利用先进的网络电子海图技术,可以建立具有船舶动态信息显示、查询及回放、船队管理、预抵船舶查询和船舶动态订阅通知等功能的船舶实时监控系统。

2.4 船队管理系统。船舶监控管理主要指对船只的动态信息进行监控管理,通过安装在船舶上的北斗设备,系统能查看船舶航行的位置与状态信息,显示当前经纬度、航速、航向、时间等。通过平台,用户还可以对船舶进行实时跟踪、点名、信息发送、对历史轨迹能进行回放等。船舶的位置信息具有自动定位、自动回报的特征,因此系统平台能实时跟踪船舶。自动回报的数据经存储后,可以通过平台软件获取历史记录进行重放。系统建立了船舶的动态和静态数据库,能实现动态信息和静态信息的关联,在动态监控时,能明确掌握所监控的船舶对象信息。本系统可以广泛应用于对各类船舶的监控管理,如渔业船舶、公务船等。

2.5 无人船综合定位与导航、自动驾驶技术。船身各部位安装摄像头,用以采集全景图像,包括从船上方拍摄的周边鸟瞰画面。船长只需在岸上某处,通过稳定的通信系统,接收传感器发回的实时数据,控制船舶。

2.6 船舶压载水处理系统。船舶压载水系统主要由压载水泵、压载水管路、压载舱及有关阀件组成。系统的作用是根据船舶营运的需要,对全船压载舱进行注入或排出,以达到调整船舶的吃水和船体纵、横向的平稳及安全的稳心高度;减小船体变形,以免引起过大的弯曲力矩与剪切力,降低船体振动;改善空舱适航性的目的。

2.7 船舶尾气处理系统(脱硫、脱氮、脱碳)。目前,尾气后处理技术种类繁多,在陆地燃煤电厂、冶金业和化工业等相关领域应用比较成熟的方法有海水法、石灰石-石膏法脱硫、选择性催化还原法脱硝等。而针对船舶的尾气后处理技术,正处于起步阶段。船舶在海上航行,对尾气处理装置的体积、尾气处理效率、操控性、安全性、经济性等的要求均不同于陆地,不能简单地把陆地上的尾气后处理技术直接应用于船舶,必须结合船舶的实际运行情况来综合分析,以便选择最适合实船应用的尾气后处理技术。

2.8 电解法船舶生活污水处理系统。直接将电流用于处理过程,避免了培养细菌;可随时开启电源进行处理,操作简单方便;污水中的盐类有利于增加电导率,减小电解能耗;不需要长时间自然沉降,避免了船舶震荡的影响。因此,采用电化学法处理船舶生活污水具有明显优势。

3.1 半潜式钻井平台设计制造技术。深水半潜式钻井平台主要是两个浮体,从系统的角度来讲是三大系统:船用系统、钻井系统、定位系统。未来作业的海面设计标准,平台运动性能、稳性、可变载荷等综合性能指标的平衡,重量控制,结构设计,系统的集成

设计,动力定位系统等相关技术

  3.2 浮式生产储卸装置(FPSO)设计制造。FPSO装置作为海洋油气开发系统的组成部分,一般与水下采油装置和穿梭油船组成一套完整的生产系统,将采集的原油储存在舱内,在进行加工处理后通过卸载系统输往穿梭油轮。油气处理系统、船体系统、储油与外输系统等。

  3.3 深水钻井船。月池、钻井甲板、井架等特殊结构的设计和分析,钻井船总体运动相应分析,锚泊系统设计与分析,动力定位系统研究,立管系统设计与分析,钻井船总体性能模型试验技术,高精度船体施工技术研究,大厚度高强度钢材焊接工艺研究。

  3.4 水下生产系统。水下生产系统主要包括水下井口、水下采油树、海底管汇及跨接管、脐带缆、海底增压与分离设备、控制监测设备、生产立管等。

  3.5 海洋平台甲板机械。甲板上布置成套钻采装置及辅助工具、动力装置、泥浆循环净化设备、人员的工作、生活设施和直升机升降台等。

  3.6 深海锚泊系统。锚泊系统设计方法、锚泊系统设计规范与标准、安装维护等

  3.7 海油气水分离处理设备。油气水分离在流体流经产层进入井眼过程中就开始,并在流经油管、出口管线和处理设备过程中得到逐渐加强,分离的目的就是要将混合物分分开,以获得纯净的原油。

  3.8 海洋船舶动力定位系统舶。在动力定位状态下的运动数学模型、动力定位技术、动力定位系统集成。

  3.9 船舶单点系泊系统设计。单点系泊码头通常由一个能够漂浮在海面上的浮筒和铺设在海底与陆地贮藏系统连接的管道组成。浮筒漂浮在海面上,油轮上的原油通过漂浮软管进入浮筒后,从水下软管进入海底管线,输到岸上的原油储罐。为防止浮筒随海浪远距离漂移,用数根巨大的锚链将其与海床相连,这样浮筒既可在一定范围内随风浪流漂浮移动,增加缓冲作用,减少与巨轮间发生碰撞的危险,又不至于被海浪漂走。

  4.1 固体浮力材料。固体浮力材料实质上是一种低密度、高强度的多孔结构材料,属复合材料的范畴,分三大类:中空玻璃微珠复合材料、轻质合成材料复合塑料和化学泡沫塑料复合材料。

  4.2 海洋防腐材料。海洋的特殊环境要求海洋防腐涂料具有高的耐腐蚀性、耐划伤性和耐候性,这些要求的实现主要通过采用高性能的树脂和高品质的颜填料实现的。

  4.3 海底观测网接驳盒。对于海底观测网络来讲,电能可从陆地岸基站通过骨干网以直流高压电流的形式输送到海底的观测系统。由于各个观测设备所需电能情况不同,不能使用统一的光电缆传来的电能,需要对输送来的高压电进行变压处理,因此在其中间需要一个转换和分配的环节。另外,由于海底观测系统由很多的观测设备组成,这些设备所收集到的数据需要实时发送到岸基站;同时,岸基站也会下达相关的指令给各个观测设备;所以在这其中需要有一个环节来对信号进行处理和调度。而这一个中间环节就是接驳盒,它负责对电能和数据信号进行集中处理和调度。在海底采用接驳盒技术为整个海底观测网络的设计、安装、运行和维护提供了极大的便利。它不仅为信号的处理、控制盒管理提供了一个集中的站点,同时为观测设备插座模块提供了接口(可借助水

下机器人 ROV 在海底接驳盒上直接对观测设备插座模块进行热插拔),还为海底观测网络的电能的低功率输送、转换、分配与管理提供了可能。

4.4 水下滑翔机。水下滑翔机是一种新型的水下机器人。由于其利用净浮力和姿态角调整获得推进力,能源消耗极小,只在调整净浮力和姿态角时消耗少量能源,并且具有效率高、续航力大(可达上千千米)的特点。虽然水下滑翔机的航行速度较慢,但其制造成本和维护费用低、可重复使用、并可大量投放等特点,满足了长时间、大范围海洋探索的需要。

5.1 水密接插件。随着海洋研究和海洋开发事业的日益发展,应用于深海的水密接插件技术得到了不断的发展。深海水密接插件是完成深海探测、资源勘察和评价不可缺少的配置。

5.2 水下焊接。水下焊接与切割是水下工程结构的安装、维修施工中不可缺少的重要工艺手段。它们常被用于海上救捞、海洋能源、海洋采矿等海洋工程和大型水下设施的施工过程中。水下焊接有干法、湿法和局部干法三种。干法焊接这是采用大型气室罩住焊件、焊工在气室内施焊的方法,由于是在干燥气相中焊接,其安全性较好。在深度超过空气的潜入范围时,由于增加了空气环境中局部氧气的压力,容易产生火星。因此,应在气室内使用惰性或半惰性气体。干法焊接时,焊工应穿戴特制防火、耐高温的防护服。与湿法和局部干法焊接相比,干法焊接安全性最好,但使用局限性很大,应用不普遍。局部干法焊接局部干法是焊工在水中施焊,人为地将焊接区周围的水排开的水下焊接方法,其安全措施与湿法相似。由于局部干法还处于研究之中,因此使用尚不普遍。湿法焊接是焊工在水下直接施焊,而不是人为地将焊接区周围的水排开的水下焊接方法。

青岛市"十三五"海洋生物医药产业创新路线图

一、海洋生物医药产业发展现状

(一) 国际海洋生物医药产业

21世纪常被称为海洋世纪,海洋日益成为人类可持续发展的"第二疆土",海洋资源已经成为国际竞争的关键领域之一。合理的开发和利用海洋生物资源,已成为各国的共识。美国、欧盟、日本、俄罗斯等国家和地区先后开展了"海洋生物技术计划""海洋蓝宝石计划""海洋生物开发计划"等海洋生物开发项目。美国国立卫生研究所用于海洋药物研究的资金占全部研究资金的15%以上,与合成药物、植物药物基本持平;日本海洋生物技术研究院及日本海洋科学技术中心用于海洋药物研究开发的经费每年为1亿多美元;欧盟各国每年的研究经费则超过了1亿欧元,欧盟8个国家的19个海洋生物科研机构还组成联盟,共同研制能够有效抗击癌症和艾滋病等重大疑难病症的海洋药物。

在新一轮的产业革命浪潮中,生物医药产业将成为全球经济发展的主要推动力,海洋生物医药是其中最活跃、发展最快的领域,将是21世纪最有前途的产业之一。美国辉瑞、施贵宝、礼来,瑞士罗氏,法国赛诺菲,日本先达,英国葛兰素史克等一批国际知名的生物医药企业也投入到海洋生物医药的研发和生产中;推动了海洋生物医药产业的快速发展。其中,第一种实用性的抗生素头孢霉素类海洋药物是由美国礼来公司研制成功的,ET-743则由欧洲最大的海洋生物医药公司PharmaMar生产。同时,国际制药行业巨头也进行大规模合并重组,整个产业格局出现重大调整,产业规模不断扩大。当前,全球仅海洋药物产业的规模已达数十亿美元,年增长率高达15%~20%。

(二) 国内海洋生物医药产业

经过30多年的发展,我国海洋生物医药研究已取得令人瞩目的成果,所发现的新化合物在国际上所占份额逐年递增;已发现海洋活性物质3 500余种,构建了国内外第一个海洋糖库,开发出了藻酸双酯纳(PPS)、甘糖脂、烟酸甘露醇等5种"准"字号海洋药物,"健"字号海洋药物10余种,海洋保健食品200多种,并有一批海洋生物功能制品、海洋生物医用材料、海洋中药及中成药进入临床应用。近年来,我国海洋生物医药产业发展迅猛。2013年,我国海洋生物医药产业实现增加值224亿元,同比增长20.7%,是增长速度最快的海洋产业。在海洋生物医药产业区域分布上,主要集中在环渤海、长江三角洲和珠江三角洲三个地区,产值占到全国海洋生物医药产业总产值的90%以上。

2011年,《国家"十二五"海洋科学和技术发展规划纲要》将海洋生物医药提到国家战略层面。2012年5月,财政部、国家海洋局联合发布通知,支持山东、广东、浙江等地区开展海洋经济创新发展区域示范,明确以海产养殖、海洋生物制药等海洋生物产业为重点,支持海洋生物医药创新、新型海洋生物制品和材料及相关中药研发等。大力发展以海洋生物资源为基础的海洋生物医药产业,既是保障我国人民健康、维护国家经济安全和社会稳定的迫切需求,也是培育海洋经济发展新的增长点,实现我国由"海洋大国"成为"海洋强国"的战略需求,也是增强我国生物医药产业的国际竞争力、转变医药经济增长模式,实现我国从"医药大国"发展成为"医药强国"的重大战略选择。

二、青岛市产业基础与现状

(一)产业链与技术链分析

海洋生物医药产业链由海洋资源发掘、海洋生物医药研发、海洋生物医药生产、海洋生物医药产品销售四个过程构成,该产业链可分为上游、中游、下游三个环节,各环节的关键技术见图1。

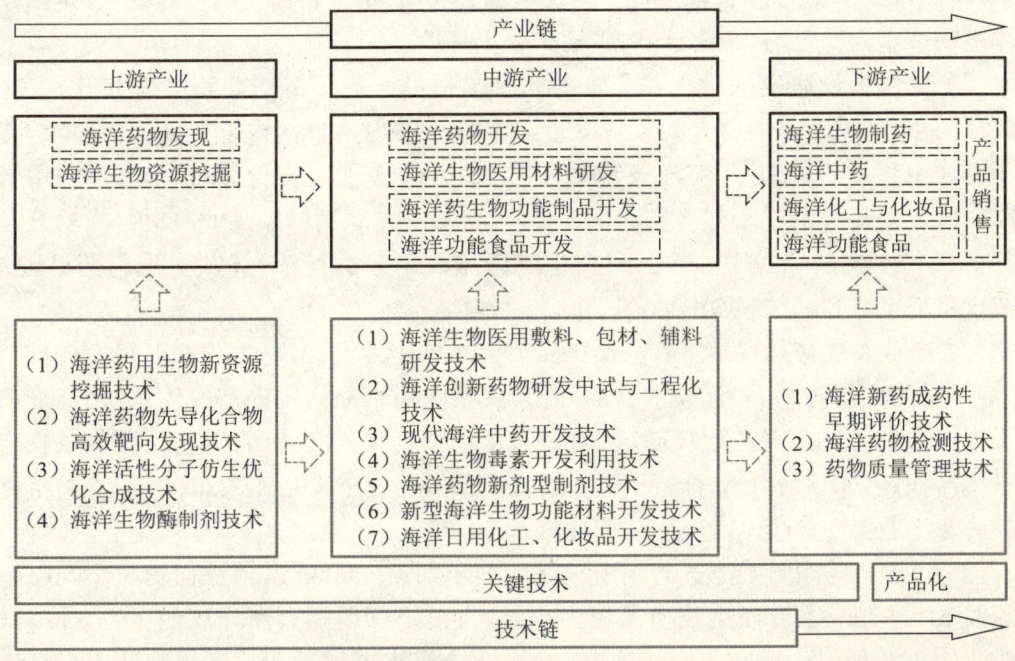

图1 海洋生物医药产业链—技术链

上游环节包括海洋药物发现与海洋生物资源挖掘,即从海洋生物体或组织发现、提取某种新化学物质,对该物质进行筛选与评价,确定出具有明显特性的先导化合物,然后,通过大量实验筛选出最佳化合物,将其作为新分子的结构实体,以及发掘新的可以利用的海洋生物资源。中游环节包括海洋药物(中药)开发、海洋生物医用材料研发、海洋生物功能制品开发和海洋功能食品开发,获得优良化合物是该环节的起点,临床试验为该环节中非常重要的过程。下游环节为生产与销售过程,生产过程包括海洋创新药物、海洋中药、海洋医用功能材料、生物制品、海洋化工产品与化妆品、海洋功能食品生产;销售环节则构成海洋生物医药产业链最后一环,同时也是实现利润的最重要环节。

(二) SWOT 分析

根据对青岛市海洋生物医药产业及技术现状分析,对海洋生物医药产业进行 SWOT 分析如下。

1. 优势

青岛现有海洋生物医药研究机构和企业 200 多家,海洋生物医药产业增加值占山东省总值的一半以上,约占全国的四分之一。作为全国著名的海洋科技城,青岛发展海洋医药与生物制品产业具有较好的基础和优势。

(1) 海洋综合科研实力全国领先。青岛是国家海洋科研教育中心,拥有青岛海洋科学与技术国家实验室、中国海洋大学、中国科学院海洋研究所、中国水产科学院黄海水产研究所等海洋科研与教学机构 28 家,海洋重点实验室和工程中心 77 家。其中,海洋生物领域 33 家,拥有海洋领域两院院士 18 人,其中海洋生物领域 6 人;拥有高级海洋专业技术人才 1 300 人,其中海洋生物技术人才 200 多人。"十一五"以来承担国家"863"计划 65 项、"973"计划 22 项、自然科学基金项目 315 项、重大新药创制专项 8 项,是国家以海洋生物技术为特色的"863"计划成果产业化基地。

(2) 海洋药物研发基础雄厚。青岛在全国最早开展了海洋药物的研究开发工作,在海洋药用生物资源、海洋药物及其功能制品研发方面占据国内重要地位,初步构建了药源海洋生物种质资源库、海洋天然化合物库和全球首个海洋糖库,明确海洋药用物种 1 479 种,发现海洋活性天然产物 3 000 余个,制备海洋寡糖标准品 60 余种,成功开发海洋新药 5 个、功能产品 200 余个。目前中国海洋大学有 4 个海洋 I 类候选新药已进入 2 期或 3 期临床研究,开发应用前景广阔。

(3) 产业发展初具规模。青岛是国家海洋生物产业基地,基本建立了以海洋创新药物、海洋生物医用材料、海洋功能食品、海洋生物农用制品为主的产业体系,初步形成了崂山国家海洋生物产业基地核心区、高新区蓝色生物医药产业园、黄岛区海洋生物产业园三个产业园区,培育壮大了十余家产值过亿元的行业重点企业。2014 年,青岛市海洋生物医药产业实现产值 93.5 亿元,同比增长 20.5%。

(4) 资源优势得天独厚。青岛所辖海域面积约 12 000 km^2,滩涂面积 375 km^2,海岸线总长 816.98 km。海洋生物资源极为丰富,目前已探明拥有海洋底栖生物 330 种、潮间带生物 128 种、藻类 112 种、鱼类 113 种。全国海水养殖五次浪潮均起源于青岛。各种资源优势为海洋医药与生物制品产业发展提供了广阔空间。

2. 劣势

青岛市发展海洋医药与生物制品产业,尽管具有较好的基础和优势,但与国际先进水平相比还有很大差距。突出表现在以下六个方面。

(1) 海洋生物医药研发能力不足。受海洋开发技术和海洋生物医药技术的限制,许多海洋天然产物的潜在药物价值还不为我们所知,许多海洋药物在重大疾病治疗方面的潜力还没有得到充分的发挥。国内海洋生物医药领域创新能力低,缺少具有自主知识产权的创新药物,97%以上仿制国外品种,难以参与国际竞争。青岛市海洋生物医药研发过程中的海洋药物活性筛选、分离和纯化等技术与国外还存在一定差距,利用海洋生物技术进行医药研发仍处于起步阶段。

(2) 成果产业化率不高。据不完全统计,青岛市科研院所研究开发的海洋医药与生物制品领域科技成果转化率为8.6%。其中,本地产业化率为4.3%,成果产业化率偏低,对全市产业发展形成较大制约。青岛市海洋生物医药技术成果无法及时转化成生产力,一个重要原因就是未经过中试阶段的进一步试验。由于中试阶段投资具有不确定因素,信贷资金和社会资本目前极少触及。限于中试平台设备、资金投入的问题,多数海洋生物医药技术成果与产业转化对接方面还存在较大的距离。同时,由于海洋药物生产流程复杂,研发、测试、临床等研究阶段时间周期较长,产业的发展规模仍然很小,并面临一系列的问题,如产学研结合不紧密,知识产权保护滞后等,都需要逐步去解决。

(3) 公共服务平台缺乏。虽然2014年支持建设青岛海洋生物药物公共研发平台,但海洋生物医药与生物制品研发、中试及产业化等公共服务平台刚刚起步建设,功能尚不完善,药物药效学筛选、药物安全性评价、临床试验、动物实验等综合平台几乎处于空白。

(4) 企业总体规模较小。目前,我市最大的制药企业年销售收入不足10亿元,不及全国、全省最大企业的3%和6%,海洋医药与生物制品企业规模更小,年销售额大都不足5亿元,龙头带动作用不强。较难形成产业集聚效应,也很难形成有竞争力的产品品牌。

(5) 企业融资渠道不畅。医药产业属高风险行业,新药研发具有周期长、投入大、风险高等特点。而青岛市海洋医药与生物制品企业以中小企业为主,多处于初创期和成长期,实力较弱,普遍存在融资困难,研发投入严重不足。

(6) 高端应用型人才缺乏。目前,青岛市具有研发背景、转化及运营能力的复合型领军人才严重不足,比如在海洋药物领域,兼有药学、医学知识的研究人员不到20%,且能进行技术经济分析、市场预测的人员更少,交叉学科的应用型人才紧缺。

3. 机遇

(1) 政策机遇。2011年,《国家"十二五"海洋科学和技术发展规划纲要》将海洋生物医药提到国家战略层面。2012年5月,财政部、国家海洋局联合发布通知,支持山东、广东、浙江等地区开展海洋经济创新发展区域示范,明确以海产养殖、海洋生物制药等海洋生物产业为重点,支持海洋生物医药创新、新型海洋生物制品和材料及相关中药研发等。

（2）市场机遇。我国2011年生物制药的销售额达1 600亿美元，占全球药品市场份额的19%。预计到2020年，生物制药在全球药品销售中的比重将超过1/3，我国生物药品的年销售额，将增长到4 478亿元，年均增长率约在15%，拥有巨大的市场潜力。2011年，全球各种海洋生物药品市场总额约48亿美元，预计在2016年将达到86亿美元，年增长率达12.5%。这些表明海洋生物医药有极大的发展空间。

4. 威胁

（1）国内外竞争。海洋生物制药产业受到美、欧等发达国家和地区的竞争压力较大，据报道全球在研制的生物医药63%的品种集中在北美，25%在欧洲、7%在日本、5%在其他国家。美国开发的产品和市场销售额均占全球70%以上。可见，美国等发达国家在全球生物医药市场中占有绝对优势。在国内，广东、浙江、江苏、福建等地均着力发展海洋生物医药产业，将其作为蓝色经济增长点加速推动，也成为青岛市海洋生物医药产业的重要竞争对手。

（2）环境影响。含有一定数量的药物和激素类物质的污水和垃圾对人类和水生动物会产生不利影响，尤其是雌激素会极大地影响水生生物，而含抗生素类的污水有可能诱导环境中细菌产生对抗生素药物的拮抗性。青岛市部分海域存在污染，未来可能成为限制海洋生物制药业发展的因素之一。

通过对青岛市海洋生物医药领域的SWOT分析可以看出，青岛市应抓住海洋生物医药产业进入国家战略层面的契机，发挥青岛市区域科研优势和资源优势，有效利用政策，引进资金，提高成果转化率；整合资源，建设海洋生物医药服务平台；引进高端应用型人才，建设一流团队。青岛市海洋生物医药产业发展的SWOT矩阵列表见表1。

表1 青岛市海洋生物医药产业SWOT分析

外部条件 内部能力	机遇（Opportunities） （1）海洋生物医药产业进入国家战略层面 （2）市场潜力巨大	威胁（Threat） （1）国内外竞争激烈 （2）环境污染影响
优势（Strength） （1）海洋科研实力全国领先 （2）海洋药物研发基础雄厚 （3）产业发展初具规模 （4）资源优势得天独厚	优势-机遇（SO） （1）发挥区域科研优势，提升研发水平 （2）发挥资源优势，适度扩大产业规模	优势-威胁（ST） （1）突破关键技术，扩大中试规模，培育中小企业 （2）改善海洋生态，挖掘海洋生物新资源
劣势（Weakness） （1）海洋开发和海洋生物医药研发能力不足 （2）成果产业化率不高 （3）公共服务平台缺乏 （4）企业总体规模较小 （5）企业融资渠道不畅 （6）高端应用型人才缺乏	劣势-机遇（WO） （1）有效利用政策，引进资金，提高成果转化率 （2）整合资源，建设海洋生物医药服务平台 （3）引进高端应用型人才，建设一流团队	劣势-威胁（WT） （1）出台引导政策与激励措施 （2）建立海洋生物医药产业技术创新联盟 （3）扩展融资渠道

三、产业发展目标

打造产业链条基本完善、研发实力明显增强、企业竞争力显著提升的海洋医药与生物制品产业体系,到 2020 年基本建成国内一流、国际先进的海洋医药与生物制品产业研发、孵化和生产基地城市。

到 2020 年,海洋生物医药产业产值达到 500 亿元,力争取得 5～8 个 I 类新药证书,取得 10～15 个临床研究批件,新开发海洋生物制品 100 个;引进知名企业 10 家以上;培育过 100 亿元的企业 1 家,过 50 亿元的企业 2～3 家,过 10 亿元的企业 10～15 家。

四、研发重点分析

"十三五"期间,海洋生物医药重点在海洋生物医用材料、海洋药物、海洋生物功能制品、海洋功能食品等领域进行研发(表 2)。

表 2　海洋生物医药产业重点研发方向表

产业领域	关键技术方向
海洋生物医用材料	海洋生物医用敷料、包材、辅料研究与开发 重点开发甲壳质类、海藻多糖、胶原蛋白、透明质酸、糖胺聚糖
海洋药物	海洋药用生物新资源挖掘技术 海洋药物先导化合物高效、靶向发现新技术 海洋活性分子的理性设计与仿生优化合成技术 海洋天然产物高通量活性筛选技术 海洋创新药物研究开发中试与工程化技术 海洋中药材及现代海洋中药开发技术 海洋生物毒素开发利用 海洋药物新剂型制剂技术 海洋新药成药性早期评价技术
海洋生物功能制品	新型海洋生物功能材料开发技术 海洋绿色农用生物制品开发技术 高附加值海洋生物酶制剂技术 海洋日用化工、化妆品开发技术 低值海洋生物资源的高值化利用技术 新型海水养殖动物疫苗研发 海洋微生物制剂研发
海洋功能食品	海洋新资源食品研究与开发 活性糖类食品研究与开发 活性多肽和活性蛋白质类食品研究与开发 活性脂类食品研究与开发 特殊医学用途食品研究与开发

(一)海洋生物医用材料

海洋生物医用材料是生物医用材料和海洋生物技术的重要组成部分,其研发具有独特的优势。① 资源丰富:海洋生物资源丰富,属天然生物再生资源。② 功能独特:海洋生物医用材料为天然高分子,结构多样,功能独特,具有一定的生物学活性。③ 生物安全:海洋生物医用材料可生物降解吸收,与陆地哺乳动物中提取的生物大分子材料相比,海洋生物医用材料避免了陆地动物诸如疯牛病、口蹄疫、蓝耳病等疾病病毒传播的风险;④ 成本低廉:原料多为海产品加工行业的下脚料,生产加工成本相对低廉,产品附加值高,而且为探讨低碳、绿色经营模式提供了一条实践途径;⑤ 塑造性好:海洋生物医用材料可制成多种材料剂型如海绵、粉剂、薄膜、喷雾、凝胶等以供应用。

海洋生物医用材料的种类主要包括以下几种。① 无机类材料,如珊瑚礁基生物材料,即羟基磷灰石骨修复材料和经加工处理过的珊瑚礁等。② 天然高分子多糖类材料,如海藻酸基生物材料和壳聚糖基生物材料。③ 天然高分子蛋白类材料,如胶原蛋白基生物材料。现阶段青岛市应重点研发海洋生物医用敷料、包材、辅料等,重点开发甲壳质类、海藻多糖、胶原蛋白、透明质酸、糖胺聚糖等种类的海洋生物医用材料。

(二) 海洋药物

海洋生态环境的特殊性导致海洋药物具有生物多样性,往往含有结构奇特、新颖的化学物质,具有药理特异性、高活性和多样性。目前,已从各种海洋生物中分离获得20 000余种海洋天然产物,新发现的化合物以平均每4年增加50%的速度递增。海洋天然产物结构涵盖大多数的主要结构类型,包括糖、多糖、氨基酸、蛋白质、无机盐、皂苷类、甾醇类、生物碱类、萜类、大环内酯类、核苷类等。筛选目标主要是用于治疗严重危害人类健康的癌症、心脑血管疾病、病毒感染(艾滋病等)及其他疑难病症。

青岛市重点研究海洋药用生物新资源挖掘技术,海洋药物先导化合物高效、靶向发现新技术,海洋活性分子的理性设计与仿生优化合成技术,海洋天然产物高通量活性筛选技术,海洋创新药物研究开发中试与工程化技术,海洋中药材及现代海洋中药开发技术,海洋生物毒素开发利用,海洋药物新剂型制剂技术,海洋新药成药性早期评价技术;加大研发力度,开展临床评价,获得新药证书,建设国家海洋药物产业化基地。

(三) 海洋生物功能制品

以海洋中的鱼、虾、贝、藻、微生物等为代表的经济海洋生物资源为研究对象,通过活性物质与功能物质制备、活性结构改性、安全与质控技术、产业化开发技术等现代生物技术手段,研发获得海洋生物材料、农用生物制品、生物酶制剂、日用化工品和化妆品等高附加值产品,即为海洋生物功能制品。其核心在于技术手段的进步和革新,利用现代绿色生物技术手段改进加工模式以及提高资源利用效率和保护海洋环境健康可持续发展。

青岛市重点研究新型海洋生物功能材料开发技术,海洋绿色农用生物制品开发技术,高附加值海洋生物酶制剂技术,海洋日用化工、化妆品开发技术,低值海洋生物资源的高值化利用技术,新型海水养殖动物疫苗研发和海洋微生物制剂研发。

(四) 海洋功能食品

海洋功能性食品,是指以海洋生物资源作为食品原料的功能性食品,具有营养功能、感觉功能和调节生理活动功能等能调节人体的机能一般食品的共性,适于特定人群食用,但不以治疗疾病为目的。海洋生物中具有保健功能的食物成分包括脂质、活性多糖类、苷类、糖蛋白、氨基酸、多肽类、酶类、萜类、色素类、甾类、酰胺类、核酸类、维生素、膳食纤维和矿物元素等。

青岛市重点研究海洋新资源食品研究与开发、活性糖类食品研究与开发、活性多肽和活性蛋白质类食品研究与开发、活性脂类食品研究与开发和特殊医学用途食品研究与开发。

五、创新资源配置

（一）创新资源配置现状

青岛市海洋生物医药产业创新载体共有56家，其中重点实验室14家、工程技术中心27家、产业创新联盟6家，科研院所7家、公共研发平台2家（表3）。

表3　青岛海洋生物医药产业创新载体资源列表

序号	类别	机构名称	依托单位	级别
1	重点实验室	国家海洋局海洋生物活性物质重点实验室	国家海洋局第一海洋研究所	部级
2		海洋药物教育部重点实验室	中国海洋大学	部级
3		海洋生物遗传学与育种教育部重点实验室	中国海洋大学	部级
4		中国科学院实验海洋生物学重点实验室	中国科学院海洋研究所	部级
5		中科院生物基材料重点实验室	中国科学院青岛生物能源与过程研究所	部级
6		山东省糖科学与糖工程重点实验室	中国海洋大学	省级
7		青岛市现代分析技术及中药标准化重点实验室	国家海洋局第一海洋研究所	市级
8		青岛市海洋天然产物研究开发重点实验室	国家海洋局第一海洋研究所	市级
9		青岛海藻综合加工重点实验室	青岛明月海藻集团有限公司	市级
10		青岛市海洋药物重点实验室	中国海洋大学	市级
11		青岛市海洋生物技术重点实验室	中国科学院海洋研究所	市级
12		青岛市海洋酶工程重点实验室	中国水产科学研究所黄海水产研究所	市级
13		青岛市海水鱼类种子工程与生物技术重点实验室	中国水产科学研究所黄海水产研究所	市级
14		青岛市酶制剂制备与生物催化重点实验室	青岛蔚蓝生物集团有限公司	市级
15	工程技术中心	国家海洋药物工程技术研究中心	中国海洋大学	国家级
16		国家海藻加工技术研发分中心	青岛聚大洋藻业集团有限公司	省级
17		山东省再生医学与生物诊疗工程技术研究中心	青岛大学附属医院、青岛奥克生物开发有限公司	省级
18		山东省海藻多糖提取与应用工程技术研究中心	青岛明月海藻集团有限公司	省级
19		山东省生物农药工程技术研究中心	青岛农业大学	省级
20		山东省海洋药物工程技术研究中心	中国海洋大学、青岛华海制药厂	省级
21		山东省渔药工程技术研究中心	青岛中仁动物药品有限公司	省级
22		山东省浒苔处理与综合利用工程技术研究中心	青岛海大生物集团有限公司	省级

青岛市"十三五"重点产业创新路线图

续 表

序号	类别	机构名称	依托单位	级别
23	工程技术中心	青岛市海洋生物制品工程技术研究中心	青岛贝尔特生物科技有限公司	市级
24		青岛市微生态工程技术研究中心	青岛东海药业有限公司	市级
25		青岛益生菌工程技术研究中心	青岛根源生物技术集团有限公司	市级
26		青岛生物源农药工程技术研究中心	青岛海利尔药业集团股份有限公司	市级
27		青岛市医用敷料工程技术研究中心	青岛海诺生物工程有限公司	市级
28		青岛仿生农药工程技术研究中心	青岛瀚生生物科技股份有限公司	市级
29		青岛市甲壳素材料工程技术研究中心	青岛即发集团股份有限公司	市级
30		青岛生物酶工程技术研究中心	青岛康地恩生物科技有限公司	市级
31		青岛动物药品研究与创制工程技术研究中心	青岛康地恩药业有限公司	市级
32		青岛市生物发酵工程技术研究中心	青岛科海生物有限公司	市级
33		青岛市海藻加工工程技术研究中心	青岛明月海藻集团有限公司	市级
34		青岛市渔用新蛋白源工程技术研究中心	青岛七好生物科技有限公司	市级
35		青岛动物疫苗创制及工业化工程技术研究中心	青岛易邦生物工程有限公司	市级
36		青岛化药制药(正大海尔)工程技术研究中心	青岛正大海尔制药有限公司	市级
37		青岛市渔药工程技术研究中心	青岛中仁药业有限公司	市级
38		青岛市大型海藻工程技术研究中心	山东省海洋生物研究所	市级
39		青岛市浒苔处理与综合利用工程技术研究中心	中国海洋大学生物工程开发有限公司	市级
40		青岛生物质绿色化学转化工程技术研究中心	中国科学院青岛生物能源与过程研究所	市级
41		青岛市海洋保健食品工程技术研究中心	青岛影色世纪健康产业集团	市级
42	产业创新联盟	青岛市新型农药产业技术创新战略联盟	青岛瀚生生物科技股份有限公司	市级
43		青岛市天然植物药创制与开发产业技术创新战略联盟	青岛康地恩药业股份有限公司	市级
44		青岛市海藻多糖提取与应用产业技术创新战略联盟	青岛明月海藻集团有限公司	市级
45		青岛工业生物技术产业技术创新战略联盟	青岛蔚蓝生物集团有限公司	市级
46		青岛市动物用生物制品产业技术创新战略联盟	青岛易邦生物工程有限公司	市级
47		青岛市海水养殖种苗产业技术创新战略联盟	中国水产科学研究院黄海水产研究所	市级
48	科研院所	中国科学院海洋研究所	中国科学院	部级
49		国家海洋局第一海洋研究所	国家海洋局	部级
50		中国水产科学院黄海水产研究所	中国水产科学研究院	部级
51		中国科学院青岛生物能源与过程研究所	中国科学院	部级
52		中国海洋大学	教育部	部级
53		青岛科技大学	山东省教育厅	省级
54		山东省海洋生物研究所	山东省海洋与渔业厅	省级

续表

序号	类别	机构名称	依托单位	级别
55	公共研发平台	青岛市海洋药物公共研发平台	青岛海洋生物医药研究院股份有限公司	市级
56		青岛市生物医学工程与技术公共研发平台	北科建集团	市级

从资源配置角度看,一条完整的技术创新链的形成演进过程,实质也是创新资源优化配置的过程。创新资源配置服务于产业培育链条,创新资源载体与平台通过对海洋生物医药产业发展中关键技术研发的支撑,覆盖海洋生物医药产业培育链条的各个环节,从而形成产业培育带动创新资源整合与集聚,创新资源促进产业培育发展与联动,上述各链条关系如图2所示。

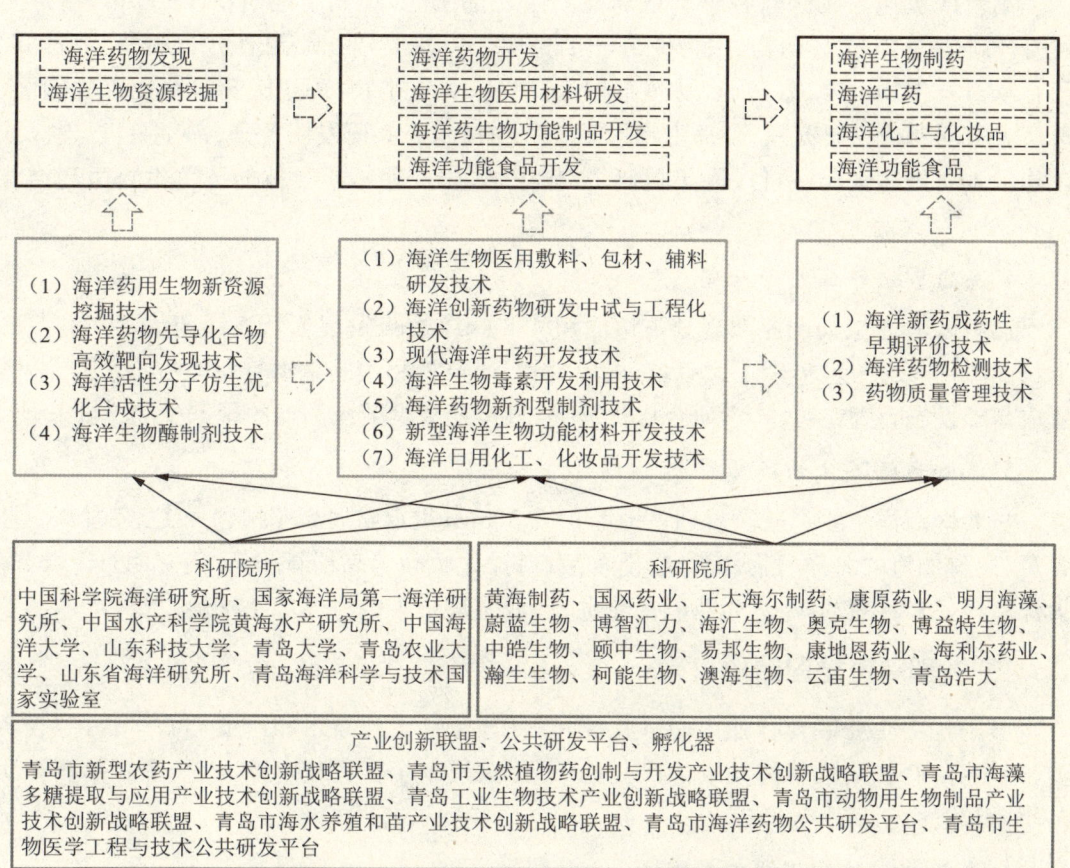

图2 青岛市海洋生物医药产业创新链

(二)在建创新资源情况

1. 药源海洋生物种质资源库

由中国海洋大学牵头,联合驻青科研机构,建设我国北方最大的药源海洋生物种质资源库。该资源库于2013年启动建设,研究发现和收集制备海洋动物、植物以及微生物(含微藻)、极端(南、北极和大洋底部)海洋生物各种种质资源,实施活体、实体保存,开展基础遗传学、种质鉴定、保存技术等方面的基础研究，开发新的种质资源，为海洋医药和生物制品产业发展提供物质基础与技术支持。

2. 海洋天然化合物实体库

由中国海洋大学牵头，联合驻青科研机构，建设我国北方最大的海洋天然化合物实体库。包括海洋小分子化合物库、海洋糖库、海洋肽库、海洋工具酶库。库内新增2 000个不重复的化学成分单体，化合物单体的纯度达95％以上，经多模式活性筛选，确认实体库中20％以上的化合物具有生物活性，为海洋药物及功能制品的开发提供物质和技术支持。

3. 高新区蓝湾生物医药谷

高新区蓝湾生物医药谷位于青岛高新区北部园区，规划用地面积3 500亩，重点发展海洋新药创制、抗体药物、生物疫苗、干细胞诊疗、海洋生物制品、医疗器械等领域。现已有欧博方生物、华仁太药业、易邦生物、珅奥基、奥克生物、瑞康医药等企业入驻园区，青岛大学创新药物研究院、青岛生物医学工程与技术公共研发服务平台等项目已建成或在建。蓝湾生物医药谷将成为集科研、孵化中试、生产服务于一体的蓝色生物医药产业园区。

4. 高科园海洋生物产业园

高科园海洋生物产业园规划占地面积$4.8\ km^2$，重点发展创新海洋药物、生物制品、生物能源、研发外包，集聚正大海尔、根源生物、博益特和中皓生物等海洋生物医药企业，建成基础设施较为完善，产学研合作优势突出，产业集聚效应凸显的国家生物产业基地。

5. 试验区海洋生物产业园

试验区海洋生物产业园规划占地面积$3.3\ km^2$，重点发展海藻精深加工，开发高科技含量、高附加值的海洋药物、海洋功能食品、海洋化妆品等高档新产品，集聚明月海藻、聚大洋海藻、科海生物等海洋生物制品企业，建成全球最大的海藻加工基地。

（三）创新资源配置需求

鼓励优势企业联合行业内高等院校和科研院所，共建技术和产业创新平台，整合资源，形成合力，加快推动科技成果产业化，重点建设一个工程技术中心、一个基础资源服务平台和五个创新服务平台。

1. 海洋医用胶囊工程技术中心

以中国科学院海洋研究所为依托，研究制备以海藻等海洋生物为原材料的医用空心胶囊，建设海洋医用胶囊工程技术中心，为医药企业提供成熟配套的医用空心胶囊技术工艺和技术装备，推动海洋生物医药产业发展。

2. 海洋药物国际研发基地

由青岛海洋生物医药研究院、崂山区政府、青岛银行三方进行战略合作，助推青岛海洋医药研究院发展，建设国际著名的海洋生物医药国际研发基地，并完成相关技术、产品的工程化孵化，力争在五年内建成中国海洋药物与生物制品研发基地。

3. 创新服务平台建设

（1）海洋现代药物研发服务平台。以中国海洋大学医药学院为依托，在硅谷核心区规划组建青岛海洋药物与生物制品研究开发院搭建海洋现代药物研发服务平台，形成海洋创新药物、海洋现代中药与生物制品三个产品技术研发系统。

（2）药物药效学筛选评价与技术服务平台。以青岛大学医学院天然药物研究所为依托，规划筹建药物药效学筛选评价与技术服务平台，建立多分子、多细胞及动物水平筛选评价模型，优化拓展海洋候选药物筛选模型，建立与国际接轨的药效评价标准及完善的标准操作程序。

（3）药物安全性评价研发服务平台。依托青岛市药品检验所，建设药物安全性评价研发服务平台，推动平台获得国家认证，开展药品、医疗器械、功能性食品、化妆品和餐饮食品安全性评价和新药研发化合物筛选及药效学研究服务，提供符合药物非临床研究质量管理规范（GLP）要求的安全性评价报告。

（4）海洋药物中试孵化服务平台。依托国家海洋药物工程技术研究中心、青岛高新区蓝色生物医药产业园孵化中心和崂山区国家生物产业基地医药中试生产中心，搭建以企业为主体、商业化运营的海洋药物中试及孵化服务平台，重点服务海洋药物与生物制品领域的生产企业，加快推动海洋药物科技成果孵化和产业化。

（5）动物用生物制品研发中试服务平台。依托青岛农业大学、康地恩药业、易邦生物、康大集团等组建动物用生物制品研发中试服务平台，开展动物标准化饲养、传染病检测等方面的研究，建立动物病理学实验室和病理学评价标准，进行畜禽疾病诊断、疫苗、免疫调节等生物制品的研发和中试，为动物用生物制品开发服务。

六、产业创新路线图与行动计划

（一）创新路线图

综合青岛市产业基础与现状、发展目标、研发重点和创新资源需求，绘制海洋生物医药产业创新路线图。海洋生物医药产业围绕四个重点领域进行关键共性技术攻关，结合创新载体搭建、骨干企业培育、产业园区建设和产业集群打造等创新举措，推动海洋生物医药产业快速发展。详见图3。

（二）行动计划

在海洋生物医用材料、海洋药物、海洋生物功能制品和海洋功能食品等领域，保持国内领先优势，全力打造产业链条较为完善、研发实力明显增强、企业竞争力显著提升的海洋生物医药产业体系。到2020年，基本建成国内一流、国际先进的海洋医药与生物制品产业研发、孵化和生产基地城市。重点开发抗肿瘤、抗艾滋病、抗脑缺血、抗动脉硬化等海洋创新药物和海洋现代中药，重点开发再生修复材料、药用制剂辅料等海洋生物医用材料，重点开发降血糖、降血脂、增加骨密度等海洋功能食品，重点开发工业用、食品用、医药用等海洋新型酶类及酶制剂，重点开发美容、护肤等特殊功能化妆品。海洋生物医药产业行动计划详见表4。

▶ 青岛市"十三五"重点产业创新路线图

		2016年	2018年	2020年
发展目标	产业产值 海洋新药 海洋生物制品 过10亿元企业 打造创新型产业集群	240亿元 1个 60个 5个	>346亿元 4个 40个 7个	>500亿元 10个 100个 10个
发展瓶颈	海洋药物 海洋生物医用材料 海洋生物功能制品 海洋功能食品	海洋生物新资源挖掘有限,海洋药物提取、分离与纯化技术不足 海洋药物中试平台缺乏 新型海洋生物医用敷料、包材、辅助开发技术 海洋活性分子仿生优化合成技术 活性糖类、活性多肽和活性蛋白质类食品研究与开发		
研发重点	海洋生物医用材料	甲壳质类、海藻多糖、胶原蛋白、透明质酸、糖胺聚糖类医用敷料、包材、辅助研究与开发		
	海洋药物	海洋药用生物新资源挖掘技术,海洋药物先导化合物高效、靶向发现新技术,海洋活性分子的理性设计与仿生优化合成技术,海洋天然产物高通量活性筛选技术,海洋创新药物研究开发中试与工程化技术,海洋中药材及现代海洋中药开发技术,海洋生物毒素开发利用,海洋药物新剂型制剂技术,海洋新药成药性早期评价技术		
	海洋生物功能制品	新型海洋生物功能材料开发技术,海洋绿色农用生物制品开发技术,高附加值海洋生物酶制剂技术,海洋日用化工、化妆品开发技术,低值海洋生物资源的高值化利用技术,新型海水养殖动物疫苗研发,海洋微生物制剂研发		
	海洋功能食品	海洋新资源食品研究与开发、活性糖类食品研究与开发、火星多肽和活性蛋白质类食品研究与开发、活性脂类食品研究与开发、特殊医学用途食品研究与开发		
资源配置	新建待建	药源海洋生物种质资源库、海洋天然化合物实体库、高新区蓝湾生物医药谷、高科园海洋生物产业园、试验区海洋生物产业园 海洋医用胶囊工程技术中心、海洋药物国际研发基地、海洋现代药物研发服务平台、药物药效学筛选评价与技术服务平台、药物安全性评价研发服务平台、海洋药物中试孵化服务平台、动物用上午制品研究中试服务平台		
	现有基础	重点实验室14家、工程技术中心27家、产业创新联盟6家、科技院所7家、公共研发平台2家、重点企业10余家		

图3 青岛市海洋生物医药产业创新路线图

表4 海洋生物医药产业行动计划

时间节点	2018 年	2020 年
发展目标	重点发展海洋生物医用材料、海洋药物、海洋生物功能制品、海洋功能食品领域,突破共性关键技术10项,搭建各类创新载体7家,形成一批具有自主知识产权的产品,培育拥有自主品牌和较大市场影响力的骨干企业15家,创新型产业集群2个	取得5~10个Ⅰ类新药证书,培育过10亿元的企业10~15家,建设5个特色园区,引进培育100~150名领军人才和50个初具规模的创新团队
发展路径	(1)关键技术突破及产业化:海洋生物医用敷料、包材、辅料研究与开发,海洋药用生物新资源挖掘技术,海洋药物先导化合物高效、靶向发现新技术,海洋药物新剂型制剂技术;海洋新药成药性早期评价技术,海洋生物功能制品、海洋功能食品 (2)搭建各类创新载体:药源海洋生物种质资源库,海洋现代药物研发服务平台,药物安全性评价研发服务平台,海洋药物中试孵化服务平台;海洋医用胶囊工程技术中心 (3)建设产业园区:高科园海洋生物产业园、海洋生物产业园5个 (4)打造创新型产业集群:海洋生物医药产业集群、海洋生物制品产业集群2个 (5)加强国内外合作:重点吸引跨国制药企业或国内排名前50的制药企业1~2个落户青岛	(1)海洋活性分子的理性设计与仿生优化合成技术、海洋天然产物高通量活性筛选技术、海洋创新药物研究开发中试与工程化技术 (2)药物药效学筛选评价与技术服务平台、动物用生物制品研发中试服务平台、海洋医用胶囊工程技术中心

参考文献

[1] 青岛市发展和改革委员会. 青岛市海洋生物医药产业发展规划(2013—2020)[EB/OL]. (2013-10-09)[2013-10-15]. http://www.qingdao.gov.cn/n172/upload/131018092357154804/140614134237395457.doc.

[2] 青岛高新技术产业开发区管理委员会. 青岛海洋生物医药特色产业基地发展规划[R]. 青岛:青岛高新技术产业开发区管理委员会,2014.

[3] 吴欣,魏博,陈力,等. 厦门海洋生物医药产业发展分析及建议[J]. 海洋开发与管理,2014(10):48-53.

[4] 吴园涛. 海洋生物高值利用研究进展与发展战略思考[J]. 地球科学进展,2013,28(7):829-833.

[5] 吴贵生,林敏. 打通创新链的模式研究[J]. 工业技术创新,2014,1(1):99-103.

[6] 林淼,苏竣,张雅娴,等. 技术链、产业链和技术创新链:理论分析与政策含义[J]. 科学学研究,2001,19(4):28-31.

[7] 田家林,顾晓燕. 优化创新资源配置提升知识产权运营效率的对策研究——基于创新链的视角[J]. 统计与管理,2014(9):52-55.

附 件

专家名单

序 号	姓 名	单 位
1	于广利	中国海洋大学
2	缪锦来	国家海洋局第一海洋研究所
3	李鹏程	中国科学院海洋研究所
4	王斌贵	中国科学院海洋研究所
5	李八方	中国海洋大学
6	姜作玲	青岛国风药业股份有限公司
7	李可昌	明月海藻集团
8	范晓蕾	中国科学院青岛生物能源与过程研究所

青岛市"十三五"海水健康养殖产业创新路线图

一、海水健康养殖领域产业链与技术链分析

海水健康养殖产业链上游主要为海洋生物种业,是将现代生物技术与常规育种技术相结合,以培育性能优异的突破性新品种和繁育名贵养殖种类苗种为主要目标,以育繁推一体化为主要特征的海洋生物良种和健康苗种生产的新兴产业,主要开展海水养殖种类的基因组学研究,高产、抗逆等重要经济性状的遗传基础研究,分子育种基础理论研究,海洋生物人工繁育技术研究。关键技术包括现代育种技术(选择育种和杂交优势利用育种等技术)、苗种扩繁技术、种质资源保育与评价技术等。

海水健康养殖产业链中游主要为海水增养殖业,利用现代科学技术和机械化装备,采用高效管理措施促进海洋生物的生长和自然繁育,培育优质产品,主要开展养殖设施、养殖模式、养殖产品等方面的研究。关键技术包括海水健康养殖(工业化养殖、池塘围堰养殖、滩涂养殖、浅海养殖等)技术及配套设施装置、水产饲料研究、病害防治技术等。

海水健康养殖产业链下游主要为海产品加工与流通,以海洋生物为原料进行贮藏加工、综合利用及流通等活动,主要研发海洋生物资源精加工与流通产业的相关技术和装备,关键技术包括冷链物流、海洋食品加工、质量安全检测技术等。

综上所述,图1给出了海水健康养殖领域的产业链与技术链构成。

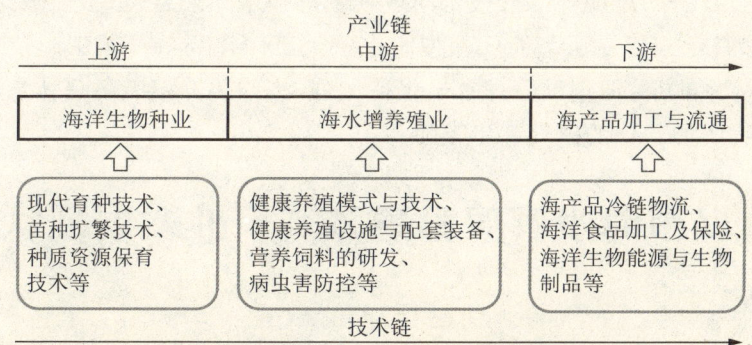

图1 海水健康养殖产业链与技术链构成

二、国内外海水健康养殖领域发展趋势

（一）育种技术研发呈现跨越式发展

培育优质、高产、抗病的海水养殖品种，始终是海水遗传育种研究的热点，也是国际海洋生物种业高科技领域争夺的焦点。科技的不断创新已经成为提升海水种业核心竞争力的源泉。在海水种质创新方面，美国、英国、日本、澳大利亚等国纷纷将经济水生生物（鱼、虾、贝、藻）的遗传育种研究列为海洋渔业经济的重点发展方向，并已在相关领域取得技术突破并形成产业优势。国际海洋生物种业产业中具有代表性的成功范例包括挪威培育的大西洋鲑良种和美国培育的高产逆抗的凡纳滨对虾良种等。这些优良品种不仅推动了种业的发展，还从上游掌控了整个养殖产业的发展。

中国掀起了海水养殖蓝色产业的"五次浪潮"，主要的养殖对象从以贝藻类养殖为主向虾蟹类、鱼类和海珍品养殖全面发展。在国家"863 计划"和"973 计划"等的支持下，中国已经开展了鱼、虾、贝、藻等的基于基因组学信息的遗传选育研究，并在海洋生物转基因研究方面开展了一系列的尝试。虽然中国海洋生物种业发展迅速，但总体来说仍处于起步阶段。

（二）海水增养殖技术体系基本完善

法国、德国、丹麦、西班牙、美国、加拿大、日本、以色列等国的循环水养殖技术体系构建基本完善，技术体系涵盖了生物工程、信息工程、养殖工程、环境工程和疾控工程等，有力地促进了海水养殖业的可持续发展。当前，池塘、滩涂养殖生态工程的发展趋势是提高滩涂养殖的工程技术水平，降低劳动力依赖程度，合理规划养殖结构和布局，构建养殖环境的精准化管理系统。海水封闭循环水养殖理论与技术是欧盟建议的重要研究领域之一，已广泛应用到虾、贝、藻、软体动物及育苗养殖产业中。浅海养殖向生态多元化方向发展，强调环境容纳量、健康可持续养殖模式是未来持续不懈的努力方向。在人工鱼礁与海洋牧场建设方面，自 20 世纪 90 年代以来，日本、韩国、美国、挪威、英国、加拿大、俄罗斯、德国、意大利、瑞典等国均把海洋牧场建设作为振兴海洋渔业经济的重要战略对策，投入大量资金以提高渔场生产力，实现渔业资源养护。目前，国际上普遍提倡基于生态系统的新养殖理念，将生物技术与生态工程结合起来，广泛采用新设施、新技术，用节能减排、环境友好、安全健康的生态养殖新生产模式来替代传统养殖方式。

近 30 年来，我国通过现代工程技术与现代生物技术相融合，以节能减排与环境质量安全控制技术为核心，建立了节能环保型海水鱼类工厂化高效养殖生产技术，形成了工厂化养殖标准体系雏形；但精准管理水平仍待加强，集约化养殖装备总体水平不高，海洋环境保护与生物资源养护的研究起步较晚。

三、青岛市海水健康养殖领域产业发展现状

（一）优势

1. 区位优势

青岛市拥有近海海域 1.22×10^4 km^2，滩涂面积为 375 km^2，10 m 等深线以内的海面

1 273 km², 20 m 等深线以内的海面 2 536 km², 30 m 等深线以内的海面 9 165 km²。全市有水产育苗场 3 000 多家, 总育苗水体 300 多万立方米, 年育苗能力近 100 亿单位。其中, 国家级水产良种场 1 处, 省级水产原良种场 27 处。

2. 科研资源

青岛是国家海洋科研教育中心, 具有雄厚的海洋科技优势, 拥有中国海洋大学、中国科学院海洋研究所、国家深海基地、青岛海洋科学与技术国家实验室、中国水产科学院黄海水产研究所等国内一流的海洋科研与教学机构 28 家, 海洋重点实验室和工程中心 77 家。

3. 产业现状

全国海水养殖经历了五次产业浪潮。从 20 世纪 50 年代开始, 以海藻、对虾、扇贝、鱼类、参鲍为代表的蓝色产业 "五次浪潮" 相继从青岛发源、兴起并走向全国。近年来, 青岛市相继引进、培育、推广了大菱鲆、半滑舌鳎、杂交扇贝、"黄海一号"中国对虾、"黄海二号"中国对虾、金乌贼、刺参、多倍体鲍鱼等 30 多个优良品种。其中, 大菱鲆、"黄海一号"中国对虾、栉孔扇贝等品种已形成产业化发展。海参苗种生产育苗水体近 300 万立方米, 年产优质海参商品苗种 30 亿。半滑舌鳎年育苗量近 200 万尾, 使青岛成为北方半滑舌鳎的主要供苗基地。2014 年, 全市渔业经济总产值 470 亿元, 同比增长 8%; 水产品产值 145 亿元, 同比增长 4.3%。

(二) 劣势

(1) 受城市发展与定位、旅游发展和重大涉海项目的建设影响, 一些地方可养水面滩涂被占用, 沿海水产养殖设施被大面积清理, 养殖水域大幅度缩减, 水产养殖业发展空间受到挤压, 现有的适渔空间尚未得到充分利用。但是, 目前青岛市的海水养殖利用面积仅有 359 km², 其中海上 42 km², 滩涂 229 km², 大量的适渔空间未得到开发利用。

(2) 青岛市海水健康养殖领域部分海洋生物的增养殖技术处于领先地位, 但在种质资源高效利用、新品种选育效率、精细化和集约化养殖、关键设备设施和检测技术等方面仍存在一定的差距, 海水养殖品种单一、成果转化少, 规模化健康养殖、工厂化养殖总体建设标准较低, 配套设施较为简陋, 规划单片分散, 养殖模式低效。

(三) 机会

1. 国家及山东省层面

2013 年, 国务院发布了《国务院关于促进海洋渔业持续健康发展的若干意见》(国发〔2013〕11 号), 明确了今后一段时期我国海洋渔业发展的主要任务和政策措施, 是推进渔业现代化的纲领性文件。自 20 世纪 90 年代开始, 山东省就提出了建设 "海上山东", 实施蓝色战略。2014 年, 在《山东省人民政府办公厅关于推进 "海上粮仓" 建设的实施意见》(鲁政办发〔2014〕49 号)中明确提出, 组织实施水产良种工程, 重点建设大宗品种、出口优势品种的遗传育种中心和原良种场, 打造省级海水、淡水养殖优良种质研发中心, 培育一批 "育、繁、推" 一体化渔业良种繁育龙头企业。

2. 青岛市层面

为推动山东半岛蓝色经济区的发展,青岛市委、市政府大力实施率先科学发展、实现蓝色跨越的战略举措,作为蓝色经济的传统支柱产业,渔业在保障食物安全、推动经济社会发展、促进渔民就业增收、建设生态文明建设等方面意义重大。

(四)威胁

(1)海洋渔业生产及其产业链在青岛市的经济社会发展中发挥了重要作用,但在发展中也面临自然资源、环境、人口、生物技术、海洋工程、物流运输等多重压力,渔业生态环境存在污染严重、海洋环境监测、管理和预报减灾管理机制能力薄弱、过度捕捞等问题。

(2)沿海其他海洋省市也将深度发展海洋经济提上日程,青岛面临其他省市对海洋创新资源与市场的争夺。

通过对青岛市海水健康养殖领域的 SWOT 分析可以看出,青岛市应抓住国家发展海洋强国战略的契机,发挥青岛市在区位、科研资源等方面的优势,重点突破关键共性技术,把握产业主导权,发挥山东半岛蓝色经济区龙头作用,引领和辐射我国海洋渔业的健康发展。青岛市海水健康养殖领域发展面临的优劣势以及机会与威胁详见表1。

表1 青岛市海水健康养殖领域 SWOT 分析

内部能力 \ 外部条件	机遇(Opportunities)	威胁(Threats)
	(1)国家层面对海洋强国的高度重视和战略部署 (2)青岛市作为山东半岛蓝色经济区的龙头,大力实施率先科学发展、实现蓝色跨越的战略举措	(1)自然资源、环境、人口、生物技术、海洋工程、物流运输等多重压力 (2)其他省市对海洋创新资源与市场的争夺
优势(Strengths)	优势-机遇(SO)	优势-威胁(ST)
(1)区位优势明显 (2)科研资源丰富 (3)产业基础雄厚	(1)发挥青岛区位及科研资源优势,借助国家海洋强国战略契机,拓展国际市场需求 (2)突破共性关键技术,带动海水健康养殖产业向安全、高效、生态、可持续的方向发展	(1)开发基于生态系统的新养殖模式及技术 (2)集成创新资源监测及修复技术,实现海水养殖健康可持续发展
劣势(Weaknesses)	劣势-机遇(WO)	劣势-威胁(WT)
(1)受城市发展与定位等因素影响,适渔空间不能得到充分利用 (2)海水养殖品种单一,养殖模式低效	(1)研发育种及扩繁关键技术,创制海水养殖新种质、新品种,实现产业化开发 (2)研发离岸养殖新设施,建立以海湾、岛屿为核心的区域性海洋牧场 (3)引导海水养殖企业集聚发展	(1)针对薄弱环节进行关键技术突破和产业培育,增强区域产业竞争力 (2)政府给予政策和资金支持,促进创新资源和产业集聚发展

四、青岛市海水健康养殖领域产业发展目标

到2020年,通过创制新品种和健康苗种规模繁育技术,培育一批具有优良性状的海水养殖新品种;揭示病害防治、营养饲料、健康增养殖等基础原理,研发新型海水陆基、浅海滩涂及深远海养殖技术与装备,突破节能减排型工业化循环水养殖、滩涂清洁生产、浅海生态高效增养殖、病害快速诊断与防控、海洋渔业生态环境与资源养护等技术体系,通

过技术创新和政策保障措施,全面提升养殖对象良种化、养殖设施工程化、养殖模式生态化,推动传统海水养殖模式向安全、高效、优质、生态、可持续的现代海水健康养殖发展。

到 2020 年,全市渔业经济总产值达到 600 亿元,力争在良种创制与种苗繁育、健康养殖设施及模式、海水养殖生物安保技术、海水养殖配套保障技术体系等领域突破共性关键技术 10～20 项,搭建各类创新载体 5～10 家,形成一批具有自主知识产权的产品。

五、研发需求

综合海水健康养殖领域国内外发展趋势和青岛市产业基础和发展目标,在文献资料研究、企业调研和专家讨论基础上,确定了"十三五"期间的 4 个重点发展方向:良种创制与苗种扩繁、健康养殖设施及模式、海水养殖生物安保技术、海水养殖配套保障技术体系,提炼出 17 项关键共性技术攻关方向,详见表 2。

表 2 青岛市海水健康养殖领域研发需求表

产业领域	技术方向	关键技术
海水健康养殖	良种创制与苗种扩繁	现代育种技术 新品种规模扩繁新技术 种质资源保育与评价技术 潜在养殖种类苗种繁殖技术
	健康养殖设施及模式	节能减排型工程化养殖装备及技术 生态型人工鱼礁及海洋牧场的开发 浅海底生态高效增养殖装备及技术 深远海智能化养殖装备及技术
	海水养殖生物安保技术	优质营养饲料的研发 海水养殖安全用药技术 海水养殖生物病虫害快速检测与防控技术 海水养殖生物抗病疫苗的研发 海洋水产品质量安全控制技术
	海水养殖配套保障技术体系	水处理和自动化控制设备的研发 海水生物滤器的研发与优化 增养殖水域生态环境调控与修复技术 海洋资源容量评估与增殖养护技术

六、创新资源配置

(一)创新资源分布现状

目前,青岛市涉足海水健康养殖领域研究的高等院校及科研院所有 4 家,重点实验室 12 家,工程技术研究中心 2 家,工程实验室和产业技术创新战略联盟各 1 家,详见表 3。

表 3 青岛市海水健康养殖领域创新载体资源列表

序号	类别	机构名称	依托单位	级别
1	高校院所	中国海洋大学	—	
2		中国科学院海洋研究所	—	

▶ **青岛市"十三五"重点产业创新路线图**

续 表

序号	类别	机构名称	依托单位	级别
3	高校院所	中国水产科学研究院黄海水产研究所	—	
4		山东省海洋生物研究院	—	
5	重点实验室	青岛海洋科学与技术国家实验室	—	国家级
6		中国科学院实验海洋生物学重点实验室	中国科学院海洋研究所	部 级
7		海水养殖教育部重点实验室	中国海洋大学	部 级
8		海洋生物遗传学与育种教育部重点实验室	中国海洋大学	部 级
9		农业部水产动物营养与饲料重点实验室	中国海洋大学	部 级
10		农业部水产品质量安全检测与评价重点实验室	中国水产科学研究院黄海水产研究所	部 级
11		农业部海洋渔业可持续发展重点实验室	中国水产科学研究院黄海水产研究所	部 级
12		山东省海水养殖病害防治重点实验室	山东省海洋生物研究院	省 级
13		山东省渔业资源与生态环境重点实验室	中国水产科学研究院黄海水产研究所	省 级
14		中俄海洋生态环境技术联合实验室	山东省科学院海洋仪器仪表研究所	省 级
15		青岛市海水鱼类种子工程与生物技术重点实验室	中国水产科学研究所、黄海水产研究所	市 级
16		青岛市浅海底栖渔业增殖重点实验室	山东省海洋生物研究院	市 级
17	工程实验室	青岛市海洋生物种质资源挖掘与利用工程实验室	山东省海洋生物研究院	
18	工程技术研究中心	山东省海水健康养殖工程技术研究中心	山东省海洋生物研究院	省 级
19		青岛市大型海藻工程技术研究中心	山东省海洋生物研究院	市 级
20	战略联盟	青岛市海水养殖种苗产业技术创新战略联盟	中国水产科学研究院黄海水产研究所	
21	示范平台及基地	山东省海水健康养殖工程技术创新示范平台	山东省海洋生物研究院	
22		黄海水产研究所海洋渔业科学研究中心(胶南基地)	中国水产科学研究院黄海水产研究所	
23		青岛国家海洋科学研究中心水产种苗产业化基地		
24		青岛市生态工程化水产养殖示范基地		
25	主要企业	青岛市宝荣水产科技发展有限公司 青岛东港海珍品研究所 青岛通用水产养殖有限公司 青岛金海富源海洋实业 青岛智达海洋科技有限公司 青岛忠海水产有限公司 青岛七好生物科技有限公司等 青岛蓝色粮仓科技发展中心有限公司		

(二) 需要配置的创新资源

"十三五"期间,发挥青岛海洋科学与技术国家实验室、中国海洋大学、中国科学院海洋研究所、中国水产科学研究院黄海水产研究所、山东省海洋生物研究院等高校科研院所的科研优势，鼓励海水健康养殖领域优势企业联合行业内高等院校和科研院所，共建技术和产业创新平台，整合资源，形成合力，加快推动科技成果产业化。

（1）搭建创新载体。建立以岛屿为核心的区域性海洋牧场，构建海洋生物优良品种的测评平台、海水健康养殖在线自动监测平台，搭建病害快速检测与预警平台，建设海洋生物种质资源库。

（2）建设产业基地。建设高档海水苗种繁育基地、节能减排型工业化循环水养殖示范基地、蓝色粮仓科技发展基地、抗病疫苗临床示范基地。

（3）引进高层次人才。引进高层次人才5～10名，形成海水健康养殖领域专业团队。

七、产业创新路线图与行动计划

（一）重点任务

1. 良种创制与苗种扩繁

（1）现代育种技术。开展重要养殖种类的基础理论及基因组学研究，研究高产、抗逆等重要经济性状的遗传基础，创新育种新概念和新技术。

（2）新品种规模扩繁新技术。研发幼体变态过程的调控技术，建立幼虫健康培育技术；研究苗种保育过程中的最佳环境条件，优化苗种保育的生态调控技术；研究幼体营养需求，开发新型饵料和投喂技术。

（3）种质资源保育与评价技术。研究种质资源的群体遗传结构维持技术，开展种质资源遗传多样性评估，建立核心种质的保育技术和评价体系，构建生态化、集约化和工程化保育技术体系。

（4）潜在养殖种类苗种繁殖技术。开发研究近海及深远海潜在养殖生物苗种的繁殖技术，创制海洋生物优良新品种。

2. 健康养殖设施及模式

（1）节能减排型工程化养殖装备及技术。重点围绕重要养殖种类，构建专业化全循环高效养殖水净化系统、智能化设施与设备处理系统、养殖生产管理系统、标准化监控系统等，建立安全、精准的节能减排型工业化养殖新技术与新模式。

（2）生态型人工鱼礁及海洋牧场的开发。以现代海洋工程技术为支撑，建立以岛屿为核心的区域性海洋牧场，构建依托原钻井平台或适宜岛礁的海上养殖基站，形成规模适宜、布局合理、技术先进的人工鱼礁建设格局，构成集资源增殖、休闲游钓和环境修复等多功能于一体的"海洋牧场"框架。

（3）浅海底生态高效增养殖装备及技术。针对滩涂、海湾等开放型浅海底养殖水域的特点，集成环境保护技术、增养殖技术、自动控制技术等，建立近岸多元化生态型增养殖新模式和新技术。

（4）深远海智能化养殖装备及技术。针对近岸海水养殖空间的被挤占以及养殖环境的恶化，改变传统养殖模式，从近岸走向深海，开发适应深远海养殖的设施装备，筛选适合深远海养殖的经济渔业资源种类,提高深远海养殖的可控性和精准性。

3. 海水养殖生物安保技术

(1) 优质营养饲料的研发。研发海洋动物饲料原料前处理技术,优化饲料加工工艺,通过完善饲料配方建立重要养殖种类品质的应用调控技术。

(2) 海水养殖安全用药技术。重点研究海洋动植物中具有植物营养、促生长、抗逆、杀虫、抗菌等活性物质提取、分离纯化、规模制备等技术,研制海洋生物源抗病、杀虫的农用制剂。

(3) 海水养殖生物病虫害快速检测与防控技术。研发海水养殖生物疾病高通量检测诊断技术以及疾病早期诊断技术,建立健全重要海水养殖生物的病虫害防控预警预报体系,研发绿色安全的渔用药物、高效疫苗与免疫制剂。

(4) 海水养殖生物抗病疫苗的研发。针对我国鱼类主要养殖品种中的重要病原,开发出多途径免疫、高覆盖率、强免疫原性的候选疫苗产品(如弧菌疫苗),并建立疫苗临床示范基地。

(5) 海洋水产品质量安全控制技术。重点研究海洋水产品化学危害筛选检测技术、海洋食品病原微生物的现场实施检测技术、海洋食品的生物保鲜技术等。

4. 海水养殖配套保障技术体系

(1) 水处理和自动化控制设备、海水生物滤器等配套装备的研发与优化。

(2) 增养殖水域生态环境调控与修复技术。针对增养殖水域的特点,从生态健康损害因子识别和环境容纳量入手,研究建立高效、生态、环保、质量安全的环境调控与修复技术体系。

(3) 海洋资源容量评估与增殖养护技术。研究海洋承载力评估、增养殖容量评估、增养殖效果综合评价等技术,研究增养殖行为对生物资源与环境的影响。

(二)产业创新路线图

通过对国内外相关文献资料数据信息进行整理以及对青岛海水健康养殖产业状况的调查、多轮专家会议的座谈讨论结果进行归纳,绘制青岛市海水健康养殖产业技术路线图,如图2所示。青岛海水健康养殖产业围绕良种创制与苗种扩繁、健康养殖设施及模式、海水养殖生物安保技术、海水养殖配套保障技术体系四个重点领域进行关键共性技术攻关,结合创新载体搭建等创新举措,推动产业快速发展。

(三)行动计划

面向青岛市发展现代海洋农业的重大需求,按照"突破育种核心技术,促进海水健康养殖,保障水产品质量安全,修复渔业环境和拓展产业空间"的发展思路,强化海水健康养殖的前沿技术研究、应用基础研究和社会公益技术研究,集成示范共性和关键技术,提高科学研究水平和成果转化能力,在资源节约与环境友好的基础上实现养殖对象良种化、养殖设施工程化、养殖模式生态化,推动传统海水养殖模式向安全、高效、优质、生态、可持续的现代海水健康养殖发展,制定青岛海水健康养殖产业五年行动计划,详见表4。

		2016年 　　　　　　2018年 　　　　　　2020年
产业目标	渔业经济总产值	约500亿元 ——————— 约550亿元 ——————— 约600亿元
	创新载体建设	1个 ——————————— 4个 ——————————— 6个
发展瓶颈		良种推广不足、精细化和集约化养殖水平较弱
研发重点	良种创制与苗种扩繁	现代育种技术　　新品种规模扩繁新技术 种质资源保育技术　　潜在养殖种类苗种繁殖技术
	健康养殖设施及模式	节能减排型工程化养殖装备及技术　　生态型人工鱼礁及海洋牧场的开发 浅海底生态高效增养殖装备及技术　　深远海智能化养殖装备及技术
	海水养殖生物安保技术	优质营养饲料的研发　　海水养殖安全用药技术　　海水养殖生物病虫害快速检测与防控技术　　海水养殖生物抗病疫苗的研发　　海洋水产品质量安全控制技术
	海水养殖配套保障技术体系	水处理和自动化控制设备的研发　　海洋资源容量评估与增殖养护技术 海水生物滤器的研发与优化 增养殖水域生态环境调控与修复技术
资源配置	拟建创新载体	高档海水苗种繁育基地　　工业化循环水养殖示范基地　　抗病疫苗临床示范基地 区域性海洋牧场　　蓝色粮仓科技发展基地　　海洋生物优良品种的研发及测评平台 海水健康养殖在线自动监测平台　　病害快速检测与预警平台　　海洋生物种质资源库
	创新资源基础	青岛海洋科学与技术国家实验室　　中国海洋大学　　中国科学院海洋研究所　　中国水产科学研究院黄海水产研究所　　山东省海洋生物研究院　　青岛市海水养殖种苗产业技术创新战略联盟　　海洋生物遗传学与育种教育部重点实验室　　海水养殖教育部重点实验室　　山东省海水养殖病害防治重点实验室　　山东省海水健康养殖工程技术研究中心等　　青岛市宝荣水产科技发展有限公司　　青岛东港海珍品研究所　　青岛通用水产养殖有限公司　　青岛金海富源海洋实业　　青岛智达海洋科技有限公司　　青岛忠海水产有限公司等

图 2　海水健康养殖产业创新路线图

表 4　海水健康养殖领域行动计划

时间节点	2018 年	2020 年
发展目标	在良种创制与种苗繁育、健康养殖设施及模式、海水养殖生物安保技术、海水养殖配套保障技术体系等领域突破共性关键技术8项,搭建各类创新载体4家,形成一批具有自主知识产权的产品	突破共性关键技术5项,搭建各类创新载体2家
发展路径	(1)关键技术突破及产业化:重点突破一批分子育种、细胞工程与和基因工程育种的核心关键技术,开发新品种规模扩繁新技术、种质资源保育、潜在养殖种类苗种繁殖等技术,创制一批海水养殖新种质、新品种;建立节能减排型工业化养殖、浅海底生态高效增养殖等的新技术与新模式;改进营养饲料加工工艺,建立病虫害检测与防控技术体系;优化水处理设备配置和水处理工艺、养殖环境调控机械化技术,完善增养殖水域生态环境调控与修复技术体系 (2)搭建创新载体:构建海洋生物优良品种的研发及测评平台,搭建病害快速检测与预警平台,建设海洋生物种质资源库,发展增殖型人工鱼礁区 (3)建设产业基地:建设高档海水苗种繁育基地、节能减排型工业化循环水养殖示范基地、蓝色粮仓科技发展基地 (4)引进高层次人才:引进高层次人才3~5名	(1)关键技术突破:构建海洋生物优良品种信息数据库、联合育种的网络系统等,完善现代海洋生物育种技术体系;开展深远海智能化养殖装备及技术、生态型人工鱼礁及海洋牧场的开发;推广远程会诊平台,建立病害实用化防控生产体系;完善海洋资源容量评估与增殖养护技术体系 (2)搭建创新载体:建立以岛屿为核心的区域性海洋牧场,构建海水健康养殖在线自动监测平台 (3)建设产业基地:建设抗病疫苗临床示范基地 (4)引进高层次人才:引进高层次人才3~5名

参考文献

[1] 国务院. 山东半岛蓝色经济区发展规划[EB/OL]. (2011-01-04)[2012-07-16]. http://zfxxgk.dongying.gov.cn/gov/jcms_files/jcms1/web3/site/art/2012/7/16/art_367_25832.html.

[2] 国务院. 全国海洋经济发展"十二五"规划[EB/OL]. (2012-09-16)[2012-09-16]. http://www.gov.cn/xxgk/pub/govpublic/mrlm/201301/t20130117_65866.html.

[3] 青岛市经济和信息化委员会. 青岛市十大新兴产业发展总体规划(青发改高技〔2014〕290号)[EB/OL]. (2014-07-01)[2015-01-29]. http://gxq.qingdao.gov.cn/n28356009/n28356073/n28356939/n28360120/n28360681/30547930.html.

[4] 青岛市人民政府. 青岛市人民政府关于关于加快培育和发展战略性新兴产业的意见(青发〔2012〕51号)[EB/OL]. (2012-10-11)[2012-10-30]. http://www.qingdao.gov.cn/n172/upload/121030165805201283/140614191505067584.pdf.

[5] 青岛市发展和改革委员会. 青岛市"十二五"海洋高技术产业发展规划[EB/OL]. (2012-10-09)[2012-10-05]. http://www.qingdao.gov.cn/n172/upload/121016085620784203/140614192843583444.doc.

[6] 贾敬敦, 蒋丹平, 杨红生, 等. 现代海洋农业科技创新战略研究[M]. 北京: 中国农业科学技术出版社, 2014.

[7] 佚名. 青岛市谋划建设现代化、大规模水产育苗基地[J]. 水产养殖, 2011(8): 3.

[8] 于晓. 青岛市海水养殖业规模化发展探讨[J]. 齐鲁渔业, 2010, 27(9): 57-58.

[9] 杨红生, 张福绥. 试论生态城市建设中海水养殖业发展策略——以青岛为例[J]. 世界科技研究与发展, 2003, 25(2): 9-12.

[10] 孙仁杰, 孙庆霞. 加快青岛市水产养殖业发展的几点建议[J]. 齐鲁渔业, 1999, 16(6): 25-26.

附 件

附件一 专家名单

序 号	姓 名	单位名称
1	潘克厚	中国海洋大学
2	温海深	中国海洋大学
3	庄志猛	中国水产科学研究院黄海水产研究所
4	杨红生	中国科学院海洋研究所
5	刘 鹰	中国科学院海洋研究所
6	刘洪军	山东省海洋生物研究院
7	张士璀	中国海洋大学
8	杨爱国	中国水产科学研究院黄海水产研究所
9	王勇强	山东省海洋生物研究院

附件二 青岛市"十三五"科技发展规划海水健康养殖与海洋生态环境监测领域调研函

调研目的:总体上把握青岛市海水健康养殖与海洋生态环境监测产业发展现状,诊断发展过程中存在的问题并剖析深层次原因,明确产业发展对科技的需求,依托青岛市现有技术基础与产业特色,选择确定未来五年内我市海水健康养殖与海洋生态环境监测产业发展的重点方向和需要开展攻关的共性关键技术,提出2020年该项技术发展目标,编制关键技术发展路线图。

根据青岛市目前的实际发展现状,我们大致将青岛市海水健康养殖与海洋生态环境监测领域分为海水种苗与健康养殖、海洋环境观测、海洋生态保护三个子领域,各位专家可以根据自己掌握的情况进行修改讨论;各子领域的技术方向、关键技术、创新资源可根据国家和青岛市所确定的方向,结合青岛实际情况进行更改或补充。

1.1 青岛市海水种苗与健康养殖产业发展现状与问题

概述青岛市海水种苗与健康养殖产业的发展现状,诊断青岛市该产业发展过程中存在的问题并剖析深层次原因,利用SWOT分析方法分析青岛市海水种苗与健康养殖产业发展的优势与瓶颈,机会与威胁(请填写附表1)。

附表1 青岛市海水种苗与健康养殖产业SWOT分析矩阵

优势(Strength)	劣势(Weakness)
机会(Opportunity)	威胁(Threat)

青岛市"十三五"重点产业创新路线图

1.2 青岛市海水种苗与健康养殖产业发展目标

从产业规模、重点产品、创新能力等方面,提出青岛市到2020年海水种苗与健康养殖子领域发展目标。

1.3 重点发展方向与关键技术选择

围绕发展方向—关键技术—创新资源初选表,讨论确定未来五年支撑目标实现的重点发展方向、关键技术、技术发展目标及需要配置的创新资源(请填写附表2)。

附表2 青岛市海水种苗与健康养殖子领域技术初选表

产业子领域	技术方向[1]	关键技术	技术发展目标[2]	创新资源 (已有和需要引进、建设的机构、平台、孵化器、基地、园区、人才,可补充)
海水种苗与健康养殖	海水养殖优质种苗培繁育		如培育何种具有自主知识产权的新品种	已有: 黄海水产研究所海洋渔业科学研究中心(胶南基地) 青岛国家海洋科学研究中心水产种苗产业化基地 山东省海水健康养殖工程技术创新示范平台 青岛市生态工程化水产养殖示范基地 海水工厂化养殖实验室、正大海洋科技研究院 (已建重点实验室和产业技术联盟见附表) 需要引进建设: 高档海水苗种繁育基地 工业化循环水养殖示范基地
	健康养殖新模式		建设人工鱼礁及海洋牧场	
	病害快速诊断和防治		如抗何种病的疫苗	
	养殖过程中污染物病害在线监测技术			

备注:
1. 技术方向、创新资源可根据国家和青岛市所确定的方向,结合青岛实际情况进行更改或补充;
技术发展方向突出重点,有所为有所不为;
提出关键技术时要注重问题和需求导向,并明确约束性指标;
创新资源方面补充已有,提出建议。
2. 对于技术发展目标具体可以参考下几种形式:
转换率15%(核心技术指标)以上的太阳能电池技术;
适宜人体穿戴(功能指标)的芯片级无线传感器;
成本、性能具有国际竞争力(约束指标)的机器人核心器件;
能够满足航空应用需求(应用需求约束指标)的高性能碳纤维材料。

产业子领域	技术方向	关键技术	创新资源 (已有和需要引进、建设的机构、平台、孵化器、基地、园区、人才)
海水健康养殖	良种创制与苗种扩繁	现代育种技术(分子育种、细胞工程育种、基因工程育种) 新品种规模扩繁新技术 种质资源保育技术 潜在养殖种类苗种繁育技术	需要引进建设: 高档海水苗种繁育基地 工业化循环水养殖示范基地 抗病疫苗临床示范基地 公共数据平台
海水健康养殖	健康养殖设施及模式	节能减排型工程化养殖装备及技术 生态型人工鱼礁及海洋牧场的开发 浅海底生态高效增养殖装备及技术 深远海智能化养殖装备及技术	已有:海水养殖教育部重点实验室 海洋生物遗传学与育种教育部重点实验室 农业部水产动物营养与饲料重点实验室 农业部水产品质量安全检测与评价重点实验室 山东省海水养殖病害防治重点实验室 青岛市海水鱼类种子工程与生物技术重点实验室

280

续 表

产业子领域	技术方向	关键技术	创新资源（已有和需要引进、建设的机构、平台、孵化器、基地、园区、人才）
	海水养殖生物安保技术	优质营养饲料的研发 海水养殖安全用药技术 海水养殖生物病虫害快速检测与防控技术 海水养殖生物抗病疫苗的研发 海洋水产品质量安全控制技术	青岛市浅海底栖渔业增殖重点实验室 青岛市海水养殖种苗产业技术创新战略联盟 山东省海水健康养殖工程技术研究中心 青岛市海洋生物种质资源挖掘与利用工程实验室 青岛市大型海藻工程技术研究中心 黄海水产研究所海洋渔业科学研究中心（胶南基地）
	海水养殖配套保障技术体系	水处理和自动化控制设备的研发 海水生物滤器的研发与优化 增养殖水域生态环境调控与修复技术 海洋资源容量评估与增殖养护技术	青岛国家海洋科学研究中心水产种苗产业化基地 山东省海水健康养殖工程技术创新示范平台 青岛市生态工程化水产养殖示范基地 海水工厂化养殖实验室 海洋生态养殖技术国家地方联合工程实验室 正大海洋科技研究院、青岛七好生物科技有限公司基地

青岛市"十三五"海水资源综合利用领域创新路线图

一、海水资源综合利用产业与技术发展趋势分析

（一）产业现状

进入21世纪以来，随着经济社会高速发展和人口急剧增加，全球淡水消耗量大幅度增加，约有14亿人缺乏安全清洁饮用水，预测到2025年，将有23亿人缺水。世界范围普遍缺水造成的水资源危机成为仅次于全球气候变暖的世界第二大环境问题。

海水淡化是解决淡水资源危机的战略选择。截至2010年年底，全球150多个国家和地区建成和在建海水淡化工程有15 000多个，合计装机容量为7 170万吨/日。市政供水是海水淡化的主要应用领域，约占已建成装机容量的63.1%，解决了2亿多人的生活用水问题；工业及电力次之，占比为31.4%；其余用途约占5%。

据国际脱盐协会统计，截至2010年底，已建成的海水淡化装机容量中，反渗透法占60%，蒸馏法所占34.8%，其他方法合计约5%。国际上多级闪蒸、低温多效蒸馏、反渗透最大海水淡化单机规模分别达到日产7.6万立方米、3.6万立方米、2.5万立方米；工程规模分别达到日产88万立方米、80万立方米、35万立方米。在海水淡化规模不断扩大的同时，海水淡化成本也逐渐降低，目前国外吨淡化水出厂价格一般为0.6~0.9美元。

海水淡化的副产品浓海水若处理方式不当，会对土壤、地下水、地表水及海洋生态环境带来严重威胁，对浓海水进行科学合理的处理及综合利用具有重要意义，越来越受到各国的重视。同时，浓海水中含有大量优质化学资源，如果有效利用，不但能实现"零排放"的处理效果，还能降低海水淡化成本。

水资源短缺已成为制约我国经济社会可持续发展的重要因素，海水淡化是解决这一问题的战略选择。近年来，我国先后发布多项政策规划，将海水淡化产业列为战略性新兴产业；同时，提出发展海洋经济，建设海洋强国，海水淡化产业面临重要发展机遇。

目前，我国海水淡化产业已初具规模，是少数能够完整自主设计建设海水淡化工程的国家之一，海水淡化技术、装备制造、工程设计建设等方面发展迅速，应用规模不断扩

大,海水淡化市场已经显现,产业发展前景广阔。

2013年,全国已建成海水淡化工程总数达到了103个,工程总规模达到日产90.08万吨。最大海水淡化工程规模为日产20万吨。截至2013年年底,全国已建成万吨级以上海水淡化工程26个,日产水规模80万吨;千吨级以上、万吨级以下工程31个,日产水规模9.2万吨;千吨级以下工程46个,日产水规模0.9万吨。中国海水淡化工程产水成本进一步降低,已接近国际水平,民用海水淡化工程产能得到了显著提升。

在我国,反渗透和低温多效蒸馏两大主流海水淡化技术得到较快发展,成本不断降低。反渗透海水膜、高压泵、能量回收装置、反渗透膜压力容器、海水预处理连续膜过滤组器等取得明显进步;膜通量增加了近40%,脱盐率由99.2%提高到99.7%以上。我国已自主建成日产万立方米级反渗透海水淡化装置,海水淡化工程进入大型化阶段。目前,反渗透海水淡化投资为6 000~8 000元/立方米,综合产水成本为5~6元/立方米。

低温多效蒸馏海水淡化具有水质好和可利用工厂余热或低品位热源的优点,主要应用于需提供锅炉补给水和工艺纯水,且有低品位蒸汽或余热可利用的电力、石化、钢铁等企业。我国自主建成了1.25万立方米/日低温多效海水淡化蒸馏装置,为大型热法海水淡化工程的启动奠定了基础。目前,蒸馏海水淡化投资为8 000~11 000元/立方米,综合产水成本为6~8元/立方米。

我国海水淡化虽基本具备了产业化条件,但研究水平及创新能力、装备的开发制造能力、系统设计和集成等方面与国外仍有较大的差距。当务之急是尽快形成海水淡化设备市场完整产业链,依托成熟产品,聚焦集成化与耦合化关键技术,围绕制约海水淡化成本降低的关键问题,研发具有自主知识产权的海水淡化新技术、新工艺、新装备和新产品,增强自主建设大型海水淡化工程的能力。

(二)技术发展趋势

目前,海水淡化方法有数十种,但达到商业化应用的只有反渗透法和蒸馏法,即"膜法"和"热法"。膜法是给海水加压,使水分子通过半透膜而留住盐分、病毒、重金属等得到淡水;热法是将海水加热汽化,再使蒸汽冷凝,从而得到淡水。

反渗透海水淡化装置核心部件主要由膜组器件、高压泵、增压泵、能量回收装置和海水预处理过滤器组成。膜组器件对原水进行膜分离;高压泵和增压泵为膜堆提供所需要的渗透压;能量回收装置提高能量利用效率,降低整体运行能耗;过滤器对原水进行预处理,确保进水水质。

热法海水淡化主体装备包括蒸发器和冷凝器,两者结构相似,均为非定型产品,需根据装置规模,工艺参数设定。通用关键设备主要包括水泵、仪表、蒸汽喷射泵、汽液分离器、喷嘴等;关键材料包括传热材料、管路材料、药剂材料等。

"十二五"时期,世界海水淡化科技发展呈现新趋势。膜法和蒸馏法在未来较长时间内仍将是海水淡化的两个主流工艺,提高单机规模和降低淡化成本是其重要发展方向。同时,超滤膜与反渗透膜耦合、蒸馏法与反渗透膜法耦合等多种工艺耦合,海水淡化工艺与淡化后浓海水综合利用工艺耦合,利用太阳能、风能等新能源进行海水淡化等技术,将成为海水淡化技术发展的新趋势。此外,膜蒸馏、正渗透等其他海水淡化新技术也是各国科学家研究的热点。

目前,世界上对于浓海水再脱盐有蒸馏、冷冻结晶、电渗析、膜蒸馏、膜结晶等技术,以及基于多种热膜集成的浓海水"零排放"和综合利用技术。多种膜分离技术的耦合和发展高效盐化工正在成为浓海水处理领域的重要方向。

现阶段,我国的反渗透及低温多效技术与韩国、美国、日本、以色列等世界先进国家比较,在研究水平及创新能力、装备的开发制造能力、系统设计及集成、关键设备生产等方面仍存在较大差距,表现在海水淡化关键设备制造能力不强,国产化率低。反渗透海水淡化的核心材料和关键设备、海水膜组件、能量回收装置和高压泵等主要依赖国外进口。按工程设备投资价格比,国产化率不到50%。蒸馏法用的耐海水腐蚀材料、蒸汽喷射装置(热泵)、传热效率等与世界先进水平有较大差距。

海水淡化浓海水处理方面,目前我国是将海水淡化、日晒盐生产及苦卤综合利用相结合,基本上实现了浓海水零排放技术的闭合,但主要还是基于盐田滩晒的农业化生产模式,工艺粗放,劳动效率低,无法满足时代发展要求,迫切需要采用工业化生产方式来促进技术进步。

(三)产业链构成

海水资源综合利用产业链主要以海水淡化技术为核心,以工程设计与安装、设备制造、淡化水产品提供、技术服务为主,延伸辐射高性能机械设备(高压泵、能量回收装置、阀门与仪表等)研发与制造、腐蚀与防护材料及工程、高分子材料、浓盐水综合利用等行业(图1)。

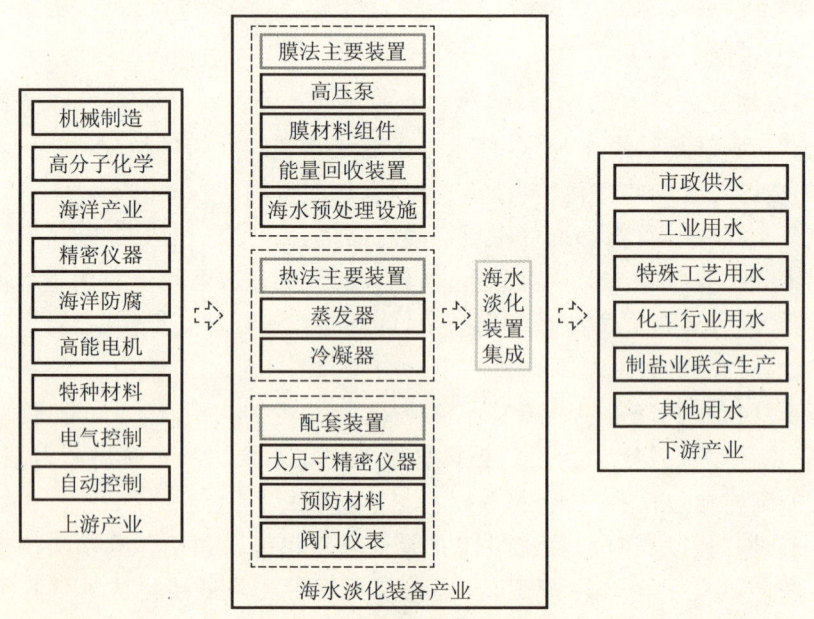

图1 海水资源综合利用产业链

二、青岛市产业基础与现状

青岛市是国内较早开展海水淡化研究的城市之一。近年来,集聚了一定数量的海水淡化厂、装备配套零部件制造企业,一批国家级海水淡化示范工程相继实施,具备了一定的研发和产业基础,但总体实力和竞争力还比较薄弱。以下是目前青岛海水淡化产业的SWOT分析。

(一)优势

1. 海水淡化及装备应用初具规模

2005年,青岛市被国家确定为海水淡化与综合利用示范城市和产业化基地。目前,青岛水务集团、青岛海诺水务、青岛华欧等10个海水淡化示范工程项目的海水利用规模已达到了13万立方米/日;海水淡化装备产业实现产值5亿元,反渗透法和蒸馏法分别占国内市场的10.6%、5.2%。另外,青岛百发10万立方米/日反渗透海水淡化项目已进入调试阶段;董家口总规模30万吨/日(一期10万吨/日)的海水淡化项目已签订合作协议。海水淡化装备的规模化应用,为青岛市海水淡化装备制造业发展提供良好基础。

2. 海水淡化装备产业开始起步

以海水淡化应用为突破口,带动海水淡化装备制造业发展。目前,全市海水淡化装备制造重点企业7家,集聚了一定数量海水淡化配套零部件制造企业,在海水预处理装备、超滤膜等领域形成了优势产品,为青岛市打造海水淡化装备产业链奠定良好基础。

3. 装备技术研发形成一定基础

青岛市在海水淡化装备技术研究方面具备良好基础和先发优势,初步形成了海水淡化装备产学研科技创新体系。全市涉及海水淡化装备利用技术研发及人才培养机构10余家,拥有市级以上工程中心5家,并通过承担国家、省部级科技计划项目,开发形成一批具有自主知识产权的重大科技成果。其中,青岛双瑞海洋环境工程股份有限公司6 200立方米/日反渗透膜法海水淡化装备和青岛华欧海水淡化有限责任公司3 000立方米/日低温多效蒸馏法装置,达到国内领先水平。

4. 自然地理及区位条件优越

青岛是山东半岛蓝色经济区龙头城市,是重要的沿海港口贸易城市,突出的区位优势利于吸引整个半岛地区的海水淡化装备领域的人力和资本向青岛转移,更利于青岛参与国际竞争。同时,青岛环拥胶州湾,海岸线长816.98 km,自然条件良好,能保证大型海水淡化装备集成对海岸线需求;青岛港是全国第五大港口,货物吞吐量居全球第七位,可完成海水淡化装备的全球化运输。优越的地理位置、发达的交通物流体系,为青岛市海水淡化装备制造业发展提供了有利地理及区位条件。

(二)劣势

1. 产业发展的核心技术尚未掌握

当前,国内掌握海水淡化核心技术的机构主要是国家海洋局天津海水淡化与综合利用研究所和中化集团杭州水处理技术研究开发中心,而青岛市缺少专业研究机构,在海水淡化装备核心技术研究方面尚未形成突破。目前,青岛市海水淡化装备制造主要集中在海水预处理及配套设备领域,尚不具备海水淡化反渗透膜法、低温多效热法的核心技术与关键设备的生产能力,制约了海水淡化装备产业的发展。

2. 产业发展的企业支撑有待加强

青岛市海水淡化装备集成企业总体规模较小,最大企业的营业收入仅为国外大制造商的1/25,总体实力和竞争力十分薄弱,未形成制造业集群和产业链。

3. 产业发展的扶持政策尚不完善

发展海水淡化产业是涉及政府部门、科研机构和企业的系统工程,需要全面规划、统筹发展。国内发达地区如浙江省编制海水淡化产业发展规划及专项实施方案,同时出台配套政策,支持海水淡化产业做大做强。青岛市尚未形成统一、有效的组织协调机制,相应的扶持和引导措施尚不完善,推动海水淡化产业发展的政策支撑要素尚未具备

(三) 机遇

1. 海水淡化成为有效缓解水资源短缺的现实选择

随着人类对淡水资源的需求持续增长,向海洋索取直接用水或淡水已成为临海国家努力方向。全球海水淡化产业进入快速增长期,将保持15%~20%的年均增长。目前,世界范围内淡化水设备市场份额接近100亿美元;2018年,市值将有望达到152.74亿美元;未来30年内,还会有极大增长,到2030年,预计能够突破500亿美元;在未来10年内,北欧、东亚、南亚及北非地区是淡化水设备进口及工程安装的主要市场,仅这些地区带来的设备、技术、工程市场份额就将达200亿美元。

2015年,我国海水淡化装备制造业产值估计为75~100亿元。根据国务院办公厅《关于加快发展海水淡化产业的意见》:目前,我国海水淡化工程关键设备国产化率不到50%,到2015年要达到70%以上;到2020年,我国海水淡化能力将达到每日250万~300万吨。国家积极支持与巨大的市场需求,为我国海水淡化产业带来发展良机。

2. 海水淡化技术进步推动市场竞争力不断提升

随着国内海水淡化技术不断进步,淡化规模逐渐大型化,装备逐步国产化,国内海水淡化投资和制水成本逐步下降。我国"十一五"建成的万吨级反渗透海水淡化示范工程中,反渗透膜法海水淡化综合吨水产水成本5~6元;低温多效热法海水淡化综合为6~8元。同时,随着我国水价改革的不断推进,自来水价格呈上升趋势,自来水和淡化水两者之间的价格差距将越来越小。技术进步和水价改革将促使海水淡化市场竞争力不断提升,将促进海水淡化需求增长,带动海水淡化装备制造业快速发展。

3. 海水淡化产业面临十分有利宏观政策环境

国家《国民经济和社会发展第十二个五年规划纲要》提出,要"大力推进海水淡化利用","培育壮大海水综合利用等新兴产业"。《国务院办公厅关于加快发展海水淡化产业的意见》(国办发〔2012〕13号)提出,到2015年,建立较为完善的海水淡化产业链,关键技术、装备、材料的研发和制造能力达到国际先进水平。《海水淡化产业发展"十二五"

规划》是我国海水淡化领域的第一个专项规划。该规划明确提出,要从战略高度充分认识海水利用的重大意义,确立海水是水资源的战略观念;同时,制定了相应的配套政策。海水淡化产业作为战略性新兴产业,享受国家目前有关战略性新兴产业、循环经济、环保的鼓励政策,具备快速发展的良好环境。

(四)威胁

1. 国际竞争压力巨大

发达国家通过其掌握海水淡化关键装置技术抢占全球海水淡化装备市场份额,世界海水淡化装备市场格局已初步形成。韩国、美国、日本、以色列及欧洲等占全球海水淡化市场份额90%左右,而我国仅占2.1%。面对快速增加的国内海水淡化装备需求,国外海水淡化企业依托其资金、技术等优势正通过独立承包、合作建厂、低价销售等多种方式抢占我国海水淡化装备市场。青岛市海水淡化装备产业发展面临巨大压力。

2. 国内竞争日益激烈

我国海水淡化产业发展迅速,浙江和天津走在国内前列。2014年,浙江全省海水淡化总产水能力达30万立方米/日,约占全国总产能的16%,海水淡化装备产值占国内市场40%以上。天津是国内最大的海水淡化应用城市,目前每年的海水淡化能力已达500万吨,在建海水淡化项目的海水处理能力已高达每年6 000万吨,此外还有直接利用14亿吨海水的技术装备,海水淡化与直接利用的整体水平在全国处于领先地位。沿海多个城市将海水淡化装备制造列为战略性新兴产业培育和发展重点,天津、杭州、厦门等城市纷纷提出建设海水淡化装备制造业基地,各城市同质化竞争加剧,青岛市在引进技术、人才、项目等方面面临挑战。

通过对青岛市海水淡化领域的SWOT分析(表1),可以更加明确青岛市在海水淡化方面的优势,认识到存在的劣势,抓住国家实施海洋强国战略、发展海洋产业的契机,消除青岛市海水淡化产业面临的威胁等不利因素,全力提高青岛市在全国的竞争力,确保青岛市在该产业领域中占据一席之地。

表1 青岛市海水淡化产业SWOT分析

	机遇(Opportunity)	威胁(Threat)
外部条件	(1)全球水资源危机使淡水市场需求巨大 (2)技术进步、水价改革提升市场竞争力 (3)被国家列为战略性新兴产业 (4)宏观政策环境有利,具备快速发展条件	(1)国际竞争压力巨大 (2)国内同质化竞争加剧,技术、人才、项目引进面临挑战
内部条件		
优势(Strength)	优势-机遇(SO)	优势-威胁(ST)
(1)海水淡化技术研究有良好基础和先发优势,工程应用初具规模 (2)装备技术研发形成一定基础,产业开始起步 (3)自然地理及区位优势	(1)海水淡化产水总量、淡化装备产值在国内占比进一步提升 (2)大力吸引海水综合利用产业人力、人才、和资本向本地转移,参与国际竞争	(1)利用现有基础与优势,促进技术创新和工程应用,扩大产业规模,提升在国内国际市场的竞争力 (2)发挥基础和优势加大技术、人才、项目引进力度,提高成效,进一步提升产业综合实力与核心竞争力

续表

劣势（Weakness）	劣势-机遇（WO）	劣势-威胁（WT）
（1）产业核心技术未掌握 （2）无关键设备生产能力 （3）装备制造企业规模实力较小，竞争力弱，未形成集群和产业链 （4）扶持政策和引导措施不到位	（1）紧抓市场和国家宏观政策机遇，尽快掌握核心技术，突破关键设备生产制造，增强企业规模与实力 （2）加紧制定相关政策和措施	（1）加快核心技术与关键设备生产的本地化，培育龙头企业与产业集群，缩小与国际国内先进水平的差距 （2）尽快出台相关配套政策和措施，加大引进力度，提升整体实力

三、"十三五"发展目标

至 2020 年，全市海水淡化能力达到 80 万立方米，海水淡化产业年总值达到 120 亿元，带动相关产业产值增加 400 亿元。在反渗透膜法的膜材料与膜组件、能量回收装置、高压泵及低温多效热法的真空喷射泵等海水淡化关键装置取得突破，实现关键设备国产化；设立市级工程（技术）研发中心，争取建设国家级研究中心，引进国际水平研发机构，搭建海水淡化技术研发平台，组建海水淡化产业技术创新联盟等技术合作创新体系；在大型海水淡化装备集成、关键设备制造行业，形成 2～3 家大型龙头企业。海水淡化装备制造产业园形成规模，构建较为完备的装备制造产业集群，中、小型海水淡化成套装备生产在国内形成优势；依托重点企业对海水淡化产生的浓海水进行综合利用，生产化工原料，开展高价值化合物深加工及微量元素提取研究，形成完整的循环经济产业链。全面构筑起以技术创新为核心的生产产业化、产品系列化、应用市场化的海水淡化产业发展体系，建成全国海水淡化产业基地和国家海水淡化推广运用的示范城市，使该产业成为青岛市新的经济增长点。

四、发展瓶颈

目前，青岛虽然具备了发展海水淡化产业的一些基础条件，但仍存在一些阻碍产业发展的瓶颈，其中最主要的是技术瓶颈、组织协调机制与政策瓶颈。

（一）技术瓶颈

表 2　海水资源综合利用产业技术瓶颈

序号	技术领域	编号	技术壁垒	排序
1	反渗透膜法	1.1	膜材料与膜组件工业化生产	3
		1.2	能量回收装置工业化生产	1
		1.3	高压泵工业化生产	2
2	低温多效蒸馏法	2.1	蒸发器	3
		2.2	高性能传热材料	3
		2.3	耐海水腐蚀材料	3

（二）组织协调机制与政策瓶颈

海水资源综合利用产业是系统工程，涉及政府部门、科研机构和企业的，需要全面规划、统筹发展,需要一个统一、有效的组织协调机制,但这种机制青岛市目前尚未形成;也未制定产业发展所需的用地、用海、财税、金融、水价、电价等相关配套政策和资金、人才等方面的扶持引导措施。

五、研发需求

经分析现状,青岛市在海水淡化、淡化浓海水综合利用等方面有较多的技术研发需求,见表3。

表3 海水资源综合利用产业研发需求表

发展方向		编号	技术研发需求	有关说明
反渗透膜法	预处理与工艺流程	1.1	反渗透预处理技术(以纳滤海水软化技术为主)的研发及应用	国际上沙特阿拉伯、国内中国海洋大学做了较多研究
		1.2	新型物理化学预处理技术研发	新型绿色环保絮凝剂、阻垢剂及电解制氯杀菌杀藻技术
		1.3	新型功能化预处理膜研发	抑菌性超亲水的超滤膜、纳滤膜等
		1.4	集成膜法海水淡化工艺技术研究	
	关键设备部件	1.5	反渗透膜及组件的研发	青岛双瑞海洋环境工程股份有限公司、青岛中车华轩水务有限公司
		1.6	膜压力容器及低压玻璃钢管道	哈尔滨乐普实业发展中心
		1.7	能量回收装置研发	天津大学海水淡化与膜技术研究中心青岛研究中心
低温多效蒸馏法	材料与工艺	2.1	提高性能的关键材料、核心部件与工艺	蒸发器内传热材料、耐海水腐蚀材料
		2.2	低温多效蒸馏技术与太阳能、核能等新能源的耦合工艺	
		2.3	低温多效蒸馏法与反渗透膜法耦合工艺	系统优化,水电联产
		2.4	低温多效热泵蒸馏技术(机械压气)	可有效利用太阳能及化工企业的低品位废热源
	关键设备部件	2.5	蒸发器	青岛双瑞海洋环境工程股份有限公司已设计生产
浓海水综合利用		3.1	浓海水化学元素提取	主要包括钾、镁、溴、锂、铀等,国内中国海洋大学、天津海水淡化研究所等做了较多的研究
		3.2	海水淡化工艺与浓海水综合利用工艺耦合	
其他	正渗透	4.1	正渗透膜	目前,国际只有美国HTI公司生产商品膜、美国Oasys公司正渗透膜法技术全球领先;国内多所高校正在研发,中国海洋大学开展了一些研究
	膜蒸馏技术	4.2	超疏水膜的研发和膜蒸馏技术研发	主要用于海水淡化浓盐水处理和化工等行业中各种高含盐废水的浓缩与零排放(天津大学等研制小型化装置,青岛微滤膜厂家有研发条件)

六、创新资源配置

目前,青岛市有21个涉及海水淡化生产配套与技术研发机构。其中,重点企业7个、科研机构4个、重点实验室与研究中心10个,初步形成海水淡化产学研科技创新体系(表4)。但这还很不够,还应大力引进国内外相关创新资源。

表4　海水资源综合利用产业研发需求表

类别		名称
现有创新资源	企业	青岛双瑞海洋环境工程股份有限公司 青岛海诺水务科技股份有限公司 青岛华欧海水淡化有限责任公司 青岛水务集团 青岛中车华轩水务有限公司 青岛中亚环保工程有限公司 青岛三泰(青岛)膜工业有限公司
	科研机构	中国海洋大学化学化工学院 天津大学海水淡化与膜技术研究中心青岛研发中心 中国科学院海洋研究所 国家海洋局第一海洋研究所
	重点实验室与研究中心	青岛海洋科学与技术国家实验室 海洋腐蚀与防护重点实验室 中国海洋大学海洋化学理论与工程技术教育部重点实验室 青岛市水质保障与水资源开发利用重点实验室 中国海洋大学海水资源利用工程技术中心 青岛市海洋高分子功能材料工程技术研究中心 青岛水工业装备工程技术研究中心 青岛市资源化学与新材料研究中心 青岛电化学保护与海水处理工程技术研究中心 青岛市水资源利用工程技术研究中心
可引进的创新资源	重点科研机构	国家海洋局天津海水淡化与综合利用研究所 中化集团杭州水处理技术研究中心 清华大学(化学工程系,核能海水淡化) 浙江大学(材料与化学工程学院,膜材料) 南京工业大学(膜科学技术研究所,无机陶瓷膜等) 天津工业大学(生物化工研究所海洋化工产品提取等) 大连理工大学(热法淡化传热、耐腐蚀和抗污垢) 美国加利福尼亚大学斯克里普斯海洋研究所 以色列魏茨曼科学研究所海水淡化中心 日本东京大学海洋研究所 威立雅水务(多效蒸馏法) 苏伊士环境(反渗透) 以色列IDE海水淡化技术公司(热法和膜法工艺技术及设备) 日本水处理ACE株式会社(海水淡化装置制造)
	关键装置制造商	天津膜天膜科技有限公司(超滤、微滤膜) 汇通源泉环境科技有限公司(复合反渗透膜生产) 蓝星东丽膜科技(北京)有限公司(反渗透膜生产) 杭州西斗门膜工业有限公司(膜材料及膜组件) 南方泵业股份有限公司(高压泵)

续表

类别		名称
可引进的创新资源	关键装置制造商	日本东丽公司（反渗透膜及膜元件） 美国 GE 水处理及工艺过程处理公司（反渗透膜及膜元件） 美国陶氏化学公司（反渗透膜及膜元件） 日本日东电工株式会社（反渗透膜及膜元件） 美国能量回收公司（能量回收装置） 德国 SPECK 泵业公司（高压泵） 丹麦丹佛斯公司（高压泵）
	成套设备集成商	武汉凯迪水务有限公司（水务产业链） 哈尔滨乐普实业发展中心（低温多效热法装备） 韩国斗山重工公司（膜法、低温多效成套设备集成商） 西班牙 BEFESA 公司（膜法和低温多效热法设计及技术集成） 法国威立雅水务集团（膜法和低温多效热法设计及技术集成） 新加坡凯发集团（膜法技术集成商） 以色列 IDE 公司（低温多效热法和膜法技术及设备制造集成） 法国 Sidem 公司（低温多效成套设备集成） 挪威阿科凌控股有限公司（膜法技术集成商） 德国普罗名特公司（膜法工艺设计及制造集成）

创新资源配置需求如下。

1. 引进合作

依托青岛市海水淡化重点企业，积极与国内外反渗透膜及组件、能量回收装置、高压泵、蒸发器等生产、研发机构和系统集成商开展合作，以合资、合作、独资等方式在青岛设立制造基地，完善创新资源配置，实现海水淡化关键装置本地化制造。

2. 筹建青岛市海水淡化研发中心

以杭州水处理技术开发中心高从堦院士及其研发团队、中国海洋大学、青岛海水淡化骨干企业三方合作，组建青岛市海水淡化研发中心，作为青岛市海水淡化装备技术研发平台。跟踪国际海水淡化技术发展新趋势，对海水淡化关键装置技术引进消化吸收，力争形成技术突破，带动青岛市海水淡化装备产业高端发展。

3. 实施基于纳滤软化的集成膜法海水淡化示范工程

传统海水淡化预处理技术不能有效去除小分子有机物和降低硬度，造成了膜结垢和污染，增加了海水淡化成本，严重限制了其应用。纳滤（NF）技术是近年来发展起来的一种新型膜分离技术，其特有的分离性能特别适用于去除海水中易结垢的离子。该技术在海水软化方面的研究与应用已经在国内外开展，中国海洋大学处于国内领先水平，与黄岛电厂合作实施示范工程，有望形成青岛独有特色海水淡化集成技术，并在国内形成市场优势。

4. 实施浓海水资源综合利用示范工程

依托海晶化工等盐化工企业，中国海洋大学与之合作，对海水淡化项目运行产生的浓海水进行综合利用，生产氯化钠、硫酸钾等大宗无机化工原料，并开展溴化物等高价值化合物的深加工及提取微量战略元素的研究,降低海水淡化和工业制盐成本。将工业冷却、海水淡化、工业制盐及化学元素提取结合起来形成完整的循环经济产业链,实现资源综合利用。

七、产业创新路线图与行动计划

通过对国内外相关文献资料数据信息进行整理以及青岛海水综合利用产业状况的调查、多轮专家会议的结果进行归纳,对青岛海水资源综合利用产业创新路线图进行了绘制(图2)。创新路线图的整体结构分为四个部分,包括行业资源基础状况、重点研发需求、发展瓶颈、发展目标。首先对青岛海水资源利用产业整体资源状况进行分析总结;再将产业重点技术研发需求分别列举出来,然后指出主要发展瓶颈。

		2016年	2018年	2020年
发展目标	产业产值	总产值 达到20亿元 带动增加相关产业产值 60亿元	超过60亿元 180亿元	达到120亿元 400亿元
	海水淡化能力	20万立方米/日	40万立方米/日	80万立方米/日
	创新资源建设	培育骨干企业 1家 搭建创新平台 1个 打造产业园区 规划筹建	2家 2个 集聚效应	3家 3个 形成规模
发展瓶颈	技术瓶颈	膜法材料、关键设备本地化生产制造尚属空白 热法核心部件、关键功能材料未根本突破		
	机制与政策瓶颈	未形成统一、有效的组织协调机制 财税、价格、金融等配套政策和扶持引导措施不完善		
研发重点	反渗透膜法	渗透膜及组件 能量回收装置 膜压力容器及低压玻璃钢管道 纳滤海水软化预处理 新型物理化学预处理与功能化预处理膜 集成膜法海水淡化工艺		
	低温多效蒸馏法	蒸发器 传热与耐海水腐蚀材料 低温多效与新能源耦合工艺 低温多效与反渗透耦合 热泵蒸馏技术		
	浓海水综合利用	化学元素提取 海水淡化与浓海水综合利用耦合工艺		
	其他	正渗透技术 膜蒸馏技术		
资源配置	生产企业	青岛双瑞海洋环境工程股份有限公司、青岛海诺水务科技股份有限公司、青岛华欧海水淡化有限责任公司、青岛中华华轩水务有限公司、青岛中亚环保工程有限公司、青岛三泰(青岛)膜工业有限公司		
	研究机构	中国海洋大学化学化工学院、天津大学海水淡化与膜技术研究中心青岛研发中心、中国科学院海洋研究所、国家海洋局第一海洋研究所		

图2 青岛市海水资源综合利用产业创新路线图

按照产业创新路线图所制定的发展目标、规划路径,设计海水资源综合利用产业创新行动计划。行动计划同样分为2016—2018年、2018—2020年两个时间段,详细规划了每个时间段所要达成的目标、遵循的发展路径(表5)。

表5 青岛市海水资源综合利用产业创新行动计划表

时间	2018年	2020年
发展目标	在大型海水淡化装备集成、关键设备制造、海水淡化后浓海水综合利用上,突破共性关键技术2项,搭建各类创新载体2个,形成一批具有自主知识产权的产品,培育拥有自主品牌和较大市场影响力的骨干企业2~3家,创新型产业集群1个	突破共性关键技术3项,搭建各类创新载体3家,培育骨干企业2家,创新型产业集群1个
发展路径	(1) 关键技术突破:反渗透膜法中的膜材料与膜组件、能量回收装置、高压泵的研发,低温多效蒸馏法蒸发器、高性能传热材料、耐海水腐蚀材料的研发与工程应用 (2) 搭建各类创新载体:建设1家国家级海水淡化工程(技术)研究中心,设立2~3家市级工程(技术)研究中心,组建创新联盟 (3) 示范工程:基于纳滤软化的集成膜法海水淡化示范工程、浓海水资源综合利用示范工程 (4) 建设产业园区:规划建设"东谷"(蓝色硅谷)"西区"(西海岸新区)共2.5 km² 海水淡化装备产业园,达到初具规模 (5) 打造海水淡化及上下游产业链 (6) 引进培养高层次人才:引进海水淡化装备制造领域高层次人才3名	(1) 实现反渗透膜法关键设备、热法核心部件与关键材料的本地化制造与产业化 (2) 引进国际水平海水淡化研究机构、知名企业、专业组织各1家 (3) 建成海水淡化产业园区 (4) 形成海水资源综合利用产业集群 (5) 引进高层次人才10名

参考文献

[1] 青岛市发展和改革委员会. 青岛市海水淡化装备制造业发展规划[EB/OL].(2013-10-09)[2013-10-15]. http://www.qingdao.gov.cn/n172/upload/131018092357154804/140614134237395457.doc.

[2] 青岛市工程咨询院. 青岛市海水淡化装备制造业发展规划专题研究报告[R]. 青岛:青岛市工程咨询院,2013.

[3] 张国辉. 青岛市海水综合利用及海水淡化产业发展战略研究[J]. 建设科技,2015(1):29-31.

附 件

专家名单

序 号	姓 名	单 位
1	苏保卫	中国海洋大学化学化工学院
2	吕会超	青岛双瑞海洋环境工程股份有限公司水处理事业部
3	仲崇杰	青岛华欧海水淡化有限责任公司
4	伍联营	中国海洋大学化学化工学院
5	张 涛	青岛市工程咨询院
6	万建信	青岛双瑞海洋环境工程股份有限公司水处理事业部

青岛市"十三五"海洋环境观测领域创新路线图

一、国内外发展现状

(一)国外产业概况

国际上现代意义上的海洋环境观测仪器装备出现于20世纪50年代,主要特征是信息技术的应用和自动化与电子化水平的提升。目前,国际海洋环境观测仪器装备的总体趋势是高集成度、高时效、多平台、智能化和网络化。

欧洲的挪威、英国和北美的美国、加拿大等国家,代表着海洋环境观测仪器装备技术发展的最高水平。挪威海洋产业发达,海洋环境观测仪器装备产业已成为重要支柱产业,海洋环境观测仪器装备企业众多,海洋观测和探测高端产品的国际竞争力极强。位于挪威中部特隆赫姆市的辉固公司主要提供海洋、海岸和海洋环境的实时监控技术和设备,为科研、海上油气开发、淡水和海水质量监测等提供服务,研制的多参数环境监测预报系统和海洋监测信息系统已占居全球市场的大部分份额。其水下机器人、海啸预警装置等方面也有多项国际领先的成果。英国也积极发展海洋环境观测仪器装备产业,主要包括军用和民用的各种海上平台使用的仪器仪表及相关服务等。同时,英国以海洋监测网的构建进行海洋环境观测仪器装备产业创新资源整合,如英国环境、渔业及水生物研究中心和企业合作开发能够监测各种鱼群、鱼疾病以及鱼捕食信息和英国海岸区域海浪、潮位以及生物化学信息的Cefas的波浪观测系统,英国环保局、环境渔业水产科学中心、气象局和企业共同研制的重点监测利物浦海域富营养化的爱尔兰海监测系统等。目前,英国正进行不同海域观测监测系统的集中互联。美国是海洋环境观测仪器装备制造大国和强国,在众多海洋环境观测仪器装备领域具有极强实力,特别在海洋监测传感器技术上占有国际领先优势。其产品可靠性、稳定性、测量精度和工作时间已达到很高水平,军事和民用市场需求广阔。美国有实力的海洋环境观测仪器装备企业较多,如YSI集团、亚迪公司、哈希公司、红杉树科学仪器公司等。

整体来看,国外海洋环境观测仪器装备产业不仅技术具有绝对优势,其产品转化和产业组织能力也极为完善。技术研发紧密关注市场,政府、企业、研究机构和市场服务机构有机协同。当新技术达到一定成熟度后,即从研究院所转入企业进行工程化、产业化开发,企业完全按照严格的市场机制进行商业运作。而产品销售和技术服务收入进一步用于推动新技术、新产品研发,从而产业基础和创新能力实现周期性快速提升。

(二)国内产业发展概况及环境分析

1. 国内海洋环境观测仪器装备技术发展历程

20世纪60年代中期,我国开展了第一次全国海洋环境观测仪器会战,历时一年半共研制了46项海洋环境观测仪器设备样机,并先后建立了国家海洋局海洋技术研究所(原国家海洋局海洋环境观测仪器研究所)和山东省科学院海洋环境观测仪器仪表研究所(原青岛仪器仪表研究所)。20世纪70年代初期,由国家海洋局负责组织了第二次全国海洋环境观测仪器会战,主要针对当时的国际前沿研究开发了10多个项目,推动了我国电子化、自动化温盐深综合测量仪的发展,同时也为声学测流技术的研究发展打下了良好基础,并培养了一批人才。到20世纪70年代中后期,国内研制生产的仪器设备已达百余种,涵盖了海洋学的各分支学科,已采用了声学、电子、遥测和遥控技术。20世纪80年代中期后,中国开始了海洋环境监测网的建设,计算机较普遍地应用于海洋观测数据的自动采集、处理和系统控制,已能够逐步利用系统集成技术实现对海洋环境的多要素自动观测,而卫星通信和定位技术也在航海导航、海底探测和海洋观测数据的传输和观测平台的定位等方面得到深入应用。

2. 我国海洋环境观测仪器产业发展状况

我国海洋环境观测仪器装备产业发展主要分布于环渤海、长三角和珠三角的青岛、天津、大连、杭州、上海、无锡、广州等几个沿海城市,基本特点是依托科研机构沿产业链自上而下发展,如中国科学院声学所和自动化所,山东省科学院海洋环境观测仪器仪表研究所,中国船舶重工集团所属的七一〇所、七一五所和七二〇所等,体现为一体化的研发、制造、销售和服务的产业发展模式。青岛、天津和杭州在多类别海洋监测测量设备研制上具有优势。青岛建有国家海洋科学与技术实验室和国家海洋监测设备工程技术研究中心,天津也已在国家海洋标准计量中心基础上承建亚太区域海洋环境观测仪器检测评价中心。青岛的山东省科学院海洋环境观测仪器仪表研究所的水下焊接设备,沈阳中国科学院自动化所的水下机器人国内领先;而上海、天津、广州等城市在航海通讯导航设备及海洋环境观测仪器装备的配套设备制造上实力较强;其他城市则以代理国外品牌销售为主。我国海洋环境观测仪器技术尽管取得了较大发展进步,但整体技术与产业发展水平仍大大落后于海洋环境观测仪器装备产业发达国家。我国绝大部分产品技术处于国际上20世纪90年代初中期水平,技术含量高的自动化仪表及系统、科学测试仪器、传感器元器件等产品同国外差距明显,产品的可靠性与国外产品相差1~2个数量级,测量精度与国外产品差1个数量级。国内现有产品智能化程度较低,在通过对原始信息的数字处理排除外部干扰对信息的影响,提高产品的环境适应性和测量真实性上存在差距。国内技术开发投入普遍不足,产品技术更新周期长,且缺乏针对使用对象而开发的专用解决方案。国内的海洋技术研究虽取得了不少的优秀成果,研制了一批技术含量很高的海洋环境观测仪器设备科研样机，但由于诸多原因，基本上仍然停留试制品阶段，没有形成具有市场竞争力的高技术商品。我国专业的海洋环境观测仪器生产企业极为缺乏，至今还很少有通过市场竞争而取得出口权的海洋环境观测仪器装备企业。按国家统计局和有关行业部门统计，国内中档产品以及许多关键零部件60%以上的市场份额被国外公司占有，而大型和高精度海洋环境观测仪器则更依靠进口。另外，产品的网络化在国外已经进入实用阶段，而我国基本上处在起步阶段。

海洋科学是一个以探测、调查为前提，探索海洋科学规律的自然科学领域，海洋环境观测仪器装备是重要基础和发展保障。海洋环境观测仪器装备是我国最薄弱的行业之一。这种局面若不改变，我国不仅仅在高精尖的海洋科学调查资料获取上存在困难，更在国家战略上处处受制于人，甚至为国家国防与经济安全的保障带来不利影响。

二、青岛市海洋环境观测产业现状

（一）海洋经济产业发展基础良好

青岛作为我国沿海重要的经济中心城市和环黄渤海经济圈的一颗明珠，是山东半岛蓝色经济区的核心城市，担负着提升我国海洋经济及海洋产业发展的重要角色。青岛市海洋产业门类齐全，产业结构逐步完善，已成为山东半岛新兴海洋科技产业的主要聚集区。2014年，青岛市海洋经济规模突破1700亿元。按照新口径统计，2014年，青岛市完成海洋经济总产值6723.4亿元，同比增长14.7%；实现海洋生产总值1751.1亿元，同比增长13.1%，增速较上半年和三季度分别提高0.9个百分点和0.6个百分点。海洋经济得到快速发展，对经济贡献力不断增强。

（二）海洋环境观测仪器装备创新实力雄厚

青岛是中国海洋科技先导城，拥有国内一半以上的海洋科技人才，是一座集海洋科研、国际学术交流和人才培养为一体的东方海洋科学城。青岛有多所国家级、省级和大型企业所属的海洋环境观测仪器研发机构。中国海洋大学是我国重要的海洋学科建设和海洋技术人才培养单位。国家海洋局第一海洋研究所和中国科学院海洋研究所是专门从事海洋基础研究、应用基础研究和社会公益服务的综合性海洋科研机构。山东省科学院海洋环境观测仪器仪表研究所是我国最早从事海洋技术理论研究和应用研究、海洋监测设备研究开发和产品生产的科研机构之一，并建有国家海洋监测设备工程技术研究中心、国家海洋环境观测仪器装备国际科技合作基地、山东省海洋监测设备产业技术创新战略联盟等研发组织或机构。青岛国家深海基地是我国承担深海资源勘探、科学考察、环境观测，承担深海装备的购置和改造，开展深海技术装备的研发和试验的重要组织机构。中国船舶重工集团公司第七一〇研究所是从事海洋工程领域的骨干研究机构，在青岛已设立基地。

（三）海洋环境观测仪器装备产业已初具规模

青岛海洋环境观测仪器装备产业总体发展较快，产品导向和市场定位也比较鲜明，研发机构的衍生企业,如山东省科学院海洋环境观测仪器仪表研究所所属的山东省海洋环境观测仪器仪表科技中心、中国海洋大学所属的青岛海大海洋仪器开发有限公司等,其业务多涉及物理海洋环境观测仪器、海洋物探设备、海洋环境监测设备、海洋渔业系统、海洋测绘仪器等多类别海洋环境观测仪器产品,为多领域应用服务。其他较有实力的制造单位则专于特定用途产品,如青岛深海科技投资开发有限公司的探潜水器和深水专用设备、青岛市海洋化工研究院的浮体材料、青岛汉缆股份有限公司的水下电缆等,为特定海洋环境观测仪器装备制造进行配套服务。青岛海洋环境观测仪器装备产业链已具雏形,产业链呈现两头较大,中间较小的结构,前端的技术研发在国内较有优势,后端的国内外产品代理销售在市场上占有很大份额,如青岛金海洋科学仪器有限公司、青岛国科海洋环境工程技术有限公司等发展都较快。据统计,山东省科学院海洋环境观测仪器仪表研究所研制的海洋台站、船舶气象仪、浮标、水下焊接设备四大优势产品产值已超过1亿元,而估测的青岛全部海洋环境观测仪器装备产业产值也有2亿~3亿元,发展前景广阔。海洋环境观测仪器装备研发机构、生产企业和销售企业齐聚,推动青岛海洋产业体系更趋完善,青岛海洋环境观测仪器装备产业已培养出一批技术创新带头人和高新企业管理人才,一批海洋环境观测仪器设备生产的高级技术工人,并初步形成产品营销网络及售后服务体系。

(四)产业链与技术链分析

(1)产业链。海洋环境观测产业按其研发应用过程看,大体可分为产前研发、中试测试、产品制造、供应市场用户四大阶段。但从实际情况看,在产前研发、中试测试阶段,主要以科研机构为主,在产品制造阶段仅几家企业进入,仍以科研机构为主体。

(2)技术链。海洋环境观测仪器涉及的主要技术环节有高效能量摄取与转换关键技术、仪器试验测试与仿真关键技术、仪器高可靠度安全设计与制造技术、仪器海上施工与运维成套关键技术等。

三、青岛市海洋环境观测产业存在问题及制约因素

(一)产业发展处于起步阶段,产业体系尚需完善

当前青岛海洋环境观测仪器装备总体产业规模还不大,作为海洋高技术产业,其当前发展总量、水平和贡献同青岛的海洋产业基础资源优势和科技创新实力还不匹配,尚未成为有分量的新经济增长点。青岛海洋环境观测仪器装备整体尚未形成具有较强国际竞争力的专业化制造能力,市场需求主要由贸易公司在本地代理国内其他地区和国外产品销售来满足。青岛海洋环境观测仪器装备产业的相关支撑产业发展还需要给予重视,特别是海洋环境观测仪器装备制造设备、原材料和电子控制元件的配套能力需要加强。

(二)部分核心技术尚需掌握,产业化能力有待增强

青岛海洋环境观测仪器装备的科研总体实力与国外先进水平相比还有一定差距,尚

> 青岛市"十三五"重点产业创新路线图

有多项核心技术依赖国外,高端配套设备多被国外供应商所垄断,研发设计和技术创新能力需要进一步提高。青岛海洋环境观测仪器装备技术的产品综合转化率较低,科研成果有效实现产业化的能力还需要提升。据估计,青岛整个海洋科技成果只有20%在本地转化,海洋装备类科技成果转化率比例则更低。

(三)产业龙头企业较少,产业集聚能力亟须提升

由于海洋环境观测仪器装备制造业具有投入高、风险大、用户单一和经济收效慢的特点。青岛海洋环境观测仪器装备产业企业参与的积极性普遍不够高,企业总体数量较低,而具有较强竞争力和产业链整合能力的龙头企业不多,且同上下游关联企业的协同性较弱,行业整体带动性还需增强。青岛海洋环境观测仪器装备企业整体发展比较分散,还没有形成有特色的专业产业集群,产业集聚效应较弱。

(四)高端人才数量不足,结构不尽合理

目前,青岛海洋环境观测仪器装备高端技术和项目运营人才紧缺,还需大力提升对国际国内海洋环境观测仪器装备高端人才的吸引力。驻青高校中船舶与海洋工程大专院校的综合实力相对还不够强,专业素质的培养同海洋环境观测仪器装备产业的发展要求还有差距。青岛海洋科技基础研究人才同应用技术开发人才的比例是3:1,海洋科技成果的转化人才存在不足。青岛未来海洋环境观测仪器装备全行业对中高级技工的需求将持续增长,高职高专类学校更需进一步重视海洋环境观测仪器装备专业技工培训同企业的交流合作。

(五)青岛市海洋环境观测产业SWOT分析

通过对青岛市海洋环境观测领域的SWOT分析可以看出,青岛市应抓住国家发展海洋强国战略的契机,发挥青岛市在区位、科研资源等方面的优势,重点突破关键共性技术,把握产业主导权,发挥山东半岛蓝色经济区龙头作用,引领和辐射我国海洋环境观测产业的健康发展。青岛市海洋环境观测领域发展面临的优劣势以及机会与威胁详见表1。

表1 青岛市海洋环境观测产业SWOT分析矩阵

外部条件 内部能力	机遇(Opportunity)	威胁(Threat)
	(1)国家层面对海洋强国的高度重视和战略部署 (2)青岛市作为山东半岛蓝色经济区的龙头,大力实施率先科学发展、实现蓝色跨越的战略举 (3)青岛市对海洋环境观测装备的需求逐年增加 (4)国外产品价格高,售后维护困难 (5)从业人员的素质逐年提高	(1)国外企业恶性竞争,打价格战,冲击青岛市尚不完善的产业链 (2)如何突破海洋生态监测传感器的核心技术,形成可靠的、具有竞争力的产品 (3)国内相关科研院所、沿海城市纷纷进军海洋,吸引海洋人才和资源

续表

优势(Strength)	优势-机遇(SO)	优势-威胁(ST)
(1) 青岛市出台的资金、人才等扶持政策 (2) 初步建立了以用户和需求为导向的产学研联合机制 (3) 实现了包括浮标监测系统、台站检测系统、部分水文气象监测装备在内的部分海洋环境监测装备的产业化 (4) 突破了一系列关键技术,形成了一定量的技术、人才储备	(1) 开发技术成熟、性能稳定的国产仪器装备 (2) 加快上下游产品链条创新 (3) 发挥区域集聚发展优势,加速向高端产品延伸 (4) 实施品牌战略,建设龙头企业	(1) 充分开展国际合作,引进优秀人才 (2) 突破关键技术与产业化瓶颈 (3) 加快平台建设,推动创新发展
劣势(Weakness)	劣势-机遇(WO)	劣势-威胁(WT)
(1) 市场基本被国外产品垄断 (2) 国产装备没有形成品牌效应 (3) 技术总体落后,产业链支撑条件不足,缺少产业平台 (4) 相关从业人员以理论型人才为主,缺少必备的工程技术 (5) 产业应用需求拉动力不够	(1) 加快仪器装备的国产化,打破国外垄断 (2) 吸引企业参与上下游产品研发 (3) 突破关键配套技术,培育配套产业 (4) 引进高端人才,建设一流团队 (5) 引进国内外先进企业及技术,提高自身研发能力 (6) 重点加强领军科研机构和龙头企业培育、产业集聚区建设	(1) 出台引导政策与激励措施 (2) 引导社会资本参与到海洋环境观测产业及技术研发

四、青岛市海洋环境观测产业发展目标

到 2020 年,青岛市海洋环境观测仪器装备制造业的产业规模、创新能力和综合竞争力大幅提升,产业体系较为完备,产业集群形成规模,国际竞争力显著提高。

(一) 综合实力显著提升

到 2020 年,产业实现跨越式发展,力争突破 5~10 项具有重大支撑和引领作用的关键核心技术和共性技术、5~10 个拥有自主知识产权的仪器装备,力争 3~4 个产品打入国际市场,逐步将青岛市打造成集研发、设计、产业化"三位一体"的国内一流的海洋环境观测仪器装备产业高地。

(二) 关键系统和设备的制造能力明显增强,产业水平显著提高

到 2020 年,在海洋环境监测技术和设备、船舶配套及海工装备、海洋国防安全装备等三个领域实现关键核心设备的自主设计制造、产业化。海洋环境观测仪器装备产业体系基本建立,形成产业链完善、创新能力强、特色鲜明的产业集聚区和成果转化基地,逐步实现海洋环境观测仪器装备产业成为青岛市蓝色硅谷建设的重要支撑和全市经济发展新的增长点。

(三) 创新能力显著增强

到 2020 年,海洋科技创新体系建设初见成效,国家级工程中心(实验室)达到 2~4

家,培育骨干企业 2～3 家,创新平台建设明显加强,产学研联盟、院校合作、人才引进等创新机制基本完善。

五、技术壁垒及产业发展瓶颈分析

(一) 关键核心技术总体落后

在海洋环境观测各个方向,除水下数据实时传输技术和传感器总线式处理控制技术方面处于国际先进水平,新型微波遥感器(干涉成像高度计、波谱仪)与海洋动力信息反演技术、全极化散射计海面风场反演技术、微波辐射计海面盐度信息提取技术、静止轨道海洋水色卫星信息提取技术与国际先进水平较接近外,总体上其他技术基本均落后国际先进水平 5～10 年,甚至更长。我国尚没有一款成熟的生态传感器产品,而产品从定型到成熟仍需要 3～5 年的时间,即使对于目前我国已比较成熟的技术(海水原位叶绿素、营养盐等参数等监测技术),仍与国外有 5 年左右的差距。

(二) 仪器长期运行的可靠性问题

国际上对仪器是否进入实用化或产业化运行的重要标准之一,即为该仪器是否可在实海况条件下长期安全可靠运行。仪器工程样机在实际海洋环境中工作受到各种条件的影响与制约,仪器往往难以维持长期的安全可靠运行,也进一步导致其无法实现产业化开发。青岛市虽然开发了各种海洋环境观测仪器,但由于各方面的原因,在仪器的长期可靠运行方面仍有许多工作亟待开展。

(三) 金融资本投入不足、研发与需求脱节等导致产业化能力低

目前,青岛市已出台《青岛市科学技术局海洋科技成果转化基金管理暂行办法》,并成立了以青岛清控科创投资管理有限公司为主体的青岛市海洋科技成果转化基金管理公司。但目前,青岛市基本无社会化资金投入到技术研发和产业化,技术产品的研发生产与需求导向脱节,海洋仪器技术的产品综合转化率较低,科研成果有效实现产业化的能力还需要提升。

(四) 高端人才缺乏

目前,青岛海洋环境观测仪器高端技术和项目运营人才紧缺,驻青高校中船舶与海洋工程大专院校的综合实力相对还不够强,专业素质的培养同海洋仪器装备产业的发展要求还有差距。青岛海洋科技基础研究人才同应用技术开发人才的比例是 3:1,海洋科技成果的转化人才存在不足。

六、重点发展方向与关键技术选择

研发需求是在总结产业基础、发展目标和发展瓶颈分析三个阶段的基础上,通过文献资料研究和企业调研,采用专家讨论、调研以及资料收集法,确定了环境观测领域的五个重点发展方向:自主卫星的海洋生态遥感和海洋导航定位通信,近海海洋环境养殖污

染、自然灾害及突发性污染物监测、检测及预报技术,海洋传感器技术及微缩实验室技术;海洋观测平台,海洋观测通用性技术等,提炼出今后五年急需突破的共性、关键技术,详见表2。

表2 青岛市海洋环境观测子领域技术表

发展方向	关键技术
自主卫星的海洋生态遥感和海洋导航定位通信	遥感资料处理新方法、多源数据的融合与同化技术、自主微波卫星定量化遥感技术(包括高精度定标与检验、基于海洋动力过程的数据误差修正、结合统计和解析的高精度反演模型)、适合我国海区的生态要素反演技术、全球碳循环遥感、海洋初级生产力遥感、固有光学量遥感技术、珊瑚礁生态系统观测技术、海水酸化影响下环境遥感、海岛生态系统遥感、新型微波遥感器、服务于卫星光学遥感定标检验的无人船观测系统、海洋生态灾害高空间分辨率光学卫星观测技术等
近海海洋环境养殖污染、自然灾害及突发性污染物监测、检测及预报技术	近海灾害预报及观测的软件系统(预测灾害的类型、运行轨迹、时间等参数),遥感、雷达等多源探测资料及数据的融合与同化技术,自主微波卫星定量化遥感技术
	应用于海水养殖及近岸海洋区域中微生态健康高通量检测技术装备(基因芯片、微生物定量PCR)
	对溢油、放射性、藻华类、新型污染物等进行(现场)原位检测、监测、预测预警及治理修复等技术
海洋传感器技术及微缩实验室技术	海水TOC分析仪产业化关键技术、海水原位COD传感器关键技术、海水叶绿素传感器产业化关键技术、海水PAHs传感器荧光检测关键技术、海洋传感器防海生物附着和腐蚀关键技术、海洋CH_4原位监测关键技术、海水营养盐传感器监测关键技术等
	研发微弱信号高精度检测、传感器快速标定等关键技术,进一步提高传感器的测定精度、分析稳定性和可靠性,形成不少于10项新型生态参数传感器;同时开展以芯片实验室、MEMs等新兴微缩实验室技术为基础的、整合多种微流体分析方法的在线(原位)多参数湿化学分析仪器或传感器的研发
	运动平台下(如水下滑翔机)的海洋动力参数、声学、化学、生态、地球物理等传感器探测及通信技术
海洋观测平台	定点平台:水下数据实时传输和传感器总线式处理控制方面产品化、海洋传感器即插即用技术、新型深远海定点平台设计技术等
海洋观测通用性技术	能源获取、传输与管理技术,陆基电能接驳技术与监控系统,水下直流、交流、恒流电能传输与监控光剑技术,水下高压直流、交流、恒流电能变换控制系统,海洋环境观测仪器装备海上试验标准体系,海上试验场实验平台建设技术,2 000 m级高强度耐压结构设计及安全性评估技术。重点开展碳纤维在海洋观测仪器装备耐压结构上的应用研究,4 000 m级碳纤维耐压结构设计及安全性评估技术等技术

七、创新资源配置

目前,青岛市有38个涉及海洋环境观测生产配套与技术研发机构。其中,高校1个、科研机构5个、重点实验室16个、工程技术中心6个、联盟1家、公共研发平台2个,引进2家院所,海洋环境观测产学研科技创新体系较强,拥有5家研发生产企业(表3)。

表3 产业创新载体资源

序号	类别	机构名称	依托单位	级别
1	高校	中国海洋大学	—	部级
2	研究机构	中国科学院海洋研究所	中国科学院	
3		国家海洋局第一海洋研究所	国家海洋局	
4		青岛海洋地质研究所	国土资源部	

▶ **青岛市"十三五"重点产业创新路线图**

续 表

序号	类别	机构名称	依托单位	级别
5	研究机构	山东省科学院海洋仪器仪表研究所	山东省科学院	
6		中国科学院声学研究所北海研究站	中国科学院声学研究所	
7	重点实验室	青岛海洋科学与技术国家实验室	青岛市	国家级
8		物理海洋教育部重点实验室	中国海洋大学	部 级
9		国家海洋局海洋生态环境科学与工程重点实验室	国家海洋局第一海洋研究所	部 级
10		国家海洋局海洋沉积与环境地质重点实验室	国家海洋局第一海洋研究所	部 级
11		海底科学与探测技术教育部重点实验室	中国海洋大学	部 级
12		海洋环境与生态教育部重点实验室	中国海洋大学	部 级
13		中国科学院海洋生态与环境科学重点实验室	中国科学院海洋研究所	部 级
14		国家海洋局海洋溢油鉴别与损害评估技术重点实验室	国家海洋局北海分局	部 级
15		中国科学院海洋地质与环境重点实验室	中国科学院海洋研究所	部 级
16		中国科学院海洋环流与波动重点实验室	中国科学院海洋研究所	部 级
17		国家海洋局数据分析与应用重点实验室	国家海洋局第一海洋研究所	部 级
18		山东省海洋环境监测技术重点实验室	山东省科学院海洋仪器仪表研究所	省 级
19		山东省海洋工程重点实验室	中国海洋大学	省 级
20		山东省海洋生态环境与防灾减灾重点实验室	国家海洋局北海分局	省 级
21		山东省海洋焊接技术重点实验室	山东省科学院海洋仪器仪表研究所	省 级
22		国家海洋局数据分析与应用重点实验室	国家海洋局第一海洋研究所	
23	工程技术中心	国家海洋监测设备工程技术研究中心	山东省海洋仪器研究所	
24		山东省机器人工程技术研究中心	山东科技大学	
25		山东省海洋监测设备工程技术研究中心	山东省海洋仪器研究所	
26		青岛市海洋工程环境与探测技术工程研究中心	国家海洋局第一海洋研究所	
27		青岛市海洋溢油应急装备工程研究中心	青岛光明环保技术有限公司	
28		青岛市海洋仪器与装备工程研究中心	中国海洋大学	
29	联盟	海洋监测设备产业技术创新战略联盟	山东省科学院海洋仪器仪表研究所	
30	公共研发平台	海洋设备检验检测公共研发平台	青岛市产品质量监督检验所	在建市级
31		深海技术装备公共研发平台	国家深海基地管理中心	在建市级
32	引进院所	天津大学青岛海洋工程研究院有限公司	哈尔滨工程大学	
33		青岛海洋装备研究所	中船重工第七一〇研究所	
34	企业	山东省海洋环境观测仪器仪表科技中心	山东省科学院海洋仪器仪表研究所	

续　表

序号	类别	机构名称	依托单位	级别
35	企业	青岛海大海洋仪器开发有限公司	中国海洋大学	
36		青岛金海洋科学仪器有限公司		
37		青岛领海海洋仪器有限公司		
38		青岛国科海洋环境工程技术有限公司		

创新资源配置建议如下。

（1）根据需要和可能，引进国内外关键仪器装备生产研发机构和系统集成商，培育青岛市海洋环境观测仪器研发生产企业，完善创新资源配置。

（2）构建海洋环境观测仪器配件集散平台，提供门类齐全的海洋环境观测仪器装备的相关配件。

（3）构建海洋特种加工平台，提供海洋环境观测仪器装备定制加工服务。

（4）建设海洋设备质检中心，开展海洋水下设备检测、海洋工程与船舶用电缆检测等检测服务。

（5）建设海洋装备科技城，重点开展海洋水文气象观测设备、水下智能探测设备、水下焊接设备、海上地波雷达设备、海洋激光雷达、海洋光学探测设备、船用电子设备等海洋装备关键技术和产品的研发、转化、试验、设计、服务和产业化。

八、产业创新路线图与行动计划

（一）海洋环境观测重点发展任务

（1）在基于我国自主海洋卫星、环境卫星、气象卫星和高分卫星等在海洋生态遥感监测的应用方面，针对国家军事安全和海洋信息安全，对军事、航运等海洋活动定位的大数据管理和标准的制定提供保障，推进我国自主卫星导航定位通信系统，实现海洋航行器观测系统的自主定位，完成海洋导航定位及通信系统的装置和设备研发及产业化。

（2）在海洋污染及灾害预报监测方面，瞄准民生需求和海洋环保，突破近海海洋环境养殖污染、自然灾害及突发性污染物监测、检测及预报技术瓶颈。

（3）在海洋传感器方面，瞄准国家海洋安全，服务民生需求，加快海洋生态环境现场原位监测装备的产业化工作，发展新的探测原理和研制新的传感器，探索海洋环境要素的现场快速分析技术，突破信息提取的关键技术，并进行若干前沿技术的集成，实现对海岸带与海岛环境、近海海洋环境、海洋生态灾害预报预警、深远海海洋过程、极区海洋环境的综合监测能力，提高海洋监测数据的应用水平。

（4）在观测平台方面，依托现有技术成果，重点在海洋定点观测平台领域开展攻关，解决我国海洋观测平台的瓶颈技术，形成可靠的观测平台网络，形成具有市场竞争力的产品，提高自主研发水平。

（5）在通用技术方面，重点在海洋观测能源获取、传输与管理，标准检验与试验场技术、深海轻质耐压舱技术等方面开展研究，突破瓶颈技术，解决共性关键技术，为青岛市海洋观测提供技术保障。

（二）产业技术路线图

通过对国内外相关文献资料数据信息进行整理以及青岛海洋环境观测产业状况的调查、多轮专家会议的结果进行归纳，对青岛海洋环境观测产业技术路线图进行了绘制，见图1。路线图整体结构分为4个部分，包括发展目标、发展瓶颈、关键技术、资源配置。

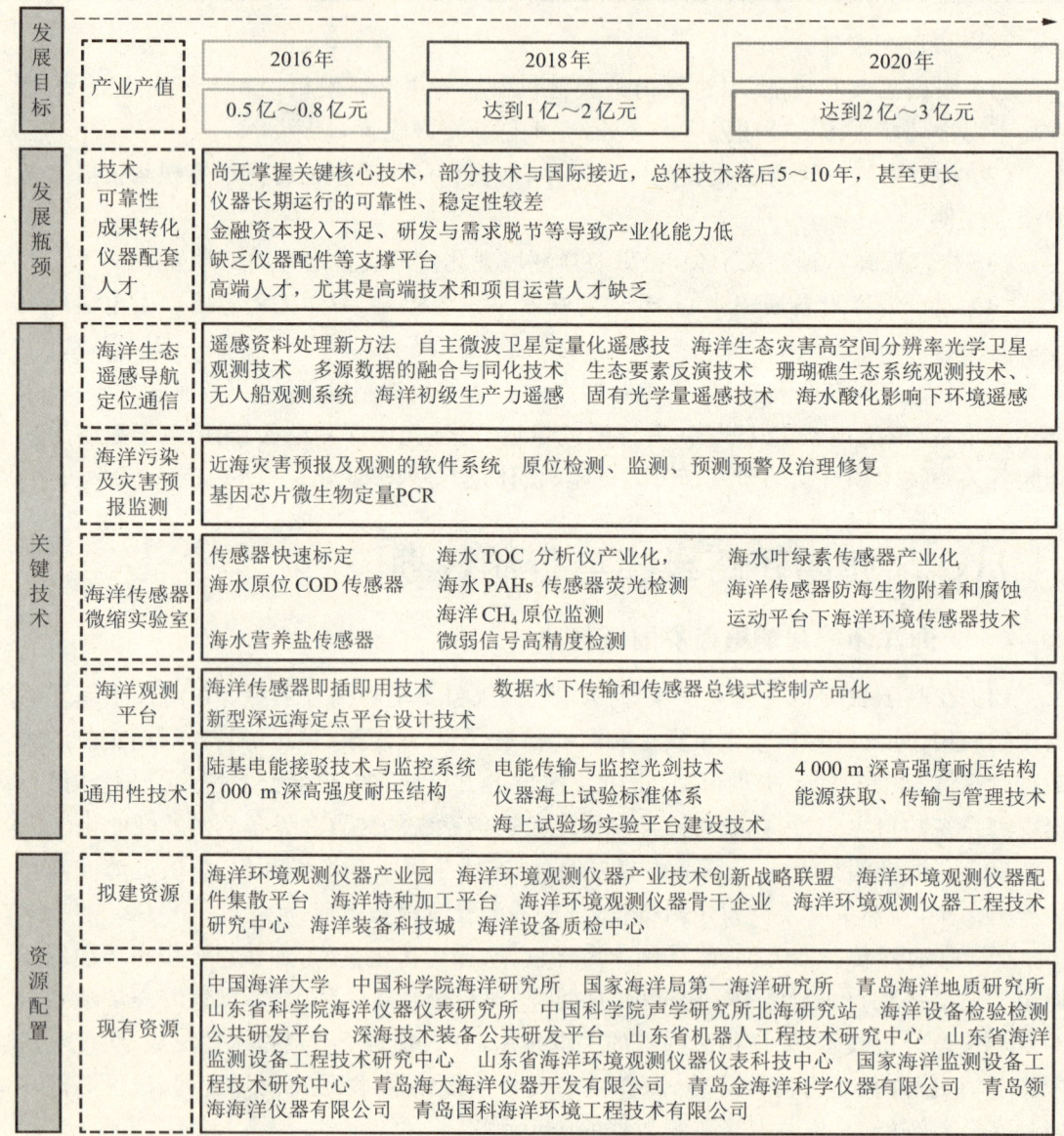

图1　青岛海洋环境观测产业技术路线图

（三）行动计划

立足青岛产业基础与发展定位，聚焦海洋观测平台、海洋传感器、海洋污染及灾害、海洋生态卫星监测导航及通用技术等领域，以服务于海洋防灾减灾、海洋经济发展、海洋科技创新、海洋权益维护和海洋生态文明建设为主导发展方向,加快重大关键共性技术的突破和产业化进程,部署浮标新技术装备、海洋传感器、海洋环境的能源获取技术装备等重大专项,培育海洋环境观测仪器研发生产企业,构建海洋环境观测仪器配件集散平台、海洋特种加工平台等创新型产业集群,提升产业自主创新能力,推动海洋环境监测产业快速发展(表4)。

表4 海洋环境观测领域产业发展行动计划

时间	2018年	2020年
发展目标	在确定的五个发展方向上突破共性关键技术20项,搭建各类创新载体10家,形成一批具有自主知识产权的产品,培育拥有自主品牌和较大市场影响力的骨干企业1~2家	突破共性关键技术16项,搭建各类创新载体5家,培育骨干企业1~2家,创新型产业集群1个
发展路径	(1)关键技术突破及产业化:重点突破海水原位叶绿素、营养盐、新型微波遥感器(干涉成像高度计、波谱仪)、海洋动力信息反演技术、全极化散射计海面风场反演技术、微波辐射计海面盐度信息提取技术、静止轨道海洋水色卫星信息提取技术、水下数据实时传输技术和传感器总线式处理控制技术等,开发满足本地行业特色需求的海洋环境观测、预测产品 (2)搭建各类创新载体:支持海洋环境观测仪器产业技术创新战略联盟建设 (3)建设产业园区:海洋环境观测装备仪器产业园等 (4)建设海洋设备质检中心:开展海洋水下设备检测、海洋工程与船舶用电缆检测等检测服务 (5)加强国内外合作:加强中国海洋大学与山东省仪器仪表研究所合作,并加强与日本JFE Advantech、日本日油技研(NGK)工业株式会社、加拿大Rockland Scientific等机构的引进、合作 (6)引进培养高层次人才:引进海洋环境观测领域人才10名	(1)微流控芯片、放射性监测、能源获取传输及管理、试验场标准体系构建、试验场海域"透明场"建设、试验场试验平台建设、岸基-海面-海底的联合试验模式建立和水下多平台联合作业等技术方向实现观测平台设备仪器的产业化 (2)打造创新型产业集群:建设海洋装备科技城,海洋环境观测配套装备制造创新型产业集群加强 (3)加强国内外合作:与美国SeaRobotics公司、加拿大Xeostech公司、英国AC-CESS公司等机构合作 (4)引进培养高层次人才:引进海洋环境观测领域人才10名

参考文献

[1] 国务院. 国家中长期科学和技术发展规划纲要（2006-2020年）[M]. 北京：中国法制出版社, 2006.

[2] 国家海洋局. 国家"十二五"海洋科学和技术发展规划纲要[N]. 中国海洋报, 20111-09-16（2）.

[3] 国务院. 十二五"国家战略性新兴产业发展规划[EB/OL]. （2012-07-09）[2012-07-20]. http://www.gov.cn/zwgk/2012-07/20/content_2187770.htm.

[4] 国务院. 全国海洋经济发展"十二五"规划[EB/OL]. （2012-09-16）[2012-09-16]. http://www.gov.cn/xxgk/pub/govpublic/mrlm/201301/t20130117_65866.html.

[5] 科学技术部. 国家"十二五"科学和技术发展规划[EB/OL]. （2011-07-04）[2011-07-13]. http://www.most.gov.cn/mostinfo/xinxifenlei/gjkjgh/201107/t20110713_88230.htm.

[6] 国务院. 山东半岛蓝色经济区发展规划[EB/OL]. （2011-01-04）[2012-07-16]. http://zfxxgk.dongying.gov.cn/gov/jcms_files/jcms1/web3/site/art/2012/7/16/art_367_25832.html.

[7] 青岛市人民政府. 青岛市国民经济和社会发展第十二个五年规划纲要[EB/OL]. （2011-04-15）[2011-04-15]. http://www.qingdao.gov.cn/n172/n25685095/n25685320/n25685925/n25687747/110510154259742165.html.

[8] 青岛市人民政府. 青岛市城市总体规划（2011—2020）[R]. 青岛：青岛市人民政府, 2011.

[9] 青岛市发展和改革委员会. 青岛市蓝色经济区发展规划[R]. 青岛：青岛市发展和改革委员会, 2011.

[10] 青岛市发展和改革委员会. 青岛市"十二五"战略性新兴产业发展规划[EB/OL]. （2012-12-10）[2013-06-28]. http://www.qingdao.gov.cn/n172/upload/130701104016024635/140614152346317666.doc.

[11] 青岛市发展和改革委员会. 青岛市"十二五"海洋高技术产业发展规划[EB/OL]. （2012-10-09）[2012-10-05]. http://www.qingdao.gov.cn/n172/upload/121016085620784203/140614192843583444.doc.

[12] 青岛市经济和信息化委员会. 青岛市十大新兴产业发展总体规划（青发改高技〔2014〕290号）[EB/OL]. （2014-07-01）[2015-01-29]. http://gxq.qingdao.gov.cn/n28356009/n28356073/n28356939/n28360120/n28360681/30547930.html.

[13] 青岛市科学技术局. 推荐国家"十三五"重点研发专项项（海洋环境观测技术\深海探测和作业技术\其他海洋资源利用技术）[R]. 青岛：青岛市科学技术局, 2015.

附 件

附件一 专家名单

序 号	姓 名	单位名称
1	宋大雷	中国海洋大学
2	付玉彬	中国海洋大学
3	刘 岩	山东省科学院海洋仪器仪表研究所
4	曹 煊	山东省科学院海洋仪器仪表研究所
5	于 非	中国科学院海洋研究所
6	陈永华	中国科学院海洋研究所
7	郑 立	国家海洋局第一海洋研究所
8	陈军辉	国家海洋局第一海洋研究所
9	单海龙	青岛国科海洋环境工程技术有限公司

附件二 关键技术清单

技术领域	编号	技术研发需求
自主卫星的海洋生态遥感和海洋导航定位通信	1.1	多源数据的融合与同化技术
	1.2	自主微波卫星定量化遥感技术
	1.3	我国海区的生态要素反演技术
	1.4	固有光学量遥感技术
	1.5	珊瑚礁生态系统观测技术
	1.6	海水酸化影响下环境遥感
	1.7	新型微波遥感器
	1.8	服务于卫星光学遥感定标检验的无人船观测系统
	1.9	海洋生态灾害高空间分辨率光学卫星观测技术
近海海洋环境养殖污染、自然灾害及突发性污染物监测、检测及预报技术	2.1	近海灾害预报及观测的软件系统
	2.2	应用于海水养殖及近岸海洋区域中微生态健康高通量检测技术装备(基因芯片、微生物定量PCR)
	2.3	对溢油、放射性、藻华类、新型污染物等进行(现场)原位检测、监测、预测预警及治理修复等技术。
海洋传感器技术及微缩实验室技术	3.1	海水TOC分析仪产业化关键技术
	3.2	传感器快速标定

续表

技术领域	编号	技术研发需求
海洋传感器技术及微缩实验室技术	3.3	微弱信号高精度检测
	3.4	海水营养盐传感器监测关键技术
	3.5	新兴微缩实验室技术的多参数湿化学分析仪器或传感器
	3.6	海洋 CH_4 原位监测关键技术
	3.7	海洋传感器防海生物附着和腐蚀关键技术
	3.8	海水 PAHs 传感器荧光检测关键技术
	3.9	海水叶绿素传感器产业化关键技术
	3.10	海水原位 COD 传感器关键技术
	3.11	运动平台下(如水下滑翔机)的海洋动力参数、声学、化学、生态、地球物理等传感器探测及通信技术
海洋观测平台	4.1	水下数据实时传输和传感器总线式处理控制方面产品化
	4.2	新型深远海定点平台设计技术
	4.3	海洋传感器即插即用技术
海洋观测通用性技术	5.1	能源获取、传输与管理技术
	5.2	陆基电能接驳技术与监控系统
	5.3	水下直流、交流、恒流电能传输与监控光剑技术
	5.4	水下高压直流、交流、恒流电能变换控制系统
	5.5	海洋仪器装备海上试验标准体系
	5.6	海上试验场实验平台建设技术
	5.7	2 000 m 级高强度耐压结构设计及安全性评估技术
	5.8	4 000 m 级碳纤维耐压结构设计及安全性评估技术等技术

附件三 技术简介

技术领域	技术简介	技术壁垒/难点
自主卫星的海洋生态遥感及海洋导航定位通信关键技术	基于我国自主海洋卫星、环境卫星、气象卫星和高分卫星等在海洋生态遥感监测的应用需求,针对国家军事安全和海洋信息安全,对军事、航运等海洋活动定位的大数据管理和标准的制定提供保障,推进我国自主卫星导航定位通信系统,实现海洋航行器观测系统的自主定位,完成海洋导航定位及通信系统的装置和设备研发及产业化	研发遥感资料处理新方法,开展多源数据的融合与同化技术、自主微波卫星定量化遥感技术(包括高精度定标与检验、基于海洋动力过程的数据误差修正、结合统计和解析的高精度反演模型)等研究,弥补我国卫星在信噪比、定标精度、灵敏度、稳定性等方面与国际遥感卫星存在的差距;研制适合我国海区的生态要素反演技术,开展全球碳循环遥感、海洋初级生产力遥感、固有光学量遥感技术、珊瑚礁生态系统观测技术、海水酸化影响下环境遥感、海岛生态系统遥感、新型微波遥感器研究、服务于卫星光学遥感定标检验的无人船观测系统、海洋生态灾害高空间分辨率光学卫星观测技术等

续 表

技术领域	技术简介	技术壁垒/难点
近海海洋环境养殖污染、自然灾害及突发性污染物监测、检测及预报技术	瞄准民生需求和海洋环保，突破近海海洋环境养殖污染、自然灾害及突发性污染物监测、检测及预报技术瓶颈	开展近海灾害预报及观测的软件系统，预测灾害的类型、运行轨迹、时间等参数，研制遥感、雷达等探测资料处理新方法，开展多源数据的融合与同化技术、自主微波卫星定量化遥感技术研究 海水养殖对近岸海洋生态环境造成了化学污染（富营养化及抗生素污染）及生物污染（养殖病害流行及赤潮频发）；我国亟须发展养殖病害预防、预报技术、养殖废水源头消减及处理技术；国际上，基因测序、基因芯片及定量PCR等实现了分析通量的重大突破，带来海洋微生物生态理论的快速发展，国内基本上保持了同步发展；这些理论与技术在海水养殖及近岸海洋区域中的整合应用将产生微生态健康高通量检测技术装备（基因芯片、微生物定量PCR）及生态修复及污染控制产品（养殖水质调控及废水处理系列功能菌剂）及技术 主要包括对溢油、放射性、藻华类、新型污染物等进行（现场）原位检测、监测、预测预警及治理修复等技术
海洋生态传感器技术及微缩实验室技术	瞄准国家海洋安全，服务民生需求，加快海洋生态环境现场原位监测装备的产业化工作，发展新的探测原理和研制新的传感器，探索海洋环境要素的现场快速分析技术，突破信息提取的关键技术，并进行若干前沿技术的集成，实现对海岸带与海岛环境、近海海洋环境、海洋生态灾害预报预警、深远海海洋过程、极区海洋环境的综合监测能力，提高海洋监测数据的应用水平 基于水下滑翔机的多传感器探测技术	海水TOC分析仪产业化关键技术研究、海水原位COD传感器关键技术研究、海水叶绿素传感器产业化关键技术研究、海水PAHs传感器荧光检测关键技术研究、海洋传感器防海生物附着和腐蚀关键技术研究、海洋CH_4原位监测关键技术研究；海水营养盐传感器监测关键技术研究等 重点突破包括微弱信号高精度检测、传感器快速标定等多项关键技术，进一步提高传感器的测定精度、分析稳定性和可靠性，形成不少于10项新型生态参数传感器，同时开展以芯片实验室、MEMs等新兴微缩实验室技术为基础的，整合多种微流体分析方法的，在线（原位）多参数湿化学分析仪器或传感器的研发 开展运动平台下的海洋动力参数、声学、化学、生态、地球物理等传感器探测及通信技术
海洋观测平台	依托现有技术成果，重点在海洋定点观测平台领域开展攻关，解决我国海洋观测平台的瓶颈技术，形成可靠的观测平台网络，形成具有市场竞争力的产品，提高自主研发水平	定点平台：水下数据实时传输和传感器总线式处理控制方面产品化研究、海洋传感器即插即用技术研究、新型深远海定点平台设计技术研究等
海洋观测通用性技术	重点在海洋观测能源获取、传输与管理，标准检验与试验场技术、深海轻质耐压舱技术等方面开展研究；突破瓶颈技术，重点解决共性关键技术，为我市海洋观测提供技术保障	能源获取、传输与管理；陆基电能接驳技术与监控系统研究，水下直流、交流、恒流电能传输与监控光剑技术研究，水下高压直流、交流、恒流电能变换控制系统研究及应用，海洋仪器装备海上试验标准体系的构建，海上试验场实验平台建设技术，深化研究2 000 m级高强度耐压结构设计及安全性评估技术；重点开展碳纤维在海洋观测仪器装备耐压结构上的应用研究，突破4 000 m级碳纤维耐压结构设计及安全性评估技术，解决耐压体固联结构以及非耐压结构的变形协调、装配与连接结构形式条件下的安全性等技术研究

青岛市"十三五"海洋新能源领域创新路线图

一、国内外发展现状与趋势

(一)国外发展现状与趋势

海洋能,在可再生能源领域中虽发展较晚,但由于其巨大的储量而备受关注。潮汐能发展受到岸线资源的限制因而大规模开发前景广受质疑。盐差能由于基础较弱而未达到实用化阶段。波浪能、潮流能分布广泛、能流密度高、易于利用。海洋温差能由于其能量稳定、密度高、储量大,1981 年联合国新能源和可再生能源会议确认:"海洋热能转换是所有海洋能转换系统中最重要的"。因而,波浪能、潮流能与温差能成为海洋能开发的主流。世界各国开展海上试验运行的海洋能装置已超过 500 种,但已投入商业运行的装置只占少数,因此实用化问题依然存在。

波浪与潮流能研究最先进的国家在欧洲,其中英国是该领域研发的中心所在,具有不可替代的国际地位。欧洲海洋能源中心(EMEC)提供了良好的测试场所,带动了波浪、潮流能装置的研发。目前,英国波浪能装置大部分为百千瓦级(如蚝式 Oyster),少数已达到兆瓦量级(如海蛇 Pelamis),潮流能大部分超过兆瓦(如 SeaGen、Openhydro 等)。由于受海洋温差能资源分布情况的限制,目前国外主要有日本和美国在开展海洋温差能发电装置及关键技术的研究,开展相关研究的欧洲国家很少。日本自 1974 年开始海洋温差发电的研究,在几十千瓦级的实证研究领域全球领先,拥有全球目前唯一处于运转状态的海洋温差发电设备(额定输出功率 30 kW)。美国自 20 世纪 60 年代开始对海洋温差能进行研究。2009 年,成功建造了 2~4 MW 的测试装置。海洋能未来发展趋势为发电装置的综合利用以及装置大型化、系列化、高可靠化。

(二)国内发展现状

目前,我国的海洋能发展过程与世界整体趋势基本同步。波浪能及潮流能的研究自"十一五"开始取得了长足进展,多种样机已完成海试示范运行,如中国科学院广州能源研究所的俯仰式波浪能装置、哈尔滨工程大学的竖轴式潮流能装置、中国海洋大学的组合型振荡浮子波能装置与水平轴潮流能装置。由于资源特点,我国波浪与潮流能装置的装机容量普遍较小,波浪能未超过百千瓦(如鹰式、组合型振荡浮子式),潮流能未超过 300 kW(如海能号)。虽然多种样机经过海试运行,亦有一定功率输出,但制约大规模开发的瓶颈仍未突破。总体看来,目前我国波浪与潮流能研发装置类型较多,针对性差,单机的装机容量较小,阵列化布置兼容性弱。同时,面向深远海的装置在安全指标上不过关,抵抗高海况能力较低,水深的适应性差。上述问题制约了实用化装置的研发进程。

中国的海洋温差能储量比较丰富,但研究工作起步晚。20世纪80年代初,中国台湾省台湾电力公司、中国科学院广州能源研究所、中国海洋大学和天津国家海洋局海洋技术中心研究所等单位开始温差发电研究。2004年,天津大学完成了对混合式温差发电的理论研究,并就小型化试验用 200 W 氨饱和蒸汽透平进行了研究开发。国家海洋局第一海洋研究所在"十一五"期间完成了海洋温差能闭式循环的理论研究工作,并于 2012 年搭建了我国第一套实用的海洋温差能发电系统并成功运行,该系统装机容量 15 kW。同时,国家海洋局第一海洋研究所还构建了新型、高效热力循环模型,循环效率由原来朗肯循环的 3% 提高到了 5.1%。目前,正在胜利油田利用油田回灌水和海水温差进行 1 MW 发电系统的前期设计研究工作。海洋温差发电的核心技术是高效热力循环技术、换热器、氨透平,目前这些技术基本处于相对成熟阶段,已达到了商业化使用的条件。除海上开发以外,还可将该技术应用于冶炼、化工、石油等领域的低温差工业余热发电。

二、青岛市产业基础与现状

(一)产业链与技术链分析

1. 产业链

海洋能产业按其研发及产业的关键设备看,大体可分为产前研发、中试海上测试、装备产品制造,供应市场用户四大阶段。从产业供应链角度,则分别会向上游延伸至海洋涂料、机械制造、电气控制,向下游拓展至海上施工投放、海工装备、海上仪器仪表与监测等,如图1所示。

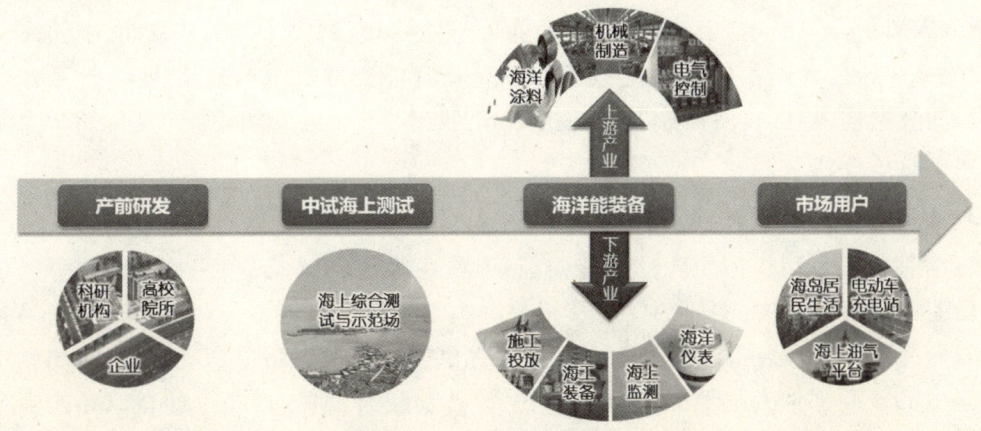

图 1 海洋能产业链示意图

2. 技术链

海洋能装置从最初的设计研发到最后的商业化运行,涉及的主要技术环节有高效能量摄取与转换关键技术、装置试验测试与仿真关键技术、装备高可靠度安全设计与制造技术、装备海上施工与运维成套关键技术、海洋能海岛电厂综合关键技术等。

(二) 青岛市产业链条各环节发展现状

青岛市在海洋可再生能源的基础研究、技术开发水平、工程样机示范、独立海岛供电、装备测试场建设等方面均处于国内领先地位。青岛海洋能产业化发展水平,目前略领先于全国其他省市,稍落后于世界先进水平,波浪能、潮流能整体处于产业化前端的培育阶段,温差能发电技术原理已经成熟,正在进行陆上低温差工业余热发电应用探索。按照海洋能产业链构成,青岛市海洋能产业发展现状总结如下:

1. 技术研究水平处于国内领先地位

以科研院所为主体,青岛市在海洋能的基础理论与源头创新方面积累雄厚、成果丰富。"十二五"期间,包括国家"863计划"主题项目、国家自然科学基金、国家海洋局海洋能专项资金等类型,青岛市各单位承担的各级海洋能领域的项目经费总数近亿元,位居国内前列。多项关键技术获得突破且成功应用,如波浪能振荡水柱气室共振与冲击式透平研发成果已应用于韩国500 kW OWC波能电站,碟型结构与聚波技术已成功应用于我国首台5 kW级越浪式波能发电装置,振荡浮子式升沉型装置成套技术已形成从1 kW至100 kW不同装机容量系列化样机;在潮流能领域,5 kW装置样机已完成海试运行,水平轴叶轮配合变桨距机构装置样机装机容量达50 kW;温差能热力循环及氨透平的研究水平处于国内领先地位,15 kW温差能发电装置填补了国内空白,使我国成为继美国、日本之后第三个掌握该技术的国家。

2. 开发利用示范走在全国前列

"十一五"期间,国家海洋技术中心在即墨市大管岛建设了"百千瓦级摆式波力发电装置"示范工程,采用风能、太阳能、波浪能互补,总装机功率为100 kW,但浮力摆与重力摆装置都受到破坏。"十二五"期间,中国海洋石油总公司与中国海洋大学联合在黄岛区斋堂岛建设了"500 kW海洋能海岛独立供电示范系统",其中潮流能总装机容量达到了300 kW,项目运行一年后,水下装置目前处于检修状态。"十二五"末期,中国海洋大学依托"863计划"主题项目,将建设"300 kW海洋能集成供电示范系统"。该系统全部由海洋能装置构成,可实现离岸发电与供电,是我国"十二五"期间唯一支持的一个海洋能的国家级项目。

3. 装备制造具有一定的基础

青岛有多家重型机械生产厂和造修船厂,具备大型机械设备的制造能力,可以制造海洋新能源装备的结构、主要部件以及相关机械。海洋工程施工公司、港口码头、吊装设备可以为海洋新能源装备的运输、布放、施工提供便利。根据市场调查分析,海洋温差发电装置中的核心部件换热器、水泵以及辅助设备及配套设备,青岛市均有成熟的生产企业,可以为海洋温差能装置直接配套,目前尚缺乏高速透平所需的可倾瓦推力轴承和高速联轴器的制造企业。

4. 海洋能开发与上下游产业的联动集聚仍待提高

海洋能作为战略性新兴产业,已经吸引了上下游多个产业的关注,并将其作为新的重要增长点。但由于整体产业化水平仍不高,缺乏相关的法规、政策引导,海洋能开发对上、下游产业的集聚作用仍未能充分发挥,供应链条联动机制也未能形成,有待进一步提高。

5. 用户服务前景广泛

偏远海岛的供水供电需求,及海上石油平台与深海矿业、生物等资源开发,为海洋能装备发展提出了重大战略需求,服务前景广泛。海洋温差能除用于海上发电、海水淡化、冷源供给外,可用于低温工业余热发电,我国有很多大型钢铁、化工、制药等企业,工业余热资源丰富,因此,海洋温差能发电装置在青岛市有很好的发展前景。

(三) 产业 SWOT 分析

根据对青岛市海洋新能源产业及技术现状分析,具有以下几点。

(1) 优势。① 青岛市的海洋能资源在我国沿海特别是北方地区具有代表性,青岛海域适宜作为开发者开展装置、设备海试研究,并将研究成果推广至全国各地。② 青岛市海洋能研究的软硬件条件具备竞争优势,拥有海洋能研究领军单位及各类海洋能装备研发的测试软硬件。③ 青岛市的海洋能开发已具有较强前期基础,波浪能、潮流能、温差能研究水平处于国内领先地位。④ 青岛市的海洋能开发具备良好的国际合作基础,与处于世界领先地位的多个国家和机构签署了合作协议,部分项目已展开了实质性合作。

(2) 劣势。① 青岛市海洋能产业发展缺乏政策、资金与创新服务体系支持,激励措施不到位,导致研究单位各自为战,难以形成合力,致使技术创新体系不健全,人才培养机制不完善。② 青岛市海洋能产业缺乏大型与创新性企业参与,参与企业整体技术水平偏低。

(3) 机遇。① 海岛开发与建设为海洋能发展带来重要机遇,海洋能是解决海上能源供给的重要有效途径。② 节能减排与能源安全战略要求为海洋能未来发展带来重要机遇。③ 海洋能发展是培育上、下游产业高新技术与产品的现实需求。

(4) 威胁。① 来自国外发达国家的竞争,世界知名企业开始涉足海洋新能源产业,面向全世界范围寻求适合其技术应用的适合场址,抢占海洋新能源产业市场。② 来自国内其他沿海省市的竞争。多数沿海城市都将海洋新能源产业列为重点培育发展的战略性新兴产业,加大了对海洋能的开发力度,出台了各类政策支持海洋能创新性研究与工程试验。未来沿海城市在市场、人才、技术等方面的竞争将会日趋激烈。

针对青岛市海洋新能源产业的内部优势和劣势以及面临的外部机会和威胁,构建了青岛市海洋新能源产业发展的 SWOT 分析矩阵(表1)。如表1所示,青岛市应充分利用现有优势资源,紧抓当前大好机遇,消弭青岛市当前劣势,应对外部威胁。主要措施包括以节能减排与能源安全国家战略为指引,以海岛开发建设为突破口,充分利用我市国际合作基础与资源、软硬件研发优势,出台相应的引导政策与激励措施,鼓励企业参与开发

▶ 青岛市"十三五"重点产业创新路线图

产业上下游链条产品与技术,开发适合海岛供电的关键技术装备,突破海洋能发展的技术壁垒与瓶颈,在具备前期基础的典型海岛开展示范运行,率先占领海洋能开发的技术高地。

表1 青岛市海洋新能源产业发展战略矩阵

内部能力＼外部条件	机遇(Opportunities) (1) 海岛开发与建设 (2) 节能减排与能源安全战略 (3) 培育新兴产业	威胁(Threat) (1) 国际上海洋能产业发展迅速 (2) 其他省市政策资源优势
优势(Strength) (1) 资源特征具有代表性 (2) 软硬件条件具备竞争优势 (3) 前期基础积累雄厚 (4) 国际合作基础良好	优势-机遇(SO) (1) 开发适合海岛供电的装备技术 (2) 拉动上下游产品链条创新 (3) 为节能减排提供新的途径	优势-威胁(ST) (1) 充分利用国际合作优势 (2) 突破关键技术与产业化瓶颈 (3) 率先占领技术高地
劣势(Weakness) (1) 缺乏政策引导与创新支持 (2) 企业参与度低	劣势-机遇(WO) (1) 鼓励在典型海岛开展示范运行 (2) 吸引企业参与上下游产品研发	劣势-威胁(WT) (1) 出台引导政策及激励措施 (2) 引导社会资本参与海洋能研发

(四)市场需求分析

虽然海洋能目前在技术经济性方面仍与太阳能、风能存在一定差距,距离产业化发展仍有很长的一段时间。但由于目前,部分海洋能技术已有较好的积累,在以下领域内可形成相关市场与产业发展需求,现分述如下。

1. 偏远海岛的供水供电需求为海洋能装备发展提出了重大战略需求

电力与淡水是当今人类生产生活中不可或缺的两大基础要素。我国 500 m^2 以上的海岛 6 900 多个,总面积 6 600 多平方千米,其中 455 个海岛人口 470 多万。我国近岸海岛的平均居民数量在 500 人以下,而偏远海岛的居民数量一般不过百人,驻军海岛的人数更少。上述海岛均严重缺水缺电,直接影响了岛上军民的正常生产生活。海岛环境潮湿多雾,因此太阳能与风能在岛上工作受到极大限制。与"陆电海送"相比,对上述海上生产生活而言,"海能海用,海能制淡",从资源品质、生产使用成本、供给灵活度等各方面都具备明显优势。南海油气资源开发、海洋国土资源保护、海上生产建设活动将是我国建设海洋强国的重要内容,也对海上电力与淡水供给提出了战略要求。采用海洋能装置"就地取能,多能互补",海洋能的海岛电力与淡水供应成本已具备明显的竞争优势,具备广阔的市场前景。

2. 海洋能装备的大量研发为海洋能装备测试场提供了巨大的市场前景

海洋能装置海上测试对于海洋能装置的开发,特别是实用化规模化开发,具有不可替代的重要支撑作用。海洋能装置测试场是海洋能开发产业链中的重要环节,是海洋能装置的试验"风洞"。英国欧洲海洋能中心帮助海洋能装备跨越了产业示范到商业应用的关键门槛,也为世界各海洋大国发展海洋能提供了优秀样本。据统计,目前,世界各国在规划的海洋能测试场已达到 32 个,这也从另一个方面说明了测试场的重要性。

青岛市应抓住海洋能发展的良好契机,优先启动,尽早在东亚海区建成中国海洋能测试中心（场），占领该领域发展中的核心技术高地。位于黄岛区斋堂岛的 500 kW 海洋能独立电力系统示范工程已投入运行近两年。该电力系统已具备了测试场的基本雏形，拥有陆上机房与风能、太阳能装备作为互补能源，海上场地的使用权等问题也已解决。通过进一步建设海上变电站与海底路由，完善海洋环境监测系统与软件后报技术，即可形成测试能力。

通过测试场建设，突破覆盖资源评估、装置测评、环境影响评价与准入标准等方面的重大关键共性技术，接轨国际海洋能规范组织，形成辐射整个西太平洋地区的高水平测试机构，具备年均测试 10 台（套）装备能力。测试场可通过提供测试服务与咨询等项目进行收费，形成自给自足的运行能力与模式，为推动青岛市海洋能产业化利用奠定坚实基础。

3. 温差能发电装备的研发为低温工业余热发电提供了巨大的市场前景

目前，超临界发电技术以及有机工质 200 ℃ 以上发电技术基本已经成熟，但 200 ℃ 以下低温余热发电技术尚未成熟。海洋温差发电技术是仅利用 20 ℃ 的温差即可实现发电，因此该技术可较好的用在工业低温余热发电中。

目前中国能源利用率仅为 30%，大量余热以各种形式排放到大气中，我国回收利用的余热主要来自高温烟气的显热和生产过程中排放的可燃气，在 200 ℃ 的低温余热基本未被利用，而是直接排入环境中，这不仅造成能源浪费，也造成环境污染。相对于煤、石油、天然气等高品位能源而言，低品位余热在相同单位内包含的能量很低，利用难度大，但是从能源利用的格局来看，低品位余热将作为产能和用能的关键环节，对节能减排的战略起到重要作用。

据统计，低温余热约占工业废热总值的 60%，若能利用小温差发电技术对其进行回收利用，不仅可以减少工业企业的污染排放，还可以大幅度降低工业企业原有的能源消耗。

4. 海洋能装备研发将带动上下游产业链条的产品与技术研发

海洋可再生能源是海洋新兴产业，具有较长的产业链。海洋能装置与传统海工装备的最大区别在于其结果不仅要抵受恶劣的环境荷载，还需要将其中蕴含的能量进行摄取。因此，其结果形式、材料、安装工艺与维护保养，也必将异于传统装备。它的发展将促进和带动设备制造、安装、材料、海洋工程及设计等一批产业和技术的进步，拉动经济发展，增加就业岗位。大力发展海洋能，对于促进我市经济发展方式转变，实现可持续发展具有重要的推动作用。

三、青岛市海洋新能源产业发展目标

立足青岛海洋新能源资源特点和技术优势，青岛市海洋新能源发展应遵循"海能海用，就地取能，多能互补，独立供电"的原则，坚持有所为有所不为，以研发创新、示范带动为主，以提高海洋能装置的实用化水平为总体目标，兼顾满足海岛发展、海洋资源开发等对海上电力自给系统的需求，大力推进波浪能、潮流能、温差能等重点领域的科技创新与技术水平。到 2020 年，突破一批核心技术，形成一批具有自主知识产权的核心装备。① 升级岸基海岛 500 kW 海洋能独立电力示范系统，形成千人海岛自主绿色供电能力。② 投产离岸 300 kW 海洋能集成供电系统，波浪能与潮流能长期供电示范系统单机装机容量不低于 100 kW。③ 建设具备 2 组波浪能泊位、1 组潮流能泊位的海洋能测试场，完善装备测试与评价能力，形成不少于 5 套行业标准。④ 利用青岛市温差能技术基础及各行业高精尖技术，实现海洋温差能发电装置陆上应用产业化。⑤ 完善氨透平性能测试平台建设。⑥ 初步形成海洋温差能装置设计研发、装备制造与技术服务产业集群。

同时，积极部署海洋能基础理论、关键技术和储备技术的研究开发，定型若干高转化率海洋能装置形式，推动驻青高校海洋能专业博士点建设，构建国际性海洋新能源开发产学研联盟，引进先进技术、人才、资金和管理经验，促进青岛市海洋能产业实现引领式跨越发展。

四、技术壁垒及产业发展瓶颈分析

1. 海洋能基础理论研究及关键技术仍需突破

海洋能装置的能量捕获与转换机理研究是我国海洋能开发与利用过程中亟待解决的重大科学问题：一是对能量摄取机理的研究不深入，理论方法仍基于线性、有势的理想化假设，未达到资源-PTO 的充分耦合，不能真正揭示输入与捕能装置的相互作用规律，因此导致获能率较低；二是缺乏对装置整体结构及各部分应力-应变的计算方法，外部载荷与结构响应的关系不明确，导致装置安全性及运行参数的计算依据不足，无法进行装置的优化设计。青岛市在该领域内的研究仍显薄弱，有待进一步发展提高。通过上述基础研究为海洋能发电系统的整机效率提高和系统运行的可靠性提供理论支撑。

2. 海洋能装置长期生存的可靠性问题

国际上对海洋能装置是否进入实用化或产业化运行的重要标准之一，即为该装置是否可在实海况条件下长期安全可靠运行。目前，海洋能装置工程样机在实际海洋环境中工作受到各种条件的影响与制约，装置往往难以维持长期的安全可靠运行，也进一步导致其无法实现产业化开发。青岛市虽然开发了多种波浪能和潮流能装置，但由于各方面的限制，在装置的长期可靠运行方面仍有许多工作亟待开展。

3. 海洋能装置的海上施工投放成套技术不成熟

海洋能装置的开发历史较短，对于海洋与海岸工程领域而言，仍属于新生事物。因此，其海上施工与投放的成熟经验与技术尚为空白。开发海洋能装置的海上浮运、施工投放、定点锚泊、无损回收等成套关键技术，对于推动海洋能装置的开发、促进海洋能装置的业务化运行将具有不可替代的关键作用。

五、关键技术攻关及研发需求分析

研发需求是在总结产业基础、发展目标和发展瓶颈分析三个阶段的基础上，通过文献资料研究和企业调研,采用专家讨论、调研以及资料收集法,确定了海洋能领域的三个重点发展方向:波浪能、潮流能、温差能,提炼出今后五年急需突破的共性、关键技术16项,详见表2。

表2 青岛市海洋新能源领域研发需求表

技术领域	编号	技术研发需求
共性技术	1.1	海洋能装置高效能量摄取与转换关键技术
	1.2	海洋能装置试验测试与数值仿真关键技术
	1.3	海洋能装备高可靠度设计与制造关键技术
	1.4	海洋能装备海上施工与运维成套关键技术
	1.5	海洋能海岛电厂综合关键技术
波浪能	2.1	波浪与结构物强非线性相互作用关键技术
	2.2	多元化复合型波浪能装置关键技术
	2.3	阵列式波浪能装置开发利用关键技术
	2.4	波浪能装置全过程(Wave to Wire)模拟关键技术
潮流能	3.1	潮流能发电装置多机组开发利用关键技术
	3.2	潮流能水轮机叶片设计优化与翼型族技术
	3.3	低流速条件潮流能装置启动与获能关键技术
温差能	4.1	强化换热设备热力、水力特性技术
	4.2	冷海水管道制作与敷设技术
	4.3	高效透平密封、轴系、高速电机的匹配技术
	4.4	海洋温差能综合利用技术

六、创新资源建设与配置

(一)海洋能创新资源配置链条构成

海洋能创新资源配置应服务于海洋能的产业培育链条,创新资源载体与平台通过对海洋能产业发展中共性关键技术的支撑,覆盖海洋能产业培育链条的各个环节,从而形成产业培育带动创新资源整合与集聚,创新资源促进产业培育发展与联动,上述各链条关系如图2所示。

(二)创新资源配置链条发展现状

1. 青岛市海洋新能源领域创新资源分布

目前,青岛市涉足海洋新能源领域研究的高等院校及科研院所有4家,引进院所1家,建立产业技术创新联盟1家、企业研发中心1家,在建重点实验室及研发平台等各类创新载体10余家(表3)。

青岛市"十三五"重点产业创新路线图

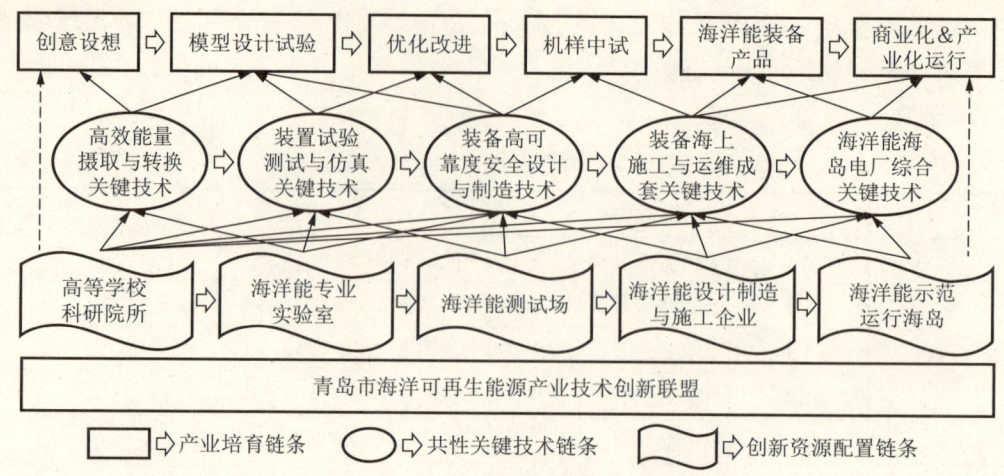

图 2　海洋能创新资源配置链条构成

表3　海洋新能源领域创新载体资源分布汇总表

已有创新资源			
序号	类别	机构名称	级别
1	高等院校	中国海洋大学	部级
2	科研院所	国家海洋局第一海洋研究所	部级
3		中国科学院海洋研究所	部级
4		中国科学院青岛生物能源与过程研究所	部级
5	企业研发中心	青岛华创风能有限公司研发中心	市级
6	产业技术创新联盟	海洋可再生能源产业技术创新战略联盟	市级
在建项目			
序号	项目名称		建设单位
7	青岛市海洋可再生能源重点实验室		中国海洋大学
8	青岛市海洋仪器与装备工程研究中心（海洋能发电系统测试与评估平台）		中国海洋大学
9	海洋生物发电新能源研发中心		中国海洋大学
10	青岛市海洋热能工程研究中心		国家海洋局第一海洋研究所
11	青岛科技大学中德新能源与环保科技研究院		青岛中德科远置业有限公司
12	天津大学海洋产业技术研究院		青岛蓝色硅谷核心区管委
13	海洋微藻生物能源培养装备研发与中试平台		中国科学院青岛生物能源与过程研究所
14	海洋石油平台波浪能供电装置研发中心		青岛松灵电力环保设备有限公司
15	青岛西海岸海洋能源研发中心项目		香港奥克凯姆有限公司
16	青岛海洋科学与技术国家实验室海洋可再生能源开发中心		国家科技部、教育部等联合投资

2. 创新资源配置链条各环节发展现状

（1）青岛市高等学校与科研院所高度重视海洋能开发与利用。中国海洋大学、国家海洋局第一海洋研究所、中船重工七一〇所等在不同领域有所建树。其中,中国海洋大学重视源头创新,在海洋能人才引进与培养等方面走在了全国前列。2013年,该校已在水利工程一级学科硕士点下自主设置了"海洋能利用技术"自主设置二级学科,成为国内唯一的开设海洋能专业的985高校。目前,依托筹建的先进能源研究院,该校正在准备开设"海洋能利用技术"自主设置二级学科博士点。"十二五"期间,中国海洋大学申报的"海洋工程与海洋可再生能源利用"教育部高水平创新引智人才基地("111"计划)获批建设,成为国内唯一涉及海洋能的该类基地。

(2) 青岛市海洋能专业实验室建设方兴未艾。"十二五"期间,中国海洋大学申报的青岛市海洋可再生能源重点实验室获批建设,为青岛市该领域唯一的重点实验室。国家海洋局第一海洋研究所设立了青岛市海洋热能工程技术研究中心,专门在海洋温差能领域开展产业化工程技术研究。青岛海洋科学与技术国家实验室则设立了海洋可再生能源开发工程技术中心,包括海洋温差能实验室、海水源热泵实验室、波浪能实验室、潮流能实验室等。其他部分科研院所及企业也正在筹划设立针对海洋能开发的试验室与工程技术中心。

(3) 青岛市海洋能装备测试场初具雏形。青岛市的斋堂岛海域各类海洋能资源丰富,施工条件便利,已投放测试的海洋能装置达到四组,未来还将投放四组大功率海洋能装置,是目前我国海洋能装置投放最多的海域。中国海洋大学联合多家企业单位,并与英国欧洲海洋能中心合作,正在该海域开展海洋能装备测试场的全面评估与建设启动工作。该海域未来有望成为我国首个具备全尺度与模型比尺海洋能装备综合测试场。

(4) 青岛市企业参与海洋能开发热情逐步提高。海洋能正在成为海洋工程与装备中的快速增长点,诸多传统领域企业参与海洋能开发的热情也在逐年提高。中国海洋石油总公司主持建设了500 kW海洋能独立电力系统,中交集团一航局二公司、青岛中诚国际海洋工程勘察设计有限公司等承担了多个大型海洋能装置的投放等海上施工工作。青岛市机械工业总公司、青岛松灵电力环保设备有限公司、青岛海斯壮铁塔有限公司等企业也不同程度了承担或参与了国家海洋局海洋能专项项目。此外,青岛市还出现了威展海洋能源科技股份有限公司等专门以海洋能作为主业的新兴公司。

(5) 青岛市多个海岛具备海洋能示范运行潜力。青岛市海域岛屿众多,多个海岛均具备海洋能开发与示范运行潜力,包括早期的小麦岛,近期的竹岔岛、大小管岛等。从海洋能示范开发的综合效益与前景看,斋堂岛在国内也具有不可比拟的独特优势。斋堂岛海洋能资源品质具有代表性;近岛最大水深在40 m左右,可满足不同装置要求;距陆地仅1 km,对岸有大水深泊位,可供施工船舶停靠;前期基础雄厚,岛上设施完备,水下电缆已完成敷设;岛上居民有用电、用水及用冰需求。因此,该岛非常适合进行海洋能装置的长期示范运行与产业化开发。

从总体看,青岛市的海洋能创新资源配置已较完备,各类基础条件在国内居于领先地位。另一方面,青岛市创新资源目前仍存在"大而不专,全而不精"的问题,各资源平台之间缺乏有效沟通与联动机制,产学研结合不够紧密,创新资源与产业培育模式之间的壁垒未完全打破,链条未能贯通。

(三) 创新资源建设与配置需求

(1) 发挥中国海洋大学、国家海洋局第一海洋研究所、中国科学院生物能源与过程研究所等高校科研院所的资料和科技优势，打造海洋新能源开发利用数据公用平台和研发创新平台。

(2) 加强青岛市已有的海洋可再生能源产业技术创新联盟建设，并以此为依托带动院校企业高度参与合作。

(3) 重点支持青岛市海洋可再生能源重点实验室开展基础理论研究。

(4) 支持斋堂岛作为海洋能装备测试场突破共性关键技术，并支持其作为海洋能海岛供电的示范基地进行产业化探索。

(5) 支持海洋热能利用研究技术中心透平测试平台以及温差能综合利用实验平台建设，升级透平叶轮设计软件。

七、产业创新路线图与行动计划

重点在海洋波浪能、潮流能、温差能、海洋能集成等领域开展基础前沿研究、重大共性关键技术攻关和应用示范，实施一批自主创新重大专项，建设一批特色鲜明的公共研发平台，完成海洋能装备测试场建设，形成重大应用示范工程与技术系统，研制新产品、关键装置产品，培养高水平和专业化的科技创新人才团队。

(一) 重点任务

1. 基础科学问题任务

(1) 装置最优能量摄取机理研究。明确装置的能量摄取机理，提出能量捕获计算方法，探索装置海洋能-电能全过程模拟优化方法，给出阵列化开发中平面布置设计计算方法及能量捕获率计算方法。

(2) 装置安全可靠性研究。确定装置整体强度的计算方法，建议装置的系留与锚固策略，提出极端海况、强非线性外载荷作用下装置的整体安全方案。

2. 重大共性关键技术

(1) 海洋能装置综合测试与运行评价关键技术。以现有海洋能海岛独立电力示范系统为基础，强化相关硬件基础设施。基于资源预报后报结果与装置电力输出特征，提出实海况条件下海洋能装置的评价方法与标准测试程序，形成相关技术标准。

(2) 海岛(域)多能互补独立发电系统关键技术。重点研发海洋能集成供电系统，集成不同能种、不同类型的发电装置，将不稳定的输出进行平衡分配，实现海岛(域)多能互补独立发电。

3. 应用示范

完善建设斋堂岛海岛独立供电示范系统与海洋能装备测试场、海洋能独立电力系统示范工程(离岸式海洋能独立能源岛)、海上风能-波浪能-潮流能高效综合发电项目、600 kW海浪发电成套装备示范项目等一批海洋新能源利用项目，发挥示范带动作用，加快推进海洋新能源的开发利用进程。

(二)产业创新路线图

综合青岛市产业基础与现状、发展目标、研发需求和创新资源,绘制海洋新能源产业创新路线图,如图3所示。依托现有科研院所、骨干企业、产业技术创新联盟、海洋能重点实验室等创新资源,围绕3个重点领域,开展16项共性关键技术攻关,结合创新载体搭建、骨干企业培育、产业园区建设和示范工程打造等创新举措,突破发展瓶颈,推动海洋新能源产业快速发展,2018年产业产值超过50亿元,2020年产值超过100亿元,培育5家骨干企业,搭建9家创新载体,建设5个示范工程,打造2个产业园区。

		2016年	2018年	2020年
发展目标	产业产值	约20亿元	>50亿元	>100亿元
	培养骨干企业	1家	2家	5家
创新资源建设	搭建创新载体	1家	4家	9家
	建设示范工程	1个	3个	5个
	打造产业园区	规划筹建	1个	2个
发展瓶颈	技术瓶颈	基础理论研究及关键技术仍需突破　装备难以维持长期的安全可靠运行　海上施工投放成套技术不成熟		
	机制与政策瓶颈	产业配套政策及激励措施相对缺乏　技术创新体系不完善　人才培养机制尚未构建完整　产业创新服务体系有待建立		
研发重点	波浪能	波浪与结构物强非线性相作用关键技术　多元化复合型波浪能装置关键技术　阵列式波浪能装置开发利用关键技术　波浪能装置全过程(Wave to Wire)模拟关键技术		
	潮流能	潮流能发电装置多机组开发利用关键技术　潮流能水轮机叶片设计优化与翼型族技术潮流能装置低流速条件启动与获能关键技术		
	温差能	铅华换热设备热力、水力特性技术　冷海水管道制作与敷设技术　高效透平密封、轴系、高速电机的匹配技术　海洋温差能综合利用技术		
	其他	海洋能装置高效能量摄取与转换关键技术　海洋能装置试验测试与数值仿真关键技术　海洋能装备高可靠度设计与制造关键技术　海洋能装备海上施工与运维成套关键技术　海洋能海岛电厂综合关键技术		
资源配置	新建拟建	海洋能开发利用数据公用平台和研发创新平台　海洋能装备测试场　海洋热能利用研究技术中心透平测试平台以及温差能综合利用实验平台　青岛市海洋仪器与装备工程研究中心(海洋能发电系统测试与评估平台)　海洋生物发电新能源研发中心　海洋微藻生物能源培养装备研发与中试平台　海洋石油平台波浪能供电装置研发中心		
	现有基础	中国海洋大学　国家海洋局第一海洋研究所　中船重工七一○所　中国科学院海洋研究所　中国科学院青岛生物能源与过程研究所　青岛市海洋可再生能源重点实验室青岛市机械工业总公司　青岛松灵电力环保设备有限公司　青岛海斯壮铁塔有限公司　青岛中诚国际海洋工程勘察设计有限公司　中交集团一航局二公司　青岛华创风能有限公司　海洋可再生能源产业技术创新战略联盟		

图3　青岛市海洋新能源产业创新路线图

基于青岛市海洋新能源的资源及技术优势,进一步提高研发创新能力,充分发挥产业联盟的积极作用,通过突破产业关键技术、实施重大应用示范、搭建海上设备测试平台、推进装备测试基地及海洋能装备测试场建设、政策先行先试等综合配套措施,争取在五年内突破一批关键技术、开展一批示范应用。到2020年,发展成为全国领先的海洋新

青岛市"十三五"重点产业创新路线图

能源技术研发中心、装备测试基地和开发利用示范区。为加快推进青岛市海洋新能源产业化进程,特制定五年行动计划(表4)。

表4 青岛市海洋新能源产业发展行动计划

时间节点	2018年	2020年
发展目标	在海洋波浪能、潮流能、温差能、海洋能集成等领域部署实施自主创新重大专项,突破共性关键技术9项,研制新产品和关键装置产品5件,搭建各类创新载体8家,培育拥有自主品牌和较大市场影响力的骨干企业3家,研制3项技术标准,申请和获得发明专利6项以上,培养1支高水平和专业化的科技创新人才团队	突破共性关键技术7项,搭建各类创新载体2家,培育骨干企业5家,研制3项技术标准,申请和获得发明专利6项以上,培养1支高水平和专业化的科技创新人才团队,形成重大应用示范工程与技术系统1个;初步形成海洋温差能装置设计研发、装备制造与技术服务产业集群
发展路径	(1)关键技术突破:海洋温差能热力循环效率研究,海洋能装置能量转换与传递机理与配套关键优化技术,海洋能装置阵列化开发关键技术,海洋能装置安全可靠性关键技术,海洋温差能氨透平密封、高速电机集成 (2)搭建各类创新载体:打造海洋新能源开发利用数据公用平台和研发创新平台,支持海洋能试验测试平台与示范基地建设,加快推进青岛市海洋可再生能源重点实验室、海洋能发电系统测试与评估平台等重大项目,推进海洋新能源产业技术创新战略联盟建设,建设完成海洋能陆上多能互补智能供电系统,建设完成海底路由与离岸变电站 (3)推进重大项目建设:斋堂岛海洋能综合示范基地、黄岛温差能发电装置生产基地 (4)示范工程:完成300 kW海洋能集成供电示范系统,完善500 kW海洋能海岛独立供电示范系统,完成兆瓦级海洋温差能发电装置的陆上应用 (5)引进培养高层次人才:引进培养专业青年人才不少于25人,高水平专业人才不少于10人	(1)关键技术突破:海洋能关键设备氨透平叶轮效率研究、海洋能换热设备关键热工参数、海洋能冷海水管道热力及应力分析的研究、海洋能装备海上施工综合成套关键技术、海洋能-电能全过程能量模拟与优化关键技术、冷海水管道的海底敷设、海洋能平台垂直安装 (2)搭建各类创新载体:完成海洋能装备测试场建设,搭建包括效率、换热器热工、透平叶片效率测试平台 (3)推进重大项目建设:离岸式海洋能独立能源岛、海洋能综合发电项目 (4)建设产业园区:黄岛区青岛低温差发电产业园、海洋新能源装备产业园 (5)示范工程:建设海洋能海岛电厂与海水淡化厂,建立海洋温差能发电示范工程 (6)引进培养高层次人才:引进培养专业青年人才不少于45人,高水平专业人才不少于20人

参考文献

[1] 科学技术部. 国家"十二五"科学和技术发展规划[EB/OL].（2011-07-04）[2011-07-13]. http://www.most.gov.cn/mostinfo/xinxifenlei/gjkjgh/201107/t20110713_88230.htm.

[2] 国家海洋局. 国家"十二五"海洋科学和技术发展规划纲要[N]. 中国海洋报，20111-09-16（2）.

[3] 国务院. 十二五"国家战略性新兴产业发展规划[EB/OL].（2012-07-09）[2012-07-20]. http://www.gov.cn/zwgk/2012-07/20/content_2187770.htm.

[4] 国务院. 全国海洋经济发展"十二五"规划[EB/OL].（2012-09-16）[2012-09-16]. http://www.gov.cn/xxgk/pub/govpublic/mrlm/201301/t20130117_65866.html.

[5] 国务院. 国家能源发展"十二五"规划[EB/OL].（2013-01-01）[2013-01-28]. http://www.nea.gov.cn/2013-01/28/c_132132808.htm.

[6] 国家海洋局. 海洋可再生能源发展纲要（2013—2016年）[EB/OL].（2013-12-27）[2013-12-26]. http://www.gov.cn/gongbao/content/2014/content_2654541.htm.

[7] 国务院. 山东半岛蓝色经济区发展规划[EB/OL].（2011-01-04）[2012-07-16]. http://zfxxgk.dongying.gov.cn/gov/jcms_files/jcms1/web3/site/art/2012/7/16/art_367_25832.html.

[8] 青岛市人民政府. 青岛市国民经济和社会发展第十二个五年规划纲要[EB/OL].（2011-04-15）[2011-04-15]. http://www.qingdao.gov.cn/n172/n25685095/n25685320/n25685925/n25687747/110510154259742165.html.

[9] 青岛市人民政府. 青岛市城市总体规划（2011—2020）[R]. 青岛：青岛市人民政府，2011.

[10] 青岛市发展和改革委员会. 青岛市蓝色经济区发展规划[R]. 青岛：青岛市发展和改革委员会，2011.

[11] 青岛市发展和改革委员会. 青岛市"十二五"战略性新兴产业发展规划[EB/OL].（2012-12-10）[2013-06-28]. http://www.qingdao.gov.cn/n172/upload/130701104016024635/140614152346317666.doc.

[12] 青岛市发展和改革委员会. 青岛市"十二五"海洋高技术产业发展规划[EB/OL].（2012-10-09）[2012-10-05]. http://www.qingdao.gov.cn/n172/upload/121016085620784203/140614192843583444.doc.

[13] 青岛市经济和信息化委员会. 青岛市十大新兴产业发展总体规划（青发改高技〔2014〕290号）[EB/OL].（2014-07-01）[2015-01-29]. http://gxq.qingdao.gov.cn/n28356009/n28356073/n28356939/n28360120/n28360681/30547930.html.

[14] 青岛市发展和改革委员会. 青岛市海洋新能源产业发展规划[R]. 青岛：青岛市发

展和改革委员会,2015.

[15] 青岛市科学技术局. 推荐国家"十三五"重点研发专项项(海水典型资源集成化提取与利用)[R]. 青岛:青岛市科学技术局,2015.

[16] 谭思明. 青岛(西海岸)黄岛新区海洋科技自主创新领航区定位研究[R]. 青岛:青岛市科学技术信息研究所,2014.

附件

附录一 专家名单

序号	姓名	单位名称
1	史宏达	中国海洋大学
2	王树杰	中国海洋大学
3	刘伟民	国家海洋局第一海洋研究所
4	王广策	中国科学院海洋研究所
5	刘 臻	中国海洋大学
6	于华明	中国海洋大学
7	高 伟	大唐华创风能有限公司

附录二 关键技术

（一）共性关键技术清单

技术领域	编号	技术研发需求
共性技术	1.1	海洋能装置高效能量摄取与转换关键技术
	1.2	海洋能装置试验测试与数值仿真关键技术
	1.3	海洋能装备高可靠度设计与制造关键技术
	1.4	海洋能装备海上施工与运维成套关键技术
	1.5	海洋能海岛电厂综合关键技术
波浪能	2.1	波浪与结构物强非线性相互作用关键技术
	2.2	多元化复合型波浪能装置关键技术
	2.3	阵列式波浪能装置开发利用关键技术
	2.4	波浪能装置全过程（Wave to Wire）模拟关键技术
潮流能	3.1	潮流能发电装置多机组开发利用关键技术；
	3.2	潮流能水轮机叶片设计优化与翼型族技术；
	3.3	低流速条件潮流能装置启动与获能关键技术
温差能	4.1	强化换热设备热力、水力特性技术；
	4.2	冷海水管道制作与敷设技术；
	4.3	高效透平密封、轴系、高速电机匹配技术；
	4.4	海洋温差能综合利用技术

（二）共性关键技术描述

1.1 海洋能装置高效能量摄取与转换关键技术

海洋能的开发与利用最终取决于该能量由海洋中的摄取与转换，目前，海洋能利用的主要形式仍为海洋能发电，少部分用于制造淡水与氢气等。目前，制约海洋能发展的关键瓶颈问题之一即为海洋能多不稳定，难以摄取，能量转换效率偏低。因此，开展海洋能装置新型机构、部件与工作原理的开发与研究，增强海洋能装置的能量摄取（Power Take-off, PTO）能力，优化装置结构性能、工作介质性质与内容，提高装置的能量转换效率，将成为未来海洋能装置研发的主要关键技术之一。

1.2 海洋能装置试验测试与数值仿真关键技术

海洋可再生能源的开发与利用是近几十年来的新兴产业，其工作原理将传统的被动消能转变为了主动吸能，区别于传统的海洋与海岸工程，这也就决定了传统海洋工程领域的研究方法无法完全满足海洋能装置研发的需要。开展波浪能、潮流能、盐差能、温差能等海洋能装置的水工物理模型试验测试方法与配套设备的研究与开发，将满足越来越多模型比尺海洋能装置的研究需要。基于高性能计算设备的大型流体动力学数值仿真与模拟技术开发将与水工模型试验技术一起，成为未来五年另一项亟待攻克的关键技术。

1.3 海洋能装备高可靠度设计与制造关键技术

伴随着海洋能开发产业化进程的不断推进，海洋能装置的单机装机容量从早期的千瓦级已发展至目前的百千瓦级，并快速向兆瓦级发展，装置尺度与整备质量也不断增大。为了更多的摄取海洋能，波浪能装置的振荡浮子或潮流能装置的水轮机等机构将与极具破坏力的海洋环境动力要素直接接触。如何在高效摄取能量的同时保证海洋能装备长期、持续、安全的运行与工作，对未来结构的高可靠度设计与制造也提出了比传统海洋工程领域更高的要求，开展相关基础理论与关键技术的研究，将是海洋能装置产业化开发的重要保证。

1.4 海洋能装备海上施工与运维成套关键技术

目前，海洋能装置的开发还处于"百家争鸣"的状态，还远未达到类似风能涡轮机的结构形式趋于统一的阶段。由于海洋能装备形式多种多样且异于传统港口与海洋工程，这就给其码头舾装、海上运输、海上吊装、海上系泊锚固、长期运行维护等带来了新的挑战，并需要在以上领域通过产学研相结合的互通开发模式，形成具备一定通用性的装置海上施工与运维的成套关键技术，为海洋能装置的海上投放与长期运行奠定坚实的基础。

1.5 海洋能海岛电厂综合关键技术

海岛电厂与海洋能综合测试场紧密相关，世界上著名的欧洲海洋能中心即为该类模式的成功典范。该中心建设有多组波浪能与潮流能装置测试场，测试场内均有多组装置长期测试运行。该中心的海洋能电力并入岛上电网，成为海洋能电厂，带动其所在的奥尼克岛成为蓝色能源岛。该中心不仅推动了装置的研发与测试,还带动了上、下游产业链上的产品与技术快速发展,成为推动英国乃至整个欧洲海洋能产业化发展的"催化剂"。青岛市目前已建设了斋堂岛海洋能综合测试示范基地,通过进一步建设,加强海洋能装置陆上多能互补智能配电系统、海洋能资源综合评估技术、海洋能装置综合测试与性能评价技术等,将有望将斋堂岛建设成为我国首个蓝色能源岛。

2.1 波浪与结构物强非线性相互作用关键技术

波浪的随机性一直是影响波浪能装置能量转换效率与结构安全性的重要因素。此外,波浪能装置目前多采用活动部件与波浪直接接触,以达到提高能量转换效率的目的。因此,非线性波浪能与结构的相互作用,波浪场在运动结构作用下的变化与发展,装置在非线性波浪作用下的运动与结构动力响应等都将成为未来波浪能装置开发的重要影响因素。开展实海况条件作用下,波浪与结构物强非线性相互作用研究并总结开发出相关关键技术,将是未来波浪能装置开发的重要环节。

2.2 多元化复合型波浪能装置关键技术

制约波浪能装置开发的重要因素之一是其开发成本过高,主要来源于装置或波浪能电站的初期造价及长期维护。考虑到部分波浪能装置结构形式与传统海岸工程结构的相似性,如振荡水柱波能电站与沉箱式防波堤、聚波越浪型装置与斜坡式防波堤等,进行多元化复合型开发,将是有效降低波浪能装置开发成本的重要途径。该类开发还可将传统海岸结构的被动消能变为波浪能装置的主动吸能,达到一举多得的目的。

2.3 阵列式波浪能装置开发利用关键技术

中国的海洋能资源总量丰富但能流密度较低,若要大规模开发海洋能,单纯放大装置尺寸无法实现产业化运行,阵列化开发将为我国未来开发的必由之路。开展环境动力条件与装置阵列场的相互作用研究,考察单浮子结构与多浮子结构的水动力学性能变化与对比特征,阵列场浮子的尾流效应与入射波长波高之间的关系,往复运动振荡浮子对波浪场传播、绕射反射等典型现象的影响等,分析阵列化振荡浮子机构波浪能装置的工作性能变化,并优化阵列布置结构,并提高阵列场的总体输出功率。

2.4 波浪能装置全过程(Wave to Wire)模拟关键技术

Wave to Wire 实际上是波浪能装置由波浪动力条件到电能输出的指代表达。当前,波浪能利用仍以转化发电为主,期间需经过多个相互独立又相互影响耦合关联。因此,近年来关于波浪能装置能量转换的研究已从单一过程的机理研究逐渐演变至关注全过程的重现模拟与耦合作用研究。该研究主要包括海洋能水动力能量摄取与转换、装置机械或液压能二次转换、负载作用下的发电机最大功率点追踪及各相邻过程之间的耦合作用与联动。该全过程模拟的实现与应用,将有助于将传统独立的各能量转换过程相互关联,帮助研究者了解各过程之间的相互作用,得到更加真实可靠的装置性能预测结果,并能够更好匹配装置尺度、功率输出与环境动力条件。

3.1 潮流能发电装置多机组开发利用关键技术

针对未来潮流能发电场的需求,研究小尺度和微尺度条件下潮流场结构与分布变化规律,对于拟建潮流能发电场的海域,构建潮流流速、水深、地形分布以及波浪影响范围等关键参量的数据库,进行潮流能资源的全面分析与评估。在考虑各种海洋环境要素的潮流能资源调查,考察水轮机组尾流状况以及多机组之间流场的影响的基础上进行潮流发电场微观选址及多机组优化排布。

3.2 潮流能水轮机叶片优化与翼型族关键技术

叶片是潮流能水轮机的核心部件,它的性能直接影响发电机组组转换效率和结构稳定性。构成叶片外形的翼型决定着叶片的性能,是叶片设计的关键。目前,潮流能发电装置中所使用的水平轴水轮机大多数是以风力涡轮机为原型设计的。由于水轮机工作于海洋环境中,工质及工况与风力机的运行环境有较大的差别,直接来源于风力机原型的水平轴潮流能水轮机,在叶片设计和翼型选取上也会存在一定的差异。因此,未来需考虑诸如结构、几何特性、水动力特性、失速、空化特性等方面的综合性能,开展适合潮流能水轮机应用的水动力性能和结构性能都较令人满意专用翼型族的研发。

3.3 低流速条件潮流能装置启动与获能关键技术

我国的潮流能资源区尤其是北方潮流流速普遍偏低,要在我国推广潮流能开发技术,需要针对低流速条件综合运用提高流速,低速启动,最大能量追踪及高效能量转换等手段开发适用的潮流能转换装置。

4.1 强化换热设备热力、水力特性技术

强化换热设备热力、水力特征技术是指增加换热器的对流换系数,减少流体通过换热器的水流阻力,以便减少换热器用量并降低能耗。

4.2 冷海水管道制作与敷设技术

由于海洋温差能取水深度较深,上表面海洋生物附着较多;同时,海底地质情况较为复杂。因此,冷海水管道的敷设和材质选择与以往的海水管道在材质强度、寿命等方面存在着较大的差异。

4.3 高效透平密封、轴系、高速电机匹配技术

为了提高透平的效率需要高速透平,由此带来的密封、轴系和电机配合方面的问题。目前国内达到 3 万转(线转速 120 m/s)的电机和密封生产厂家相对较少,同时在集成后还有许多问题需要解决。

4.4 海洋温差能综合利用技术

温差能在发电的同时可以进行综合利用,主要是提供空调和淡水。